普通高等教育精编法学教材

西方法律思想史
Western History of Legal Thoughts

魏胜强 ◎ 主编
杨宜默 ◎ 副主编

图书在版编目(CIP)数据

西方法律思想史/魏胜强主编. —北京:北京大学出版社,2014.3
(普通高等教育精编法学教材)
ISBN 978-7-301-23672-7

Ⅰ. ①西… Ⅱ. ①魏… Ⅲ. ①法律-思想史-西方国家-高等学校-教材 Ⅳ. ①D909.5

中国版本图书馆 CIP 数据核字(2013)第 318959 号

书　　　名：西方法律思想史
著作责任者：魏胜强　主编　杨宜默　副主编
策划编辑：李　铎
责任编辑：李　铎
标准书号：ISBN 978-7-301-23672-7/D·3492
出版发行：北京大学出版社
地　　　址：北京市海淀区成府路 205 号　100871
网　　　址：http://www.pup.cn　新浪官方微博:@北京大学出版社
电子信箱：law@pup.pku.edu.cn
电　　　话：邮购部 62752015　发行部 62750672　编辑部 62752027
　　　　　出版部 62754962
印　刷　者：北京虎彩文化传播有限公司
经　销　者：新华书店
　　　　　730 毫米×980 毫米　16 开本　18 印张　363 千字
　　　　　2014 年 3 月第 1 版　2020 年 8 月第 2 次印刷
定　　　价：36.00 元

未经许可,不得以任何方式复制或抄袭本书之部分或全部内容。
版权所有,侵权必究
举报电话:010-62752024　电子信箱:fd@pup.pku.edu.cn

前 言

法学是一门实用学科,注定了理论法学的教学内容在整个人才培养体系中不会占很大的分量,西方法律思想史这门纯理论的课程更会受到冷遇。在不少高校,西方法律思想史被列为法学专业的选修课,学时不多,学生对这门课的兴趣也不高。然而,这门课的教材多是"厚重"版本,所介绍内容的广度、深度和教材的篇幅甚至超过一些必修课的教材,不少学生在阅读教材时感到吃力。课程设置和教材之间的这种矛盾,可能进一步影响到学生学习的积极性。

结合西方法律思想史的课程定位,充分借鉴多位专家、学者编写的同名教材,根据教学的实际需要,并考虑到广大学生的阅读兴趣,我们编写了这本《西方法律思想史》简明教程。本教材用通俗易懂的语言,简明扼要地介绍了西方法律思想发展史上的一些重要人物及其思想,使广大学生能够对西方法律思想史的发展脉络、代表人物和基本观点形成直观的认识。

本教材由魏胜强担任主编,杨宜默担任副主编,所有编写人员均为长期在高校从事西方法律思想史教学和研究的专业教师。主编提出编写提纲和写作要求后,各撰稿人据此完成初稿并按照主编的审查意见进行多次修改,最终由主编审核、修改全稿并定稿,副主编协助主编做了部分校阅工作。当然,每一章的文责由该章作者自负。

各章撰稿人基本情况和写作分工如下(按编写章节排序):

魏胜强　郑州大学副教授,法学博士,编写绪论、第六章;
陈鹏飞　河南财经政法大学副教授,法学博士,编写第一章;
尚红林　信阳师范学院讲师,编写第二章;
乔　飞　河南中医学院教授,法学博士,编写第三章;
张丽霞　郑州大学副教授,编写第四章;
杨宜默　河南科技大学教授,法学博士,编写第五章;
李占升　河南师范大学讲师,编写第七章;
张文勇　河南大学副教授,法学博士,编写第八章;

王宏选　西安财经学院讲师,法学博士,哲学博士后,编写第九章;
张胜全　河南科技大学副教授,编写第十章;
苏凤格　郑州大学副教授,法学博士,编写第十一章;
徐宗立　北京交通大学讲师,法学博士,编写第十二章。

本教材吸收了不少专家学者在西方法律思想史教学和研究方面的有益成果,并采用了互联网上的一些资料和图片。出于行文简洁的考虑,部分资料和全部图片并未标出来源,我们对这些资料和图片的作者以及提供者,表示衷心的感谢和诚挚的歉意! 由于西方法律思想史的内容博大精深,我们的学识和水平有限,本教材定然有不少瑕疵,恳请各位读者批评指正!

魏胜强
2013 年 10 月

目 录

绪 论 ·· 1

第一章　古希腊法律思想 ·· 7
　第一节　智者和苏格拉底的法律思想 ··· 10
　第二节　柏拉图的法律思想 ·· 14
　第三节　亚里士多德的法律思想 ··· 19
　第四节　伊壁鸠鲁学派和斯多葛学派的法律思想 ··································· 25

第二章　罗马的法律思想 ··· 29
　第一节　西塞罗的法律思想 ·· 32
　第二节　塞涅卡的法律思想 ·· 38
　第三节　罗马法学家的法律思想 ··· 42

第三章　中世纪基督教神学法律思想 ··· 49
　第一节　《圣经》中的法律思想 ··· 52
　第二节　奥古斯丁的法律思想 ··· 56
　第三节　阿奎那的法律思想 ·· 59
　第四节　宗教改革家的法律思想 ··· 64

第四章　中世纪后期世俗法律思想 ··· 71
　第一节　注释法学派和马西利乌斯的法律思想 ······································ 74
　第二节　马基雅维里和布丹的法律思想 ··· 79

第五章　古典自然法学 ··· 87
　第一节　格劳秀斯的法律思想 ··· 90
　第二节　霍布斯的法律思想 ·· 94
　第三节　洛克的法律思想 ·· 99
　第四节　孟德斯鸠的法律思想 ·· 104

第五节　卢梭的法律思想 …………………………………… 112

第六章　哲理法学 ………………………………………………… 119
　　第一节　康德的法律思想 …………………………………… 121
　　第二节　费希特的法律思想 ………………………………… 128
　　第三节　黑格尔的法律思想 ………………………………… 132

第七章　功利主义法学和早期分析法学 ………………………… 141
　　第一节　边沁的功利主义法学 ……………………………… 143
　　第二节　密尔的功利主义法学 ……………………………… 150
　　第三节　奥斯丁的分析法学 ………………………………… 155

第八章　历史法学 ………………………………………………… 161
　　第一节　萨维尼的法律思想 ………………………………… 164
　　第二节　梅因的法律思想 …………………………………… 171

第九章　社会法学 ………………………………………………… 177
　　第一节　埃利希的自由法学 ………………………………… 180
　　第二节　狄骥的社会连带主义法学 ………………………… 186
　　第三节　庞德的社会工程法学 ……………………………… 190
　　第四节　美国和北欧的现实主义法学 ……………………… 195

第十章　现代分析法学 …………………………………………… 203
　　第一节　凯尔森的纯粹法学 ………………………………… 206
　　第二节　哈特的新分析法学 ………………………………… 212
　　第三节　拉兹的排他性实证主义法学 ……………………… 217
　　第四节　麦考密克和魏因贝格尔的制度法学 ……………… 222

第十一章　现代自然法学 ………………………………………… 229
　　第一节　马里旦的现代自然法学 …………………………… 232
　　第二节　富勒的现代自然法学 ……………………………… 237
　　第三节　罗尔斯的现代自然法学 …………………………… 241
　　第四节　德沃金的现代自然法学 …………………………… 245

第十二章　其他法学流派 ………………………………………… 251
　　第一节　综合法学 …………………………………………… 253
　　第二节　经济分析法学 ……………………………………… 259
　　第三节　批判法学 …………………………………………… 265
　　第四节　新康德主义法学 …………………………………… 268
　　第五节　西方马克思主义法学 ……………………………… 272

主要参考文献 …………………………………………………… 277

绪 论

学习重点:(1) 西方法律思想史与相关学科的关系;(2) 西方法律思想史的阶段和学派划分。

西方法律思想史，是研究西方法律思想演化历程和发展规律的学科。"西方"原本是一个地理概念，随着资产阶级革命后欧洲和北美逐渐建立资本主义制度，这一概念越来越趋于政治化。俄国十月革命后特别是第二次世界大战后，西方成了与社会主义阵营相对立的资本主义阵营，其政治的味道更加突出。西方法律思想史中的西方，兼顾地理和政治意义，主要指的是西欧和北美发达资本主义国家，也包括对西欧和北美资本主义法律制度产生重要影响的其他国家，或者深受西欧和北美资本主义法律制度影响的其他国家。"法律思想"指的是哲学、政治学、社会学、法学等领域的思想家关于法律的基本观点或主张，主要是理论法学方面的观点或主张。"史"指的是自古希腊以来西方的历史，包括古代、近代和现代史。因此，西方法律思想史所研究的主要是古希腊罗马奴隶社会、欧洲中世纪和欧美近现代资本主义社会中出现的理论法学的基本观点或主张。

▶ 一、西方法律思想史与相关学科的关系

从名称可以看出，西方法律思想史不同于西方哲学史、西方政治思想史等学科。在法学学科中，西方法律思想史与法理学、外国法制史具有密切联系，但它们的区别也很明显。

西方法律思想史与法理学的关系最为接近。西方法律思想史研究的是西方的法律理论，是西方思想家通过对法律问题的观察和思考而形成的理论。法理学研究的是法的一般现象和问题，形成的也是法律理论。因而二者在研究对象上是统一的，研究的结论也相互交叉。法理学研究往往需要借助西方法律思想史中的某些观点和资料，法理学的许多结论需要以西方法律思想作为支撑，不了解西方法律思想史的人很难从事法理学研究。二者的不同在于，法理学研究的是一般意义上的法律理论，偏重于研究当前的法律理论；西方法律思想史研究的是西方的法律理论，偏重于从历史的视角对相关理论进行梳理。也可以说，法理学是从横向视角研究法律问题并形成法律理论，西方法律思想史是从纵向视角研究法律问题和形成法律理论；法理学对问题的研究和形成的观点不受国别的限制，西方法律思想史对问题的研究和形成的观点仅限于西方。基于这样的认识，可以把法理学称为当代法律思想，把西方法律思想史称为西方法理学或者西方法理学史。显然，西方法律思想史在学科名称上或许能归属于法史学，但在内容上应当归属于法理学。

除法理学外，外国法制史同西方法律思想史的关系也非常密切。外国法制史是研究外国法律制度的基本内容及其演变规律的学科，而这些法律制度往往是在一定法律思想的指导下建立起来的。一般来说，法律制度与法律思想总会有种种联系，它们很难截然分开，因而了解西方法律思想史有助于深刻认识外国法律制度，了解外国法制史也有助于全面把握西方法律思想史。但是，外国法制史与西方法律思想史的区别非常明显。首先，在地域范围上，外国法制史研究的法律制度遍及国外，西方法律思想史研究的法律思想仅限于西方。其次，在研究内容上，外国法制史研究

的是法律制度,一个国家的法律制度在一定时期往往是一元的,西方法律思想史研究的是法律思想,一个国家在任何时期的法律思想都可能是多元的。再次,在研究对象上,外国法制史研究的是历史上存在过的法律制度,主要是规范性法律文件、官方判例集、习惯法汇编等记载法律制度的事物,西方法律思想史研究的是思想家的法学著作或者记载思想家法律言论的其他文献资料。

▶ 二、西方法律思想史的阶段和学派划分

西方法律思想史在发展过程中,呈现出阶段分明和学派林立的特征。进入阶级社会以后,西方大体经过了奴隶社会、封建社会、自由资本主义社会和垄断资本主义社会四个阶段,在每个阶段都有对应的法律思想。同时,西方自古就有思想自由的传统,因而法律思想在发展中形成不同的流派,学派对立非常明显。

古希腊罗马时期是西方的奴隶社会时期,是西方法律思想的萌芽和初步发展时期。在古希腊,西方法律思想并没有单独出现,而是孕育在哲学中,许多思想家特别是哲学家对法律问题的探讨成为西方最早的法律思想。古希腊晚期的一些思想家明确提出了自然法的概念,自然法学开始登上西方法律思想的舞台,成为最早的法学流派。罗马时期,法学成为独立的学科,自然法学得到广泛传播并成为后来西方法律思想的主流。

中世纪是欧洲的封建社会时期,是基督教神学一统天下的时期,也是西方法学先受挫后复兴的时期。中世纪前期,脱胎于哲学而取得独立地位的法学沦为神学的婢女,法律思想依附于神学而缓慢发展。基督教神学接受了自然法观念并把它改造成神学自然法学,自然法学融入基督教神学中。中世纪后期,以罗马法的复兴为契机,注释法学、世俗法律思想相继出现,神学自然法学不断受到挑战,西方法律思想发展的禁锢逐渐被打破。

自由资本主义时期,代表新兴资产阶级利益的启蒙思想家不断涌现出来,在批判基督教神学自然法学的同时创立了古典自然法学,宣扬天赋人权、自由平等、社会契约、分权制衡、民主法治等思想,自然法学获得了空前的发展,产生了一大批杰出的法学名家和法学名著。取得政权后的资产阶级以古典自然法学为指导,开创了崭新的资本主义制度。

进入垄断时期后,资本主义法律制度和西方法律思想互相促进,共同发展,出现了分析法学、社会法学等法学流派,它们与长期占统治地位的自然法学在研究方法、基本观点等方面截然不同,把西方法律思想的发展推到全新的阶段。尤其是进入20世纪之后,由于人类社会的急剧变化,西方法律思想的各种流派逐渐分化出来,形成学派林立的局面,而且分析法学、自然法学也以新的面貌出现,与社会法学共同构成西方法律思想中的三大主要流派。同时,各种小的法学流派此起彼伏,变化不断,精彩纷呈。

西方法学流派的划分标准很不统一,主要的标准有:(1)以研究的基本问题为

标准,划分为自然法学、分析法学和社会法学等。(2) 以研究的方法为标准,划分为历史法学、分析法学、社会法学、注释法学、综合法学、批判法学等。(3) 以哲学基础为标准,划分为神学自然法学、哲理法学、功利主义法学、新康德主义法学等。但是,西方法学流派的划分是相对的,每一个学派内部不同法学家在理论上也存在明显的分歧,而且,这些划分标准往往是重叠的,同一个法学流派可能因为划分标准不同而获得不同的名称。

本书在介绍西方法律思想史的阶段和学派划分时,为了便于叙述并考虑到篇幅布局,把西方法律思想按照发展阶段进行划分,并主要按照学派进行归类介绍。

▶三、学习西方法律思想史的意义

恩格斯指出:"每一个时代的理论思维,从而我们时代的理论思维,都是一种历史的产物,它在不同的时代具有完全不同的形式,同时具有完全不同的内容。因此,关于思维的科学,也和其他各门科学一样,是一种历史的科学,是关于人的思维的历史发展的科学。"①西方法律思想史不但对西方法律制度的发展产生了重大影响,有些思想一度成为西方一些国家法律制度的指导思想,而且在很大程度上支撑着当前的法学研究,不少思想成为当代法学研究的理论起点。西方法律思想史课程属于法学专业的基础理论课程,对法学专业的学生来说,学习西方法律思想史具有重要意义。

学习西方法律思想史,有助于了解西方法学发展的来龙去脉,全面深刻地认识西方法律文明。在人类文明发展史上,西方无论是在古代还是在近现代,都建立了发达的法律制度,出现了许多对人类法律发展具有重要影响的法律现象。而这一切成就的取得,与西方法律思想的发展具有非常密切的关系,西方法律思想或者是对西方法律制度和其他法律现象的反思、批判,或者是对它们的辩解或者进一步的美化。总之,在西方法律文明的发展史上,西方法律思想起到了不可或缺的重要作用。同时,西方法律思想史是西方法学的发达史,记录了西方法学从诞生到逐步走向繁荣的基本历程。只有学习西方法律思想史,才能对西方法学的发展脉络、对西方法律文明的形成过程和历史影响,产生全面和深刻的认识。

学习西方法律思想史,有助于增强法律思维能力,提高法学理论水平。法律职业者不仅应当精通法律条文,还应当熟悉法律条文背后的各种相关理论,具备一定的法律思维能力和法学理论水平。西方法律思想史课程所介绍的法律思想,往往是西方哲学社会科学领域的杰出思想家对特定法律实践的理论思考,是他们对法律的高度抽象化的认识,是系统的、纯粹的法学理论。学习西方法律思想史,了解在西方不同发展阶段产生过重大影响的法律思想,掌握西方历史上优秀法律思想的核心内容,对培养法律职业者的法律思维能力,提高他们的法学理论水平,无疑具有非常重

---

① 恩格斯:《自然辩证法》,载《马克思恩格斯选集》第4卷,人民出版社1995年版,第284页。

要的意义。

学习西方法律思想史，有助于增强对不同法律文化的鉴赏力，培养法治精神。人类历史发展的多样性造就了不同的法律文化，每一种法律文化都有其优秀的成分。西方法律思想史是西方优秀法律文化的重要代表，它见证了西方从最初探索法治到今天建成法治的点点滴滴的进步，蕴含着丰富的法治精神。学习西方法律思想史，对于开阔视野，了解西方法律文化的精神内涵，从新的视角认识法律现象，增强对不同法律文化的鉴赏力，培养法治精神，都具有不言而喻的意义。

还应当看到，西方法律思想基本建立在唯心史观的基础之上，加上思想家自身阶级性和所处时代的限制，其糟粕不容忽视。学习西方法律思想史，必须以马克思主义为指导，既要吸收西方法律思想中的优秀成分，也要认清其阶级本质和存在的偏见、谬误。通过扬弃，努力使符合我国国情、适应我国国体和政体的西方优秀法律思想为我国社会主义法治建设服务，是学习西方法律思想史应当坚持的正确态度。

第一章 古希腊法律思想

学习重点:(1) 苏格拉底的法律思想;(2) 柏拉图的法律思想;(3) 亚里士多德的法律思想;(4) 斯多葛学派的法律思想。

西方文化有两个源头,一个是古希腊的民主意识,另一个是希伯来的宗教情怀。其中,古希腊的民主意识不仅是古希腊法律思维的焦点,也是近代西方民主法治的摇篮。梭伦(Solon,公元前638—前559)立法开启了古希腊民主法治的航船,这是对前苏格拉底时代关于自然界斗争与和谐观念的一次社会政治实践,此后,城邦民主法治不断得到巩固和完善。早期智者适应希腊民主法治的发展,提出"人是万物的尺度",将希腊人的目光从关注自然转移到注重对社会和人本身的思考。后期智者鼓吹人间正义就是强者的利益,这种包含着感觉主义、相对主义和个人主义的观念导致雅典乃至整个希腊社会的霸权战争和灾难。苏格拉底及其弟子柏拉图为纠正后期智者错误观念的影响,开始从"拯救现象"到"拯救本质"的艰苦思考和实践,他们以"普遍""共相"追求最高的"善"和"正义",构筑了古希腊民主法治的法哲学基础。柏拉图的弟子亚里士多德又从经验事实出发,具体地分析问题,他集古希腊城邦法律思想之大成,发展了柏拉图的正义论和法治论,提出了系统的法治理论和法制体系模式,使古希腊法律文化步入辉煌,也为罗马法学的崛起提供了丰富的思想,成为西方法律文化的一个理论源泉。

古希腊法律思想具有四个突出的特点:(1) 浓厚的城邦主义色彩。古希腊曾经有数以百计的城邦存在,城邦是构筑城池并进行自卫的部落或部落联盟,是古希腊人生活的核心,也是思想家们思考政治法律问题的出发点和归宿。如赫拉克利特(Heraclitus,约公元前530—前470)号召人们"为城邦而战",亚里士多德认为"人类自然是趋向于城邦生活的动物(人类在本性上,也是一个政治动物)"。[①] (2) 思辨的自然法观念。"自然法"这一概念是古希腊哲学创造的,它起源于古希腊人长期社会历史实践中所积淀的文化心理结构,早期的自然哲学就是这种文化心理结构的升华,自然法的基本理念是"与自然相一致的和谐生活"。(3) 原创性的民主意识。亚里士多德认为雅典的民主政治本质上是"平民群众具有最高权力;政事裁决于绝大多数人的意志"[②],没有任何人可以凌驾于公民和法律之上,城邦中每一个公民都必须服从和遵守代表正义的法律。古希腊的思想家们也不断地对城邦民主政治进行法哲学上的论证,并指出它的缺点与局限,但主权在民、轮番为政、法律正义、法律至上、尊重个人权利、尊重人的价值等民主要素,在古希腊城邦政治制度及其法律思想中是非常鲜明的。(4) 较大的依附性。古希腊没有独立的政治学和法学,政治学和法学在相当长的时期都依附于哲学和伦理学,所以,古希腊法律思想可称为法律哲学思想和政治法律伦理思想。

古希腊政治法律思想是西方法律文化乃至整个人类文化的璀璨明珠,对西方民主法治起着原创奠基作用。源于古希腊的自然法思想奠定了西方法治文化的理性基础,铸就了西方传统法律至上的观念;古典时期苏格拉底、柏拉图、亚里士多德等

---

① 〔古希腊〕亚里士多德:《政治学》,吴寿彭译,商务印书馆1997年版,第7页。
② 同上书,第312页。

思想家对正义的思考为人类社会的法律活动建造了一座永放光芒的灯塔,为鉴别良法和恶法提供了最基本的标准——全体城邦公民幸福;雅典城邦的民主实践又鼓励着后世西方民族和世界各民族追求独立、自由、民主、法治的信心和决心。

第一节 智者和苏格拉底的法律思想

智者和苏格拉底将人的目光从自然哲学转移到注重对社会和人本身的思考,这种转变是社会历史的需要,是希腊古代城邦民主制的必然要求和产物,它标志着古希腊法律文化进一步的发展。

▶ 一、智者的法律思想

"智者"(Sophistes)一词来自名词智慧(Sophia)。在古希腊,智者就是聪明的人、灵巧的人、有技艺的人。公元前5世纪后半叶,智者才专指以收费授徒为职业的一批巡回教师。智者并不是一个统一的学派,他们之间在政治立场、哲学与法律观点上都存在较大的差异,但他们又有共同的基本倾向,比如否定传统文化,轻视伦理。

(一)"人是万物的尺度"

普罗泰戈拉(Protagoras,约公元前490—前410)是古希腊哲学家,早期智者的主要代表人物。他出生在阿布德拉城,多次来到当时希腊奴隶主民主制的中心雅典,与民主派政治家伯里克利结为誓友,曾为意大利南部的雅典殖民地图里城制定过法典,一生旅居各地,收徒传授修辞和论辩知识,是当时最受人尊敬的智者。

普罗泰戈拉认为:"人是万物的尺度,是存在物存在的尺度,也是不存在物不存在的尺度。"[1]与此前探天究物、强调万物本原的米利都(Miletus)的学者们相比较,普罗泰戈拉更加强调人的作用。虽然苏格拉底、柏拉图和亚里士多德都认为普罗泰戈拉这一命题本质上是强调每个人的感觉都是尺度,具有明显的相对性。但是,黑格尔却洞察出该命题具有主体能动性的光辉思想,他认为这一伟大的命题体现了一个哲理,即"事物并不是孤立的,而是相对于我们的认识而存在"[2]。该命题虽然是相对主义的,却是对雅典社会的总结,雅典公民参与城邦政治法律的活动实际上是以人的主观意志判断处理城邦事务的诸种标准。普罗泰戈拉看到了人的能动性,并以此命题凸显人的作用,把人置于历史舞台中心的地位。这是古希腊人本主义思潮兴起的标志,反映了古希腊法律文化的重大转折,即开始了以人为中心、以人为标准的法律思考。

---

[1] 转引自北京大学哲学系编译:《古希腊罗马哲学》,生活·读书·新知三联书店1957年版,第133页。

[2] 〔德〕黑格尔:《哲学史演讲录》(第2卷),贺麟、王太庆译,商务印书馆1997年版,第28页。

(二) 国家与法律的起源

柏拉图的对话作品《普罗泰戈拉》是了解普罗泰戈拉关于国家与法律起源思想的基本资料。从该对话篇内容看，普罗泰戈拉否定法的自然起源，但又提出人类经历了一个自然状态的阶段，主张人类社会、国家与法律、公平与正义都是人为约定的观点，认为人人都有治国能力，人人都有美德，人人都有正义。显然，这一思想是"人是万物的尺度"命题的必然结果。

普罗泰戈拉在演讲中指出，普罗米修斯(Prometheus)拿走了赫淮斯托斯(Hephaestus)的技艺和雅典娜(Athena)的火，把它们送给人类，并通过这种馈赠使人类有了生活手段。在他看来，当人类拥有了生活的技艺后，他们马上就发明了语言进行交流，发明了房屋、衣服、鞋子、床以供生活安宁。只是人类起初一群群地散居各处，没有城市，他们在各方面都显得非常孱弱，他们的技能虽然足以取得生活资料，却不足以使他们与野兽作战。为了寻求自保，他们聚集到城堡里来，可是他们又缺乏共同生活的政治技艺，他们住在一起后彼此为害，重新陷入分散和被吞食的状态。宙斯(Zeus)担心整个人类会因此毁灭，于是派赫耳墨斯(Hermes)来到人间，把尊敬和正义带给人类，以此建立城市的秩序，创造出一条友谊和团结的纽带。在分配正义和尊敬时，宙斯告诉赫耳墨斯要分给所有的人，让每个人都有一份。如果只有少数人分享到正义和尊敬，那么城市就不能存在。同时，宙斯还让赫耳墨斯转达了一条法律，如果有人不能获得这两种美德，那就必须把那个人处死，因为这种人是国家的祸害。

普罗泰戈拉通过上述神话来说明法律与城邦国家的起源，这种神话也明确表达了城邦与法律源自于人们的生活需求，也就是说城邦国家与法律是人类社会发展的产物。他所讲的人类技艺和法律都是由神赋予，只是说人类来自自然界，每个人都应当具有像自然一样和谐共生的美德，城邦公民都有资格参与城邦各种活动，都应当遵守神圣的法律。即使是美德和法律，其实也是由人约定的，因为"美德并非天生的或自然而然拥有的，而是通过学习和接受教育获得的"，而"国家设立的法律是古代优秀立法家的发明，法律迫使公民依法统治与被统治"。①

(三) "自然"与"法律"

"自然"与"法律"的对立是公元前5世纪才凸显的问题。智者希庇亚(Hippias)、安提丰(Antiphon)比较集中地思考了这个问题，这是古希腊民主法治发展的必然要求，也反映了智者学派法律思想中民主传统的进一步发展。

希庇亚认为，人们结合为城邦，并不是因为法律，而是因为天性，正是自然天性相同使人们结合在一起。法律则是僭主制定的，它违反人的天性，强迫许多人在一起。由此看来，人的天性是平等的，因此他们才结合到一起，通过构筑城池并保卫城

---

① 〔古希腊〕柏拉图:《普罗泰戈拉篇》，载《柏拉图全集》(第1卷)，王晓朝译，人民出版社2002年版，第444、447页。

邦而过集体的城邦生活。但是僭主违背人的自然天性，用人为的"法律"将人分为许多等级，这样的城邦其实是违背人性而组成的。所以希庇亚相信有一种神圣的、普遍的、合乎人性的不成文法，这种不成文法体现了民主的理想，使人们在更大的范围内享受更多的自由。

智者安提丰进一步强调人的"天然"权利，把人为的法律与天然的自然权利对立起来。他认为，从自然上说，外邦人和希腊人长得都完全一样，应该看到对一切人来说，都有自然的、必然的一面。人们都是用嘴和鼻子吸进空气，用嘴配以手来吃东西，人与人是亲近的同胞好友。所以，根据自然，没有一个人生而为奴隶，因为我们的自然禀赋在一切点上都是一律平等的，不论我们是希腊人或野蛮人，我们天生都具有人所必须具备的任何一种能力的特征。"我们没有一人可以注定作为一个希腊人或一个野蛮人。"①"自然"给人视、听、触、味和思想，然而城邦的法律却命令人们哪些可以看到，哪些不可以看到，禁止人们做这些，命令人们做那些，这都不是和自然亲善的。因此，城邦的法律并没有规定人们去遵循自然，反而是束缚人们的自然平等。智者对自然正义和城邦法律的审视，第一次将自然法与人为法、法律与正义两大问题联系起来，从此，这两大问题成为西方法律文化史的重要线索。

然而，基于相对主义和怀疑论思想的指导，后期智者对人为约定的法律观念提出了不同的主张。智者色拉叙马霍斯（Thrasymachus）认为："正义就是强者的利益。"②法律就是强者为自己的利益而制定的，权利只能是强者的权利。三十僭主之一的克里底亚（Critias）认为"优者比劣者多得一些是公正的，强者比弱者多得一些也是公正的"，这也是自然的，否则就是反自然的。这完全是弱肉强食的"强权公理"。

▶ 二、苏格拉底的法律思想

苏格拉底（Socrates，公元前469—前399）是古希腊著名的思想家，西方原创文化的主要奠基者之一。他生于雅典，在伯罗奔尼撒战争期间（公元前431—前404），曾三次随军远征，表现非常勇敢。在战争结束后的"三十僭主"统治期间，他拒绝执行去逮捕并处死一个人的命令，此后，又因"腐蚀青年、不信奉雅典城邦的神和发明新神"的罪名受到指控而被判处死刑。虽然有机会出逃，但他还是坚持一个公民必须遵守法律的信念，在狱中服毒而尽。

苏格拉底"述而不作"，没有留下什么著作，他法律思想的资料来源主要是其弟子柏拉图和色诺芬（Xenophon，约公元前430—前354）写的有关苏格拉底的思想记述。

（一）"认识你自己"

苏格拉底以前的哲学家都以自然为研究对象，探索宇宙的本原。苏格拉底认为

---

① 周辅成主编：《西方伦理学名著选辑》（上卷），商务印书馆1964年版，第31—32页。
② 〔古希腊〕柏拉图：《理想国》，郭斌和、张竹明译，商务印书馆1997年版，第18页。

他们只注意世界,没有审视自己的心灵,他们想找到一个新的支撑世界的天神,却不知道支撑这个世界的力量就是善,它就存在于人的心灵之中。

苏格拉底之死

苏格拉底同意"哲学应当成为人学"的观点,认为"未经思考的人生是没有价值的人生"①,对人最有用的知识莫过于关于人类自身的知识,因而他转向了与人密切相关的价值的研究。他主张对变幻不定的感性事物进行理性的判断,以发现其背后的真理,人类应该实实在在地关注真理、智慧和灵魂的完善。尽管他认为人类不可能拥有真理和智慧,但还是宣称人应该努力达至真理和智慧。他说:"我用尽所有时间来试图说服你们把关注的首要焦点不是放在自己的身体和财产上,而是放在灵魂的最高福祉上。"②在他看来,发现真理和智慧的方法从审查人们生活中习以为常的最满意的假定开始,经过反复诘问,经过审查得到的结论是真,那么习惯的假定就是真的。即凡是经得起检验的,就是真知识。苏格拉底认为:"人们由于认识了自己,就会获得很多的好处。"③那些能自我反思的人,知道什么事对自己合适,什么事对自己不合适,这些人还能分辨自己可以做什么,不可以做什么,而且由于做自己懂得的事就得到了自己所需要的东西,从而繁荣昌盛,不做自己所不懂的事情就不至于犯错误,从而避免祸患。

(二)"拯救本质"的正义论

苏格拉底的法律思想具有显著的道德特征,他把希腊的衰败归结为道德沦丧,他指出当人们丢掉了正义和美德时,国家就会遭受不幸,因而他要以道德正义拯救希腊。

苏格拉底正义论的哲学基础是"拯救本质",寻求一般。这是他批判和总结智者理论而得出的结论。他认为智者的理论太强调个体感觉的判断,强调个人的利益,这不仅具有相对主义和感觉主义色彩,而且以个人利益作为判断正义的标准,只能导致现实社会的人们去追逐商业,追求名利,如果以此来拯救城邦,也只能算拯救现象,而根本无法从本质上拯救城邦。苏格拉底认为"意见"可以各种各样,"真理"却只能有一个;"意见"可以随各个人及其他条件而变化,"真理"却是永恒不变的,那个真理就是人的美德。只有城邦的公民具有美德,并将美德作为追求的目标,这个城邦才能从根本上得到拯救。

在柏拉图早期的对话篇中,处处可以发现苏格拉底追求"美自身""正义自身"的记载,这改变了智者虽然注重现实社会人的认识能力,却又仅停留在感性阶段的

---

① [古希腊]柏拉图:《申辩篇》,载《柏拉图全集》(第1卷),王晓朝译,人民出版社2002年版,第26页。
② 同上书,第18页。
③ [古希腊]色诺芬:《回忆苏格拉底》,吴永泉译,商务印书馆2001年版,第149—150页。

相对主义状况。智者把眼光从自然转向人伦,这是一个很大的进步,但他们又陷入了错误的感觉主义,甚至怀疑主义。苏格拉底吸收了智者注重人伦的思想,并把这个哲学路径深化和推进了一大步,同时,他又克服了智者夸大个人意见的缺陷和相对主义道德观,实现了古希腊哲学的重大转变。

苏格拉底的"正义"有着他那个时代特定的内容:忠诚、正直、勇敢、智慧、守法就是美德,符合正义。邪恶、倾轧、争权夺利、追逐金钱名位、违法乱纪就是不义。苏格拉底确实批评过雅典民主,因为雅典的沉沦使他痛苦,他要反省这一切。他要从道德原则出发,强调正义是从政治国、治民的准绳,是法律的灵魂。法律之所以是城邦"不会天翻地覆"的保障,正是因为法律代表正义,令则必行。如果不遵守城邦之命,那就必须改变对什么是正义的规定。在苏格拉底看来,不管什么人、什么政体,只要言行不合正义、不合法律,就要批评和反对。他的这些言行必然招致智者、智者的追随者以及被智者蛊惑的人们的仇视,这就是他逃离了贵族政体的迫害,却又死于民主制下的原因。但处死他的民主城邦不久就处罚了控告苏格拉底的人,这不仅说明雅典人对苏格拉底之死是后悔的,也说明拥有美德的民主城邦是能获得拯救的。

第二节　柏拉图的法律思想

柏拉图(Plato,公元前427—前347)生于雅典附近的埃癸那岛。在伯罗奔尼撒战争期间长大的柏拉图目睹了战祸、贫困和社会的混乱,一生跨越了从雅典衰落到马其顿兴起的时期。柏拉图的父母皆出身于雅典名门望族,他20岁开始跟随苏格拉底学习。青年柏拉图曾想从事政治活动,但由于雅典贵族政治堕落为寡头政治,充满邪恶和不正义的城邦政治令他失望,他决心放弃仕途,毕生从事道德哲学研究。他游历过埃及和小亚细亚,三次访问意大利,同毕达哥拉斯学派有紧密联系,回雅典后,于公元前387年创办一所学校,因学校位于雅典英雄阿卡德米墓地附近,故称"阿卡德米"(Academy,学院)。这是欧洲历史上第一所固定的学校,柏拉图在这里从事著述和教育事业,直到去世。

柏拉图

柏拉图的著作大部分被保留下来了。他是西方法律思想史上第一个有大量著作流传下来的思想家,这些著作中的《理想国》(又称《国家篇》)《政治家篇》《法律篇》是研究其法律思想的珍贵资料。

一、挽救城邦的法宝——道德正义

柏拉图是苏格拉底的继承者,第欧根尼·拉尔修(Diogenes Laertius,200—250)认为,柏拉图"在政治哲学方面继承了苏格拉底"①。因此,了解柏拉图的法律思想,需要沿着其导师拯救法的本质的"正义论"继续考察。柏拉图著作以对话方式展开,对话篇中柏拉图将自己的思想以导师苏格拉底与他人对话的形式表达出来。

柏拉图讨论正义的场景非常独特。在一个祭献的神圣节日里,哲人苏格拉底和大家一起交流感情,探讨人生及智慧。克法洛斯(Cephalus)老人首先依据生活经验说出了自己对正义的看法,那就是对人不欠债,对神说实话。克法洛斯的儿子玻勒马霍斯(Polemmarchus)对父亲的正义观念进行了补充,他认为正义就是把善给予朋友,把恶给予敌人。不过苏格拉底却认为欠下一个疯子的剑似乎更有利于保护他不惹事,还有不打仗的时候给予敌人的恶就没有用,而且朋友和敌人的定义也不好下。由此看来,经验的正义还是有漏洞。这时,智者色拉叙马霍斯急不可待地出场,指出正义就是强者的利益。当苏格拉底指出对人民有利的法律肯定对统治者形成约束和不利时,正义就是强者的利益已经站不住脚了。色拉叙马霍斯又说,正义就是为强者的利益服务的,而不正义对一个人自己有好处,有利益。他甚至说最不正义的人就是最快乐的人,足见当时社会对于法律正义理解的混乱。

柏拉图把正义引入人的道德层面进行思考,指出"正义是心灵的德性,而不正义是心灵的邪恶"。② 在他看来,个人只是城邦的一个分子,要考察个人的道德正义,需要先考虑城邦的道德正义。柏拉图先考察了一个自足的城邦,这个城邦由农民、建筑工人、纺织工、鞋匠和医生组成,他们除了为自己准备劳动成果之外,还必须为其他人准备一份劳动成果,只有这样,才能相互交换劳动成果,使城邦正常生活。他称这个简单的、自足的、分工协作的城邦为"猪的城邦"。但是,这个简单的城邦在成长,最后成为"发烧的城邦",这个城邦由护国者(统治者)、辅助者(军队)、劳动者组成。护国者的职责是发挥自己的智慧美德,确保"城邦的目标不是为了某一个阶级的单独突出的幸福,而是为了全体公民的最大幸福"③。辅助者的职责是以勇敢的美德来保护城邦公民的权益,但勇敢并不是对所有人都无所畏惧,而是对侵略者不能畏惧,对自己城邦的公民必须畏惧。劳动者的美德是节制,而节制不仅是劳动者的美德,它贯穿于全体公民,能把最强的、最弱的和中间的都结合起来,造成和谐。所以,国家的正义就是按能力分工,又各自依据各阶层美德相互协调的和谐状态。

柏拉图认为人的灵魂有理智、激情和欲望三种品质。理智能使人判断好与坏,它在人的灵魂中作用越大,一个人就越有智慧。激情是借以发怒的那个东西,但激

---

① 〔古希腊〕第欧根尼·拉尔修:《明哲言行录》(上),马永翔等译,吉林人民出版社2003年版,第175页。
② 〔古希腊〕柏拉图:《理想国》,郭斌和、张竹明译,商务印书馆1997年版,第42页。
③ 同上书,第133页。

情是理智的天然盟友,当一个人的欲望在力量上超过他的理智时,激情和理智就会结合起来控制自己的欲望,使灵魂得到节制,于是个人就像国家那样实现了和谐的美德。

二、理想的政制与法律

柏拉图在《理想国》中反思了希腊各种城邦政体和法律制度,并根据探讨的城邦正义和个人正义,提出了最好的城邦政体和管理城邦的最好的法律原则。

(一) 最佳的贤人政制

柏拉图设计的"猪的城邦"是最简单的城邦,他称之为一级城邦,"发烧的城邦"属于二级城邦,这两种城邦都不适合人们生活,唯有在正义理论支撑下,能够协调发展的城邦才是好的城邦,这种城邦称为三级城邦。三级城邦有正义之"光"照明,可以纠正城邦中的不正义。三级城邦的体制称为贤人政制,这种城邦的目的是为了绝大多数城邦公民最大的幸福。

这个城邦由经过严格培养和遴选的哲学家轮流执政。柏拉图认为,实行贤人政制的城邦所挑选的领导人不是临时抽签选举的,而是经过长达50年的培养从全国公民中遴选出来的。城邦公民的第一次区分是在一个人20岁左右,大多数学业成绩和实际操作能力没有达到高标准要求的城邦青年便去从事辅助工作或专门技术的劳动。30岁左右再经过一次选拔,个别优秀者进入哲学思维训练和政治训练阶段,他们是城邦的高层次储备人才。哲学王就是这样培养出来的,但哲学王不是终身任职,更不是世袭的君主,哲学王要在民主选举的基础上轮流主政。柏拉图说:"在剩下岁月里,他们得用大部分时间来研究哲学;但是在轮流值班时,他们每个人都要不辞辛苦管理繁冗的政治事务,为了城邦而走向统治者的岗位。"[①]可见,哲学王是共和制下被选举出来的有智慧的执政者。

贤人政制实行依法而治。在理想的城邦中,社会各阶层是一种分工又合作的关系,在这个城邦中,每个公民都必须遵守法律,而且要教育小孩树立守法意识。他说:"孩子必须参加符合法律精神的正当游戏。因为,如果是不符合法律的游戏,孩子们也会成为违反法律的孩子,他们就不可能成为品行端正的守法公民。"[②]法律禁止一个有力量的军人采取各种办法爬上护国者的位置,法律还禁止护国者有自己的私有财产,否则,护国者和辅助者就会以权谋私、欺压百姓。

这种城邦的公共权力是为整个城邦谋福祉的。柏拉图认为城邦是因为人们生活需要而建立的,不是因为神的需要而建立的,所以城邦没有神的计划,只是人们计划的结果。无论由谁来负责治理城邦,他们的权力只能来源于城邦公民。发展是城邦的第一要务,寻求城邦的和谐目的是为了发展。必须通过法律和教育的手段使护

---

① 〔古希腊〕柏拉图:《理想国》,郭斌和、张竹明译,商务印书馆1997年版,第309页。
② 同上书,第140页。

卫者和辅助者真正履行对城邦和公民的职责,要"竭尽全力,做好自己的工作。也要劝导其他的人,大家和他们一样。这样一来,整个城邦将得到非常和谐的发展"①。

城邦的支撑靠普通阶层的生产技艺。普通民众不仅是城邦服务的对象,还是支撑国家经济的主要力量。柏拉图非常重视手工业和农业阶层的技艺问题,指出技艺教育不仅要从小培养,还必须通过立法防止技艺阶层的人技艺退化。他认为贫穷和富裕都容易导致技艺退化。贫穷容易使人变得粗野、品质低劣,游手好闲;富裕容易使人奢侈、懒散,也容易导致社会变化。他举例子说,让农民穿上礼袍戴上金冠,他们就不愿下地干活;让陶工斜倚卧榻,吃喝玩乐,他们就不愿去干又脏又累的陶制活,这样的国家迟早要出大问题。

(二)最好的法律

雅典法律存在很多问题,最大的问题是这些法律缺乏严格审查,一些法律甚至是根据少数人的利益制定的,不符合多数人的根本利益。这些法律或许可以在平静的城邦生活中无大碍地运行,可是当城邦发生大的变动时它就会危及城邦的生存。希腊文化的衰落正是这种法律观念和法律制度导致的。柏拉图和其导师一样,致力于探索城邦最好的法律。

柏拉图认为最好的法律包括"三大根本问题"和"十条治邦原则"。"三大根本问题"分别是城邦起源问题、城邦政体问题、选拔和培养城邦领导人问题。这些根本问题既是贤人政制的主要内涵,也是城邦立法的主要内容。"十条治邦原则"分别是为城邦公民服务原则、全体公民幸福原则、以德治邦原则、社会分工原则、节制原则、平等原则、优生原则、国民教育原则、交叉分配原则、人道主义原则。柏拉图认为,建立城邦的目标并不是为了某一个阶级单独的幸福,而是为了全体公民的最大幸福,《理想国》第三卷中的警语永远值得为政者牢记:如果没有决心为公众服务,不能用教育和法律制度有效遏制腐败,"结果就会是,他们和国家一起走向灭亡之路,同归于尽。"②可见,只有为全体城邦公民幸福而服务才是城邦长治久安的根本。以德治理邦国原则并不与依法治理邦国相矛盾,美德是各行各业及每一个人各司其职的基本要求,苏格拉底就是被没有职业道德的法官和被蛊惑的大部分议事会成员所冤枉处死的。柏拉图知道无论是法律还是法律意识都要有道德作为支撑,否则法律就失去了灵魂。

▶ 三、次好的城邦及法律

柏拉图在《理想国》中所探讨的最好的城邦政制和法律只是人类追求的目标,在《政治家篇》和《法律篇》中他开始探索实现这些目标的具体措施。这些具体措施或许不是最好的城邦及法律,而是次好的城邦及法律,但要实现《理想国》提出的目标,

---

① 〔古希腊〕柏拉图:《理想国》,郭斌和、张竹明译,商务印书馆1997年版,第134页。
② 同上书,第131页。

还需要从现实民主城邦出发,将现有的城邦和法律进行改造,成为次好的城邦及法律,再经长期适应和改造达到理想城邦和理想法律的要求。

(一) 民主政体

柏拉图知道,现实城邦中没有一个城邦的政体属于理想的贤人政体,但是相比之下雅典城邦的民主政体还是通向理想城邦比较接近的政体。他认为判断现实城邦政体好坏的基本标准是城邦是否依法办事,就所有的希腊城邦而言,如果都依法行事,那么最好的政体是君主政体,因为办事效率高,依法办事效果好;而民主政体最不好,因为权力在众多的统治者中被划分为很小部分,使城邦无法有所作为。但事实上,几乎所有的希腊城邦都不遵守法律。如果从不遵守法律的角度看,民主政体是最好的政体,因为权力被法律制约着,使坏人干坏事受到了制约;而君主政体是最坏的政体,因为没有法律的制约,君主政体成了专断、专制的政体。

柏拉图认为,诸多城邦希望用法律来规范各种事情,而且这也成了希腊的传统。但是,城邦中又总有人希望摆脱法律的控制,利用权力来干坏事。一旦一个城邦步入专断、专制的政制时,这个城邦和它的人民就很危险了。所以,民主政体比起君主政体有法制时,它好处较少,而比起君主政体无法制时,它坏处较少。在这种情况下,柏拉图还是以"中道"的衡量标准选定了雅典民主政体作为奔向理想城邦的起点,这种政体起点较高,有利于人类向前进步。

(二) 立法原理

柏拉图在《法律篇》中讨论了法律与自由、立法目的、立法条件、法律的稳定性等一系列立法原理,认为遵循这些原理就能制定出较好的法律,并最终实现法治。

柏拉图把自由、智慧与和平一道列为城邦立法的目标。他反对绝对的自由,认为一种不加约束的自由对城邦来讲意味着毁灭。自由并非指任意的所作所为,一切贪欲和财富都可能使人变得不自由。比如,饮酒可以让人产生自信,让人自由,但过度饮酒会导致放纵和野蛮,而"野蛮的脾气是众多罪恶的源泉"[1]。可见自由是人类本性不受强制的一种状态,但并不是绝对不受制约的状态。智慧本质上能给人带来自由,勇敢和外界的物欲则可能因为没有节制而使人不自由或遭到毁灭,城邦也是这样。

柏拉图认为立法应当以整体的美德为框架,而不是以其中最不值得考虑的部分为指向。也就是说立法目标是为了实现美德的正义。但是人的品性中不仅有智慧的正义,还有节制、勇敢的正义以及智慧、节制和勇敢相结合的正义。克里特和斯巴达的法律崇尚勇敢,公民从小就受到苛刻和严厉的训练,并且一直在痛苦中品尝生活。这样的结果使他们感到只有看到别人和他们一样在痛苦中挣扎时,他们才有幸福,实际上,这种幸福只有在战争中才能实现。柏拉图反对这种给个

---

[1] 〔古希腊〕柏拉图:《法律篇》,载《柏拉图全集》(第3卷),王晓朝译,人民出版社2002年版,第397页。

人带来痛苦、给城邦及民族带来混乱的立法,他认为以勇敢的正义为立法目的是最差的,而以智慧、节制和勇敢相结合的正义为目的的立法是最好的,这种立法目的是和平。

柏拉图指出,立法有三个条件:立法者为之立法的社会必须是自由的,立法者为之立法的社会必须是和平的,立法者为之立法的社会公民具有理智和理解法律的能力。① 前两个条件强调,只有在自由与稳定的社会前提下制定的法律才能维护自由与和平。第三个条件是立法技术上的要求,只有城邦公民能理解的法律才能被顺利实施,不能被民众理解的法律就不是真正好的法律。

柏拉图强调法律要具有稳定性,不能随意修改。在他看来,法律自身虽然有一定的缺陷,但是对法律缺陷的弥补和修改必须谨慎。对于法律的修改他提出三点意见:一是由立法者对法律不足之处按原则进行解释,以弥补其不足。"如果发现了某种方法——一种用例证或教训来使别人明白保存和改善法律的重要性的方法——那么,我想,他绝对不会厌烦对这种方法作解释,直到成功为止。"② 二是可以用一种行政性规定暂时替代法律之不足,直至经验成熟,再上升为法律。三是由议事会派人出国考察,然后听取考察归来者的法律修改建议,经过议事会讨论,再公布实施。柏拉图认为修改法律要非常严肃和谨慎,因为法律代表着人类的智慧和正义,智慧和正义的结晶怎么能被随意地修改呢? 认为只有智者可以随意地修改法律,甚至废除良好的法律而去制订符合"意志"的非理性的法律。

第三节　亚里士多德的法律思想

亚里士多德(Aristotle,公元前384—前322)出生于爱琴海西北岸色雷斯的希腊殖民城邦斯塔古腊小镇,当时色雷斯已经处在马其顿的统治之下。亚里士多德的父亲是马其顿王菲利普的御医,亚里士多德从童年开始便在一种舒适的物质环境中接受严格的精神训练,而且同马其顿皇室形成了长久的亲密关系,这对他一生的事业产生了至关重要的影响。亚里士多德17岁进入柏拉图学院学习,直到柏拉图去世,前后长达20年。可以说,雅典和柏拉图是亚里士多德的真正教育者。但是他"是个在思想上同那个伟大的雅典人(柏拉图)属于不同类型的人。他对具有想象力的意志天生就怀疑,而对确立的事实却极为尊重而力求理解"③。亚里士多德虽然不完全赞同柏拉图的观点,但他还是极为尊重老师,而且是柏拉图思想的真正继承者,他的名言"吾爱吾师,吾更爱真理"是其学术及人格的真实表达。

公元前342年,亚里士多德应马其顿国王腓力普二世的邀请,成为王子亚历山

---

① 参见〔古希腊〕柏拉图:《法律篇》,载《柏拉图全集》(第3卷),王晓朝译,人民出版社2002年版,第459页。

② 同上书,第525页。

③ 〔英〕赫·乔·韦尔斯:《世界史纲》,吴文藻、谢冰心译,人民出版社1982年版,第356页。

大的家庭教师。据说亚历山大敬师如父,亚里士多德还为亚历山大编写了两本书,即《君王论》和《殖民地论》。公元前336年,亚里士多德回到雅典的卢克昂建立学校,他在这里从事教育与著述长达13年,他对各种学科的研究及大量著作是在这里完成的。亚里士多德常在林荫道上和学生边散步边讨论问题,所以他的学术团队又被称为"逍遥学派"(Peripatetics)。公元前323年,亚里士多德因政治原因离开雅典到优卑亚岛,第二年在该岛去世。亚里士多德是古希腊最伟大的百科全书式学者,古代最博学的人。其著作号称千卷,涉及逻辑学、自然哲学、形而上学、伦理学、政治学、经济学、文艺著作等,其中《尼各马可伦理学》《政治学》《雅典政制》是研究其法律思想的主要资料。

亚里士多德

▶ 一、城邦与法律的起源

亚里士多德在《政治学》中提出了国家自然起源的理论。他认为城邦是一种社会团体,而且一切社会团体的建立,其目的总是为了完成某些善业,那么城邦这种最高、最广泛的社会团体,"它所求的善业也一定是最高而最广的"①。这实际上是说国家的目的是为了全体公民的幸福,这种说法虽然掩盖了奴隶制的不平等,但在当时是一种进步的国家观。亚里士多德还认为城邦的形成出于人类本性的自然要求,在他看来,城邦出于自然的演化,而人类自然是趋向于城邦生活的动物。一个人"由于本性或由于偶然性而不归属于任何城邦时,他如果不是一个鄙夫,那就是一位超人,这种'出族、法外、失去坛火的人',荷马曾鄙视为自然的弃物"②。这就是说,人生来就有合群的天性,而家庭这个社会的细胞是最基本的群居组合方式,它是为了满足日常生活需要(传宗接代和自保)而建立起来的,其成员包括夫妻、子女、奴仆和耕田的牛等。由家庭结合而成的社会团体就是村落(部落),由村落组成的政治团体就是城邦。城邦的组成是出于人类生活的需要,人类为了达到"优良生活",自然而然地结合起来。因此,早期各级社会团体都是自然地生长起来的,一切城邦既然都是在这一生长过程中完成的,也应该是自然的产物。城邦是社会团体发展的终点,是人类社会最高级而又完备的境界。

亚里士多德又从生物自然本性的角度论述城邦是最高的社会团体。他说,动物必须结合以繁殖种类,这不是由于动物深思熟虑的意图,而是由于天然的冲动。不仅动物如此,植物亦是如此。从自然本性方面讲,人也是动物,只不过人是有理性的

---

① 〔古希腊〕亚里士多德:《政治学》,吴寿彭译,商务印书馆1997年版,第3页。
② 同上书,第7—8页。

"政治动物"。由于人与动物还有区别,人有理性、语言、讲礼法、道德,能分辨苦乐、善恶、正义与不正义,正是基于这些行为中的共识才形成了家庭与城邦。总之,人必须与他人群居、结合,才能获得各种需要的满足,达到幸福美满的生活,而这也正是城邦的目的。

城邦的建立出于人类的自然需求,法律则是这种需求的保障,因此城邦不能没有法律。亚里士多德认为,正义是治理城邦的最基本原则,是立法的最高依据。社会的美德是判定公正或不公正的标准,是政治社会中和谐秩序的重要原则。法律并不是"一些临时的合同","法律的实际意义却应该是促成全邦人民都能进行正义和善德的制度"[1]。可见,法律的目的与城邦的目的是一致的,法律是为了维持城邦这个人类社会共同体而产生的。城邦要实现人类幸福美满的生活,就需要有秩序,为此,城邦及其公民不仅需要伸张正义,城邦中公民的行为也要加以明智的引导和合理的约束。总之,良好的法律产生良好的秩序,法律就是秩序,法律就是正义的保证。

在城邦与法律的起源问题上,亚里士多德的思想有几点值得注意。(1)城邦与法不是从来就有的,它的产生历经了从家庭到村落,再从村落到城邦的过程,而且法律在城邦阶段才出现。(2)法律与城邦密不可分,法律的目的和作用同城邦的目的和作用是一致的。(3)城邦产生于人类自然的需要(物质和精神),法律是国家满足人类需要的保证,说明亚里士多德不自觉地触及国家、法律与社会物质利益之间的关系。(4)在亚里士多德看来,城邦这个社会共同体分为天生的统治者和天生的被统治者,而法律维护城邦秩序当然包括维护这种统治与被统治的秩序。亚里士多德将统治与被统治说成是天生的,旨在维护传统贵族的统治,但是从另一个方面也说明亚里士多德在一定程度上看到了国家、法律同阶级、阶级统治的关系。

▶二、政体与法律

亚里士多德十分重视政体,他把政体当作一个比较独立的系统来仔细研究,强调法律要适应政体。他说:"法律实际上是,也应该是根据政体(宪法)来制定的,当然不能叫政体来适应法律。""法律不同于政体,它是规章,执政者凭它来掌握他们的权力,并借以监察和处理一切违法失律的人们。由此可知,凡有志于制定适合各种政体的法律(或为不同政体的城邦修改其现行的法律),就必须先行认识政体的各种类型及其总数。"[2]他认为,凡关心公共福利的政府是严格按照正义而建立的,是优良的政治体制;凡以主政者私人的利益为目的的政府均是不完善的政府,也是腐败和专制的政府。

在亚里士多德看来,主政者(或领袖)是政体的一个十分重要的内容,主政者的

---

[1] 〔古希腊〕亚里士多德:《政治学》,吴寿彭译,商务印书馆1997年版,第138页。
[2] 同上书,第178页。

地位同政体形式存在着本质联系。作为主政者必须具备一些基本条件:品德优秀、经验丰富、充满智慧、忠于法律、公正清廉等。同时,要反对一人主政,因为这必然造成个人至上的绝对权威,而一个人统治的城邦容易引发个人私欲的膨胀,这个统治者所注意的是自身的利益,容易成为暴君。① 这样的政体当然是不好的,而这不好的政体反过来又强化了个人专制与独裁。亚里士多德认为应由多数人来治理城邦,因为多数人治理能够从各种角度评判、审慎思量城邦事务,通过集思广益,仔细斟酌,必能做到百密而无一疏。这实际上看到了执政者(领袖)及其地位对政体形式的决定作用。这种思想既是历史经验的总结,又是一种历史的预测,后来被西方资产阶级继承与发展。正是基于上述认识,亚里士多德强调处理好法律与政体的关系,主张用法律来制约执政者(领袖),依据城邦的政体制定相应的法律制度,当然制定法律最根本的标准还是正义。他说:"有一点是可以确定的,即法律必然是根据政体(宪法)而制定的,既然如此,那么符合正宗政体所制定的法律就一定合乎正义,而符合于变态或乖戾的政体所制定的法律就不合乎正义。"②

亚里士多德具体分析了三种政体形式,即君主政体(Monarchy)、贵族(贤人)政体(Aristocracy)和共和(宪政)政体(Polity or constitutional government),并提出了划分城邦政体的两个标志:一是这个城邦的"最高治权的执行者"人数的多少,二是这些"最高治权的执行者"实行统治的目的是否"旨在照顾全邦共同的利益"。亚里士多德认为城邦执政者可以是一人,也可以是少数人,又可以是多数人,他或他们的执政如果是为了全邦的共同利益,就是正宗政体。反之,如果他或他们所执掌的公务团体只照顾自己一人或少数人或平民群众的私利,那么必然是变态政体。根据这两个标准,君主政体、贵族政体和共和政体都是正宗政体,但如果违背了"全邦人民的公益",这些正宗政体就会变成变态政体。君主政体的变态政体为僭主政体;贵族政体的变态政体为寡头政体;共和政体的变态政体为民主政体。

亚里士多德喜欢由德才兼备者主政的君主政体,但又觉得贵族政体胜过君主政体。当他发现在希腊城邦贵族政体不过是一种期望时,便从实际考虑,认为共和政体最好。共和政体由多数人统治,与少数人统治的寡头政体相区别,而且执政者不是无私产的贫民或暴民,又不同于民主政体,它介于寡头政体与民主政体之间,代表中小奴隶主阶层利益。要维护这种正宗的共和政体,亚里士多德认为关键在于执政者的品德,而品德之中最重要的是能以正义、法律治理城邦,为人民谋福,这就是法律与政体的密切关系。法律要适应城邦政体,而政体的性质必须依靠法律来维持。共和政体是法律的依据,而法律是共和政体的保障,它可以限制和制约执政官员企图假公济私。反过来,如果共和政体不发生蜕变,就必然能使法律得以实现,法治进一步强化。

---

① 参见〔古希腊〕亚里士多德:《尼各马可伦理学》,廖申白译,中国社会科学文献出版社1990年版,第101页。
② 〔古希腊〕亚里士多德:《政治学》,吴寿彭译,商务印书馆1997年版,第148页。

三、正义与法律

亚里士多德十分重视法律与正义问题,他的政治理论与法律思想都是以其正义思想为基础的。在他看来,世界上一切学术(知识)和技术都以追求正义为终极目的,政治学术是一切学术中最重要的学术,"其终极(目的)正是为大家所最重视的善德,也是人间的至善。政治学上的善就是'正义'"①。在他看来,城邦以正义为原则,而正义又衍生出法律,这种法律可以判断人间是非曲直,所以正义是保持良好社会秩序的基础。

亚里士多德从社会利益的角度分析正义。他给正义下了一个定义,即正义就是公共利益的依归。这个正义概念比柏拉图的正义概念——每个人各干自己的事情而不干涉他人的事情——更加注重实际。他还对正义作了分类,认为正义可以在一般和特殊两种不同的意义上使用。从一般意义上讲,它等同于守法。从特殊意义上讲,它又以两种形式展开,即分配正义和矫正正义。

分配正义是指将荣誉、财富或任何其他可以分割的事物在政治共同体成员之间按比例进行分配的理念。不同地位、不同身份的人要按照比例原则办事,不同品德的人在社会上享有不同的政治权力、不同的社会荣誉和不同的财产数额。这种正义以个人能力和地位为基础,即以人的实际不平等为基础,而这种不平等是自然造成的,具有相对的稳定性。分配正义的存在具有合理性,它强调城邦社会根据人们技能的好坏和成就的高低分配报酬。如果相等成就的人分配到了不相等的事物,不相等成就的人反而分配到了相等的事物,那会被人们认为是不公正的。但是,分配正义的最大困难在于,每个人对价值有不同的说法,平民派认为自由才是价值,寡头派认为财富才是价值,贵族派认为出身高贵就是最有价值的德性。因此,为了实现分配正义,必须考虑到多种价值,并按某种比例来分配公共事务。

矫正正义也指交换正义,反映的是人们之间的绝对平等关系。此种正义不考虑人们的具体情况,而只考虑把单纯的算术平等用于所及的每一个人或物。矫正正义是实质性的正义,适用于人们的交往活动,包括契约交易的行为,也包括违法或犯罪的行为,例如法官对违法或犯罪者处以一定的罚金或其他处罚,并一视同仁地对所有应受处罚人使用。交易行为属于自愿的交往,而侵权及犯罪行为属于不自愿的交往。在非自愿的交往中,当一个人对另一个人造成了损害,使其蒙受了损失时,就要从加害方的好处中拿出一些加到蒙受损失的人那里,补偿其损失。所以,矫正正义一个非常重要的要素是,法官或陪审团在司法案件中必须遵循共同的理念和原则。矫正正义不考虑相关当事人的地位,而只确保双方或相关各方的平等,不论是好人犯法还是坏人犯法,都应受到惩罚,即剥夺其违法所得用以赔偿受害者的损失。矫正正义的实现有赖于一位中立的裁判者,他作为公正的化身,使侵害者受到惩处,使

---

① 〔古希腊〕亚里士多德:《政治学》,吴寿彭译,商务印书馆1997年版,第9页。

受害者得到补偿。

虽然回报和互惠并不是分配正义,也不是矫正正义,但是,回报和互惠也是正义的一种重要形式。回报这种善德是维系人们的交往或交换的重要方式,也是构成城邦或国家的重要纽带。亚里士多德认为回报的正义强调要以怨报怨,若不然就要像奴隶般地受侮辱;要以德报德,若不然交换就不能出现。

在亚里士多德看来,法律与正义之间存在着密切的关系。他指出,正义是法律的目的,"法律的实际意义却应该是促成全邦人民都能进于正义和善德的永久制度"①。同时,法律本身也是正义的体现。要权衡事物是否合于正义(公平),须有毫无偏私的权衡,而法律恰恰是这样的一个中道的权衡。在通过法律确定一定的行为规则之后,法律就为社会划定了某种评价标准,不因执行者自己的偏好和爱憎而发生变化。亚里士多德认为法律就是没有人类感情偏见的道德理想的外在表现,它不仅是契约或协定,也是与所有的美德共存的道德力量。

▶四、法治的含义和优点

亚里士多德是第一位比较系统地论述法治的思想家,他论述了法治的含义及实行法治的优点。

亚里士多德提出了响彻古今的法治论,在他看来法治就是良法得到很好地遵守,并产生很好的社会效果。他提出,"法治应包含两重意义:已经成立(即制定)的法律获得普遍的服从,而大家普遍服从的法律又应本身是制定得良好的法律"②。法律是一种社会秩序,是人们的行为准则,法律必须是良法、正当的法,也就是前述正宗政体的合乎正义的法律。这样的法律才会受到尊重而保持至上的权威,才能形成法治。乖戾的政体和不正义的法律(恶法),至多是法律的统治,而不能称为法治,因为恶法统治无异于暴政。他强调公民要遵纪守法,不得违法。要杜绝一切违法行为的发生,特别应该注意,一个城邦要有适当的法制,使任何人都不至于凭借他的财富或特殊权力而成为邦国的隐忧。法律所以能够见成效,全靠人民的服从。

亚里士多德明确指出法治优于一人之治。其主要理由如下:(1) 法律不会感情用事,而任何人都不免有感情。凡是凭法律因素治事的统治者总比凭感情治事的统治者较为优良。"法律恰正是没有感情的;人类的本性(灵魂)便谁都难免有感情。"③(2) 法律不会在统治者中加入个人的偏向。而任何个人,即使是最贤良的人也不免有热忱,会在其执政之中加入个人的偏向。法律可以免去个人的偏向。"法律恰恰正是免除一切情欲影响的神祇和理智的体现。"④如果让法律来进行统治则近于神祇和理智的统治,而让个人来进行统治则无异于让兽性来进行统治。(3) 集

---

① 〔古希腊〕亚里士多德:《政治学》,吴寿彭译,商务印书馆1997年版,第138页。
② 同上书,第199页。
③ 同上书,第163页。
④ 同上书,第169页。

体的智慧胜过一人的智慧。在法律没有作出规定或规定不详密的地方,由公民大会进行议事和判断,胜过任何贤良的人作出的裁断。受过同样法律训练的人,都具有良好的判断能力。要把法律未加详细规定的事情交由多人来处理,由多个人来执掌政权。尽管法律之治也可能有不完备的地方,但是,力求一个最好的法律,比让最好的一个人来统治更好些。(4) 法治不易腐败,而一人之治易于腐败。在对法律未定之事进行审议和裁断的时候,若干好的集体一定不易于腐败。(5) 在一人之治的情况下,执政者不可能独理万机,他必须挑选和任命一位官员来共同治理国家,这种治理方式还不如在国家的政体设计之初就安排妥当。

第四节 伊壁鸠鲁学派和斯多葛学派的法律思想

伊壁鸠鲁学派和斯多葛学派是希腊化时期(约公元前330—前30)两个重要的学派,他们所处的时代希腊城邦制度已经瓦解。城邦是希腊人安身立命的根,苏格拉底、柏拉图和亚里士多德所探讨的法治、自由、幸福都与城邦这个根密切相关,失去了城邦,希腊人将如何认识自己并继续生存下去,成了这两个学派思考的根本问题。

▶一、伊壁鸠鲁学派的法律思想

伊壁鸠鲁(Epikouros,约公元前341—前270)是萨摩斯岛人,曾经研究希腊著名哲学家德谟克利特(Democritius,公元前460—前375)的原子论哲学思想,并在小亚细亚一些城市讲授哲学。他青年时来到希腊雅典,大约公元前307年,在雅典创办了一个学院,这个学院和亚里士多德、斯多葛学派创办的学院,成为当时希腊社会的三个著名学院。该学院比亚里士多德创办的学院晚30年,它宣传无神论和唯物论思想。马克思、恩格斯称伊壁鸠鲁为"古代真正激进的启蒙者"。

德谟克利特指出,宇宙是由原子和虚空组成的,原子处于不断运动的状态。这种哲学不但是对古希腊朴素自然哲学的概括,也是对希腊城邦民主制的哲学抽象,在民主城邦中,公民自由参与城邦管理和监督工作,主动参与护卫城邦安全的战争。但是当希腊各城邦被马其顿民族征服之后,失去了城邦基础的自由公民没有了自己的依托和希望,伊壁鸠鲁通过对德谟克利特原子论的发展,为希腊人找到了"一种温和的福音"①。关于宇宙的组成,伊壁鸠鲁认为万物是由许多物体和空虚组成的,因为物体的存在是感觉自身通过一切经验而证实的,所以,"要永远以感觉及感触作为根据"②。对于原子的运动,伊壁鸠鲁认为,原子除了垂直运动,还根据自身重量作偏斜运动,也就是说,原子运动并不是完全受控于外在的自然影响,还受控于原子自身的特征。这实际上为当时的社会寻找到了一种生存哲学,即失去了城邦根基的希

---

① [英]罗素:《西方哲学史》(上卷),何兆武、李约瑟译,商务印书馆2003年版,第313页。
② 转引自北京大学哲学系编译:《古希腊罗马哲学》,生活·读书·新知三联书店1957年版,第358页。

腊公民,虽然受控于马其顿的独裁统治,但是公民具有原子式的独立精神,公民仍然可以按照自身的自由意志安排自己的生活,因此希腊城邦公民的生活仍然是有希望的。公民的自由意志成为希腊人团结起来追求幸福生活的动力,这种自由意志由此成为伊壁鸠鲁幸福论和社会契约学说的法哲学基础。

(一) 自由与自然权利

伊壁鸠鲁认为,人生的目的是为了获得心灵纯净的快乐,而哲学只是为了让人们更好地获得快乐。在他看来,要不是由于人们对异常天象和死亡的畏惧、忧虑有待消除,人们就根本无需自然哲学。正如医学知识若不能治疗身体的疾病就毫无用处一样,哲学若不能驱除灵魂的痛苦也是毫无用处的。人生追求快乐要以自由为前提和目的。自由就是不受奴役,即使是过简朴的生活,也能进入一个任何厄运都不能加以剥夺的境界,这就是自由的境界,摆脱了对环境和物质条件的依赖,也就能够自由驾驭自己的命运。

这种自由不同于城邦时期希腊人的自由,丧失了城邦的希腊人已经变成一种世界性的公民个人,每一个民族、每一个人都普遍和平等地具有自由的本性,都享有自由。这种自由观念是希腊化时期兴起的一种新观念,是伊壁鸠鲁在哲学与法哲学史上的重大贡献,也是他比以往希腊人进步的地方。

伊壁鸠鲁的个人"自由"不是空洞的,实际上是对人的自然权利的主张,所谓"任何厄运都不能加以剥夺"的自由,应该包括政治、经济、文化及精神等方面的诸种权利。也许是由于伊壁鸠鲁学派文献资料的遗失造成今人无法目睹其详细的论述,但从现存史料中,可以发现他对人的自然权利的肯定和宣扬。他反对做外物和物欲的奴隶,因为那样就将失去自由和自由意志。

(二) 友爱与社会契约

伊壁鸠鲁认为友爱是生活中"最有意义、最有益处、最愉快"的内容,并将它视为快乐主义哲学的最高点。伊壁鸠鲁的友爱与中国古代孔子的"仁爱"具有很大区别,孔子的仁爱虽然也是一种人本主义的政治哲学,但是这种仁爱强调等差有序,而且以血缘和家庭为基础,而伊壁鸠鲁的友爱更强调不具有血缘关系的人们之间的彼此关爱和相互尊重,是以个人为中心,以个人利益为基础的。

在伊壁鸠鲁看来,要实现真正的友爱,首先要有一个共同体,这是人与人之间的天然联系。人不能没有朋友,人活着需要有更多的朋友帮助才能避开诸多的危险,从而增强心灵的力量并得到快乐。这种共同体不再是狭隘的城邦,而是超越了性别、贫富和民族的"世界一家人"的更高的共同体。其次,每个人都应有自己的财产。伊壁鸠鲁认为在必要的欲望中,有些是我们生存与幸福所必需的,没有必需的财富,我们的身体就会不舒服。但是人不能贪婪财富,否则就会因贪欲造成灵魂的不安。在这里他只是要求人们在追求快乐时不要放荡纵欲,与毕达哥拉斯学派那种宗教禁欲主义要求是不同的。毕达哥拉斯学派为了实现禁欲主义理念,主张建立财产共有制的城邦。据说毕达哥拉斯(Pythagoras,公元前582—前500)用财产共有制度曾经将一个战败的城邦可罗顿改造成意大利半岛南部一个强大的城邦。伊壁鸠鲁把个人的利益和个人的自由及尊严联系起来,并且认为这恰恰是人与人相互友爱的核心和基础。

伊壁鸠鲁认为,真正维护共同体的相互信任以及彼此安全,做到既维护自己利益,又不伤害别人利益,就需要一种"约定"(契约),经过这样的"约定",就实现了"公正"(正义)。他说:"公正是人们相互交往中以防止相互伤害的约定。无论什么时间、什么地点,只要人们相约以防止相互伤害,公正就成立了。"① 善于应付外部灾难的人尽量结交朋友,对不能结交的人,也不要与他们结仇。而对那些不能相互订立契约以保证彼此不伤害的动物,就无所谓公正不公正了,对既不能够也不愿意订立契约的部落也是这样。伊壁鸠鲁的社会契约学说虽然很粗略,甚至有片面性,但它已经包含了后来社会契约论的基本因子。

▶ 二、斯多葛学派的法律思想

斯多葛学派(The Stoics,或译为斯多亚学派、斯多阿学派)因一批哲学家在雅典集会广场的一条有绘画的柱廊里演讲或讨论问题而得名。该学派的创始人为腓尼基城邦基提翁的芝诺(Zeno,公元前333—前261),他提出了自己的哲学体系,他的哲学包括自然哲学和心性之学。斯多葛学派与伊壁鸠鲁学派同时兴起,却比伊壁鸠鲁学派历史更长、变化更多,尤其是斯多葛学派活动的晚期代表人物中,塞涅卡(Seneca,约公元前4—公元65)的《道德论文集》和《道德书信集》、爱比克泰德(Epictetus,约55—约135)的《论说集》以及奥勒留(Aurelius,121—180)的《沉思录》,这三位代表人物的作品都较为完整地流传下来,为研究斯多葛学派法律思想提供了第一手资料。

(一)自然法思想

斯多葛学派的创始人芝诺已不再像早期的希腊哲学家们那样把某种元素作为世界的本原,他受亚里士多德关于本原"四因论"(质料因、形式因、动力因、目的因)的影响,把自然分为"主动者"和"被动者",而自然万物真正的本原是主动者——神。这个神不仅是自然的主动者本原,而且也是它的质料,也就是同物质世界结合在一起的宇宙的自然本原。可见自然和神是同义语,遵循自然就是听神的话,顺其自然是神之所愿。芝诺认为这个自然之神"是永恒的,是匠师"②。这个自然之神是有生命、有理性的神,其思想和意志主宰着整个世界,这就统一了自然神的必然性和自由意志(人格性)。这个神不同于先前的宙斯,他具有至上的地位,是"整体自然"或"逻各斯"的神,也是一个哲学理性化了的人格神;该神作为自然的整体和逻各斯,又贯穿地存在于它的部分之中(泛神论),因此,每一部分就有了神的意志和理性而又受神的意志支配,这就构成了一个统一和谐的整体的世界。

---

① 〔古希腊〕第欧根尼·拉尔修:《明哲言行录》(下),马永翔等译,吉林人民出版社2003年版,第700页。
② 同上书,第456页。

在这个整体的世界中,神和人都是理性的生物,人神之间有友爱。这一观点是柏拉图和亚里士多德都不曾有的看法,亚里士多德只是从理论上强调人具有理性,而斯多葛学派把理性运用于人们的生活,强调人的道德生活。爱比克泰德的《论说集》就是教导人们从每一件事情做起,让人们努力顺应自然去学习、生活和工作,神自然就是善的,而人必须长期艰苦努力才能达到接近神的高度,即接近善。爱比克泰德经常批评斯多葛学派中的一些成员,说他们虽然口头上能复述和背诵哲学,但由于经常伪造自我和欺骗别人,他们实际上已经背离了神和自然,不可能获得自由和幸福。因此人一定要使自己的意志追随神、仿效神、服从神。

既然自然之神是一个永恒的匠师,人神之间又有友爱,那么自然之神的法则就是人类生存的自然法则。斯多葛学派认为自然法是众神之法,是管理宇宙整体的法则,该法则超越了城邦、民族、国家甚至时空,但又是一个不可分割的自然整体的法。斯多葛学派在讨论自然法时明确了自然权利问题,该学派认为自然权利是作为自然整体的人的权利,自然权利首先是人要有自由的权利,但自由不是疯狂,自由的本性是顺应自然。自然权利与城邦法律的权利并不一致,按照自然权利,每一个人都有自由的权利,但是城邦法律却限制了奴隶的自由权利。斯多葛学派甚至经常将自然法与城邦法对应起来,认为符合自然法的城邦法律显然是一个"好公民"要服从的,而违背自然法的专制暴君之法是"可鄙的法律"。这为西塞罗的自然法思想提供了直接的理论来源。

(二) 世界公民思想

斯多葛学派将人伦关系作为人类社会进入"世界城邦"的一个"圈子"或一个阶段,这为其自然法思想超越城邦时代提供了又一条理论根据。他们认为人与人关系的第一个圈子是自己的心灵,这个圈子包括自己的身体和为了身体的其他东西,即"个人本身"(个人主义)。第二个圈子从这个中心推出又包括了第一个圈子,就是自己的父母、血亲、妻子、儿女。第三个圈子是叔、婶、舅、姨、祖父母、侄、甥。然后就是同一个地方居民的关系,再就是同族的关系,再就是公民关系,再就是临近的城市和同一个国家的圈子,最大的圈子包括了所有其余的人,就是全人类。①

在爱比克泰德看来,个人本身是第一个中心,它并不是由人伦关系决定,而是由个人来对人伦关系和社会进行支配,这是对个人人格的肯定和高度重视。根据人伦关系,在人与人的关系上,血缘亲情是很重要的,但根据自然法,超越人伦的个体或群体之间,人们不能仅按照血缘关系来区别亲疏远近,而是要一视同仁。爱比克泰德强调凡人皆为世界公民,这种世界主义的观点不是依人伦亲属、由近及远地推出的,而是来自人是自然整体的部分,来自人人是神的儿女,因此,普世的人不分民族和地域,无论彼此有无人伦关系,无论亲疏远近,都要当做平等的兄弟对待。这个观念为其后的罗马帝国提供了世界主义的哲学基础。

---

① 参见杨适:《爱比克泰德》,台湾东大图书公司2000年版,第105页。

第二章　罗马的法律思想

学习重点：(1) 西塞罗的法律思想；(2) 塞涅卡的法律思想；(3) 罗马法学家关于法律的定义和分类的理论。

罗马发源于欧洲南部的意大利半岛,其独特的地理位置有利于承袭并发展古希腊城邦和古代东方的经济、政治和文化成果。它从一个以罗马城为中心的城邦国家,逐步发展、扩张成为地跨欧、亚、非三大洲的大帝国。在这个过程中,它先后经历了王政时代、共和时代和帝国时代三个发展时期。

公元前8世纪—公元前6世纪,罗马处于"王政时代"。这是罗马氏族制度解体、国家逐步形成时期。罗马整个社会由公民大会(库利亚)、元老院和王(勒克斯)共同治理,王由公民大会选举产生。农业是最主要的生产方式,没有货币和贸易,只是物物交换。后期,随着铁器的使用,生产力的发展,出现了私有财产,富有的家庭成为氏族贵族,奴隶开始出现,自由民也不断增加。到公元前6世纪,经过对社会的不断改革,罗马国家正式形成了。这一时期的法律渊源主要表现为口耳相传、含混不清的习惯法,法律思想处于萌芽状态。

公元前510年—公元前27年,是罗马的"共和时代"。这一时期,罗马的政治、经济和文化获得了快速发展,领土不断扩大。国家实行执政官、元老院和百人团会议分立的政治体制。平民与贵族之间存在着激烈的政治斗争,其结果又推动了罗马法的发展。公元前5世纪中叶,在学习和借鉴希腊法制的基础上,罗马制定了著名的成文法典《十二铜表法》,使司法裁决有了公开和确定的依据。公元前3世纪,出现了只适用于罗马公民的"市民法"。同时,罗马的法律思想开始形成并得到发展,涌现出一大批政治法律思想家,他们坚持和发展了古希腊的自然法思想,纷纷著书立说,各抒己见。如古罗马历史学家、思想家波利比阿(Polybius,公元前205—前125)总结和肯定了共和政体及其法律制度创造的宝贵经验,而西塞罗一方面肯定共和、法制,另一方面又批判罗马共和末期的独裁与专制,他的法律思想代表着当时的最高成就。

公元前27年—公元476年,是罗马的"帝国时代"。帝国前期,罗马社会稳定,农业、手工业以及对外贸易发达,交通便利,帝国内出现了许多城市如伦敦、维也纳等。这一时期,罗马制定和颁布了适用于居住在罗马境内所有人的"万民法"。法学家的地位日益显赫,社会上逐步形成了一个以五大法学家为首的职业法学家阶层。他们充当皇帝的法律顾问,帮助立法,从事法律解释、法律编纂和指导诉讼活动,撰写法学书籍。他们根据自然法来解释法、法学和正义,对法依据不同的标准进行分类,并对司法程序进行了开创性的研究。他们对社会现实问题积极的关注和思考,有力地促进了法律和社会的有机结合,使罗马法学带有明显的实用特征。

罗马法律制度是古代奴隶制社会中体系最为庞大和精巧的法律制度,对近代和现代各国法律制度的发展影响极其深远,是西方两大法系的共同源头。19世纪德国著名的法学家耶林说过:"罗马曾经三次征服世界,第一次是用武力,第二次是用宗教,第三次是用法律。"[1]武力与宗教征服都已成为历史,而罗马法及其法律思想至

---

[1] 转引自江平:《罗马法基础》,中国政法大学出版社1991年版,第47页。

今对世界上的许多国家仍产生着重大影响。

第一节　西塞罗的法律思想

马尔库斯·图利乌斯·西塞罗（Marcus Tullius Cicero，公元前106—前43）是罗马共和时期杰出的政治家和法律思想家，也是一位出色的辩论家。他出生于奴隶主骑士家庭，从小受到严格的家庭教育，青年时期先后在罗马和希腊系统学习修辞学、文学、哲学和法学，对伊壁鸠鲁学派、亚里士多德学派、斯多葛学派的哲学深有研究，是罗马一流的演说家和辩护律师。中年以后，他投身政治，几经沉浮，先后担任过财政官、市政官和大法官，在43岁时（公元前63年）出任罗马共和国执政官，亲自镇压了卡提林领导的民主运动，维护了奴隶主贵族的特权，因而被元老院授予"祖国之父"的称号，达到了他人生事业的顶峰。公元前51年，西塞罗出任西西里亚总督，因反对政治家、军事统帅恺撒（Caesar，公元前102—前44）而被放逐，恺撒被杀后又重返政治舞台，后来因维护共和制，与"后三头"之一的安东尼（Antonius，公元前82—前30）发生冲突，被后者杀害。

西塞罗

西塞罗一生著述丰富，有百余篇演讲词，其理论著作涉及修辞学、认识论、神学、伦理哲学、政治哲学和法学等领域，并且在诗歌、散文和书信的创作中，显露出过人的才华。他在政治法律方面的著作主要是《论共和国》《论法律》和《论责任》，他继承和发展了古希腊的政治法律思想，以自然法理论为基础，对国家、政体、自然法、实在法等进行了系统的论述，他的思想和观点在西方法律思想史上占有重要地位。

▶ 一、国家的定义、起源和目的

西塞罗在《论共和国》中对国家的定义、国家的起源、国家的目的等问题进行了论述。他指出："国家乃人民之事业，但人民不是人们某种随意集合体，而是许多人基于法的一致和利益的共同而结合起来的集合体。这种联合的首要原因不在于人的软弱性，而在于人的某种天生的聚合性。"①在这里，西塞罗认为，国家既是人民的共同体，也是一种法律共同体，这两者是有机统一的。人民之所以联合在一起成立一个国家，是出于天性和利益这两个方面的原因。从天性上讲，人具有天生的聚合性，不喜好孤独。这种天性召唤着人们，也迫使人们组成共同体。从利益上讲，国家

---

① 〔罗马〕西塞罗：《论共和国 论法律》，王焕生译，中国政法大学出版社1997年版，第39页。

是人们的共同利益所在,相互的需要和利益的考虑也使人们相互结合。因此,国家既是一种道德上的结合,也是一种合意的契约,反映了人们的意志的统一;同时,它也是一种功利的产物,是一种法权联盟。

在西塞罗看来,法律产生的原因在于保障每个人的权利,尤其在于使弱小者能受到强者的保护。而在国家这种人民共同体中,人民属于弱者。当那些违背自己的诺言和声明、给人民制定有害的、不公正的法规的人进行立法时,他们什么都可以制定,只不过不是法律,此时国家就是没有意义的。因此,国家和法律具有相同的目的,也具有相同的评价标准。

西塞罗的这种超越自然主义的国家起源观,将国家的起源归结为"源于天性"、以共同的法律意识为基础、出于和平共处这种共同利益的需要而建立的一种共同体,表明西塞罗放弃了古希腊思想家把国家等同于城邦的观念。他的国家观综合了柏拉图、亚里士多德和其他思想家的思想,而且通常摇摆于这几种观念之间。这是因为,在罗马共和国后期,国家早已不是希腊式城邦,而是领土广阔、民族众多的共同体,"commonwealth"含有全体国民、国家、共和政体和联邦等多重含义,用来表示西塞罗心目中的罗马共和国很恰当。

▶二、政体理论

在《论共和国》一书中,西塞罗对政体类型以及理想政体等问题进行了较为充分的阐述,对西方后来的政治法律思想产生了重大影响。

（一）混合政体是"最好的政体"

像柏拉图、亚里士多德一样,西塞罗也对国家的政体理论进行了研究。他沿袭了亚里士多德的思想,认为国家的政体形式也分为君主制、贵族制和民主制,这三种政体都是单一的政体。除此之外,他还提出了第四种政体形式,即混合政体。

西塞罗认为,如果政府处于一人的支配之下,则为君主制;如果政府处于少数几位经过挑选的人的支配之下,则为贵族制;如果政府受人民的直接参与和支配,则为民主制。这三种政体都具有内在的缺陷。在君主政体中,公民被排除在公共立法和协议之外,无法享有实际的政治权利。在贵族政体中,人民缺乏真正的、确实的自由,特别是无权自由地选择地方行政官,没有人能保护这种政体免遭贵族的滥用。在民主制中,公平本身也是不公平的,因为在那里不存在任何地位等级,使人们在荣誉和地位上的差别得不到反映。在民主制下,"一切事情都由人民讨论和决定,但由于他们没有一定的地位和等级,因此他们的城邦没有能保住自己的荣耀。"[①]上述三种政体,除了其固有缺陷之外,还有一种致命之处,即它们都不具有稳定性,容易变化为其他政体形式,产生政体的"轮回"和"好似循环地变更和交替"。从一般的变化顺序来讲,君主制退化为暴君统治,接着是贵族统治,紧接着是寡头统治,再接着

---

① 〔罗马〕西塞罗:《论共和国 论法律》,王焕生译,中国政法大学出版社1997年版,第42页。

是民主制,最终又演变为平民统治,由于受无政府主义者的蛊惑,这一群氓政府最终又不得不实行君主制。这种周而复始的循环,使国家处于不稳定状态,从而也就难以实现共同体的目的。

西塞罗对这三种单一政体做了进一步的分析。他认为,君主政体体现了君主或国王对人民的"恩爱",贵族政体体现了贵族的"智慧",民主政体体现了"自由"。这是它们各自的优点。但是与之相连的缺点是,前二者使国家"无自由可言"。他指出,固然没有什么比自由更美好,然而如果自由不是人人平等的,那自由也就不可能存在。在民主政体下,平民虽然享有自由,却使国家内各阶层失去了权威,丧失了荣誉感,不能做到真正的公平。它们三者虽然都具有各自的优点,让人难以割舍,但由于其片面性,它们都不是理想政体,他对它们中任何一种单独的政体形式都不赞成。

西塞罗理想的政体是第四种政体形式——混合式的政体形式。即由上述三种单一政体互相联合、互相纠正、混合而成的政体,它既兼有上述三种政体的优点,又能克服这三种政体的缺点。他认为,在一个国家里,如果同一事物对大家都有利,在这样的国家里最容易达到和谐一致。但由于利益的差异,当某事物只对一些人有利时,公民社会体制不可能是稳定的。而混合政体能够使国家克服这些缺点,保持公平和稳定。

混合政体既包含卓越的王政因素,也把一些事情托付给显贵们的权威,还把另一些事情留给民众协商和决定。根据西塞罗的相关论述可以看出,他的混合政体中包括最高执政官、元老院、人民大会和保民官等机构,它们各自掌管一定的事务,从而使这些机构之间保持一定的均衡。混合政体的优点是能医治那三种单一的政体间不断变更或循环的病态,从而保持其公平性和稳定性。在这里,每种因素都稳定地处于自己的位置,因而无从崩溃和毁灭。所以,混合政体具有保存自己固有力量的优点。

(二) 理想政体的机构设置

在西塞罗看来,有节制、和谐的国家体制可以通过政治权力的适当分配来维持。他认为,国家的政治权力是极端重要的,他的理想政体也是把以罗马执政官为代表的君主制、以元老院议会为代表的贵族制和由民众大会及平民保民官为代表的民主制相结合,形成权力的制衡。其国家主要机构包括:

(1) 元老院。元老院由任期届满的执政官组成,那些执政官是民选的,因而实际上元老院由民选人员组成,反映了人民的意志。元老院掌握立法权,它的决议应该具有法律效力。在权力属于人民的原则下,元老院享有权威。

(2) 最高执政官。公民应当选举精明、谨慎、守法、爱民的人担任执政官,轮流执政,任期1年,不得连任。军事执政官任期只有6个月,以防其拥兵自重。最高执政官的权力由法律加以限制,这是维护共和制的关键。

(3) 平民保民官。平民保民官由10人组成,他们制衡最高执政官和元老院的权力,保护平民,他们做出的法案对平民都有效。执政官拥有法律赋予的权力,所有其他官员都服从他,但平民保民官不受执政官的管辖。平民保民官神圣不可侵犯,有权主持元老院会议。

(4) 监察官。监察官的职责是负责公民人口和财产登记,监督或指导公民道德,管理国有财产和公共工程;同时有权清除元老院中的犯罪分子,根据国家法律监督执政官的工作,对执政官的公务行为作出公断。

(5) 裁判官。裁判官对有关法律问题进行公断,对私人讼案设庭审理或命令他人设庭审理。裁判官应是市民法的监护人,应有元老院规定的或人民要求的一定数目的等权同僚。

混合政体理论体现了西塞罗国家政体理论的原创性,也是罗马政治法律实践的反映。西塞罗认为罗马的国家体制是最完美的,没有哪一个国家的体制可以与之相比。因此,西塞罗的理想政体形式,不是虚无缥缈的乌托邦,而是现实的罗马共和国,是按罗马共和国时期的政治实践而进行的理论总结。

▶三、自然法理论

西塞罗作为古希腊斯多葛学派的弟子,深受自然法思想的影响。也正是通过他优美、通俗而流畅的拉丁文介绍,斯多葛学派的自然法思想才得以传入罗马并在罗马深入人心。西塞罗不仅是介绍者和传播者,还是将古希腊自然法思想和罗马法结合在一起的主要代表人物。

(一) 自然法的特性

西塞罗认为,自然法是与自然即事物的本质相适应的法,其本质为正确的理性。神创造了自然,也创造了人,神赋予人以理性。所谓理性,就是进行推测、论证、批驳、阐述、综合、作结论的智慧。一切人,虽然他们在受教育程度上不同,在知识、财产和社会地位上存在差别,但他们学习的能力是一样的,因而在理性上,人类是平等的。自然法就是一种能被人的理性所发现却不能被人的意志所改变的客观秩序。他说:"自然法并不是人心制定出来的东西,并不是各民族制定出来的一种任意规定,而是支配宇宙的印迹。这是亘古不易之法,而不是存在于写下来的那一刹那间的法。它的来源与圣灵一样古老:因为真实原始的首要的法无非就是伟大的天神用来支配一切的理性。"①

西塞罗认为,法源于自然,法与自然具有紧密的联系。自然法即是大自然自己恒定运行的一种秩序,这种秩序是任何人不能更改的规律。对国家和法,要把它们当作自然现象的一部分或者在大自然的延长线上来加以把握。原因有三:(1) 我们似乎是由神的礼物装备和美化起来的;(2) 人们中间存在一种共同的生活法则;(3) 人们彼此之间由某种天生的仁慈和善意以及法的共同性相维系。因此,法是不可能与自然分离开来的。自然创造人类,是为了让人类互相共同分配和享受法。凡

---

① 转引自北京大学哲学系编:《十八世纪法国哲学》,商务印书馆1978年版,第427页。

是被自然赋予理性者,自然就赋予他们正确的理性,因此,也赋予他们正确的法,法是关于允行和禁止的正确理性。

关于自然法的性质,西塞罗认为:(1) 自然法是普遍适用的。自然法为人神共有,人类既然是自然创造的,人类被赋予了正确的理性,也赋予了正确的法。这种正确的法就是适用于全人类的。而且,由于全人类都受到同一种自然法的统治,所以整个世界都应该被称为神明和人类的一个共同社会。这种思想为罗马帝国的扩张提供了理论上的支持。(2) 自然法是永远有效的。西塞罗认为自然法产生于任何成文法之前,产生于任何国家之前,并且是与神同时产生的。这种正确的法律,是永远不能被撤销的,也是不能被废除的。(3) 自然法与神法一样都是最高的。自然法是神意的体现,它统率全人类,也高于一切人定法。自然法本身就是上帝的意志,是由上帝制定、解释和颁布的。自然法是与神明的理性同时产生同时存在的,世界万物遵循自然法。这样,西塞罗的自然法也就成了神法。"一切事物均随神明们的决定和意志而变化"①,所以,自然法与神法是同一的。人可以通过自然,通过与神的对话而知晓神的意志。(4) 自然法是正义的体现。西塞罗认为,自然法不是为体现立法者意志而产生的,它同公正和正义永远相符。正义应以自然法为根据,没有自然法就不可能有任何正义。正义得以实现的方式,不是靠恐惧,而是靠人与神之间存在的紧密联系。正义并不在于服从成文法律,正义也不是源于利益。由此可见,他以自然法作为正义的唯一标准。

综上所述,西塞罗认为,自然法是最高的理性,它根植于自然,是正义的体现,是神的意志,它超越时空,是为实现理性、正义和神意而支配和禁止一定事物、一定行为的规则,它鼓励人们履行自己的义务,约束人们不去为非作歹。这种规则依靠自然的强制力或约束力来实现。

(二) 自然法与实在法的关系

实在法是国家制定的法律。在论及自然法与实在法的关系时,西塞罗认为,自然法高于实在法,自然法是实在法的根源,实在法是自然法的具体体现。所谓根源体现为两个方面:从内容上讲,国家制定的法律作为区分"正义与非正义"的标准,只不过是自然法以人的语言的表述;从效力上讲,法律的效力来自其道德性,即它符合自然法的要求,受自然法指导,保障和维护高尚者。法律不是以人们的意见和意志为基础,而是以自然法为基础。对于公民来讲,法律包含公正、正确地进行选择的意思,他们按照其规定,正确地选择自己的行为。

西塞罗主张"恶法非法",这一观念在他的著作中得到充分体现。他认为,国家法律的制定是为了保障公民的福祉、国家的繁荣昌盛和人们安宁幸福的生活。凡是不符合自然法,立法者在立法时违背对人民的承诺,不是出于国家和人民的利益考虑而制定的法令,并不能称为法律,或者说不具备法律的效力。在这种意义上讲,自

---

① 〔罗马〕西塞罗:《论共和国 论法律》,王焕生译,中国政法大学出版社1997年版,第221页。

然法是判断人民的决议、统治者的命令是否能够成为法律的标准。

西塞罗认为,实在法的力量来自自然法,后者不仅比人民和公民社会存在的时期还古老,而且与那位管理和统治天空和大地的神同龄。正如人民会议的决议不可能改变事物的自然法则一样,法律也不能使非法的变成合法。如果说法律可以区分正义与非正义、善与恶,那么,区分好的和不好的法律只能凭自然标准。遵循自然法,不仅可以区分合法与非法,而且可以区分高尚和丑恶。

由于真正可以被称为法律的东西是符合自然法的东西,西塞罗认为,应该把法律归于最好的东西之列。立法者应该以自然法为指导,出于保障公民福祉、促进国家繁荣的目的而制定法律。同时,凡是真正的法律,都应该得到人民的尊重与服从。在西塞罗看来,罗马的法律集中了祖先的智慧,完全同作为法律范本的自然法相符合,是世界上最完善的法律,是其他国家的法律所不能比拟的,理应得到人民的服从。

▶ 四、法治理论

西塞罗是一位非常重视法治的思想家。他除了对混合政体理论进行深入研究外,还对法治的一般理论进行阐述,并提出一系列法治原则。这些原则对后世具有积极影响,即使在今天看来也具有重要作用。

西塞罗认为,法律是最大的好事之一。"一个国家倘若缺乏法律,就可全然不承认它是一个国家。"①他提出三条关于法治方面的理论:(1)人人都是"法律的臣仆",法律处于一切权威之上,权力从属于法律。(2)在司法实践中,实行"罪刑一致"的刑罚原则。一方面,他主张罪犯要受到追究,力主国家对犯罪实行量刑惩罚,另一方面,他又提请执政者不要过分依赖"惩罚",应该加强对公民的教育,使之分辨清正义和邪恶。(3)在政治实践中,他推崇共和制度,视法律为共和的基础和保证。这三条法治理论统领着西塞罗所主张的全部法治思想。

在立法上,西塞罗主张公民的权利平等。公民法律权利的平等,源自人的理性的平等。西塞罗指出,没有哪一种生物像人类一样互相之间如此近似,不管对人作怎样的界定,它必定也对所有的人同样适用。这一点充分证明,人类不存在任何差异。他一再强调,作为一个国家的公民起码应该在权利方面是相互平等的。这种权利的平等,保障着公民的自由。除非一个国家的民众权利无比强大,否则便没有哪个国家有自由可言。无论是君主政体、贵族政体还是民主政体都不能确保公民政治权利上的平等,从而自由就不可能存在。在西塞罗看来,平等和自由在一切事物之中最重要、最美好。正是为了保障平等与自由,西塞罗才强调要在执政官、贵族与人民之间进行合理的权力分配,使任何一个阶级都不能逾越自己的权力界限而具有超过法律之上的压制其他阶级的力量,使人民丧失平等与自由。

---

① 〔罗马〕西塞罗:《论共和国 论法律》,王焕生译,中国政法大学出版社1997年版,第223页。

在执法上，西塞罗主张法律至上。西塞罗认识到，他所主张的混合国家体制没有官职建制是不可能的，因为整个国家管理都要靠官员之间的权力分配来维持。掌握权力的人对国家风气的影响极大，处于国家最高地位的人们怎么样，国家便会怎么样，显要人士出现什么样的变化，人民中间便会随之发生类似的变化。因此，法律对权力的限制是非常重要的。他强调法律的至上作用，认为一切都应处于法律的作用之下。官员的权力来自于法律，法律高于权力，法律也限制权力。如果没有限制，权力对人民来说就会是一种专政。官员必须是法律忠实的执行者，也就是说，官员是会说话的法律，法律是不会说话的官员。

在司法上，西塞罗主张审判公开原则和罪刑相适应原则。他认为，司法审判活动由司法官主持，但要受元老院和平民大会监督。普通民事案件可由司法官受理，重大案件如处死罗马公民或剥夺公民权等案件要由平民大会处理。审判公开可以禁止有权势的人们过分地随心所欲，也不给人民提供伪饰的可能。对犯罪的公民应该采取罚金、关押、鞭挞或其他强制手段给予制裁，但对违犯任何法律的惩罚应与犯法行为相符合。并且，无论是审判还是宣布死刑、罚金及其他处罚的判决，都应在人民面前公开进行。

西塞罗也强调守法的重要性。他说，法律不仅应对官员权力的限度作出规定，而且应对公民的服从程度作出规定。公民要服从、听命于官员，而且要尊重、热爱他们，官员应以镣铐或鞭打惩治不服从的公民。

西塞罗生活的时代，正是罗马由共和向帝制的转折时期。当时的罗马社会，小农土地占有制瓦解，大奴隶主庄园经济和商品经济快速发展，土地集中日盛，广大公民不断破产。在政治上，军事独裁已发展成为一种社会趋势，过去罗马共和国赖以存在的政治基础瓦解了。尽管如此，西塞罗的政治法律思想仍然具有积极意义。他的自然平等的法律观开启了近代资产阶级"天赋人权"的先声，他所独创的权力分立和节制均衡的政体理论为后世资产阶级"三权分立"学说的创立确定了先导；他的法治理论，又奠定了古代罗马法学的基础。

第二节　塞涅卡的法律思想

吕齐乌斯·安涅·塞涅卡（Lucius Annaeus Seneca，约公元前4—公元65）是罗马时期一位重要的政治法律思想家、哲学家、雄辩家和新斯多葛主义的代表。他出生于西班牙南部的科尔多瓦，父亲是该行省的一位演说家和官员。塞涅卡幼年即被送到罗马，学习修辞学和哲学，后皈依斯多葛学派。他从事过法律研究，但最终选择了政治生涯，曾任罗马帝国的会计官、元老院元老和司法事务执政官，其后官运波折并被流放。公元49年，塞涅卡被任命为皇子尼禄的老师。尼禄即位后塞涅卡在权力、荣耀和财富上都达到顶峰。公元64年，他向皇帝请求退休并获得准许，归隐后闭门谢客，潜心写作。不久，因被控企图谋害皇帝，塞涅卡被迫自尽。

塞涅卡一生著作颇丰,触及可以作为研究对象的一切实际领域。他的思想对后世产生了不可磨灭的影响。在哲学上,他宣扬宗教神秘主义和宿命论,认为在命运面前人们无能为力,听天由命就是美德。他的哲学对基督教思想体系的形成有很大影响,他的言论被《圣经》作者大量吸收,他因此有了"基督教教父"之称。他的名言是:"愿意的人,命运领着走;不愿意的人,命运牵着走"。在伦理学上,他宣扬禁欲主义,提倡鄙弃财富,克制节欲。他关于政治法律方面的主要著作是《道德和政治论文集》,包括《论愤怒》《论仁慈》《论个人生活》和《论恩惠》四篇关于道德和政治法律的论文,它们精彩地展现了1世纪中期一位处于罗马帝国权力中枢的斯多葛学派思想家的道德观、社会观与政治法律观。

L. A. 塞涅卡

▶ 一、自然法思想

塞涅卡继承了古希腊斯多葛学派的自然哲学和自然法思想。他认为,自然法就是神的理性,它是主宰一切的、永恒的、普遍的法则,亦被称为神法、永恒法或道德法。无论人们承认与否,它都是宇宙自然道德秩序的表现。真理、美与善都可以在自然法中去寻求。

塞涅卡认为,自然是善和合理性的表现,人应该按照自然而生活。这里说的自然,不是自然现象,而是指自然法。自然法是普遍存在和至高无上的法则,是整个宇宙的支配原则,而人的本性是整个自然和宇宙的一部分,所以人们要按照自然生活,即按照理性,按照宇宙的自然法生活,过诚实的道德高尚的生活。塞涅卡特别强调理性对人的作用。他认为,人是具有理性的动物,人的本质是与神共在的理性存在,理性的任务就是对个人行为的善、恶选择作出判断,而判断的最终依据是对"整个宇宙的神圣法则"的认识,即理性是通过自然法而起作用的。①

由人的权威制定的法律只是自然法的现实化,它只能服从自然法,以自然法为基础。由于人与人之间天生具备的相互吸引力、凝聚力产生人与人之间的联系,他主张法律应保障人们的自由。关心他人、互相帮助,这是既合乎自然法也合乎人性的事情。人生在世所能做的就是选择正确的态度,顺应自然法则生活。

▶ 二、社会契约思想

塞涅卡在他的《道德和政治论文集》中,提出了"社会契约"的观点。他从自然

---

① 〔美〕萨拜因:《政治学说史》(上册),盛葵阳、崔妙因译,商务印书馆1986年版,第188页。

法原理出发,崇拜纯粹的自然境界。他认为,在可称之为"黄金时代"的人类社会早期,社会财富属于公有,先民们过着天真幸福的生活。在那时,最好的人就是最有权力的人,他能够安全地做他想要做的事情,不会去做他不应当做的事情;政府由聪明人控制着权力,他们作为统治者治理得很好,他们的统治就是一种服务,臣民们服从得也很好,没有人故意做坏事。① 但是,当社会发展到一定阶段,一旦人们开始想把财物据为己有时,他们就变成了谋求私利的人,统治者也就变成了暴君。这不可避免地给社会带来奢侈和腐化,于是对法律的需要就产生了——人们相互之间缔结"契约",以严厉的高压手段和公正的法律去制裁罪恶和遏制人的本质的腐化堕落。也就是说,政府和法律成为对付邪恶的必要手段。正是在这个意义上,政治是人类堕落的产物。塞涅卡对以往黄金时代的描述,目的在于指出人类的罪恶和堕落,指控一个时代的政治和经济弊端,实际也是在揭露尼禄统治时期罗马帝国的衰败。

塞涅卡的这种论点对当时的罗马法学家并未产生影响。当时的罗马法学家认为,私有财产和自然法的原理是并行不悖的。但是,塞涅卡的社会契约思想对后来欧洲乌托邦的政治法律思想影响甚大。就乌托邦政治法律思想发展过程而论,它可以分成两个派别:一派是追溯过去的所谓黄金时代,以塞涅卡和卢梭等人为代表;另一派则憧憬未来的理想世界,以空想社会主义者为代表。两派之间有一个共同点,即它们都主张以消灭人类的罪恶与腐败,消除政治上、经济上的不平等为最终目的。

▶ 三、仁慈治国与惩罚思想

在治国理念上,塞涅卡十分强调和重视所谓和善、亲爱、仁慈、容忍等美德。他同西塞罗一样,都把罗马共和国时代看成是罗马在政治上已经成熟,但开始走向衰败和没落的时代。只是西塞罗对共和国仍抱有幻想,认为这种伟大的时代可以失而复得;而塞涅卡的看法正相反,他认为罗马大势已去,它已进入暮年,日薄西山,呈现腐败的趋势,实行专制主义势在必行。

塞涅卡之所以持这种观点,是因为城邦民主制度已经不复存在,罗马帝国的民主形式徒有其名,专制政权一统天下。社会公共事务已经不可由公众选择,而是由帝王一个人主宰定夺,亿万帝国的一切生灵、兴衰存亡系于其一身。帝王之残暴或仁慈,成为举国上下命运攸关的问题。正是基于这种考虑,塞涅卡力劝当时的罗马皇帝,作为一个国家的君主,要具备上天赐予的美德,做好诸神在地上的代理人。因此,一定要以仁慈治天下,应谨慎使用手中的权力,切莫施暴政于民,以此求得四海太平。塞涅卡对国家的治理问题认识得十分深刻,他直接洞穿到罗马帝国这种人治社会内部最关键而且也是最危险的心脏部位。

在现实生活中,奴隶处于非人的境地,没有任何作为人所应有的自由平等权利。塞涅卡看到奴隶制社会的严重问题,从平等、正义、公正的自然人权出发,肯定了奴

---

① 参见张静蓉:《超凡脱俗的个体自觉:塞涅卡伦理思想研究》,杭州出版社2001年版,第154页。

隶希望获得解放、自由的正当要求,并且劝诫罗马皇帝,对这个最底层的臣民也要一视同仁地施以仁慈。塞涅卡也从另一角度作了考虑,他认为,一个人如果受到不仁慈不公正的待遇,就会产生抵抗情绪,进而出现国家骚乱。国王坚不可摧的防卫就是热爱他的国民,仁慈宽容才是治国安邦的根本保障。

在国王对百姓施以仁慈的同时,还存在着对有罪之人是否施以仁慈的问题。塞涅卡对此的回答是肯定的。他认为,犯罪是普遍现象,人人都有罪,只是程度不同,轻重不同。宽恕对犯了罪恶的人起着良心的自责和改造作用,同时也为统治者化解仇敌提供了一种有效的办法,起到了使那些反对他的敌人自动放弃对抗、恢复良知的道德感化作用。这也正是罗马成为容纳各民族、横跨欧亚非的大帝国的成功秘诀。塞涅卡这种承认每个人的生存权利,珍视每个人重新选择人生的机会,不轻易伤害人的生命的观点,无不蕴涵着人道主义的思想萌芽。

在塞涅卡看来,应该将法律当作医治罪恶的手段,运用法律制止和纠正人类的邪恶,并设想这种法律远远高于任何人的地位,任何人都必须遵守。由于人性无法达到至善,单靠道德教育徒劳无益,因此,法治就成为人类社会制约人性邪恶的必要手段和制度安排。

塞涅卡认为,惩罚应当公正、平等,对一无所有的奴隶也要一视同仁。做出惩罚决定的人应当尽量避免愤怒和冲动,力戒虚荣自负,坚持仁慈宽恕,防止被严酷的灵魂扭曲所致的莽撞和偏执所左右。执法者要经常对自己的执法活动保持警惕,惩罚不仅仅是为了显示恐怖和炫耀力量。

由此可以看到塞涅卡人道主义的政治理想,他的很多论点对罗马法的发展影响显著。罗马法中有关保护妇女、儿童的一些规定,保护奴隶和对犯人实行有限的人道主义待遇的条文以及扶助无依靠之人等规定,即受其影响。

▶ 四、天赋人权观念

作为尼禄皇帝的老师和重臣,塞涅卡多次上书献言,试图说服尼禄施仁政、行宽恕。但是,塞涅卡的一切努力不仅无济于事,皇帝的邪恶反而变本加厉。在弱小的个人面对强大的王权这种力量对比悬殊的背景下,塞涅卡提出了"天赋人权"的观念。

塞涅卡认为,每个人都是两个共和国的成员:在公民国家中他是一个公民,但他又居于一个由一切有理性的人组成的更大的国家。这个更大的国家,是一个大而真实的共同体,包括诸神和人类。事实上,它是一个社会而不是国家。在这个社会里,人人都具有平等的权利,而且,这个权利是大自然所赋予的,任何特殊的社会共同体都无权剥夺和践踏。平等的个人之间交之以真诚,君主对臣民待之以仁慈,社会奉行平等、人道、仁慈、宽容的人际关系,并保障个人自由、平等的基本权利。

塞涅卡设想的这样一个超越任何现实国度的人类共同体,在充分肯定每个人受"自然所赋"权利的基础上,确立了一种远远超越城邦伦理和城市政治的新型社会关系,这已经远远超出了柏拉图"理想国"的视域。这种超越现实罗马帝国政治的世界观,第一次表明了政治权力统治的国家与一个由至善所关爱的相互平等友爱的伦理共同体可以分别独立存在。尽管两个世界所通行的原则是不同的,但世俗政治必须从属于由自然的理性所支配的伦理王国。当然,在他的这个积极成果中,也蕴含了一个与基督教不约而同的价值取向。即在现实的社会共同体中,并不存在这种以普世主义的博爱仁慈对待人类的理想社会,只有在天国的彼岸世界,才能充分体现。就这样,一种美好的理想终因无法实现而变成幻想,变成了必须凭借宗教信仰才能安顿人心灵的避难所。①

为了使个人的自由不受专制政治的羁绊,塞涅卡提出了平等、博爱的"世界公民"理想,并提出国家法律要以普遍的自然法为基础,确立每个人生而平等的天赋权利,这种权利既承认个人生而自由的基本权利,又提倡宽容仁慈的群体关系,并且是任何外在政治力量都无权剥夺的。这种自然法权和天赋人权理念,成为西方近现代社会平等价值观的启蒙思想,并为世界大同的理想提供了基本雏形。

第三节 罗马法学家的法律思想

公元前3世纪起,罗马出现了法学家,他们是适应经济活动和立法活动的需要而产生的。法学家的日常活动是:回复诉讼当事人的法律咨询、为签订契约当事人编写合法证书、指导诉讼当事人如何打官司、提供法律援助或直接出庭担任律师等。公元前27年,奥古斯都皇帝授予法学家们公开解释法律的特权,他们的解释具有法律效力,法院必须遵循。法学家的地位因而更加显赫,他们充当皇帝的法律顾问,有的撰写法学书籍,有的协助皇帝立法或出任司法官吏。罗马法学家是世界上第一个世俗职业法学家集团,他们长期根据罗马社会实际需要,专心致志进行法学研究,并积极参与法制建设,使罗马法成为古代世界最发达最完善的法律体系。罗马法学家们辛勤努力结出的思想成果,是对人类法制文明的创造性贡献。时至今日,世界许多国家的法律仍然从中受益。

▶ 一、罗马法学家简介

1—3世纪是罗马法的古典时期,此时出现了以五大著名法学家为首的法学家阶层。426年,罗马皇帝狄奥多西二世颁布《学说引证法》,规定五大法学家的著作具有法律权威性,还规定他们所引用的任何法学家的著作,如果通过原文稿的比较而被认可,也可以被引证。如果在五人中意见有分歧,依多数人的观点;在持平的情况下,因帕比尼安生前深受塞维鲁皇帝宠信、官至都督、著述颇丰、政治上坚持真理、能

---

① 参见张静蓉:《超凡脱俗的个体自觉:塞涅卡伦理思想研究》,杭州出版社2001年版,第164—165页。

结合具体案例灵活办案以及他被誉为"权利的庇护者和法学知识的宝库"等声望,而以他的观点为准。这五大著名法学家是:盖尤斯、保罗、乌尔比安、帕比尼安、孟代斯梯安。他们五人既是政治家,又是法学家,并且都毫无例外地继承和发展了西塞罗的法律思想。通常所说的罗马法学家的法律思想,主要就是这五大法学家的思想。罗马法学家的思想集中体现在《查士丁尼国法大全》中,它分为《法学阶梯》《学说汇纂》《查士丁尼法典》和《新律》四个部分,其中的《法学阶梯》和《学说汇纂》集中反映了罗马法学家的法律理论和思想。

盖尤斯(Gaius,约117—180)是罗马帝国前期最有权威的法学家,也是世界上有法学专业论著传世的第一位职业法学家。他的著作共有13种,如《十二铜表法注释》《行省敕令评论》32篇,《市政裁判官告示评论》《法律论》15篇,《委托论》《案例论》《规则论》《嫁资论》以及《抵押论》各1篇等。其代表作为《法学阶梯》,该书是唯一流传至今的古代罗马法学家的文献,成为查士丁尼编纂同名法典的范本。现今西方奉行的"一个人的住宅即其壁垒"的原则,就是出自盖尤斯。

保罗(Paulus,约121—180)曾任帝国元老院成员和地方执政官,担任过帕比尼安法院的陪审法官。他的研究领域很广,对民法、刑法、行政法、诉讼法和司法制度都有论述,他可能是法学家中著述最多的。其著作有:《告示评论集》80卷;针对具体问题的论著2部,即《问题》26卷、《解答》23卷;对早期法学家著作的评论4部共41卷;对单项法律和元老院决议的评论12卷,以及一些简短的教材、皇帝裁决汇编等;查士丁尼的《学说汇纂》摘录了他2081段作品。

帕比尼安(Papinianus,约140—212)担任过地方执政官和被认为是副皇帝高位的近卫都督之职,行使军事和司法大权,在212年被卡拉皇帝处死。其代表作有《法律问答集》37卷、《解答集》19卷、《解说书》19卷、《定义》和《论通奸》。保罗曾为《法律问答集》和《解答集》作注,乌尔比安曾为《解答集》作注。帕比尼安的学说具有极高的权威性,直至4世纪,君士坦丁皇帝仍命令属下整理他的学说,并在《学说引证法》中明确规定,在五大法学家的意见相左时,以帕比尼安的学说为准。《学说汇纂》摘录了他601段作品。

乌尔比安(Ulpianus,约170—228)担任过很多职务,如帝国高级法院法官助理、帝国议事会成员、近卫都督、皇帝的法律顾问等。乌尔比安是公认的古代罗马最伟大的法学家之一,是罗马法学的集大成者。其著作有《执政官告示评注》83卷、《论萨宾民法》51卷,还有几本关于特别法和法律主体的专门著作。他还写过诸如《规范法学阶梯》7卷、《单一规则论》《解答》《论辩》等法学简明教程。《学说汇纂》几乎1/3的内容是摘录他的作品,共有2462段。

孟代斯梯安(Modestinus,? —约244)是乌尔比安的学生,也是最后一位罗马古典时期的著名法学家。他的著作较多,主要有《法律区别》9卷、《法学汇编》12卷、《法学疑难解答》19卷。他对罗马时期诸如违法义务的遗嘱、遗赠与指定遗赠、释奴、时效等一些法律概念做过注释。《学说汇纂》中有关他的著作,有344段。

罗马法学家们以务实和持之以恒的精神专注于对法律的研究,他们第一次将法学与政治学、伦理学、哲学相分离,对法的概念、起源、分类、结构等进行了系统阐述,开启了人类对法学独立研究的历程,为西方的法学理论作出了杰出贡献。

▶二、罗马法学家关于法律与法学的定义

在构筑罗马法体系时,罗马法学家在很早就开始使用关于法的两个词:lex 和 jus,并对其含义作了解释。lex 专指罗马古代国王所制定的法律,以及共和时代平民会议所议决的法律。而 jus 有时指权利,有时指权利并兼有法律的意思,也就是指依权利而产生的法律。在罗马法上,jus 不仅指权利与法律,还指裁判官法庭、诉讼程序、权利、资格、物或人的适法性质和关系等词义,凡是出于权利所确定的法律的各种概念均适用这个词语,范围相当广泛。但是,不论其范围的狭或广,jus 一词基本上有两种含义,一是命令,即法律是主权者的命令,二是束缚或约束力,即法律作为一种社会规范,对人的行为具有约束和控制的效力。法律的存在与效力具有同一性,没有拘束力的法律是不存在的。

除了上述对法律的实证解释之外,罗马法学家还从道德角度提出了许多不同的定义。根据自然法学说,法律与道德、法律与正义是密不可分的。如塞尔苏斯(Celsus,公元前10—?)认为,法律是善良和公正的艺术,而且还进一步指出,善良就是指道德,公正就是指正义。在这里,法律与道德混在一起,与正义是等同的。"正直生活,不害他人,各得其所"这一希腊法学家所倡导的自然法基本观念,受到罗马法学家的尊崇。近代古典自然法学把法律看成是理性和正义的体现,就沿袭了古希腊、罗马的这种法律观。尽管罗马法学家关于法律的定义有其时代的局限性,但是,从正义的原则出发确定权利与义务的一般原则,把希腊人的公平正义观念具体化为法律概念、术语、原则和技术,不能不说是罗马法学家的卓越贡献。

罗马法学家还对法学的定义作了探讨。乌尔比安说:法学是关于神事和人事的知识,是关于正义和非正义的科学。前者说明,法学既讨论经验世界的法律现象,也讨论超经验世界的法应该怎样,并且神事是人事的标准。后者说明,法学还要对社会中的是非、善恶作出或肯定或否定的价值判断。从这一对法学的定义可以看到,罗马人把法学与宗教、道德混淆了,从而也不可能为法学下一个清楚的定义。这一定义是斯多葛学派的自然法学说的反映,同时也是宗教在罗马国家政治和社会生活中的重要地位的客观反映,这在西塞罗的《论共和国》《论法律》两部著作中可以得到印证。这种定义虽然给法学蒙上了神学的色彩,带有时代的局限性,但是,把法学作为区别于法律的知识,看做关于法律的内容、诉讼程序以及法官判案的基本原则的科学,这一解释还是有其积极意义的。

▶三、罗马法学家关于法律分类的理论

罗马法学家从不同的角度对法律的类别进行了划分,不仅使罗马法体系横向、

纵向分类清晰,使法学的研究更加深入、细致、系统和科学,而且这些分类经欧陆国家的继承发展,奠定了现代西方关于法律分类的基本框架。

(一) 公法和私法

罗马法学家按照法律调整对象的不同,把法律分为公法和私法。乌尔比安认为,整个罗马法可以分为两个各自独立互不干扰的法律部门:公法和私法。他在《学说汇编》一书中写道:"它们(指法律)有的造福于公共利益,有的则造福于私人。公法见之于宗教事务、宗教机构和国家管理机构之中。"① 查士丁尼在《法学总论》里进一步明确了这一划分,指出法律学习分为公法与私法两部分,公法涉及罗马帝国的政体,私法涉及个人利益。

但是,罗马并没有全面地发展出公法和私法两大体系。《十二铜表法》具有诸法合体的特征,罗马帝国时期发展起来的主要是私法,罗马法学实质上就是罗马私法学。正是由于这个原因,在罗马法基础上发展起来的欧洲大陆各国的法律体系被统称为民法法系。但是,公法和私法的划分在大陆法系国家的法律思想中一直被沿袭下来,具有重要影响,并成为近代资产阶级构建其法律制度的指导思想。资产阶级宪法、刑法、行政法的制定,才真正确立了罗马法学家所设想的公法和私法两大法律部门。

(二) 自然法、万民法和市民法

罗马法学家从法的适用角度把法分为自然法、市民法和万民法。从这一分类也可以看出自然法思想对罗马法学家的影响。在早期罗马法学家那里,自然法和万民法是同一的,是各民族公认的原则,泛指那些具有内在合理性并普遍适用的正确的原则。如盖尤斯主张把法律划分为市民法与万民法,而万民法与自然法则是同一的。后期罗马法学家对二者作出了区别,如乌尔比安把罗马法分为市民法、万民法和自然法。前者被称为"二分法",后者被称为"三分法"。

自然原来是指物质宇宙,是某种原始元素或规律的结果。古希腊人在"自然"的概念中、在物质世界上加一个道德世界,他们把这个名词的范围加以扩展,使它不仅包括了有形的宇宙,而且包括了人类的思想、惯例和希望。"他们所理解的自然不仅仅是人类社会的道德现象,而且是那些被认为可以分解为某种一般的和简单的规律的现象。"② "按照自然而生活",被认为是人类生活的目的,也是思想家们发现并论证其道德或政治法律主张的基本逻辑。罗马法学家是这一思想的继承者,自然法思想为他们提供了一种基本假设,成为罗马法学家的流行语。在罗马法学家看来,自然法是自然界教给一切动物的法律。这种法律并非人类所特有,而是一切动物都具有的,不论是天空、地上或海里的动物。它高于任何一个特定国家的实在法,是普遍的、不变的。

---

① [意]彼德罗·彭梵得:《罗马法教科书》,黄风译,中国政法大学出版社1992年版,第9页。
② [英]梅因:《古代法》,沈景一译,商务印书馆1995年版,第31页。

万民法是出于自然理性而为全人类制定的法,受到所有民族的同样尊重,它适用于一切民族。每一民族专为自身治理而制定的法律,是这个国家特有的,叫做市民法,即该国本身特有的法。罗马人所适用的,一部分是自己特有的法律,另一部分是全人类共同的法律。万民法大约产生于公元前2世纪的共和时期,其产生原因,一部分是由于罗马人轻视所有的外国法律,一部分是由于他们不愿意把其本土的"市民法"的利益给予外国人。最初罗马法采用属人主义而非属地主义,外来居民在罗马的统治下享受不到罗马市民法的保护,从而引起外来居民的反抗和斗争,由此产生了万民法。到了罗马帝国时期,罗马法学家把自然法应用于这种"所有国家共有法律"之上,使它成为罗马法学的重要组成部分。如果说自然法具有普遍性、不变性,那么市民法,即每一国家为自身定的法律,只适用于特定的国家或民族,并且是经常变动的。

(三) 成文法和习惯法

罗马法学家还根据法的表现形式,把法分为成文法和不成文法。前者指以书面形式发布的具有法律效力的规范,后者指起法律作用的习惯法。

成文法包括法律、平民决议、元老院决议、皇帝的谕令、长官的告示和法学家的解答。法律是罗马人民根据元老院长官(如执政官)的提议制定的,平民决议是公民大会根据平民长官(如护民官)的请求而制定的,元老院决议是元老院所制定的。皇帝的谕令是皇帝通过裁决、告示或诏书制定的,人民通过《王权法》授予他以全部权威和权力,因此他的决定具有法律效力。长官的告示包括大法官的告示和市政官的告示。法学家的解答是那些被授权判断法律的法学家所作出的决定和表示的意见。

不成文法是依据罗马人的生活、风俗等习惯确立的法律,因为古老的习惯经人们沿用而具有效力,就成为法律。

▶ 四、罗马法学家法律思想的特点

罗马法学家根据罗马社会适应商品经济发展的普遍要求,本着现实主义的态度,对罗马法进行精细的研究创造。他们以思想家的理性思维、政治家的现实敏锐看待法律问题,既注重探析一般的法律概念,也注重对法治精神与法律原则做深入细致的研究,他们的法律思想是罗马法律文化的精髓。罗马法学家法律思想的主要特征包括四个方面。

(一) 理论研究的实践目的

由于罗马所处的特定时代和罗马法学家所处的特定社会条件,罗马法与当时的政治、经济和社会现实需要存在密切的联系,罗马法学家们以敏锐的头脑去关注和思考社会现实,注重立法、司法及其效果,一些法学家本身就是政治家、法官或者外交官,他们在立法技术、法律解释及法律的应用与发展上都做出过创造性的贡献,使罗马法学带有典型的实用法学的风格。罗马法学家的理论都是针对现实中出现的亟待解决的问题而产生的,他们研究个别情况和问题,并在解答这些问题中提出一些一般性的解决办法,其研究成果具有明显的务实性和实践性。

正是作为职业阶层的法学家,发展了罗马法的法律概念、术语、原则和技术。所以,罗马法的基础是法学家们创造的"法学家法"。在罗马法的发展过程中,古希腊的自然法思想作为罗马法发展的精神指导,发挥了巨大作用。但是,他们引用自然法思想的目的还在于将它应用于具体的政治和社会实践中。

（二）对外扩张的世界主义

罗马法学家的万民法思想是这一倾向的体现。斯多葛学派信仰人类的博爱,他们不仅同情希腊人,而且同情希腊之外的其他人。罗马帝国时期,虽然并没有建立真正意义上的"世界帝国",但是在罗马人看来,似乎在罗马帝国以外存在的只是一些野蛮的民族,只要他们愿意征服,随时都可以如愿以偿。自然法观念被罗马法学家与"万民法"结合起来,说明依靠军事征服所产生的帝国的合理性,也为同化被征服地民族的法律制度的合理性提供了理论依据。

（三）政治上的专制主义

在罗马法学家那里,皇权至上的思想得到了明确表达。乌尔比安认为,皇帝的意志都具有法律效力,因为人民已经把自己的权力赋予了皇帝。这一观点在西方一直被用作君主权力至高无上的论证,这一思想是罗马政治现实的反映。

古希腊各城邦的政体主要是民主制和贵族制,极少是绝对君主制。而罗马从来就没有实现高水平的奴隶制民主,即使在共和时代也一直没有摆脱专制主义的阴影,在帝国时代更是如此。

（四）重视私法且法理深邃

罗马法学家特别注重从法律上确认公民个人的权利,认为国家与城市存在的根本目的在于保护个人私有权利,破坏了财产权,正义原则便不复存在。《十二铜表法》最重要的内容就是保护私有财产。

罗马法学家提出了一系列有价值的法律原则、制度、概念术语。在法律原则方面,罗马法有私人权利平等、遗嘱自由、契约自由、新法优于旧法、自然法的理性等原则。在制度方面,罗马法学家创建了陪审制度、律师制度、所有权和占有制度、侵权赔偿制度、时效制度、亲系和亲等制度、民事不告不理制度等。在概念上,罗马法学家创造了诉、遗产、特留份、定金、契约、先占、所有权、无因管理、私法、法学等一系列精湛的法律概念和术语,对后世的法学发展产生了深远的影响。

第三章 中世纪基督教神学法律思想

学习重点:(1)《圣经》中的法律思想;(2) 奥古斯丁的法律思想;(3) 阿奎那对法律的分类;(4) 路德和加尔文的法律思想。

18世纪的启蒙思想家认为,西欧中世纪是历史的黑暗时代。而西方学者近百多年来的深入研究,推翻了这种没有根据的看法,证明了中世纪的欧洲在思想、文学、绘画、建筑等诸多领域,都达到极高的历史水平。这一切的成就,又都以某种形式与基督教紧密联系在一起。诚如美国历史学家威尔·杜兰(Will Durant,1885—1981)所言,中世纪是"信仰的时代"。在这长达一千多年的历史时期,由基督教所承载并传播的文化观念,不但主导性地塑造着人们的精神世界,也具体而实际地规范着世俗生活的方方面面。中世纪神学法律思想,即是中世纪文明花园中的一朵奇葩。

　　与"信仰的时代"相应,中世纪产生了许多伟大的神学家。也正是由于中世纪是基督教信仰的世纪,其影响法学的结果就是,中世纪法律思想乃是基督教法学家在面对精神与世俗的种种问题时,对基督教教义所进行的一种特定形式的表述。安布罗斯(Ambrose,304—397)、奥古斯丁、格拉蒂安(Gratian,1090—1159)、阿奎那等教会法学家的法律思想均得益于信仰的启发,甚至可以说是他们从法学角度所进行的"信仰描述"。历史地看,这些思想家的本意也并非纯粹为了阐发"法律思想"自身而思考和写作,他们毕生思考和写作的真正目标,乃是为了理解并传扬基督教上帝所启示的"道路、真理和生命"。奥古斯丁的巨著《上帝之城》,本来是为"护教"而作,但其中所阐述的"双城论"乃被中世纪教会接受,并发展出了"双剑论""日月说"等一系列神学、政治、法律观点,深深影响了中世纪的权力结构和治理秩序。阿奎那根据其信仰推演出的自然法理论和法律分类学说,直到今天还影响着西方不少政治法律思想家的思考和写作。中世纪晚期,宗教改革逐渐兴起,路德将奥古斯丁的"双城论"发展成为"两国论",为政教分离的近现代学说奠定了重要基础,并随着宗教改革的扩展而极大地影响了西方近现代早期的政治学说和法律思想。加尔文在奥古斯丁、阿奎那、路德等人学说的基础上,明确发展出"神圣呼召"的理论,强调基督徒要为"上帝的荣耀"而入世工作,直接推进了现代经济制度和法律体系的诞生。

　　然而,所有这些历史影响深远巨大的法律思想,均根源于基督教《圣经》所确立的基本原则。在阿奎那著名的法律分类理论中,指导并约束人类生活的"神法"就是基督教《圣经》本身。路德、加尔文等宗教改革家的法律理论,更是坚定地以上帝"圣言"(即《圣经》)作为最高效力的"法律规范"。可以说,是基督教信仰孕育并成就了中世纪历代教会法学家,也是基督教信仰给中世纪教会法学家提供了灵感与思想的活水源头。

　　本章介绍的中世纪法律思想,共分四节。第一节专门介绍《圣经》中的法律思想,为接下来的三节内容确定思想文化的基本轮廓;第二节介绍奥古斯丁的法律思想,第三节介绍阿奎那的法律思想;第四节介绍宗教改革的重要人物路德和加尔文的法律思想,他们发起和推进的宗教改革不但结束了思想观念上的欧洲中世纪,还为人类走向近现代打开了精神世界的大门。

第一节 《圣经》中的法律思想

《圣经》是犹太教和基督教(包括天主教、东正教和新教)的宗教经典。犹太教的经典是《希伯来圣经》或称《塔纳赫》,相当于《旧约》;基督教经典则包括《旧约》和《新约》两部分,主要由律法书、历史书、先知书、智慧书、福音书、书信、启示录等组成。整本《圣经》的成书时间前后历经约一千六百年(公元前1500—公元96),作者多达四十余位,有国王、宗教领袖、政治家、学者、医生、牧人、渔夫、农民、税吏等,其中犹太人居多。他们的文化水平、身份地位、职业习惯、个性气质各有不同,写作地点和方式更是迥异,但在各种不同环境之下,经过一千六百年之时代更迭,竟然能配合默契,前后珠联璧合、合编一书,宝贵的《圣经》最终得以形成。宗教人士认为,这是上帝的启示之功,非人力所能为。迄今为止,《圣经》已被译成两千多种语言,是全世界译本最多、发行量最大的书籍,是被公认为对人类影响最大、最深的一本书。

《圣经》是世界文化长廊中的瑰宝,蕴藏着巨大的精神财富。它对人类文明尤其是西方社会文明产生了巨大影响,"没有希伯来《圣经》,世界文明的历史将会重写"。[①]《圣经》不仅是宗教经典、哲学经典、文学经典、历史典籍,也是极其重要的法律典籍,对西方法律思想的形成与发展产生了深远影响。西方法律史中的自然法理论、司法公正理念、人权理论、人性尊严、法律至上等核心价值理念,均与《圣经》有千丝万缕的联系。诚如当代美国法学家伯尔曼所言,这些原则的任何一项,即便不是出自《圣经》原本,也是符合《圣经》的,因为对一个民族来说,它们宣明了上帝的旨意。[②]《圣经》思想的流传,宛如延绵不绝的江河,为西方法史之地供应了源源不断的生命活水,使法学之林结出了清香怡人而又甘甜可口的硕果;当代的人权、自由、法治、宪政等普世价值,大多由此而来。

▶ 一、契约神圣思想

《圣经》又名《新旧约全书》,前后由八个神人之约组成,即伊甸之约、亚当之约、挪亚之约、亚伯拉罕之约、摩西之约、巴勒斯坦之约、大卫之约和新约。《圣经》中的神人之约并不是平等主体之间的协议,而是一种纵向的或不平等的法律关系。上帝与人类的关系,乃如父子;上帝是万王之王、万主之主,因此人类应当对上帝敬畏顺服。为了人类自身的永恒利益,上帝主动与人类订立契约。上帝是神圣的,其思、其言、其行必然都是神圣的,因此其所缔结的契约自然也是神圣的。

神人之约特别强调缔约双方诚信守约。《圣经》中的上帝具有公义、慈爱、信实等属性;"信实"指上帝所作、所思、所言和他的"真实"(reality)是相符的,因而是可

---

① 刘洪一:《犹太文化要义》,商务印书馆2004年版,第236页。
② 参见〔美〕伯尔曼:《法律与宗教》,梁治平译,中国政法大学出版社2003年版,第86页。

信的,而"真实"表示"符合其所代表的事物",包括诚实、忠实等含义。① 上帝的"信实"决定了他必须受自己话语的约束,《圣经》文本中多有这类刻画上帝言出必行性格的经句,如"神非人,必不致说谎,也非人子,必不致后悔。他说话岂不照着行呢? 他发言岂不要成就呢?"② 耶稣也宣告"天地要废去,我的话却不能废去"。③ 因此,上帝自身信实的本质属性,决定了他必须遵守与人类订立的圣约。

上帝自身诚信守约,也要求人类诚信守约。人是按照"神的形象"和"神的样式"所造,也应当信守与造物主订立的契约。这种"法统"在八大圣约中一以贯之,如果人类违背圣约,将承受圣约中的违约责任与后果。亚当夏娃违背了伊甸之约,

摩西摔法版
(《圣经·出埃及记》)

得到的结果就是圣约中的"死";以色列人违背摩西之约与巴勒斯坦之约,后来的历史命运就是"在万国中被抛来抛去"。《士师记》一卷书,记录了以色列人"违背圣约——遭受刑罚(如异族的压迫、奴役等)——困苦中向神呼求、重新遵守圣约——神兴起士师进行拯救——国泰民安后又重新违约——再次遭受刑罚"这一循环往复的历史。如果不遵守契约,就是对上帝尊严的亵渎,于是诚信守约便具有一种宗教意义上的神圣性。在这一深层意识的主导下,"契约神圣""契约是当事人之间的法律"等法律原则之形成就是必然的。

二、分权制衡思想

"分权制衡"的法治思想在《圣经》记载的以色列古史中有突出体现。在上帝与古犹太民族订立的摩西之约框架下,古代以色列的政治权力分为先知权、王权、祭司权三个部分。祭司为神人之间的中保,在神的面前代表人祈求赎罪,在人的面前代表神向人施恩;先知为神的代言人,把神的法令直接向人宣告或释明;君王则为神的代表,把神的计划付诸实施。所以,在制度设计上君王不是大权独揽,先知、祭司并不是在王权之下来执行职务,而是平行地与君王分别在不同领域履行职能。王权、祭司权、先知权彼此独立,又相互制衡。特别是王权受到祭司、先知二权的制约。祭司权对王权的制约表现为:(1)《圣经》规定祭司只能由利未支派中亚伦的后裔担任,拥有献祭、教导律法、司法审判、重大事情决断等权力。④ 祭司只忠于神和律法,

---

① 参见雷厉:《基础神学》,香港角石出版有限公司1997年版,第54页。
② 《圣经·民数记》23章19节。
③ 《圣经·马太福音》24章35节。
④ 参见《圣经·利未记》13—15章;《出埃及记》28章29—30节。

而不是王权。(2) 祭司从神得到的决断,君王要执行。(3) 君王僭越祭司权会受到处罚。① 君王虽是一国之尊,但无权替代祭司的工作;祭司权直接归属于神,是专属、排他的。先知权对王权的制约表现为:(1)《圣经》严禁以色列人听信通灵的占卜、巫术者,而是听先知之言。无论何人若不听命先知奉神所说的话,上帝就要追讨他的罪。上帝的特别启示是给先知而不是君王,先知的信息君王也必须听从,否则就是悖逆上帝。(2) 先知拥有法律监督权,先知是民族良心的维护者,特别注重对统治阶级违背律法行为的抨击。

摩西之约为古代以色列国确立的政体,已经暗含了立法、行政、司法"三权分立制衡"的架构。其中,先知权代表立法权;上帝对选民之法,唯独通过先知这一渠道予以颁布,君王、祭司均无权染指。祭司权代表司法审判权;祭司的权力虽有多种,但除去其祭祀等宗教性权力外,主要就是法律教导权与司法审判权。古犹太历史也证明,自摩西之约订立后,古代以色列民族的司法审判权主要由祭司行使。作为由神直接统治的"选民"国度,先知权、祭司权与"神权"距离更近;相比之下,掌握行政权、军事统帅权的王权距离"神权"相对较远,具有更浓的"世俗"色彩。尽管王权涉及的范围非常广泛,也较为强大,但王权只能在先知、祭司权之外行使。

▶ 三、法律至上思想

"法律至上"思想同样体现在《圣经》记载的古代以色列历史中。权力分立、权力制衡是权力配置的外在框架,权力的运行须遵守既定的规则,即法律。② 在古代以色列王国,法律的地位高于所有人的权威,与法律有关的各权力主体,必须在法律范围内行使职权。

首先,君王依法而治。君王施政是否遵守律法,是上帝评价其国政臧否的标准。依法施政,神视之为正直之事;施政背法,神视之为邪恶之事。遵守律法,则国运昌盛;违背律法,则国运衰败。

其次,祭司照法而为。祭司献祭严格遵守律法规定的程序、时间、地点,按照律法规定的献祭种类、范围施行神人间的中保工作;违背律法,会受到严厉制裁。如祭司拿答、亚比户,在神面前献了不是律法要求的凡火,献祭时被神用火烧死。③ 祭司作为教师教导百姓的,只能是历代相传的摩西成文律法。行事司法审判时,律法有规定的祭司必须严格遵守。

再次,先知恪守神命。先知工作,必须是神自己亲自差派。由于责任特别重大,先知们受到神特别严格的约束。除遵守律法外,他们必须绝对地遵守神启示的每个细节要求;否则,会受到比常人更严厉的处罚。如先知基哈西违背命令,擅自接受亚

---

① 参见《圣经·历代志下》26 章乌西雅王僭越祭祀权而被惩罚的记载。
② 《圣经》显示,"律法"与"神的话"是王国时代具备神圣效力的仅有的两种法的形式。详见乔飞:《从〈圣经〉看古代以色列王国的宪政特色》,载《南京大学法律评论》2010 年春季卷。
③ 参见《圣经·利未记》10 章 1—2 节。

兰元帅乃缦的礼物,结果得了大麻风。①

最后,百姓遵守律法。百姓知法守法得益于祭司和利未人的日常教导。祭司和利未人平常居住在48座散布于十二支派的城邑中,能够在各地教导律法,使全民都熟知律法内容。他们如同人民的导师,不但使以色列的信仰得以延续,而且使律法在全民中得到遵从。百姓有遵守律法的义务,也享有律法规定的权利。用法律保障民众权利这一宪政思想,在《圣经》中也有所体现。

▶ **四、人人平等思想**

《圣经》中神人之间是创造与被造的关系,其界限、地位泾渭分明。但正是神人之间的上下关系,决定了人与人之间的平等地位。伊甸之约开人类文明之肇始,它向人类宣告:人都是上帝所造,都具有上帝的"形象"或"样式",人作为受造物在上帝面前的地位并无不同。女人被造之材料,不是取自亚当之首部与足部,而是取自适中部位之肋骨,表示男女之间也是平等关系。从亚伯拉罕之约到摩西之约,以色列民族被凝聚成一个特殊的"誓约共同体"②,每个以色列人都是"血统"或"国统"中的一分子,在上帝面前并无本质不同。在法律面前,《圣经》也确立平等原则;法官适用法律,"施行审判,不可行不义,不可偏护穷人,也不可重看有势力的人,只要按着公义审判你的邻舍。"③即"穷人"与"有势力的人"在法律面前地位平等。

新约更加凸显上帝面前人人平等的精神。(1)上帝面前罪性人人平等。作为有罪性的人,任何人在上帝面前都是一样的,即所有人作为堕落、有罪的受造物这一点并无二致。(2)上帝面前恩典人人平等。对于救恩,上帝不愿一人沉沦,愿意每个人都悔改,耶稣基督在十字架上的救赎功效,平等地给予世界上每一个人,没有高低贵贱之分。每一个人在神眼里都珍贵无比,甚至他的头发都被神数算过。(3)上帝面前获救条件人人平等。在"因信称义"基本教义问题上,对每一个人都是只要口里认耶稣为主,心里信神叫他从死里复活,就能得救。每个人信靠耶稣基督为救主,就一定获得属灵的永生。所以在救赎的问题上,也是上帝面前人人平等,即不论人的民族、种族、性别、出生或社会地位如何,在上帝的眼中大家都是平等的。

在新约基督教会的组织生活中,"纪律运用在众人身上,君王和百姓都不能免除"④,以致罗马皇帝狄奥多西在帖撒罗尼迦屠杀群众时,主教安布罗斯按照教规坚决剥夺皇帝领受圣餐的权利,并责令其悔改;直到皇帝公开认罪,才被重新接纳进教会。⑤ 该事件中,安布罗斯执行教会法规时所说的"任何人,即使是罗马皇帝,都不能凌驾于法律之上",被西方学者视为法律面前人人平等原则的经典名言,该事件也

---

① 参见《圣经·列王记下》5章19—27节。
② 参见[德]马克思·韦伯:《古犹太教》,康乐、简惠美译,广西师范大学出版社2007年版,第12页。
③ 《圣经·利未记》19章15节。
④ [法]加尔文:《基督教要义》(下册),钱曜诚等译,三联书店2010年版,第1265页。
⑤ 参见[美]布鲁斯·雪莱:《基督教会史》,刘平译,北京大学出版社2004年版,第104页。

成为这一原则运用的首例。①

可以说,相比于古希腊罗马文化,《圣经》给西方法律文化的影响是巨大而独特的。法国著名哲学家勒鲁(Pierre Leroux,1797—1871)在研究柏拉图、亚里士多德等人的法律思想后,明确提出:"古代不存在平等";真正给西方社会带来平等精神的是以《圣经》为圭臬的基督教,"耶稣是社会等级的摧毁人"。②

第二节　奥古斯丁的法律思想

奥勒留·奥古斯丁(Augustine of Hippo,354—430)是欧洲中世纪哲学家、神学家、罗马基督教拉丁教父的主要代表,西方教会史上最重要且对后世影响最为深远的思想家。中世纪经院哲学以及16世纪新教神学,都是从奥古斯丁博大精深的思想体系发展而来。奥古斯丁被基督教会尊称为"恩典博士",实为基督教历史上最大的教父。

奥古斯丁

这位伟大导师青年时生活放荡,令虔信基督的母亲忧伤不已。但他思想敏锐,求知欲极强。19岁时,奥古斯丁阅读西塞罗的著作,对哲学问题产生了兴趣,后又接受摩尼教的善恶二元论。对摩尼教失望后,383年又学习新柏拉图主义③的哲学著作,"在物质世界之外寻找真理"改变了他原有的观念。经过激烈的思想斗争,加上米兰大主教安布罗斯的影响,387年春的一天在花园踱步时心灵受到强烈的"光照",奥古斯丁遂决定皈依上帝,是年复活节正式洗礼,此后终生献身教会事业。388年,奥古斯丁返回北非故居,变卖家中财产分给穷人,同时建立修道院,潜心思考、著书立说,391年访问希坡并担任牧师,396年升为主教。在任主教期间,他反对异端、抨击异教,并不断地讲经布道,同时坚持写作。奥古斯丁的著作繁多,《忏悔录》《论三位一体》《上帝之城》是其代表作,其他著作有《论真宗教》《教义手册》《论四福音的和谐》等。《上帝之城》的写作时间达13年,是奥古斯丁神学思想的一部巨著。该书前半部分(前10卷)驳斥异教者对基督教的各种责难,后半部分(后12卷)论述上帝之城和世俗之城的起源、历史和结局。《上帝之城》在西方政治法律思想史上占有重要的地位,集中体现了奥古斯丁的法律思想。

---

①　参见〔美〕阿尔文·斯密特:《基督教对文明的影响》,汪晓丹等译,北京大学出版社2004年版,第230页。

②　参见〔法〕皮埃尔·勒鲁:《论平等》,王允道译,商务印书馆1991年版,第75、81、125页。

③　新柏拉图主义(neo-platonism),是古希腊文化末期最重要的哲学流派,对西方中世纪的基督教神学产生了重大影响。该流派主要基于柏拉图的学说,但在许多地方进行了新的诠释。新柏拉图主义被认为是以古希腊思想来建构宗教哲学的典型,流行于3—5世纪。虽然被归属于柏拉图主义阵营,新柏拉图主义却带有折衷主义倾向,与亚里士多德学说和斯多葛学派有着明显的联系。

一、双城论

奥古斯丁用"两座城"的概念解释人类历史,其历史观带有强烈的基督教神学色彩。奥古斯丁认为人类分别处在"两座城"之中,这两座城代表了两种人,也就是宗教信仰相异的两个社会群体。两座城的对立贯穿人类历史的始终,但在现实社会中,二者之间并无明确的界限,而是相互交织、彼此相合,直到世界末日审判,二者才明确分开。

"两座城"具有截然不同的特征。两种爱造就了两个城:爱自己而轻视上帝,造就了"世俗之城";爱上帝而轻视自己,造就了"上帝之城"。世俗之城荣耀自己,上帝之城荣耀上帝。世俗之城在人当中追求光荣,在上帝之城中,最大的光荣是上帝,上帝是人良知的见证。世俗之城在自己的光荣中昂头,上帝之城则对自己的上帝说,"你是我的荣耀,又是叫我抬起头来的"。在世俗之城,君主们追求统治万国,就像自己被统治欲统治一样;在上帝之城,人们相互慈爱,统治者用政令爱,在下者用服从爱。世俗之城热爱她强人中的勇力,上帝之城则这样对她的上帝说:"耶和华我的力量啊,我爱你。"在世俗之城,智慧者按照人的方式生活,保证身体、心灵或二者兼有的安全,即使那些能认识上帝的,也故意不去认识他。即世俗之城的人通过服侍偶像,或成为民众的领袖,或成为民众的追随者。在上帝之城里,没有虔敬就没有人的智慧,人们靠虔敬正确地服侍上帝,希望与圣徒甚至圣天使在一起得到奖赏,在此城上帝在万物之上,为万物之主。①

在人类历史上这"两座城"分别与教会和国家有关。在奥古斯丁时代,基督教会和罗马帝国就是"两座城"在现实生活中的具体体现。但上帝之城并不简单地等同于"教会",世俗之城也不简单地等同于"国家"。

教会在精神实质上属于上帝之城,但在成员范围上与上帝之城有异。历史中的教会在根本实质上始终具有上帝之城的精神,但它永远都不是完美的,其成员善恶相杂、良莠不齐。一部分教会成员到最后并不能进入上帝之城,而一些不属于教会组织中的人,最终却会被拯救,从而进入上帝之城中。尽管如此,地上的教会在精神方面依然属于上帝之城,是上帝之城在人类历史中的具体代表。

与上帝之城相对立的是世俗之城,即不信上帝、自私自利者人群的集合体。世俗之城也不是简单地等同于世上的某个国家,但与政治国家具有关联性。世俗之城受世俗利益、欲望的驱动,"统治欲"是其根本特征。世俗国家常被世俗之城的精神实质所捆绑,但并不能说二者本质完全相同。从事国家的世俗事务或工作本身是中性的,君主或官吏若以获取现实利益为最终目标时,就属于世俗之城的性质。但若以上帝之城为最终目标,君主或官吏就是上帝之城的好公民。因此,政治国家可以为世俗之城服务,也可以为上帝之城效力,两种属性皆有。可见,二者之间存在着一

---

① 参见[罗马]奥古斯丁:《上帝之城》(中),吴飞译,上海三联书店2008年版,第226页。

种内在的张力。一方面,世俗国家并不等于世俗之城本身,但同时又是其在人间的一种体现;另一方面,世俗国家摆脱不了世俗之城的性质,但国家的本质不在于此,其世俗之城性质有可能会有所淡化。在历史与现实生活中,没有任何区分某人属于上帝之城或世俗之城的外在标准,两者的区分仅取决于人内在的生活取向。

▶ 二、国家论

奥古斯丁并不简单否定政治权威,他认为包括国家在内的整个宇宙必须处于有秩序的安宁状态,而秩序就是使平等和不平等者各就其位的安排。他所强调的,不是权力的外在形式,而是权力行使主体的内在动机。奥古斯丁反对出于统治欲而发号施令,赞成出于看顾之职责;反对出于做主子的骄傲,赞成出于关切之仁慈;反对如同对待禽兽般对待同伴的统治,赞成普遍意义上的治理。他认为在爱中的彼此服务符合人的自然本性,而统治欲充分体现出人类堕落后的真实本相。

奥古斯丁认为,以基本社会管理为职能的国家符合人的自然本性,但堕落后的国家的性质已经发生变化,世俗国家总是以"统治欲"和"强制力"为特征。西塞罗认为,没有正义的国家根本就不是国家;奥古斯丁则认为,没有正义的国家与匪帮相似。但奥古斯丁不像西塞罗那样绝对,他不认为世俗国家能实现完美的、真正的正义。除了完美正义外,还存在现世的较小正义,对此世俗国家可以实现。因此,正义对于世俗国家依然十分重要,他坚持以基督教伦理积极影响国家政治生活。

奥古斯丁既强调国家的惩治功能,又强调国家的良善功能。一方面,人类已经堕落,陷于罪性之中而难以自拔。人天生就具有犯罪作恶的倾向,国家的基本职能就是通过强制性的惩治犯罪来维护社会的基本秩序,此种功能是人性堕落扭曲的必然结果。对于国家的基本法律制度,基督徒有服从的义务。待上帝之城降临时,一切国家都将消亡。另一方面,奥古斯丁又认为宗教与国家具有密切联系。国家本身是世俗性的,不可能在道德方面自我完善,它需要宗教信仰的支撑。宗教具有影响国家政治的能力,甚至可以成为社会变革的决定性力量。世俗国家可以而且应当促进宗教信仰所要求的道德,在这一点上,国家是宗教的工具。教士的布道与君主的法律都是推进宗教信仰的正当手段,因此君主通过法律手段打击宗教异端、维护社会良好风尚,在奥古斯丁眼中是完全正当与必要的。这与近代以来西方社会奉为真理的"政教分离"宪政原则有所不同。

▶ 三、法律分类论

奥古斯丁将法律划分为永恒法、自然法、人定法三类。和对国家的观点一样,法律在奥古斯丁眼中也是人类堕落的产物,人间的法律需要上帝的永恒法、自然法作指引。

"永恒法"(lex aeterna)是上帝的统治计划,是指导宇宙中一切运动和活动的上帝之理性和智慧。永恒法就是上帝的"真理",因此是永恒、不变、无所不在且高于一切的。教会是永恒法的守护者,可以随意干预含有恶性的世俗法律制度。

在西塞罗自然法理论的基础上,奥古斯丁糅合基督教神学思想,开创了中世纪神学化的自然法学说。"自然法"(lex naturae)印刻在人的心灵深处,有原罪的人不能直接认识永恒法,但通过其理性和良知可以认识自然法,如从自然的造物秩序中可以得出人人平等的秩序、人类相对动植物的优先权以及婚姻、家庭、财产的自然秩序。①

在人类堕落之前,自然法的理想已经实现。堕落之时,人性为原罪所玷污,原本存在的良善尽管依然存在但已非常脆弱,易于被邪恶的欲望所左右,政府以及世俗法律就应运而生。"人定法"(lex temporlis)又称"世俗法",是人类堕落后罪恶的产物。世俗法律必须努力满足永恒法的要求,如果世俗法律规定与上帝的永恒法明显相悖,那么这些规定就不具任何效力,应当被摈弃。世俗法也要接受自然法的指引。

▶ **四、司法审判观**

奥古斯丁对司法审判的论述,主要体现在主教裁判权、教会对国家权威审判的建议权以及教会的教堂庇护权等方面。

关于主教裁判权,奥古斯丁认为,与教会事务有关的案件,教会主教具有裁决权。② 在管辖范围上,主教负责裁判与神职人员、修道人员相关的案件。与教会无关的世俗案件,如果双方当事人同意,主教也可行使裁判权。主教裁判一经作出,立即产生法律效力。但对裁判的执行,主教只有精神性处罚的施行权,如绝罚、悔罪等,鞭打、监禁等肉体性的处罚只能通过世俗官员实行。

关于教会对国家权威审判的建议权,奥古斯丁认为,对于世俗国家所审理的案件,教会有权发表意见,为一方当事人说情。这种说情主要是基于基督教"爱"的精神,劝说司法机关勿对犯罪者施以过重的处罚。这种求情或建议,也是当时教会影响政府决策的重要途径之一。

关于教会的"教堂庇护权",源于《圣经·旧约》中上帝为以色列人设立"逃城"之启示。自君士坦丁时代起,教会就已实行这种司法制度,奥古斯丁对教会利用教堂庇护避难者的做法持肯定态度。身为主教,他也曾亲自为此类事务与世俗官员交涉。

第三节 阿奎那的法律思想

托马斯·阿奎那(Thomas Aquinas,1225—1274)出生于意大利一个显赫的天主教家庭。他自幼聪敏过人,5岁时被送往修道院学习文法、修辞、逻辑、算术、几何、天

---

① 参见〔德〕魏德士:《法理学》,丁晓春、吴越译,法律出版社2005年版,第189页。
② 参见夏洞奇:《尘世的权威:奥古斯丁的社会政治思想》,上海三联书店2007年版,第301—303页。

文、音乐等"七门自由艺术"。14岁时,阿奎那进入那不勒斯大学学习亚里士多德哲学。1244年学习尚未结束,他不顾家人的反对,决定加入天主教多明尼克修会,为此家人将他囚禁一年。逃离家庭后,阿奎那先后在德国科隆和法国巴黎学习哲学与神学,1250年升为神父,1252年前往巴黎大学攻读硕士学位,1256年获得学位和教职,其后又取得神学博士学位。1259年,阿奎那回到意大利,被任命为罗马教廷的神学顾问,在此他同时从事神学研究、著述达10年之久。1268年,阿奎那重返已是神学、哲学国际研究中心的巴黎大学,主持经院哲学辩论和神学讲座,1274年在去往里昂大公会议的途中病逝。

阿奎那

阿奎那是西欧中世纪著名的经院哲学家、神学家,其思想体系是基督教神学与亚里士多德哲学思想的精密结合,政治法律思想是其思想体系中的一部分。他所开创的托马斯学派,一直活跃到20世纪。他集超凡的才智与高深的宗教素养于一身,以至于获得了"天使博士"之称。他的著作浩瀚精深,哲学著作有《论存在的本质》《论自然界的原理》;神学著作有《格言注解》《反异教徒总论》和《神学大全》。其中《神学大全》堪称基督教的一部百科全书,阿奎那也因此被称为"经院哲学之王",关于法律的论述是该巨著的一部分。

▶ 一、国家的起源与政治统治的形式

阿奎那认为,国家起源于人的自然本性与社会性。动物在被上帝创造时被赋予皮毛、食物等基本生存条件,也被赋予自卫求生的技能,而人却没有这些,只能依靠上帝赋予的理性去生活。一个人的生活必需品不能都由自己供应,人必须和其他人在一起。因此,人天然就是政治的、社会的动物,注定比其他一切动物要过更多的群体生活。群体生活需要分工,具有合理的秩序,否则群体就难以存在和发展。人类社会必须有某种治理的原则,就如一个人或任何其他动物的身体,若缺乏一种控制力量来支持各部分的一般活力,这个身体就会解体。阿奎那引用《圣经·箴言》"民无官长,就会败落",认为这一论断非常合理。私人利益与公共幸福不同,私人利益因人而异,只有公共幸福才能将人类社会连接在一起,公共幸福才是国家和政权存在的目的。国家不是贵族主观意志的产物,而是人的本性所决定的社会存在的需要。因此,阿奎那告诫统治者应认真使用自己的权力,努力用权力去实现社会福利。一切权力都来自上帝,君主、官员的权力来自上帝的授权,统治者管理社会与国家是上帝的旨意,因此人们应该顺服政权的管理。但如果统治者行使权力并不是为了公共幸福,而是仅为一己之私,那么国家的存在就背离了原初的出发点,也违背了上帝

的旨意。

在亚里士多德列举的六种政体中,阿奎那认为君主政体最好。在自然界,支配权总是操于单一的个体之手。在身体的各器官间,心脏对其他一切器官起推动作用,灵魂中理性居突出地位。蜜蜂有蜂王,整个宇宙间只有一个上帝。因此,人类社会最好的政体就是由一人所掌握的政体。从现实经验来看,凡不是由一人所统治的城市或省份,经常陷于分裂与纷争。反之,由一个国王所统治的地方却是一片升平气象,公道之风盛行,财富充盈,民情欢腾。①

▶ 二、法律的性质、目的和定义

阿奎那认为,"法"从词源上是由"拘束"一词而来,是人们受其约束不得不采取某种行为的规则;因此,法是人们赖以做出某些行为和不做其他一些行为的行动准则或尺度。人类行为的"准则"或"尺度"是理性,正是理性指导人的行动达到它的适当目的,因此理性是人行动的"第一原理"。人的意志要想具有法的权能,就必须服从理性的约束。君主的意志只有在受理性节制时才具有法的力量,否则就成为一种祸害而不是法。因此,法律的本质是意志,然而必须是受理性节制的意志。

阿奎那认为,"法律的首要和主要的目的是公共幸福的安排"。所谓"公共幸福",就是"整个社会的福利"而不是一家一姓的私利,这样才合乎正义。法律颁布的主体,应当是"整个社会",或者是"代表整个社会的某一个个人"。但无论是集体还是个人,该主体必须负有"保护公共幸福"之责任。② 同时,为了卓有成效地促进正当的生活,法律必须具有强制力,这种强制力的实施主体是"整个社会"或者是官吏,该官吏必须代表社会且担负惩罚之责。

在上述论述的基础上,阿奎那得出法律的定义,认为所谓法律,"不外乎是对于种种有关公共幸福的事项的合理的安排,由任何负有管理社会之责的人予以公布。"③从目的性来说,法律是为实现公共幸福;从主体性来说,法律由社会管理者加以公布。

▶ 三、法律的分类

在《神学大全》中,阿奎那将法律划分为四类:永恒法、自然法、人法、神法。

(一) 永恒法

上帝统治整个宇宙,宇宙受上帝的理性支配。上帝这种对受造界的君王般的合理领导,具有法律的性质,这种法律就是"永恒法"。万物都由上帝根据其智慧创造,而上帝智慧的"理想"具有"范本、艺术或理念"的性质,推动万物去实现各自的本性和目的,这种"理想"具有法律性质。因此,"永恒法"不外乎是"被认为指导一切行

---

① 参见〔意〕阿奎那:《阿奎那政治著作选》,马清槐译,商务印书馆2007年版,第49页。
② 同上书,第105页。
③ 同上书,第106页。

动和动作的上帝的智慧所抱有的理想"。①

在所有的法律类型中，永恒法是效力最高的法，其他一切法律必须从永恒法产生。一般来说，人无法直接认识永恒法，但人的理性可以通过宇宙的种种表现来感知上帝的永恒法。

（二）自然法

阿奎那认为，"自然法"是上帝统治人类的法律，是理性动物对永恒法的参与。人作为具有理性的动物，以一种特殊的方式受着上帝意志的支配，成为上帝意志的参与者，在某种程度上分享上帝的智慧，由此产生一种自然的倾向去从事适当的行动和目的。因此，自然法是上帝荣光在人身上留下的痕迹，这种痕迹是永恒法的部分反映。

自然法的原则存在于人的自然倾向中，人的本性中存在一种趋吉向善的本能。从这种自然本性出发，阿奎那认为自然法的原则主要有三条：（1）"自存"，即自然法包含一切有利于保护人类生命的东西，也包含一切反对毁灭人类生命的东西。（2）"自然本能"，这是一切动物所共有的本能，如两性关系、抚育后代等。（3）"向善倾向"，如希望知道有关上帝的知识、脱离愚昧，希望过社会生活，人际交往中不应侵害他人等。

阿奎那认为自然法具有普遍性与不变性。对每个人而言，都存在一个真理或正义的标准，即自然法为大家所熟知，是人人必须遵守的行为规范。自然法的不变，并非具体规定的不变，而是原则的不变。就一般的第一原理来说，自然法对所有人都相同。但自然法不排除例外性和可变性。在特殊情况之下，自然法允许例外；如"有债必还"在大多情况下是正确的，但被偿还的款项若被用于向祖国开战，还债就是有害的。自然法的可变性体现在两方面：一是有了内容的附加，如神法和人法就给自然法增加了许多有利于人类活动的内容；二是自然法删除了某些内容，如以前作为自然法的一部分条例不再属于自然法。②

（三）人法

法律是维护社会秩序必需的工具。社会现实中有些人自愿过有道德的生活，对于这些人，只要有适当的指导和劝诫就能使其德性趋于完善。还有些人性情乖戾、易于作恶，只有在压力和恐吓面前他们才不做坏事。法律就是这种使人惧怕处罚的工具，因此法律是社会和平、生活安宁所必需的。

人法是根据自然法和永恒法所制定的体现人类理性的实在法。一切由人制定的法律必须符合自然法；如果制定法在任何一方面与自然法相矛盾，该法就不具正义性，因此就不再有效。人定法由自然法产生有两种方法：一是从比较一般的原理得出的结论，如"不可杀人"这一结论就是从"不要害人"这一自然法的规则而来；二是作为某些一般特征的规定。用第一种方法得出的结论人法、自然法皆认可，用第

---

① 〔意〕阿奎那：《阿奎那政治著作选》，马清槐译，商务印书馆2007年版，第111页。
② 参见同上书，第113—114页。

两种方法得出的结论只具有人法的效力。

阿奎那将人法的基本特征与分类联系在一起。(1)人法由自然法得来,是第一个特征。因此,人法可分为万民法和市民法;前者直接来源于自然法,而后者是从自然法产生的作为个别应用的标准。(2)以城市的公共福利为目标,是第二个特征。根据对公共福利负责者的不同职务,人法可以分为祭司法、统治者法和军人法等。(3)人法应由统治者颁布,是第三个特征。根据不同的政治制度分类,人法可分为"君王的律令""智者的意见""元老院的建议""执政官法""平民法"等。(4)人法是支配人类行动的法则,是第四个特征。法律可以按照所处理的问题作不同分类,如"关于通奸者的朱理安法"、"关于暗杀罪的科尼利安法"等。①

阿奎那认为,人法的制定必须遵循相应的原则,这些原则包括:(1)可能的,不仅包括物理方面的可能,而且包括伦理方面的可能。(2)正直的,即不违反更高的法及原则。(3)有利的,即为大众福利,即使有时对私人有害。(4)公道的,即合乎正义。(5)固定的,即不朝令夕改、出尔反尔。(6)公布之,即明示以使大家知道。②

阿奎那继承了奥古斯丁的观点,认为不公道的法律不能称之为法律,即"恶法非法",因此制定法必须合乎正义原则。认定制定法正义的标准有三个:(1)制定的法律是以公共福利为目标;(2)制定的法律在制订者的权力范围之内;(3)制定法在分配义务时,按促进公共幸福的程度进行比例分配,使人内心感到满意。非正义的法律有两种,一是违反上述标准而于人类幸福不利,二是与神的善性相抵触。

在罗马法与日耳曼法的传统中,君主遵守法律仅是道德上的要求;在法律上,一般规定他免于法律的约束。③ 阿奎那也承认君主的地位超过法律,但他从基督教的神学根基出发,要求权力掌控者必须服从法律支配。为此,阿奎那提出三个"经典论据"。一是《圣经》神言:上帝曾经谴责那些拥有地位与权力的文士与法利赛人"能说不能行","他们把难担的重担捆起来搁在人的肩上,但自己一个指头也不肯动"④。二是罗马教皇教令:"无论何人,如为他人制定法律,应将同一法律应用于自己身上。"三是罗马基督徒皇帝狄奥多西和瓦伦蒂尼安写信给地方长官的内容:"如果君王自承受法律的拘束,这是与一个统治者的尊严相称的说法,因为甚至我们的权威都以法律的权威为依据。事实上,权力服从法律的支配,乃是政治管理上最重要的事情。"因此,阿奎那得出结论说:"按照上帝的判断,一个君王不能不受法律的指导力量的拘束,应当自愿地、毫不勉强地满足法律的要求。"⑤奥古斯丁主张世俗的法律从属于超验的上帝的法律,阿奎那则将之发展为政治权力不仅要受彼岸超验

---

① 参见〔意〕阿奎那:《阿奎那政治著作选》,马清槐译,商务印书馆2007年版,第117—118页。
② 参见刘素民:《托马斯·阿奎那自然法思想研究》,人民出版社2007年版,第103页。
③ 参见〔美〕伯尔曼:《法律与革命——西方法律传统的形成》,贺卫方等译,中国大百科全书出版社1993年版,第178页。
④ 《圣经·马太福音》23章3—4节。
⑤ 〔意〕阿奎那:《阿奎那政治著作选》,马清槐译,商务印书馆2007年版,第123页。

法律的约束,而且要受自身设定的人定法的约束,从而明确将世俗政治权威置于双重法律限制之下。至于君王的地位高于法律,阿奎那的具体解释是,如果必要的话君主可以变更法律,或者根据时间和地点免于实施法律的某些规定。

（四）神法

除自然法和人法之外,阿奎那认为还需要一项"神法"来指导人类生活。所谓"神法",就是基督教《圣经》。原因有四:一是人在关于最终目的的行动方面是受法律约束的;二是人的判断不可靠,有必要让他的行动受神所赋予的法律的指导;三是人类法律不能规范人内心的活动,有必要加上神法进行约束;四是人类法律不能惩罚与禁止一切恶行,必须有一种能防止各种罪恶的神法。①

第四节 宗教改革家的法律思想

16世纪的欧洲爆发了意义深远的宗教改革运动。宗教改革的发生,与当时的经济、政治、宗教、文化等社会状况有关。经济上,城市与资本主义的兴起,冲击了中世纪以来长期存在的封建制度。政治上,民族意识复苏、王权日益强大,世俗政治权威日益谋求权力垄断。宗教方面,罗马教廷出卖教职,兜售赎罪券,天主教会日益腐败,教会改革的呼声日益高涨。文化方面,文艺复兴洗礼下产生了新人新知识,许多人文主义者大胆揭露教会、教皇、主教的腐败。改革运动前夕,德国市民、平民以及城市贵族与罗马天主教会的矛盾已经非常突出。路德对罗马教廷的谴责,使改革运动之火在德国首先燃起,并迅速蔓延到整个西欧。除路德外,这场运动产生了茨温利(Huldrych Zwingli,1484—1531)、加尔文等著名改教家;他们在抨击天主教、重新阐释基督教义的同时,也阐述了神学框架下的法律思想。

一、路德的法律思想

马丁·路德(Martin Luther,1483—1546)生于德国埃斯利苯的一个矿场主家庭,曾一心想当律师,因此早年进入埃尔夫特大学攻读法律。1505年的一天,路德在途中遭遇暴风雨,一道闪电将他击倒,惊恐之余他呼求圣徒保佑并许愿当修士,两周后兑现诺言进入当地奥古斯丁修道院。尽管他严格禁欲,遵守修院的一切规条,但他感受不到上帝的慈爱,相反内心充满恐惧与怨恨。1515年,当他默想《圣经·罗马书》时,"义人必因信得生"震撼了他,从

路德慷慨陈词

---

① 参见〔意〕阿奎那:《阿奎那政治著作选》,马清槐译,商务印书馆2007年版,第108页。

此他知道人获得拯救并非是靠自己的功德,而是借着上帝主动的怜悯和人的信心;这与当时天主教靠功德称义的主张截然对立。1517年,教皇为罗马新教堂发起筹款运动,神父修士遂出售赎罪券,声称购买者及其亲人可以因此除罪,路德对此深恶痛绝,因为这与他所领受的信仰原则相悖。他将对这一问题的思考写成《关于赎罪券效能的辩论》一文(即《九十五条论纲》),贴在维登堡大学的教堂门上,由此拉开宗教改革运动的序幕。路德的神学在改教运动中不断丰富完善,其法律思想是其神学体系的一部分。

(一)上帝的"话语":《圣经》至上论

上帝的"话语"是路德神学的根基;《圣经》就是上帝的"话语","话语"也是上帝道成肉身的第二位。上帝的话语不只是一种自我显露的行为,也是上帝本身的作为和力量。全部《圣经》都指向耶稣基督一人,这是路德探讨《圣经》权威的出发点。

对于教会的传统模式,路德认为中世纪晚近的传统必须加以否定,但他强调只抛弃那些与《圣经》的明确意义相违背的传统观念和习惯。无论哪个传统发生错误,必须通过《圣经》权威使那个传统回到福音的真谛中来。因为《圣经》的权威高过传统、神学家以及教会。天主教会认为是教会确立了《圣经》,教会的权威高于《圣经》,路德反驳说,教会本身乃由福音所建立,福音高于教会。而他自己所主张的"最高权威",不是《圣经》中的法规,而是《圣经》所阐发的福音。路德据此又提出"《圣经》原意"之概念,认为《圣经》的作者仅仅是圣灵——上帝的第三位格,《圣经》的原意必须根据经文和圣灵的光照综合在一起的信息才能得到,未皈依上帝者或不信靠上帝的普通人单纯凭理性并不能真正懂得《圣经》原意。只有通过圣灵的干预,人才会领受和接受福音;必须在圣灵的指引下,人才能正确解释《圣经》。"话语"分为"表面的话语"和"内在的话语"。前者在《圣经》文本中,后者就是圣灵传达的"精义";前者人的耳朵可以听见,但人心听不见,因此必须借助圣灵的工作才能使心听见。《圣经》和圣灵是密不可分的,《圣经》必须由圣灵来解释,同时圣灵除了教导《圣经》里的福音外,也不教导人别的东西。[①]

路德这一神学教义,一方面确立了《圣经》至上法的地位,另一方面将《圣经》解释权交到每一个信奉上帝者的手中,打破了罗马教会的教义垄断权,同时也确立了信徒皆平等的法律思想。

(二)"唯独信心":个体本位的滥觞

罗马天主教传统教义认为,上帝曾将天国的钥匙交给其使徒彼得。罗马教会是圣彼得所建立,因此彼得及其继承人理所当然地掌握着信徒进入天国的钥匙。历任罗马教皇都从彼得那里继承了"使徒统绪"[②],是上帝在人间的代理人。上帝对人的

[①] 参见〔美〕胡斯都·冈察雷斯:《基督教思想史》(第3卷),陈泽民等译,译林出版社2010年版,第43—46页。

[②] "使徒统绪"是基督教会的一个专门术语,指从使徒时代起,历代教会在教义、圣职、礼仪方面的延续与传承,是基督教"正统"的代名词。

拯救通过教会进行,信徒只有遵守教会的法律规章,才能获得救恩,教会之外无拯救。这样,教会就获得了对信徒的精神管制权。

对此,路德根据《圣经》提出"因信称义"的观点。他指出:"称义"是上帝向人颁布的赦罪令,人在上帝面前不能凭自己的能力、功劳或善行称义。称义是因基督的缘故,耶稣基督借着死为人的罪作了挽回祭,人借着信心相信基督就能白白地得称为义。通过这种独具内涵的"信心",上帝就认为此人为"义人",不再计算皈信之前的一切过犯。① 因此,每个信徒都是祭司,人无需通过教会神职人员为中介,也无需通过教会繁琐的礼仪就能获得拯救。该教义实际起到了个体解放的作用,有助于形成尊重人格自主、自尊、独立与自由的价值取向,西方法律文化的个体本位特征也因此得到神学的支撑与强化。

(三)"两国论":教会与世俗国家

教会与国家关系,在路德教义中为两个国度或两个独立王国的教义。路德认为,上帝建立了两个国度,两者都是上帝的创造,都接受他的统治,但统治的手段途径不同。上帝通过法律来统治国家,通过福音来统治教会。上帝建立世俗国家的目的是管制坏人,制止犯罪,维护社会秩序,统治的法律可由自然理性加以证明,信徒在此国度中没有权威,统治者大多也是非基督徒。基督徒属于另一个国度,即福音的国度。在这里,世俗统治者没有权威。然而人性都有善恶两面,作为性恶的人应该服从世俗法律的统治。对于宗教的发展,基督徒不应寄希望于国家的支持,统治者也不应将教会作为一种统治的工具。信仰的问题不能通过强制力来实现,国家不应使用权力去打击异教徒,基督教也不应建立神权政治权力体系。两个国度之间的分界线非常重要,却不是十分明确。两个国度之分界并不简单地等同于教会和国家之间的区别,也不等同于宗教与世俗活动的区别。②

(四)"顺服权柄":公民与世俗权威

路德分别在1522年、1523年发表《劝基督徒勿从事叛乱书》《论世俗当局的权力》,阐明了他的公民与世俗权力的政治法律主张。前者反对暴力革命,号召基督徒服从执政者,抨击农民起义是"魔鬼的挑动",主张用和平发展或消极抵抗的方式实现宗教改革与社会变革。后者宣扬统治者的法律与武力都来自上帝的授权,世俗君主是上帝"惩罚的手",人人都当顺从。其神学依据就是《圣经·罗马书》所论述:"在上有权柄的,人人当顺服他,因为没有权柄不是出于上帝的,凡掌权的都是神所命的。"政府无论好坏,总比没有政府要好。同时,世俗权力也是有限度的,人的灵魂问题只能由上帝统治;世俗权威如果为灵魂制定法律,就侵犯了上帝的统治权,对此公民可予不服从。③

---

① 参见《马丁·路德文选》,马丁·路德著作翻译小组译,中国社会科学出版社2003年版,第55页。
② 〔美〕胡斯都·冈察雷斯:《基督教思想史》(第3卷),陈泽民等译,译林出版社2010年版,第65—66页。
③ 参见徐大同主编:《西方政治思想史》,天津教育出版社2002年版,第105页。

当农民以暴力革命方式反对世俗权威时,路德撰写小册子《斥亦盗亦凶的农民暴众》,谴责暴动的农民狠毒、有害、邪恶,呼吁贵族与诸侯用武力镇压农民革命。①从此他站在了市民、贵族与诸侯一边,与平民阶级的宗教改革运动分道扬镳。

(五)"律法"和"福音":法律与信仰

法学理论中"法律与信仰"之关系在路德"律法与福音"教义中有所体现。"律法"是古代以色列的法律。路德认为,律法是上帝的意志,其作用有二:作为民法,它管束坏人,并为社会生活和宣扬福音建立必要的秩序;作为神学的律法,它显明人的种种罪。律法本身是好的,但人堕落后已经不能实现上帝的意志,律法对人来说变成审判和愤怒的信号。律法既可以被上帝用来引导人走向福音,又可以被魔鬼利用使人陷于绝望并憎恨上帝。对恶人,必须宣扬律法,使用律法责罚。

律法使人的良心痛苦忧惧,福音却是对痛苦良心的一种安慰。通过福音,上帝的圣灵安慰帮助人,带领人努力完成上帝托付给人的工作,也去实现律法的要求。换言之,只有借着福音所产生的信仰的力量,才能真正实现上帝设立律法的目的。

二、加尔文的法律思想

约翰·加尔文(John Colvin,又作 Jean Colvin,1509—1564)是16世纪欧洲最著名的宗教改革家,新教改革宗的重要创始人。他生于法国的一个律师家庭,14岁进入巴黎大学攻读哲学、神学,由于文笔出色且善于逻辑分析,1528年获文学硕士学位,离开巴黎后在奥尔良大学和布尔杰斯大学专攻法律。加尔文早年受人文主义影响较深,1532年突然在信仰上有所觉醒,开始研读《圣经》,从而走向宗教改革家之途。1536年,加尔文到瑞士日内瓦积极推进宗教改革,1538年改革失败被逐,1541年重回日内瓦,建立了政教合一的新教城市政权,日内瓦遂成为"新教的罗马"。加尔文著述颇丰,最著名的是1536年出版的《基督教要义》(即《基督教原理》),该书一出版,年轻的加尔文就一跃成为新教的领袖,他的政治法律思想主要体现在这一神学巨著中。

(一)预定论

加尔文主张"上帝主权至上","预定"是上帝永恒的法令,是上帝不可更改的永恒计划。加尔文持"有限救赎"观点,认为上帝并未将得救的盼望给所有的人,而是只赐给一部分人,不赐给其他人。上帝自己决定世上每个人的一生命运将如何,各人受造的目的并不相同,某些人被预先注定了永生,其他人则被预订了永远灭亡;人受造就是为了这两种目的。② 这种教义就是改革宗神学著名的"双重预定论",是加尔文神学体系的重要内容。这一教义在基督教神学界引起轩然大波,人们认为这种教义宣传的结果,会使人将一切责任都归于上帝。上帝既是众善的根源,又是一切

---

① [美]布鲁斯·雪莱:《基督教会史》,北京大学出版社2004年版,第272页。
② 参见[法]加尔文:《基督教要义》(中册),钱耀诚等译,生活·读书·新知三联书店2010年版,第934—935页。

罪恶的起因，人在上帝面前将无可奈何地陷入宿命论的怪圈；因为一切结果上帝早已预定，人无法更改。人将不再对自己的行为负责，善者不再积极追求良善，恶者更加为所欲为。而且上帝这种随意的拣选，显明他不是一个公正的法官，而是一个专制的暴君。

对此，加尔文认为上帝旨意本身就是最高的公义准则，是一切法律中的法律，人无法靠自己的知识对上帝作出评判。神所预定遭灭亡的人，是因自己的本性伏在永死的审判之下，他们的结局恰恰证明了上帝的公正。上帝的旨意是隐藏的，如果人因为自己明白不了上帝的作为就谴责上帝，这是极不应该的，人想以自己的渺小思想彻底明白无限的上帝，不过是疯狂的表现。上帝已经明确启示他的判断是人无法猜透的，人堕落灭亡固然在于上帝的预定，但灭亡的真正起因是人自己的罪，人的沉沦要完全责怪他自己，而不是责怪上帝。因此，加尔文并不否认人对自己最终命运或结局的主体责任。上帝永恒的预旨并不妨碍人筹划或安排将来的事，上帝将性命保护的责任交托给人自己，人应该负责任地来保护自己；上帝提供给人的所有保护的方法，人应当采用。一般上帝并不直接成就他的旨意，而是经常透过他赐给人的方法实现。行恶绝不是服侍上帝，上帝从未吩咐人作恶。

（二）职业神圣论

中世纪天主教主张，教会神职是直接侍奉上帝的工作，比世俗职业更加圣洁、更有价值、地位更高。加尔文继承了路德的"天职"理论，认为上帝为每个人安排了各种各样的特殊职责，任何人都不得僭越。所有职业只要对社会有益，在上帝面前就都具有价值，具有同等地位。人类所在的全部领域，都是使人成圣和人奉献给上帝的范围；每个正当职业都能彰显上帝的荣美，每个岗位都可以侍奉上帝。英国诗人乔治·赫伯特（George Herbert，1593—1633）以诗句进行了表达："仆人谨守这准则，杂务也可化圣工；清扫一房间，若是为主做，房间与打扫，无不化纯洁。"与普通人一样，基督徒可以做工、经商、当水手，这就冲破了中世纪千年来的圣俗二元对立的职业观，使人更加珍视工匠、商人等职业的地位，同时也使工匠、商人等更加以虔诚敬畏上帝的态度去从事本职工作。"劳动就是祷告"，体力劳动具有崇高的宗教意义；在工作面前，人人都平等。

新教促进西方资本主义发展

但基督徒在从事世俗事务的同时，必须学会与世界保持必要的距离；即基督徒在行为上投身世界的同时，必须伴以内心的超脱，并对世俗持批判态度。信徒积极融入世俗领域，但又不让自己被动地被世俗吞没。信仰上帝的人必须以过客的心态在世上度过其一生，轻看一切属世的事务，不让心灵为世界所系。这一教义最终形成了马克斯·韦伯（Max Weber，1864—1920）所说的基于"新教伦理"的"资本主义精神";这种精神并不代表将赚取的钱财用于颓废奢华生活的"冒险家式的资本主义",而是代表以勤劳、节俭、坚忍、奉献为价值观、奉行个人禁欲主义、具有坚实道德基础的"现代资本主义"。可以说,加尔文的神学体系为西方现代资本主义的发展提供了强大的心理动力。①

（三）世俗政府论

如同食物、水、太阳、空气对人是必需的,加尔文认为世俗政府对人来说是必要的。属世的政府不仅可以管理人共同的生活、维护社会治安、保护个人财产、保证贸易顺利往来,还可以禁止偶像崇拜、禁止亵渎上帝圣名及真理,并防止其他公开冒犯信仰的产生和扩散。政府也可确保基督徒能公开信仰,世人能行仁道。世俗政府有责任保护上帝律法中的真信仰,免得有人公开亵渎冒犯。

加尔文认为,政府由三个方面组成：官员、法律、国民。官员的权力是上帝所赐予的,其权力范围由"两块石板上的律法"确定,即敬拜上帝与对待人。政府对人行使的一切权力都要以信仰和敬拜上帝为基础。官员作为上帝忠心的仆人,应该正直、谨慎、温柔、节制,不能专制、不公平地待人。官员有权管理百姓的一切事务,有权决定颁布法律,保证法庭的公正性,最终官员要为自己所做的一切向上帝交账。

（四）法律与诉讼论

加尔文非常重视法律的作用,认为法律是仅次于统治者的最大权威。上帝为古以色列选民预备的法律有道德律、礼仪律、民事律三部分,其中道德律就是"摩西十诫",是上帝永恒不变的法律原则。各国可以根据自己的情况进行立法,但必须坚持公义原则,不能和上帝的法律原则相冲突,野蛮、暴力的法律就不是法律,因此各国法律应具有相对统一性。然而各国法律条文对某一具体事项的规定内容可以不同,因此世界法律的多样性又是必然的。②

关于司法诉讼,加尔文侧重从基督徒的主体视角进行阐述。既然法官是上帝设立的,基督徒就有权利享受这一恩典。基督徒可以进行法庭诉讼,但必须遵行两个禁止性规范,一是不能对其他基督徒在世俗法庭提起诉讼,二是不能心怀恨恶利用法庭报复仇敌。打官司是上帝允许的,但要远离一切害人或报复人的欲望。基督徒应学会忍受伤害,原谅仇敌,否则诉讼就是犯罪。即加尔文不反对诉讼自身,但反对不符合信仰的诉讼心态。③

（五）政体论

受"上帝主权至上"神学教义的影响,加尔文的国家观不同于路德。路德倾向于国家至上；加尔文则主张,包括教皇与国王在内的任何人,都不应拥有绝对权力。各

---

① 参见[英]阿利斯特·麦格拉斯：《加尔文传：现代西方文化的塑造者》,甘霖译,中国社会科学出版社 2009 年版,第 222、224、232 页。
② 参见[法]加尔文：《基督教要义》（下册）,钱耀诚等译,生活·读书·新知三联书店 2010 年版,第 1554—1557 页。
③ 同上书,第 1558—1561 页。

种政体均有弊端;君主制很容易变成独裁,贵族制容易变成派系争斗,而民主制最容易变为叛乱。由于人的罪和缺点太多,最好的统治方式是许多人一起统治。从《圣经》记载的以色列历史来看,贵族制与民主制相混合的政府形态是最好的。上帝为不同国家安排不同的统治形态,不同的地方有不同的政府形态是最好的。① 加尔文谴责傲慢的君王和邪恶的政府,但普通百姓无权直接纠正君王毫无节制的专制,百姓只能顺服和忍受。百姓可以选出官员,为其抵制君主专政。这些选出的官员必须替百姓反抗君王的暴力行为,如果他们怠于行使职责,就是懦弱的邪恶行为。② 加尔文鼓励代议制政府,其反对君主独裁的思想是现代宪政得以发展的一个重要因素。

（六）政教关系论

加尔文以"两个政府"理论来阐述政教关系。"两个政府"分别是"属世的政府"和"属灵的政府"。前者教导人尽做人与公民的责任,后者教导人良心敬虔与敬畏神;前者关心今世之事,后者关心灵魂之事;前者约束人的外在行为,后者约束人心。同一个人具有两个世界,而这两个世界由不同的君王和法律管理。③ 这两个政府都是上帝所设立,对人来说都是必需的。基督徒在世上生活,属世的政府有上帝预定的目的;政府能珍视和保护基督徒对上帝的敬拜,为纯正的教义以及教会的地位辩护,确保基督徒与非基督徒共同生活,增进普世的和平。世俗政府对属灵政府负有如此多的义务,因此"政"相对于"教"并不独立。不过,如果没有"属灵政府"在人间的存在,属世政府的这些功能就是多余的。两个政府在理论上是平等的,并无高下之分,所不同的是二者的职责范围。加尔文并不主张"政教分离",而是主张"政教分权",但也不主张政教合一,而是政教合作。④ 两个政府并非截然对立,而是相互需要、彼此相连。

---

① 参见[法]加尔文:《基督教要义》(下册),钱耀诚等译,生活·读书·新知三联书店2010年版,第1545—1547页。
② 同上书,第1570—1571页。
③ 参见[法]加尔文:《基督教要义》(中册),钱耀诚等译,生活·读书·新知三联书店2010年版,第852—854页。
④ 参见刘林海:《加尔文思想研究》,中国人民大学出版社2006年版,第187页。

第四章 中世纪后期世俗法律思想

学习重点：(1) 注释法学派的发展脉络；(2) 马西利乌斯的法律思想；(3) 布丹的国家和主权理论。

中世纪后期的世俗法律思想，泛指中世纪教俗对抗中代表世俗一方的法律学说，它是在中世纪神学思想的缝隙中生长出来的。一般而言，它的内涵与外延并没有准确的界定，但是能够归入世俗法律思想范畴的理论都具有或鲜明或隐晦的反神学特征。中世纪后期的世俗法律思想是在和神学思想的对抗中产生的，商品经济的恢复、资本主义生产关系的新生和民族国家的兴起构成其经济政治背景。

中世纪世俗法律思想肇始于11世纪开始的罗马法复兴。10世纪初商品经济逐渐复苏，商人阶层形成，社会关系日益复杂，越来越多的贸易纠纷、产权纠纷需要新的法律规范的调整，古老的罗马法规范体系重新进入人们的视野。在对古典罗马法文献的解读中，法学家们不仅赋予了古老的罗马私法和公法以崭新的时代内涵，而且在新的世俗法律规范中强调了新兴市民阶层的法律利益。罗马法复兴的后期，意大利人马西利乌斯在其代表作《和平的保卫者》中，旗帜鲜明地反对教会统治管理世俗社会事务。马西利乌斯致力于以神学原典理论论证教会统治世俗社会的不合理性，同时也对法律概念进行了实证主义的界定。

15、16世纪的西欧，市民阶层和王权的联合悄然改变了中世纪的社会格局，教会势力逐渐衰落。伴随着文艺复兴、宗教改革的进行，世俗法律思想进入崭新的发展阶段。人们开始从对中世纪神学整体性的盲从中走出，独立、冷静、理性地思考政治法律问题成为学术的新潮。在新兴民族国家形成的政治背景下，这一时期的世俗法律思想家以马基雅维里、布丹为代表，集中论述新的国家法律理论。他们从人性的角度论述国家的产生，从实证的角度界定法律的定义和特征，论述民族国家主权的至上性，这些理论为民族国家君主权力的合法性辩护，也为近代资产阶级国家的产生和法律秩序的建立奠定了思想基础。

处于社会发展剧烈转变期的中世纪世俗法律思想尽管流派复杂，观点纷繁，但是也表现出如下共同的特征：(1) 具有世俗色彩。中世纪世俗法律思想的最大特点就是世俗性，或者反神学性。注释法学家们虽然使用的是经院的方法，但是仅从纯粹适用的角度复原罗马法，其学术目的无疑是世俗的；马西利乌斯思想的核心就在于反对教会对世俗社会的管理；马基雅维里、布丹的国家和法律理论则完全建立在对世俗人性分析的基础之上。(2) 拥护君主专制。由于中世纪西欧特殊的政治结构，市民阶层或者资产阶级必须和贵族君主建立联盟来取得与教会斗争的胜利，王权在这一阶段代表进步力量，所以中世纪世俗法律思想都表现出对君主或君权的拥护。注释法学家依附于宫廷，服务于王权；马西利乌斯本人受到巴伐利亚的路易皇帝的庇护，在路易与教皇的斗争中坚定地维护君主的权威；马基雅维里希望由"英明君主"来统一意大利，他的《君主论》通篇论述君主如何获得并使用权力；布丹寄希望于绝对的君主主权来恢复法国的统一，所以他认为主权应该归属于君主。(3) 蕴含资本主义精神。世俗法律思想家虽然拥护君权，但是其利益与真正的封建贵族存在本质区别，他们总是自觉地表达资产阶级的法律要求。例如，马基雅维里认为政府必须把保障个人财产和人身安全作为最高的目标，因为这是人性所具有的最普遍的愿望。马西利乌斯所主张的法律虽然是一种强制性的命令,但是他坚持认为这种命令的合法性来自于全体公民的同意,可归入民主共和的理论序列。

第一节 注释法学派和马西利乌斯的法律思想

中世纪世俗法律思想的产生开始于罗马法的复兴。1135年,查士丁尼《学说汇纂》的原稿在意大利北部的阿玛非城被发现,引起了学者们对罗马法的浓厚兴趣,由波伦那大学的伊纳留斯首开翻译、注释罗马法文献的先河,此后逐渐蔚然成风,形成注释法学派。罗马法的复兴本质上是中世纪人对古代罗马法的再发现、再研究的学术活动,以注释法学派为主的这一学术活动之所以被归入世俗法律思想的理论序列,是因为对罗马法的注释和适用可以满足中世纪商品经济发展对新法律规则的需求。事实上,注释法学派的多数学者并没有表现出鲜明的反神学立场,但是学术目的的世俗性决定了注释法学派的学术研究本质上是世俗的。

11—13世纪天主教教会的权力逐渐达到巅峰,这一时期注释法学家虽然同情或依附王权,法学研究服务于世俗社会利益,但是注释法学家很少明确公开阐述反神学理论,这或许是由于教会对西欧强大而稳定的控制。基于同样的原因,14世纪马西利乌斯的法律思想也带有某些明显的局限性。与注释法学派的学者相比,马西利乌斯的反神学立场非常明确,在对教皇教会统治权的批判中,提出了"人民主权、法律的权威来自命令"等惊世骇俗的理论。但是从《和平的保卫者》大量使用的经典神学理论来看,马西利乌斯的思想没有完全独立于神学,他的论述主要集中在对神学的批判而不是新兴民族国家的建设上。简言之,14世纪以前的世俗法律思想虽然有一定的发展,但是尚未完全摆脱基督教神学的影响。

▶ 一、注释法学派

注释法学派又称意大利学派或波伦那学派,是11—13世纪在罗马法复兴中因对罗马法的研究而兴起的法学流派。注释法学派分为前期注释法学派和后期注释法学派。

进入中世纪后,除了少数罗马人的聚居区,在简单商品经济基础上发展起来的罗马法不再适用,就学术传统而言,除了教会组织还保留少量罗马法文献外,罗马法学的成果几乎丧失殆尽。世俗法学方面虽然有日耳曼法学,但是原始而简陋的日耳曼法学在立法技术水平上无法和罗马法相比。因此,当11世纪末商品经济恢复发展到一定程度时,商贸活动中日益增多的新型法律纠纷要求一种与商品经济相适应的法律体系,它必须能够对各种契约关系、财产关系进行详尽规范,而当时的教会法、日耳曼法对此都无法满足。罗马法是适应商品经济生活的成熟的法律规范体系,罗马法中对产权的界定、对交易活动的规范,都为商品贸易所必需。同时,得益于古罗马时代高度发达的法学研究活动,罗马法已经成为概念精练、制度完备和结构严整的规范体系。西欧中世纪特定的社会经济政治条件和罗马法本身的特点共同促生了对罗马法的研究,重新发现罗马法成为最能满足人们世俗要求的学术活动。对古代罗马法规范进行研究和重新适用的学术活动被称为罗马法复兴,其伟大意义显然超出了法律的范畴,因而和文艺复兴、宗教改革并称为"三R运动"。①

(一)前期注释法学派

前期注释法学派始创于11世纪,创始人是意大利波伦那大学的伊纳留斯(Irnerius,约1055—1130)。伊纳留斯不仅对《学说汇纂》的手稿进行详细注释,而且开设讲座教授罗马法,奠定了注释法学派的基础,伊纳留斯本人也被誉为"法律之光"。他的学生们继承注释讲授罗马法的传统,其中最著名的有被称为"四博士"的布尔加利斯(B. de Bulgarinis,约11世纪末—1166)、高塞(M. Gosia,?—约1157)、雅各布斯(Jacobus,?—1178)和拉维纳特(H. de p. Ravennate,?—约1170)。四博士之后是普拉坎梯努斯(Placentinus,约1120—1192)和巴塞努斯(J. Bassianus,?—约1190),最终是阿佐(Azo Portius,约1150—1230)和阿库修斯(Accursius,约1182—1260)的学术活动把注释法学派推向巅峰。特别是阿库修斯,他编著的《通用注释》对以往大部分注释法学家的著作进行综合,影响及于欧洲各地,从而成为前期注释法学派的集大成者。

前期注释法学派致力于在学术上重现古代罗马法的原貌。注释法学派使用的方法仍然是"经院方法",学者们主要运用逻辑分析和三段论推理的方法,对古代罗马法的文献、规范甚至语词进行考证、注释和概括。从最初在页面空白处对罗马法文献的字词注释,到对文献内容的整段概括解释和对条文的说明,又到对文献中冲突内容的整理和对法律问题的集中讨论,注释法学派在对《国法大全》的注释研究方面取得了丰硕的成果。

前期注释法学派的影响是显著的。自罗马帝国灭亡后,罗马法虽仍然以习惯和法庭实践的方式存在于诸蛮族国家,但是作为系统而精准的法律规范的罗马法体系已经湮灭。注释法学派最早发现罗马法的可适用性,把罗马法当做独立的、现实的法律规范体系来研究。他们对罗马法的注释和考证,一方面为后来评论法学派研究罗马法提供了大量的原始资料,另一方面他们注释和传授罗马法的活动为世俗法学的发展奠定了基础。在罗马法复兴以前,法学作为神学的一个分支而存在,法律的定义、特征、分类,国家的产生、管理等法律问题都被神学家进行了符合神学思想的阐述,法律规范的理解和适用受到天主教教义的限制。注释法学派为适应世俗经济生活的发展而研究罗马法,他们的研究在内容上仅关注条文和文献,这种动机和内容上的世俗性,决定了注释法学的研究属于世俗法律思想的范畴。

---

① "三R运动"是指罗马法复兴(revival of Roman law)、宗教改革(reformation)和文艺复兴(renaissance),它们都是资本主义生产关系产生发展的结果。文艺复兴提倡人文精神,是新兴资产阶级用古希腊、罗马文化反对封建意识形态,建立资产阶级思想体系的运动。宗教改革是按照资产阶级利益对天主教和教义进行改造的运动。

(二) 后期注释法学派

后期注释法学派流行于13—15世纪，研究方法不仅是注释，还包括评论、评议，因而也被称为评论法学派。

13世纪商品经济的新发展带来社会关系的复杂化，需要一种新的法律体系来调整。而前期注释法学派的研究者依然无视现实，坚持对《国法大全》的固守，注重对原典的注释与研究，甚至只注释自己老师的作品。为了克服前期注释法学派的缺陷，在13世纪后半叶意大利的波伦那大学，由学者姆凯劳（D. Mugello，1253—1298）、阿尔伯特鲁斯（Albertus Gandinus，? —1310）等人开创评论法学派的先河，这一学派在巴尔多鲁（Bartolus de Saxoferrato，1314—1357）时代达到巅峰。

和前期注释法学派相比，评论法学派最大的不同有两点：(1) 在罗马法文献的研究中引入逻辑推理的方法，使罗马法的研究更系统、更自由。评论法学派继承了前期注释法学派对古典文献字、句的释义和对条文含义的归纳，同时又创新使用逻辑推理的方法，从罗马法的规范、原则中推导出一般意义的法律结论。这种方法的优点在于可以更自由地构建新的理论体系，使罗马法不仅是经典法律文献，而且能够进行现实的转化。(2) 更重视法律实践。在评论法学派的工作中，一个主要内容就是建议，即法学研究者结合司法实践在罗马法研究中提出学术性建议。当时的法院在审理案件时，经常接受法学研究者的建议。评论法学派把罗马法的原则、规范与西欧的社会生活结合起来，从而使古老的罗马法转化为中世纪法庭可以适用的法律规范。

评论法学派一方面继承了前期注释法学派对罗马法律文献的注释研究传统，另一方面开始把罗马法与司法实践活动结合起来，利用罗马法的原则和方法重新阐述习惯法，用以解决相关的案件纠纷。这种活动不仅满足了13世纪商品经济新发展所产生的法律规则的更新需求，而且发展了罗马法和中世纪前期广泛适用的习惯法。经过他们的阐述，罗马法获得了新的时代内容，中世纪以来各日耳曼国家适用的习惯法，也开始了学术化、理论化的过程。评论法学派的学者不仅是罗马法文献的研究者，也是积极投身政府和法院活动的实践者。他们担任政府的法律顾问其至法官职务，使罗马法不再仅存在于文献中，而是走入社会实践，使作为简单商品经济时代的代表性法律的罗马法焕发新的光彩，促进了欧洲大陆"普通法"的形成。

概言之，注释法学派活动的意义有二：(1) 使罗马法丰富的民法内容、近乎完美的诉讼程序的规定，纳入西欧政治社会生活，不仅解决了当时商品经济发展的规范要求，而且为近现代西欧民族国家公私法体系的产生与发展奠定了基础。(2) 把罗马法作为一种维持现存社会秩序的规范来研究，从方法上摆脱了神学思想，使法学的发展得以独立展开。

▶ 二、马西利乌斯的法律思想

马西利乌斯（Marsilius of Padua，1278 或 1275—1343）也译马西利，正式的名称应

为帕多瓦的马西利乌斯,是西欧中世纪的政治法律思想家。他出生于意大利北部的帕多瓦城市共和国,在巴黎攻读医学和哲学,后来致力于对亚里士多德理论的研究。马西利乌斯生活在中世纪教权鼎盛时代,帕多瓦在中世纪就是颇为繁荣的商业城市和文化中心,1164年取得城市自治权。马西利乌斯早年学习医学,但和同时代的许多人一样对神学颇有造诣,1318年被教皇任命为帕多瓦的教士。帕多瓦城市自由的空气和活泼的学术氛围,孕育了马西利乌斯世俗的政治法律思想,意大利在教会干预下长期分裂给人民带来的痛苦,使马西利乌斯在教会与世俗政权的对立中站在世俗君主的立场上。1324年他写出著名的《和平的保卫者》,为反教皇势力提供了威力巨大的理论武器。1326年《和平的保卫者》作者身份被公开,马西利乌斯逃往巴伐利亚,向路易四世王朝寻求政治庇护,1327年被罗马教廷开除教籍,继续反对教廷统治,晚年一直生活在德国。

《和平的保卫者》是马西利乌斯的主要代表作,马西利乌斯亦因此书而被教廷斥为异端。该书共分为三个部分,第一部分沿袭亚里士多德理性主义的传统,讨论了世俗政治权威的起源及其本性;第二部分批判了教皇、教廷对世俗社会的统治权,论述教皇对世俗统治的不合理性,提出政治与宗教分离;第三部分概括了前两部分论述中得出的一些结论。在《和平的保卫者》中,马西利乌斯认为只有限制教皇、教会的统治才能结束国家分裂。围绕这一主题,马西利乌斯也对法律问题包括法律的概念、分类和立法等进行了阐述。

(一)法律的定义和分类

马西利乌斯法律思想的世俗主义特征最明显地体现在他对法律的定义上。他认为国家不是理性的目的或价值的工具,国家的主要功能是控制冲突、解决冲突,国家通过制定法律的手段进行管理,法律只是一种人为的命令。他说:"通过对比,人类法则是一种公民团体或是绝大部分公民团体的律令。"①"准确地说,通过使犯人处于遭受惩罚的威胁之下,法律是一种涉及人类行为违法或者不足的强制性律令。"②法律之所以是法律全因为其令人服从的命令的本质,法律是不服从则导致惩罚的命令。马西利乌斯提出的法律定义中,概括了法律的三个特征,即命令性、公民团体的意志性、惩罚的强制性。

按照中世纪的学术传统,法律是内在于宇宙的理性秩序,法律的本质是理性,非正义的法律不是法律。马西利乌斯完全背离中世纪及以前的学术传统,用具体的强制性命令代替抽象的理性界说法律。他认为法律强制力的合法源泉不是对理性正义的符合,一种法律合法性的本质原因是这种法律实际上是由国家或政治权威所颁布的。在马西利乌斯对法律的定义中,受重视的是命令和批准的要素、立法者的意志和立法者贯彻意志的权力。马西利乌斯对法律的定义明确表明了其法律实证主

---

① 〔意〕帕多瓦的马西利乌斯:《和平的保卫者(小卷)》,殷冬水等译,吉林人民出版社2011年版,第80页。

② 同上书,第168页。

义的思考方式,这在当时无疑是开拓性的。

马西利乌斯认为,世界上的律令分为人法和神法,人法(human law)是公民团体或是绝大部分公民团体的律令,用以调整现实社会中人与人之间的关系。神法(divine law)是上帝为了实现适于人类所追求的来世的最佳目标或状态而颁布的直接律令,主要内容包涵于圣经之中。就命令的本质而言神法和人法并无区别,甚至两者中的一些律令可能是相似的,两者区别的关键在于它们有效的依据不同。神法的律令是上帝直接创造的,人法是源自于人类的思想或者他们的选举和意愿;违反神法会遭受来世的惩罚或痛苦,违反人法会受到现世的、即将到来的惩罚。由于神法是上帝创造的,人法是公民团体的命令,所以任何宗教机构,包括罗马教皇、任何主教和神职人员制定或颁布的法律法规都不是神法或人法;由于神法的惩罚存在于来世,所以在现实世界除了人类立法机构,没有任何人或者机构可以施行财产和人身的惩罚。他说:"在现时世界,创造或者建立强制性的法律的权威或者权力,或者依据法律,通过强制性审判对他们的人身或者财产进行惩罚的权威或权力,在现实世界为了完成或者忽略某些事情的目的而对某些人进行约束,不管是公共的还是私人的,依据神圣法,或者它的特权,或者它的律令,这种权威或者权力并不属于任何一个主教或者长老,也不属于他们之中的任何一个团体。"①

从这种分类出发,马西利乌斯清晰而有力地论证了教会运用法律对世俗事务管理权的不合法性。他认为神法的惩罚存在于来世,一个人死后是升入天堂或是沉入地狱,由神法来确定。神法只是针对来世,它对现世没有强制意义,它只能是一种劝诫,向人们展示违反神法的后果。"如果说它确实是一种神圣的法律,那它规定的惩罚也是属于另一个世界的;如果说它给人以世间的惩罚,那它就是人的法律的一部分,因而也就属于世俗社会的权力范围之内。"②马西利乌斯坚决反对基督教徒、教士和教皇拥有在世俗社会对他人的人身和财产进行强制的权力,甚至反对教会拥有财产,这也是他被教皇宣布为异端的原因。

(二) 立法权和行政权

马西利乌斯的法律观是法律实证主义的,他同时也意识到作为一种强制性命令的法律有可能被统治者借以行使暴虐的统治,因为在他所熟悉的亚里士多德著作中从不缺乏这样的例证。所以在谁担任立法者的问题上,马西利乌斯给出了明确的答案。在《和平的保卫者》中,马西利乌斯经常提到"人类立法者",他阐明了至上的人类立法者应该是人类的共同体。可见他认为法律必须是由整个公民团体制定的,立法权属于人民,人民既拥有直接制定法律的权力,也有权委托立法。立法者或法律的第一个正当有效的原因是人类立法者的同意,而人类立法者是人民或全体公民,或其中的主要部分。立法就是人类立法者在一次大会上用固定的词句,通过本身的

---

① 〔意〕帕多瓦的马西利乌斯:《和平的保卫者(小卷)》,殷冬水等译,吉林人民出版社2011年版,第195页。

② 同上书,第35页。

选择或意志发布命令和做出决定：人民作为公民哪些是应该的，哪些是不应该的，违背要处罚款或给以世俗的惩罚。同时，君主或少数人组成的议会也可以制定法律，但他们从性质上说是受委托立法，因而他们的立法不能超出委托的范围，也不能违背人民的意志。

马西利乌斯认为人民才是法律的宣示者，政治权威的唯一合法性来源只能是人民或人民的同意。法律本质上是一种强制性的命令，但必须附加一个条件，即法律必须是全体公民的命令。马西利乌斯指出，人民有权订立约束自己管理国家的行为规范，这是法律的正当性的主要来源。因为从人类的习俗来看，人们愿意遵守自己制定的法律规范。服从一个人自己制定和欲求的法律，本身就是一种善，同意或者意志因素本身就是目的，而不是因为公民以同意的手段产生促进公共利益的决策。西方传统法律理论认为法律规范正当、合法是因为符合自然的理性或神的律法，而马西利乌斯认为法律规范之所以正当、合法是来自于人们的同意，显然突破了传统法律理论对这一问题的阐述，具有明显的世俗特征。同时他以"同意"概念来构筑政治权威和法律合法性的核心，影响了后世西方人民主权和法律公意理论的产生。

在马西利乌斯理论中，立法权属于全体公民，但是执行权应该属于少数人。他认为执行法律要及时，要根据形势的变化决定对策，这不是多数人能够做到的，因此法律由一人或少数人执行比多数人执行要方便。但马西利乌斯也指出，基于行政权来源于人民这一特点，行政机关的职权应由人民来确定，官吏也应该依照法律处理政务，行政机关官吏的任命权和罢免权也应由人民最终掌握。这种区分立法权和行政权的思想，被认为是后世分权理论的先声。

马西利乌斯在教皇与世俗统治者的对抗中，站在世俗君主一边，为反教皇势力摇旗呐喊，他对王权与教权关系的论述和对教会统治世俗事务权力的批判，都为君主们扩张权力提供了理论支持。在王权具有进步意义的中世纪后期，马西利乌斯对教权的批判显然具有进步性。《和平的保卫者》一书不仅显示了马西利乌斯在世俗政权与教权问题上的深刻见解，而且表现出共和主义的情怀和法律实证主义的思维方式，使马西利乌斯无愧于他现代政治思想"先驱"的赞誉。但也应当看到，身为14世纪的教士，马西利乌斯的思想有明显的局限性。比如他理论中的公民团体定义很模糊，并不是近代意义上的全体公民，在《和平的保卫者》中有时马西利乌斯其至认为立法者是公民中较大的或较好的一部分。

第二节 马基雅维里和布丹的法律思想

15世纪下半叶西欧进入文艺复兴时期，这一时期的世俗法律思想取得重大发展。在罗马法复兴运动继续推进的同时，伴随市民阶层的发展，新兴阶层的利益诉求逐渐触及更深层次的法律领域。商品货币经济的发展要求统一的市场，资本主义原始积累也需要强大的国家权力支持。新兴资产阶级的政治诉求在统一强大的新兴民族国家的支持下方能实现,而此时专制王权也要求民族国家的统一与建立世俗政治秩序,所以资产阶级和国王们在建立统一民族国家的主题上形成联盟。这一时期的世俗法律思想要求建立君主专制的国家也成为必然,所以马基雅维里主张依靠君主的强权实现民族统一,布丹强调君主主权。

15、16世纪的世俗法律思想家学术上更独立、更理性。无论是马基雅维里还是布丹都自觉地站在完全独立于神学理论的高度,从理论基础的构建到法律理论的运用都表现出纯粹的世俗性。政治法律思想的主题从对神学和教会权威的批判,转移到新兴民族国家法律制度的建设性论证,表明15世纪以后的世俗法律思想进入一个崭新的时代。

▶一、马基雅维里的法律思想

尼克洛·马基雅维里(Niccolo Machiavelli, 1469—1527)是意大利佛罗伦萨政治家、外交家。马基雅维里出身于破落贵族家庭,他生活的佛罗伦萨是西欧较早产生资本主义萌芽的地区,在12世纪晚期就已经成为城市共和国。马基雅维里祖辈是佛罗伦萨贵族,他本人29岁即开始在佛罗伦萨共和国任公职,参与共和国的军事与外交事务。1512年,受教皇支持的美奇第家族复辟,佛罗伦萨共和国灭亡,马基雅维里失去了官职,后来被捕入狱,获释之后回到乡间专事写作。其代表性作品有《论李维》(即《论提图斯·李维〔罗马史〕前十卷》,也译作《李维史论》,1517年或1519年完成)和《君主论》(1515年以后完成,1532年出版),后

马基雅维里

者曾被西方列为最畅销最有影响的世界十大名著之一。

意大利是西欧最早产生资本主义萌芽的国家,也成为文艺复兴和罗马法复兴的诞生地。但是当14—15世纪西欧各国逐步建立民族主权国家的时候,意大利却由于政治上的分裂而在经济上走向衰落。当时的意大利有那不勒斯王国、米兰公国、威尼斯共和国、佛罗伦萨共和国和教皇国五个国家。由于政治分裂,各地区互相竞争阻碍了国内统一市场的形成,在资本主义工商业不能深入发展的同时,四分五裂的意大利又被统一的法国和西班牙觊觎,经济上萧条、政治上混乱成为当时意大利的真实写照。因此,渴望统一并由此促进意大利强盛成为马基雅维里终生的追求,也成为理解马基雅维里思想的基点。

(一)政体理论

马基雅维里对佛罗伦萨共和国和意大利怀有深厚的感情,热切希望祖国的强盛和统一。他尖锐地指出,意大利四分五裂都是教皇统治造成的,教会没有足够的力

量统治意大利,也不愿意让其他势力统一意大利,教皇和教会是意大利分裂的罪魁祸首。从现实出发,马基雅维里明确主张意大利应该在政治上统一,结束国家内部的纷争,但是在统一的国家应该采用何种政体的问题上有着矛盾的回答。

在《论李维》中,他高度赞扬古罗马共和制,在《君主论》中却狂热地鼓吹君主制。在《论李维》中,他歌颂共和制,认为共和制的优点在于私产不落入一人之手,可以极大促进社会经济发展,真正自由、公平的法律和健康的宗教,只能存在于共和制之下。但在《君主论》中,马基雅维里又广泛探讨了君主制,认为要建立任何一种秩序,唯一的方法就是建立君主专制的政府,通过强有力的君主来克服分裂,恢复社会秩序,繁荣经济,使国家强大。很多学者试图解释马基雅维里理论中这一自相矛盾之处,著名政治学家萨拜因(George Holland Sabine,1880—1961)解释为,建立统一国家的过程中适合君主制,而国家管理过程中适宜使用共和制。事实上,如果结合马基雅维里的生活经历和意大利的现实环境,这种自相矛盾可以得到合理的解释。

马基雅维里是建立统一中央集权的民族国家的坚决倡导者,如前所述他的思想基点在于统一。佛罗伦萨长期繁荣的商品经济现实、佛罗伦萨共和国的政治实践和马基雅维里家族长期活跃于共和国政坛的个人背景,造成马基雅维里渴望建立共和制的国家,而且由这个国家来完成意大利统一的任务。这从马基雅维里在佛罗伦萨共和国任职期间致力于军队建设,长期呼吁建立常备军就可以得到证明。但是美第奇家族推翻共和国建立独裁统治,对马基雅维里的共和国理想是个沉重打击,也促使他思考究竟谁有力量能够统一意大利。所以在《君主论》中马基雅维里开始把国家统一理想的实现寄托于"新君",鼓吹君主制。残酷的现实逼迫马基雅维里改变理论,作为一个现实主义的思想家,他的理论致力于解决实际的政治问题,而非仅作理论的探讨。政治现实不支持共和制的统一意大利产生,为了实现统一这一最大目标,即使君主制也有可取之处。所以马基雅维里才在《君主论》中谈到共和制需要一些理想的条件,比如人民的德性和秩序,而意大利人性堕落、道德风尚败坏,断无实现共和国统治的可能,只有通过强有力的君主统治来克服分裂,恢复社会秩序,才能使意大利强大。

政体理论上的矛盾恰好反映了马基雅维里思考问题的路径,即现实主义和经验主义。一个国家究竟采取什么样的统治形式,取决于国家的目的和实现目的的效果。用人的眼光,从人性的角度研究国家,从理性和经验中引出国家产生、治理的规律,正是马基雅维里理论的特点。正因如此,后世才认为他的国家观是历史的、经验的和现实的,已经摆脱了中世纪神学思想的束缚。

(二)君主权术

马基雅维里对后世影响最大的就是君主统治权术理论。在《君主论》中,马基雅维里详细阐述了君主所应该具有的权谋霸术,公开倡导为了目的可以不择手段的权术运用理论。历史上克伦威尔、拿破仑、希特勒等都对《君主论》推崇备至,当然也有许多人对这一理论口诛笔伐。

马基雅维里的君主权术理论建立在人性恶的分析上。他从人性而不是神学的角度出发,把权术与君主专制结合起来,认为君主的政治决策应当和道德分开。马基雅维里认为人性是复杂的,但本质上是自私的。他说:"关于人类,一般地可以这样说:他们是忘恩负义的、容易变心的,是伪装者、冒牌货,是逃避危难,追逐利益的。当你对他们有好处的时候,他们是整个儿属于你的……当需要还很遥远的时候,他们表示愿意为你流血,奉献自己的财产、性命和自己的子女,可到了这种需要即将来临的时候,他们就背弃你了。"①基于人性之恶,君主仅靠善是不能建立统治秩序的,因此君主必须运用权术树立权威维持统治,而不是遵守道德,时时处处表现出自己良好的道德操守。

马基雅维里深入分析了君主的权术运用,而且以大量的历史事实进行佐证。具体而言,就是要处理好赞扬与责难、慷慨与吝啬、仁慈和残酷、守信与失信的关系。例如,君主应该守信,但是当遵守信义对自己不利的时候,精明的统治者就不应该遵守信义。他认为,历史上不守信义的、狡猾的君主常常完成了伟大的事业。马基雅维里认为君主运用权术的基本准则就是一切以统治的实效来掌握,而不应该有道德上的考虑,就像他著名的狮子与狐狸的比喻。"君主既然必须懂得善于运用野兽的方法,他就应当同时效法狐狸与狮子。由于狮子不能够防止自己落入陷阱,而狐狸则不能够抵御豺狼。因此,君主必须是一头狐狸以便认识陷阱,同时又必须是一头狮子,以便使豺狼惊骇。"②

在马基雅维里之前的政治传统中,古代希腊、罗马人认为君主的统治应当以伦理道德为准则;中世纪的教会法理论认为,政治统治应该以神的意志为准则。而在马基雅维里的政治思想中,政治统治的准则是方便、功效。国家应该如何统治,君主应该使用哪些统治方法,都取决于现实的需要,为达目的可以不择手段。

(三)军队和法律

马基雅维里认为,法律与军队是国家的统治基础。一切国家,无论是新的国家、旧的国家或者混合国,其主要的基础乃是良好的法律和良好的军队。这一观点同样来自于他研究国家和法律的目的,即意大利的统一。他告诉君主:"你必须懂得,世界上有两种斗争方法:一种是运用法律,另一种方法是运用武力。第一种方法是属于人类特有的,而第二种方法则是属于野兽的。但是,因为前者常常有所不足,所以必须诉诸后者。"③

马基雅维里认为,统治者足够强大实力雄厚的时候,才可以防止国内的无政府状态和外国的威胁,建立良好的秩序。而国家的实力就是军队。从当时意大利和佛罗伦萨共和国的实际情况出发,马基雅维里认为军队建设是民族国家存在的保障。他主张建立一支装备精良、纪律严明的军队,这支军队将从国家所有 17 至 40 岁的

---

① 〔意〕马基雅维里:《君主论》,潘汉典译,商务印书馆 1985 年版,第 80 页。
② 同上书,第 83—84 页。
③ 同上书,第 83 页。

公民中选拔组成，而不是像中世纪的大多数国家一样依靠雇佣军作战。他对军队的重视是一贯的，在佛罗伦萨共和国任职期间，马基雅维里就呼吁并建立了一支国民军，而且亲自参加了一些战役。

马基雅维里也注重法律在国家统治中的作用，虽然他并没有对法律进行系统的论述。他认为，法律作为人类斗争方法的一种，属于人类所特有。在共和制的国家，公民如果受到法律适当的约束，就会变得坚定、精明和文雅，所以人民需要法律，并依照法律生活。他也谈到君主守法的重要性，"不遵守法律，尤其是立法者本人所为，便树立了恶劣的先例；在城市里日日都有新的侵害，于统治者最有害"。①

虽然认为法律与军队都是统治的必要方法，但是马基雅维里显然更重视军队，他认为军队的作用大于法律，法律要以军队为转移。这种认识显然来自于佛罗伦萨共和国因为没有强大的军队而遭致灭亡的历史经验。

二、布丹的法律思想

让·布丹（Jean Bodin，1530—1596）又译琼·博丹，是法国著名的资产阶级政治思想家，近代主权学说的创始人。他出身于法国安吉乐一个贵族家庭，少年时即进入修道院接受天主教教育，20 岁后进入图卢兹大学修习法律，并在该校担任助教。当时欧洲法学研究开始受到文艺复兴中的人文主义思潮影响，在图卢兹大学的布丹也被吸引，开始了对国家主权理论的相关思考。1561 年，布丹开始在巴黎从事律师工作，同时进行学术研究，1570 年受命负责一些外交团体的工作。此后布丹当选过省议会议员、第三等级代表，并在一些政府司法部门任职。1584 年，布丹结束其政治生涯，离开巴黎定居里昂，直到逝世。布丹学识渊博，精通多国语言，作品丰富，代表作有《国家六论》(1576 年)、《简明历史认识方法》(1566 年)等。

法国早在 15 世纪就实现了民族国家的统一，建立了君主专制的中央集权国家。16 世纪下半期，法国爆发了长达三十多年的新教加尔文教派与天主教之间的胡格诺战争。胡格诺战争使法国经济遭受严重破坏，政治上四分五裂，地方割据势力重又抬头，中央集权的君主专制相对削弱，妨碍了资本主义的发展。因此，16 世纪的法国政权虽统一但不巩固，资产阶级为了自身的利益，要求建立一个强大的民族国家，需要一个强有力的王权维护和平、安全、有秩序的社会环境。布丹的政治法律学说就是在这种历史条件下提出的。他第一个系统论述了近代国家主权学说，从理论上捍卫统一的中央集权国家，反对封建割据。

（一）国家理论

布丹认为国家起源于家庭，国家的产生是自然的过程。在他看来，包括父亲、母亲、子女、仆人和共有财产在内的家庭是自然形成的，是最自然的社会共同体，其他一切社会单位都由此产生。家长走出家庭就成为和其他家长一样的公民，许多家庭

---

① 〔意〕马基雅维里：《论李维》，冯克利译，上海人民出版社 2005 年版，第 161 页。

的联合就形成了村庄、城市等以共同防卫和追求相互利益为目的的各种团体。当有一个最高权威(主权的权威)把这些团体统一起来的时候,就形成了国家。布丹认为,并非任意的联合都能够产生国家,在家庭联合形成国家的过程中需要功利和强力两个因素。一方面,只有基于共同防卫和追求相互利益的家庭才能联合起来产生国家,功利的目的是形成联合体的原因。另一方面,建立在功利基础上的家庭联合体很松散,必须有强力的权威介入,才能够克服联合体的松散性,形成稳定的政治体。

近代民族国家产生以前,西方流行的神权政治理论认为国家是神的创造物。布丹以家庭的联合来解释国家的起源,为国家的产生提供了历史和经验的说明,这一观点本身就是反神权的、世俗的。布丹的国家理论注重论证权威的存在和作用,比如把家庭与国家的同异之处进行对照,认为国家也是一个权力系统。布丹指出,家庭有两个特点:一是以私有财产为基础,没有财产就没有家庭;二是家庭中的家长有权控制家庭财产和家庭其他成员的人身。国家和家庭的相似之处在于:一是家庭有私有财产,国家也需要有私有财产;二是家庭中家长有至上的权威,国家中主权者也拥有至上的权威。然后布丹认为根据罗马法的概念,家庭中家长拥有绝对权力,国家中主权者也应该拥有至上的权威,才能建立稳固的家庭联合。这种以权力为中心建构国家秩序的理论,正符合16世纪法国资产阶级希望以强有力的王权来实现法国统一的需求。

(二) 主权理论

主权问题是布丹政治法律学说中最重要的组成部分。现代主权理论是伴随着民族国家的出现而产生的。16世纪末期产生了清晰的国家主权观念,对主权问题作出系统研究的有法国的布丹和荷兰的格劳秀斯。两者的不同在于:布丹重点研究主权在国内法上的地位,主权与国民的关系;格劳秀斯重点研究主权的国际地位,即国际法上的主权。布丹在他的《国家六论》中论述了主权的概念、主权的特征、主权的内容等。

布丹认为,"主权是一个国家的绝对的和永久的权力",是"不受法律约束的,对公民和臣民进行统治的最高权力"。[①] 在以前的政治学说史中,主权从来没有和国家联系起来。用主权概念来标示国家权力,是布丹对西方政治哲学的最大理论贡献。他认为国家权力的根本特征就是主权,一种至高无上的权力,其他家庭、社团、城市等组织可能拥有权力,但绝不是主权。

主权具有几个不同于家庭或其他共同体权威的特征:(1) 国家主权是永恒的。主权不是特定时间内的授予,不受时间限制,终身有最高权力的人才是真正的主权者。同时,主权是一项客观的职位,不会因为任职而成为任职者的个人私产。在这个意义上,布丹区分了政府和国家,政府只是在有限时间内行使主权职能,而主权在

---

① Jean Bodin, *On Sovereignty, Four Chapters from the Six Books of the Commonwealth*,中国政法大学出版社 2003 年版(影印本),第 1 页。

时间上是无限的,只要国家存在,主权就存在。(2)国家主权是绝对的。这种绝对性体现在主权者不受法律的限制,既包括主权者自己制定的法律的限制,也包括其前任制定的法律的限制。主权的绝对性还体现在主权者不受任何政治团体权威的限制。但是布丹认为,包括国王在内的主权者不可恣意妄为,应该受到神法和自然法的约束。自然法和神法对主权者的行为有所限制,比如不能干涉私人财产。(3)国家主权是不可分割的。布丹将权力的归属与权力的行使分开,指出主权不可分割归属,这是由主权的性质决定的,但权力的行使也就是治理国家的体制可以不同,因而就存在君主制、贵族制、民主制等多种政体形式。

在布丹的理论中,国家主权有八个方面的内容:(1)立法权,即制定法律的权力。法律由主权者制定,是主权者意志的体现。制定法律是主权最主要的内容,因而不可转让。(2)宣战媾和权,即宣布战争与和平的权力。(3)官吏任命权,这主要指任命国家重要官职的权力。(4)最高裁判权,它属于主权者,不可转让。(5)要求臣民和公民服从的权力。(6)货币铸造权。(7)度量衡决定权。(8)课税权。

布丹的国家主权理论反映了16世纪世俗法律思想的典型特征,这表现在三个方面:(1)反对神学专制。布丹的理论和马基雅维里一样,从人性本身、从经验出发考察国家的起源,是现实的而非神学的。(2)以绝对君主制为中心。这有力地捍卫了中世纪后期资产阶级与封建王权的联盟。(3)反映了新兴资产阶级的利益。布丹理论中对私有财产的保护、对课税权的限制等,都反映了新兴资产阶级的利益,也为近代资产阶级的政治法律思想奠定了基础。

(三) 法律理论

在布丹的理论中,法律被分为三类:(1)自然法,它是人类理性的体现,内容包含契约信守和私有财产的保护,依据后者国王不能邪恶地毫无理由地拿走臣下的财产,只能通过购买、交换、征用等合法的方式取得;(2)神法,即教会法;(3)基本法(law),即国家基础性的法律。

布丹认为立法权属于主权者。"法律就是主权者行使他的主权时产生的命令"[①],法律是主权者意志的体现。主权者最重要的权力就是制定法律,主权的其他本性都包含在这一权力当中。在这个意义上,法律(law)不同于正义(right),法律仅仅意味着命令,正义则与纯粹的公平有关。在中世纪的观念中,君主或其他权力机构只能宣布已经存在的法律,而不能制定法律,因为法律作为一种古已有之的东西,不是被制定出来的,也不是统治者意志的体现,它是被"找到"或被"发现"的。而布丹认为,法律可以被制定,它是主权者意志的体现。这种立法观念已经与传统理论大不相同,更接近近现代立法理论。

---

① Jean Bodin, *On Sovereignty*, *Four Chapters from the Six Books of the Commonwealth*, 中国政法大学出版社2003年版(影印本),第44页。

第五章　古典自然法学

学习重点:(1) 格劳秀斯的自然法理论;(2) 霍布斯的自然状态、自然法、社会契约和主权在君理论;(3) 洛克的自然状态、自然权利、分权和有限政府理论;(4) 孟德斯鸠关于法律与政体之间的关系、自由与分权的理论;(5) 卢梭的社会契约和人民主权理论。

古典自然法学是人们对17、18世纪的自然法思想的一种特别称谓,意指这一时期的自然法学是成体系的、拥有原创性和典范性的自然法思想。以下各方面条件促成了古典自然法学的形成:(1)从古希腊的思想家开始,自然法思想已有一定的积累,为新时期的自然法思想提供了丰富的思想资料。(2)文艺复兴、宗教改革使人们的思想得到极大的解放。人们的注意力从探索超自然的事物转到研究自然事物,从天上转到人间,人们用自然的原因来解释物质和精神世界,解释社会、人类制度和宗教本身。(3)新旧社会的交替和政治冲突的加剧,需要人们对国家、宗教、道德等问题提出适合时代精神的看法,也需要为新的国家制度的建立扫除思想障碍,提出新的国家方案。当时的启蒙运动就是这一时代要求的外在表现,古典自然法就出现在启蒙运动中。(4)自然科学和技术的蓬勃发展,拓展了人们的视野,并给人们提供了依靠自身理性,通过观察、分析来提出问题和解决问题的方法。

古典自然法学的内容,主要有自然状态、自然权利、自然法、社会契约、分权等方面的理论。自然状态指的是前政治社会的一种社会状态;自然权利即"天赋人权"或者"人权",指的是人作为自然人所拥有的自由和权利;自然法,指的是相对于人定法且高于人定法的那些道德法则和原理;社会契约思想是关于国家起源或者国家正当性方面的理论;分权思想是对国家权力进行制约的思想。人们之所以提出上述理论问题,归根结底是为了驱除不平等、受压制的旧制度,建立自由、平等的新社会,所以自由、平等思想也属于古典自然法学的重要内容。

古典自然法学的哲学基础是自然神论,它是和基督教产生以来所形成的传统的宗教思想相对的一种哲学理论。它并不否认神的存在,但它不象正统的宗教那样,认为神可以用他的自由意志干预世界、主宰世界。它认为神只创造了世界,神在创造了世界以后,就不再理会世界了;世界只受自然规律的支配,而不受神的干涉。自然神论者们根据这种思想,反对神启、神迹等宗教教条,尖锐地批评了封建教会的信条和仪式,宣传了自由思想。自然神论在封建教会的世界观还占上风的历史条件下,乃是一种隐蔽在宗教形式下的唯物论思想,它在反封建的斗争中起了进步作用。马克思和恩格斯指出:"自然神论——至少对唯物主义者来说——不过是摆脱宗教的一种简便易行的方法罢了。"①这种理论基础,使古典自然法学和以往的自然法思想迥然有别。自然法思想推崇自然法是理性之所在,但是以往的自然法思想所说的理性,主要是指神的理性,强调神对人类社会的干预能力,而古典自然法学所说的理性,主要是指人的理性,强调上帝创造了世界之后,便不再干预世界。

古典自然法学对近代以来的西方社会乃至全世界的政治、法律的发展,产生了深远的影响。它们为北美独立战争、法国大革命提供了思想武器,为国家政治的法律化提供了理论指导,并奠定了主权在民、人权保障、分权制约、法治等宪法基本原

---

① 〔德〕马克思、恩格斯:《神圣家族》,载《马克思恩格斯全集》(第2卷),人民出版社2005年版,第165页。

则的思想基础。

总之,17、18世纪是人类历史上不同凡响的时期,一般被称为资产阶级革命时期。这一时期资产阶级通过革命推翻了封建制度,建立了资产阶级统治。资本主义生产方式代替了封建生产方式,社会生产力得到了惊人的发展。与此相应,这一时期的精神成果也是巨大的。思想家们群星灿烂,创造出了以古典自然法学为核心的许多优秀思想成果。格劳秀斯、霍布斯、洛克、孟德斯鸠、卢梭等,就是这一时期古典自然法学的杰出代表人物。

第一节 格劳秀斯的法律思想

胡果·格劳秀斯(Hugo Grotius,1583—1645)是近代理性主义自然法的创始人,近代国际法理论的鼻祖。格劳秀斯出生于荷兰德尔夫特市一个富裕家庭,其父曾四次出任德尔夫特市市长。格劳秀斯少年时代即有神童的美誉,8岁可以用拉丁文创作诗歌,11岁考入大学,15岁时用拉丁文撰写的哲学和法理学论文在答辩时赢得一片喝彩,15岁时作为荷兰特使,陪同荷兰省议会议长访问法国,受到法王亨利四世的召见,被法王称为"荷兰的奇迹"。在法国期间,格劳秀斯获奥尔良大学的法学博士学位。此后,他曾担任荷兰的国史编纂官、荷兰和西兰两个地区的总检察长、鹿特丹市市长等职。1619年,因权力斗争的牵连,格劳秀斯

格劳秀斯

被判终身监禁,后越狱辗转法国的巴黎、荷兰的鹿特丹、阿姆斯特丹、德国的汉堡等地,过着逃亡生活。在这期间,他写成了《战争与和平法》这部伟大的著作,1625年正式出版。这部著作增进了他的国际知名度,各国政界也注意到了他。1634年,格劳秀斯接受瑞典政府任命的驻法国大使的职务,后病逝。

格劳秀斯有许多论文、专著,最著名的是《战争与和平法》。格劳秀斯生活于尼德兰革命(1566—1648年)和欧洲长期战乱的年代,特别是法国、英国、荷兰和德意志诸邦国,因宗教问题而爆发的持续不断的内部争斗,使对外战争变得愈加激烈和充满破坏力。这种状态一直持续到1648年《威斯特伐里亚和约》的签署使欧洲重新组合为止。出于对和平的热爱,才思敏捷又精通法学的格劳秀斯,撰写了这部鸿篇巨著,希望在人性、自然法的基础上,建立一个能用以调整各国、各地区战争与和平关系的法律体系。这部著作使他赢得"国际法之父"的美称,同时也使他成为后世研究近代西方法律思想不得不经过的第一个门槛。

一、自然法理论

格劳秀斯通过阐述法的含义和分类,展现了他的自然法思想。

格劳秀斯所说的"法",英文为"right"。格劳秀斯认为这个词有三种含义。首先,这个词意味着正义,或者正当。其次,这个词是指个人所拥有的道德品质(moral quality)和权利。由于具有某种道德品质,人便拥有某些权利,或者有权作出某种特定的行为。这种权利包括:自己所拥有的"自由";对他人所拥有的权力,如父亲对孩子的权力,主人对奴隶的权力;财产权。最后,这个词是指设定有法律义务的"法律"或者"法"。

关于法的分类,格劳秀斯赞成亚里士多德把"法"分为自然法和制定法,认为这是对法的最恰当的分类。只不过,格劳秀斯把亚里士多德所说的"制定法"又称"意志法"。在他看来,法包括自然法和意志法。意志法分为人法和神意法。人法又分为国内法和国际法。

格劳秀斯阐述了他对自然法的看法:(1)"自然法是正当理性的命令"①,是正义之所在,与其相一致的行为就是道义上公正的行为,反之就是道义上罪恶的行为。(2)人类理智(或理性)是自然法的渊源;由于人类的理性来自上帝的启示,所以上帝的意志也是产生自然法的渊源。(3)自然法可以通过先验的和经验的两种方法来推论或证实,前者是抽象的方法,后者是通俗的方法。当人们推论某些说法符合或者不符合理性和社会性时,就是在通过先验方法推论自然法;当人们以"人类共同意识"或者"所有国家的同意"为理由来认可某些说法时,则是在通过经验方法推论自然法。(4)自然法的根本原则,一是各有其所有,二是各偿其所负。(5)自然法的基本内容,包括他人之物不得妄取,误取他人之物者应该以原物和原物所生之收益归还物主;有约必践;有害必偿,有罪必罚等。(6)自然法是恒久不变的,他说:"自然法是如此不可改变,甚至连上帝自己也不能对它加以任何改变。……因为,二加二,必然等于四,而不能有任何其他之可能。"②

"二加二必然等于四"这个例子的举出,反映了格劳秀斯内心深处的自然神论,即宇宙的一切包括自然法,虽然都出自上帝,但是已经被创造的东西,即便是造物主上帝也不能予以改变。这是近代古典自然法思想与以往自然法思想的本质区别。与此相应,格劳秀斯把自然法的渊源首先归于人而不是上帝,这也是与以往自然法思想的重要区别。凡此皆表明,从格劳秀斯开始,古老的自然法思想已以崭新的容颜展露于世。

如前所述,所谓意志法,包括人法和神意法。然而,在格劳秀斯看来,这两种法都与自然法密切相关。

---

① 〔荷兰〕格劳秀斯:《战争与和平法》,何勤华等译,上海人民出版社 2005 年版,第 32 页。
② 同上书,第 33—34 页。

人法包括国内法和国际法。国内法来自国家的主权权力,这种法律是多种多样的,包括父母对孩子的教诲、主人对仆人的吩咐等。在格劳秀斯看来,有人性然后有自然法,有自然法然后有国内法。国内法产生于自然法,是自然法的转化。国际法即万国法,这是一种在使用范围上更加广泛的法,其权威来自所有国家,或者至少是许多国家的同意。因为除自然法外,很少能找到任何其他法律是对所有国家共同适用的,所以自然法常常被称为万国法。总之,格劳秀斯所强调的是,万国法主要来自于自然法。

根据格劳秀斯的阐述,神意法就是指旧约《圣经》中上帝的命令和戒律,以及新约《圣经》所强调的顺着自己的本性、自己就是自己的律法的那些东西。神意法与自然法的不同在于,神意法直接来自于神灵的意志。由于上帝也是产生自然法的渊源,所以,格劳秀斯强调,自然法也被称作神意法。神意法所命令或者禁止的,也是自然法所命令或者禁止的;上帝决议要实现的事情,也是自然法视为正义的或者有拘束力的事情。

▶ **二、社会契约观点**

格劳秀斯指出:"国家是一群自由的人为享受权利和谋求他们的共同利益结合起来的一个完美的联合体。"①在他看来,国家是通过社会契约产生的。他根据有些国家法律上关于允许私人劳役的规定,说:"如果个人可以如此行为,那么全体人民为何不可以为更良好的政府和更可靠的保护起见而完全将他们的主权权力转让于一个或多个人,而自己不保留任何部分呢?"②他认为人们之所以放弃自己的权利而把它让渡于他人,原因是多方面的,譬如在毁灭性的危险迫在眉睫之时,或者在饥荒的压力之下,人们可能别无他法以保全自己,让渡权利便是唯一可以获得支撑的办法。

格劳秀斯并无意深究国家的产生问题,他是在研究究竟谁有权力来代表国家发动战争、签订条约时,才提到上述社会契约观点的。尽管如此,他不仅表露出国家起源问题上的社会契约观点,还谈到了与此相关联的其他问题。比如格劳秀斯认为,人民可以选择政府形式,但是,一旦选定就成了既定法律的必不可少的一个组成部分,尽管权力最初来自人民,人民也不能再控制其自愿交出而形成的主权权力。然而,主权者如果违犯法律和国家利益,人民不但可以用武力反抗他们,而且在必要时还可以处他们以死刑。

▶ **三、国际法思想**

格劳秀斯认为,人的本性、理性以及自然法及其功能,使国际法有可能建立起

---

① 〔荷兰〕格劳秀斯:《战争与和平法》,何勤华等译,上海人民出版社2005年版,第38页。
② 同上书,第89页。

来。人作为一种高级动物，有要求社会交往的愿望，他们要求过一种与他们的理智相一致的生活方式，并希望安宁度日。并且，与人类的理性相一致，原始习惯、自然法、市民法等使人类的社会生活成为可能。特别是基于人性的自然法，人类可以推论出更为精确和广泛的意义。经验也表明，民法、其他国家法大都是对自然法的认可。在战争时期，尽管民法、刑法以及和平时期适用的法律是无效的，但自然法和经各国同意而设立的法律仍然是有效的。所以，格劳秀斯认为，正像一国有一国的法律，目的在于谋取一国的利益一样，"国与国之间也必然有其法律，其所谋取的非任何国家的利益，而是各国共同的利益。这种法，我们称之为国际法"。①

格劳秀斯所设想的国际法除个别海洋法以外，主要是围绕着战争与和平来思考的。他反对"战争中无法律"的说法，指出战争与和平法是国际法的一个重要组成部分。他根据自然法，分别阐述了战争的正义性、造成战争的原因以及战时合法的行为等问题，并界定了公战与私战、使节权、人类的公有物权以及牵涉国际法主体的主权、民族的独立和分裂等问题。围绕整个战争的进程，格劳秀斯还探讨了宣战、战争期间的诚信、约定、休战、遣返战俘问题，以及用来结束战争的和约签订、仲裁等问题。对这些问题的阐述，构成了格劳秀斯关于国际战争与和平法的思想。

关于战争的正当性或合法性问题，格劳秀斯指出：保全生命和身体的完整，是自然法的一个原则。"所以，在自然状态下保全自己，要坚持做与自然和谐一致的任何事情，同时决不做任何与自然相违背的事情，是首要的义务。"②根据这一自然法原则，如果发动战争的目的是为了保全我们的生命和身体的完整，以及获得或者拥有那些对生活来说是必要的和有用的东西的话，就是与自然法原则相一致的。在这些场合，如果有必要使用武力，也绝不会与自然法的原则相冲突，因为所有的动物天生就被赋予力量，以便足以保全和保护它们自己。

基于以上思考，格劳秀斯认为发动和进行战争，必须有正当的理由，即保护财产（自保）、追偿债务或者惩罚侵犯行为。同时，还必须具备两个要件，一是它必须是双方基于国家主权权力进行的，即只有国家主权当局才有权决定是否发动战争；二是它必须经过正当和正式的宣告程序。之所以要通知和宣告，主要是为了尽可能地通过和平方法来解决问题以阻止战争的爆发，也是为了确定战争并不是由强硬的冒险家进行的私人活动，而是由双方公共的主权权力实行并授予的。例外是，当所有者在保护自己的财产时，并不需要作出战争的通知或宣告。但是，当为偿还某一物品而掠走另一物品时，或者抢夺债务人的财产以偿还债务时，尤其是当有人要夺取债务人的下属臣民的财产时，必须作出一项正式的要求，以证明作出这种选择是唯一可行的获取补救和补偿的措施。

对影响到整个人类社会的罪行，格劳秀斯指出：该罪犯所在国没有自由裁量权，

---

① 西方法律思想史编写组：《西方法律思想史资料选编》，北京大学出版社1983年版，第139页。
② 〔荷兰〕格劳秀斯：《战争与和平法》，何勤华等译，上海人民出版社2005年版，第49页。

因为其他独立国家或其统治者也有权实施惩罚。所以,罪犯所在国就有必要基于受害方的控诉,或者自己对罪犯进行惩罚,或者将他移交给受害方处置。并且,这不仅适用于在该国领地被找到的罪犯,也适用于犯罪后逃到某个地方寻求避难的罪犯。因为庇护权是为那些毫无根据的遭受迫害的受害者利益设立的,而不是为那些犯下伤害人类、破坏社会罪行的人设立的。①

对战争期间的人道主义要求,格劳秀斯指出:应尽量作出最大限度的预警,以防止无辜者陷入危险之中;应公平地赦免敌国的年迈者、妇女、远离使用武器的神职人员、从事研究的人、商人、工匠以及其他一切以和平手艺谋生的人;不得拒绝在战斗或包围中投降者保留性命的约定。

格劳秀斯第一次把国际法作为一个整体,全面系统地进行研究,原创性地展现了国际法的内涵,为国际法的创制开辟了思路,勾勒了最初的内容,这正是他被称为"国际法之父"的原因。

第二节 霍布斯的法律思想

托马斯·霍布斯(Thomas Hobbos,1588—1679)是近代自然法思想的主要代表人物之一。他出生于英国南部威尔特郡马尔麦斯堡镇,由于家境贫寒,幼年在本镇读书后便随伯父生活。他生性聪颖好学,14岁已通晓希腊文和拉丁文,15岁进入牛津大学攻读古典哲学和经院派逻辑,毕业后留校讲授逻辑学。从22岁起,经大学校长推荐,他担任了一个大贵族家庭的家庭教师,从此跻身社会上层,结识了一批国内外的各界名流,包括伽利略、培根、笛卡尔。他甚至担任过英王查理二世的数学教师。克伦威尔执政时期曾邀请他担任行政大臣,被他拒绝。

霍布斯有许多著作,如《论公民》(1642年)、《利维坦》(1651年)、《一个哲学家与英国普通法学家的对话》(1681年)等。其中学术价值最高、影响最大的是《利维坦》。"利维坦"是《圣经》中"约伯记"里所描写的形体巨大、力大无比的海兽——鳄鱼名字的音译,霍布斯以此来比喻强大无比的国家。霍布斯的法律思想,主要包含在《利维坦》这本书中。

《利维坦》的封面

---

① 参见〔荷兰〕格劳秀斯:《战争与和平法》,何勤华等译,上海人民出版社2005年版,第318—319页。

霍布斯是近代第一个系统谈论自然状态的思想家；他第一次对自然法和自然权利作了区分，推论出了众多自然法条款，指出了自然法的道德属性；他第一次强调法律是命令，把法律与自然法、建议区分开，揭示了法律与国家及其主权者的密切联系；他甚至第一次系统地阐述了关于刑法方面的思想。总之，霍布斯以古典自然法思想家而著称，同时也是开近代分析实证主义法学和刑法学先河的人。

一、自然状态、自然权利和自然法

根据霍布斯的阐述，自然状态是在没有公共权力的情况下，人人为了自我保全而相互为战的一种人类社会状态。霍布斯分析了人的感觉、想象、思维、推理、激情、欲望等自然本性，认为人们的主要目的是自我保全。为此目的，任何两个人如果想取得同一东西而又不能同时享用时，彼此就会成为仇敌，彼此都力图摧毁或征服对方。在人的天性中有三种造成争斗的主要原因：第一是竞争，竞争是为了求利，求利使人们用暴力去奴役他人及其妻儿与牲畜；第二是猜疑，即为了自身的安全而相互猜疑，进而相互争斗；第三是荣誉，为了荣誉，哪怕是一言一笑、一点意见上的分歧等鸡毛蒜皮的小事，都会引起相互仇视和争斗。总之，在没有一个共同权力使大家慑服或者没有整体和平秩序的情况下，人们便处在人人相互争斗的战争状态下。在这种状态下，人们生活在人所共知的战斗意图中；没有是和非、公正和不公正的观念，暴力和欺诈是战争中的主要美德；没有财产所有权的观念，每个人能得到手的东西，在他能保住的时期内便是他的。

单纯的天性使人实际处于恶劣的状况，然而这种状况有可能依靠人们的激情和理性得以超脱。霍布斯认为，由于对死亡的畏惧、对舒适生活所需事物的欲望，以及通过自己的勤劳取得这一切的希望，使人们具有倾向于和平的激情。于是，理智便提示出可以使人同意的方便易行的和平条件，这和平条件就是自然律或者自然法。

自然律或者自然法与自然权利是一对既有联系又有区别的概念。所谓自然权利，"就是每一个人按照自己所意愿的方式运用自己的力量保全自己的天性——也就是保全自己的生命——的自由。因此，这种自由就是用他自己的判断和理性认为最适合的手段去做任何事情的自由。"① 而自然律或者自然法，"是理性所发现的戒条或一般法则。这种戒条或一般法则禁止人们去做毁坏自己的生命或剥夺保全自己生命的手段的事情，并禁止人们不去做自己认为最有利于生命保全的事情。"② 自然法或者自然律与自然权利的相同之处，在于他们都与理性和保全生命的目的有关，前者是由理性发现的用于保全生命的一些戒条或法则；后者是由理性决定的去选择任何最适合保全生命的手段的自由和权利，以及去做任何最适合保全生命的事情的自由和权利。既然如此，自然权利实际上也是自然法或者自然律的组成部分。

---

① 〔英〕霍布斯：《利维坦》，黎思复、黎廷弼译，商务印书馆1985年版，第97页。
② 同上。

它们的区别在于,自然权利在于做或者不做的权利和自由,而自然法和自然律决定并约束人们采取其中之一。"因为权在于做或者不做的自由,而律则是决定并约束人们采取其中之一。所以律与权的区别就象义务与自由的区别一样,两者在同一事物中是不相一致的。"①霍布斯以前的自然法思想家,把自然权利和自然法笼统地混为一谈,对它们加以区别是霍布斯对自然法思想的一个贡献。

在《利维坦》中,霍布斯还提出并解释了 14 条关于自然法的内容,它们是:力求和平;己所不欲勿施于人;有约必践;知恩图报;合群;宽恕;惩罚适度;不可侮辱人;平等待人;谦谨;公正裁断(公道);公平分配;两国交战不杀来使;不做自己案件的法官。它们可以被精简为一个简易的总则,即己所不欲勿施于人。

但霍布斯认为,自然法只具有"内心范畴"上的约束力,真要付诸行动时就不永远如此了。因为,持身谦恭温良的人遵守自然法,其他人都不遵守时他便是别人的牺牲品,这与一切使人保全本性的自然法的基础是相违背的。如果一个人明知别人对他会遵守自然法,而他自己却不遵守,他所寻求的便不是和平而是战争,这仍然是让暴力毁灭自己的本性。霍布斯的意思是说,尽管人们知道了自然法,但在没有公共权力足以强制的自然状态下,自然法也是达不到保证和平、保全生命的目的的。

霍布斯还指出,自然法是永恒不变的。研究自然法的科学是唯一真正的道德科学。和平是善,达成和平的自然法也是善,是美德。人们一向称自然法为法,"但却是不恰当的,因为它们只不过是有关哪些事物有助于人们的自我保全和自卫的结论或法则而已。正式说来,所谓法律是有权管辖他人的人所说的话。但我们如果认为这些法则是以有权支配万事万物的上帝的话宣布的,那么它们也就可以恰当地被称为法。"②显然,霍布斯并不认为自然法在没有公共权力的情况下会对人有约束力,当然也就不是真正的法律。

霍布斯围绕保全生命与和平的目的,列举并解释了上述 14 条自然法的内容,并明确指出这属于一种道德哲学的研究,这在自然法思想史上也是第一次。

▶ 二、社会契约和主权在君

霍布斯是近代社会契约论的主要代表人物之一。他认为国家是基于社会契约产生的。

在霍布斯看来,所谓契约就是权利的互相转让。契约之所以有约束力,在于人们畏惧毁约后的有害后果。霍布斯再次谈到人们在自然状态下相互争斗的情况,比如人们以小氏族方式生活的一切地方,互相抢劫都是一种职业。人们为了保障安全,会结成一种群体。但群体纵使再大,如果大家的行动都根据各人的判断和各人的欲望来指导,就不能期待这种群体能对外抵御共同的敌人和对内制止人们之间的

---

① 〔英〕霍布斯:《利维坦》,黎思复、黎廷弼译,商务印书馆 1985 年版,第 97 页。
② 同上书,第 122 页。

侵害,因为各种意见分歧不容易达成协议。人类的协议是根据信约而来的,如果有一种使大家畏服、并指导其行动以谋求共同利益的共同权力,这种协议必然会巩固和持久。而这种共同权力也只有通过信约建立起来,就是把大家所有的权力和力量托付给某一个人或一个由多人组成的集体,人人都承认这个人或这个集体,放弃自我管理的权利,由这个人或这个集体承担大家的人格。象这样统一在一个人格之中的一群人就称为国家,也就是霍布斯所说的伟大的利维坦。这样一个具有一个人格的国家,它的制造材料和它的创造者都是人,它是通过人们的契约或信约制造出来的。所以,霍布斯给国家下了这样一个定义:国家"就是一大群人相互订立信约,每人都对它的行为授权,以便使它能按其认为有利于大家的和平与共同防卫的方式运用全体的力量和手段的一个人格"。①

这就是霍布斯关于国家起源的社会契约论。长期以来,在宗教神学的影响下,君权神授的观点一直很盛行。霍布斯明确提出国家由人们的信约或契约产生,实际上否定了君权神授说。

霍布斯承袭了布丹的观点,把国家的最高权力称为主权,也根据主权的所属不同,把国家或政体分为三类:君主制、贵族制和民主制。他认为这三者之中,主权在君的君主制最好。其理由如下:(1)君主制能使公私利益密切结合,从而能最大限度地服务于公共利益。这是因为,无论主权在一个人还是在由多个人组成的集体,作为个人,他们既具有政治身份又具有自然人身份,他们虽然留意谋求公共利益,由于感情的力量往往大于理智的力量,他们也会同样或者更多地留意其自己及其亲属的私人利益,从而造成与公共利益的冲突。而在君主制中,私人利益和公共利益是同一回事,公私利益结合紧密,对公共利益的推进也就最大。(2)君主可以随便在任何时候、任何地点听取任何人的咨议,要听多久就听多久,要多保密就多保密。而议会由于本身人数众多,就没有这个优势。(3)君主的决断除人性本身朝三暮四的情形外,不会有其他前后不一的现象。但在议会中,除人性之外还有人数所产生的矛盾。(4)君主不可能由于嫉妒或利益而自己反对自己,而议会却有可能这样,甚至达到可以引起内战的程度。

三、法律的概念和特点

霍布斯把罗马人所说的市民法或城邦法,叫做民约法,目的是强调凡是一个国家的成员就有义务服从国家的法律。他指出,法律不是建议而是命令,也不是随便一个人对任何他人的命令,而是专对有义务服从的人发布的命令。

据此,霍布斯认为法律有以下特点:(1)法律的制定者是主权者,主权者是唯一的立法者。(2)主权者不服从法律,因为既然主权者有立法和废除法律的权力,他不可能对自己负有义务。犹如系铃者也可以解铃,只对自己负有义务的人根本没有

---

① 〔英〕霍布斯:《利维坦》,黎思复、黎廷弼译,商务印书馆1985年版,第132页。

负义务。(3)习惯只有得到主权者的认可才能成为法律。(4)自然法与民约法互相包容而范围相同。民约法和自然法并不是不同种类的法律,而是法律的不同部分,其中以文字载明的部分称为民约法,而没有载明的部分称为自然法。自然法就是公道、正义、感恩以及根据它们所产生的其他道德,这一切在单纯的自然状态下都不是正式的法律,而只是人们倾向于和平与服从的品质。国家成立之后,它们就成了实际的法律,强制人们服从它们的乃是主权者。(5)一个国家的主权者如果征服了生活在另一套成文法之下的人民,事后又按原先的法律施政时,这些法律便成了战胜者的民约法而不是被征服国家的民约法。(6)成文法与不成文法的权威和效力,都是来自国家的意志和主权代表者的意志。(7)法律不能违反理性,而且要符合立法者的意向。(8)法律既然是一种命令,就必须通过语言、文字及其他方式来表达和宣布,并且要有明显的证据说明这一法律来源于主权者的意志。霍布斯在法律观念上所提出的法律是主权者的命令的观点,开近代实证主义和分析法学之先河,为后来的边沁、奥斯丁等人启开了思路。

▶ 四、犯罪与刑罚

霍布斯区分了罪恶和罪行两个概念。他指出,罪恶非但是指违犯法律的事情,也包括对立法者的任何藐视。罪恶便不仅在于为法律之所禁为、言法律之所禁言,或不为法律之所令为,而且也在于犯法的意图或企图。罪行是一种罪恶,在于言行犯法律之所禁,或不为法律之所令。所以每一种罪行都是罪恶,但不能说每一种罪恶都是一种罪行。他进一步解释说:罪行"仅仅指可以在法官前明确指控的罪恶,因之也就不是单纯的意图而已"。他还强调说,"没有民约法的地方就没有罪行"[①]。这应该是"法无明文规定不为罪"的最初说法,比贝卡利亚在《论犯罪与刑罚》(1764年)一书中所提出的罪刑法定思想早一百多年。

霍布斯认为,一切罪行都是来源于理解上的某些缺陷、推理上的某些错误,或是某些感情爆发。理解上的缺陷称为无知,即不知法、不知主权者、不知刑律。推理上的缺陷称为谬见,即运用谬误的原则,听信异端倡导者,从正确的原则中作出谬误的推论等。引起犯罪的感情爆发,是指虚荣、仇恨、淫欲、野心和贪婪等。

霍布斯说:"惩罚就是公共当局认为某人做或不做某事、是违法行为、并为了使人们的意志因此更好地服从起见而施加的痛苦。"[②]惩罚分为神的惩罚和人的惩罚。人的惩罚是根据人的命令所施加的惩罚。人的惩罚分为体刑、财产刑、名誉刑、监禁、放逐等,或者是它们的混合。

霍布斯认为,可以完全宽宥的行为便不是罪。儿童、疯子因缺乏获知法律的方法而犯罪的,由于眼前丧生的恐惧而被迫做出犯罪行为的,因缺乏食物或其他生活

[①] 〔英〕霍布斯:《利维坦》,黎思复、黎廷弼译,商务印书馆1985年版,第227页。
[②] 同上书,第241页。

必需品、除非犯法没有任何其他方法保全自己而犯罪的,等等,这些都可以完全宽宥而不是犯罪行为。

第三节　洛克的法律思想

约翰·洛克(John Locke,1632—1704)是英国资产阶级革命后期的思想家,自由主义思想的奠基人,也是古典自然法思想的杰出代表之一。他出身于英国清教徒、商人家庭,1652年进入牛津大学基督教学院研究哲学、自然科学和医学。他为当时的辉格党领袖沙芙茨伯里伯爵服务多年,做他的秘书和他儿孙的教师,并在斯图亚特王朝复辟期间随同这位伯爵逃亡荷兰,1688年"光荣革命"后回到英国。

洛克的著作有《人类理解论》(1690年)、《政府论》(上篇1689年,下篇1690年)、《论宽容的信札》(1689年及以后)等,其中《政府论》集中体现了他的政治法律思想。洛克是近代西方第一个系

洛克

统阐述人权、自由、分权和有限政府等重要思想的人。他阐述的生命、健康、自由、财产等权利思想,强化了人们的人权意识,奠定了第一代人权的思想基础。他提出的分权思想,开启了近代分权思想之先河,为孟德斯鸠的分权思想提供了最新的思想材料。他集中、系统地提出了自由思想和有限政府思想,并包含了人民的同意权、反抗权以及法治等种种思想观念。洛克这些丰富多彩的法律思想,构成了宪政思想的最原始的材料,并为北美英属殖民地的独立和建国提供了思想指导。

▶一、自然状态和自然法思想

像霍布斯一样,洛克也认为在国家政治出现以前,人类处在自然状态中,"所有的人自然地处于这种状态,在他们同意成为某种政治社会的成员以前,一直是这样"。① 与霍布斯所描述的自然状态有所不同,洛克认为自然状态是一个完备无缺的自由状态,人们在自然法范围内按照自己认为合适的办法,决定他们自己的事情,无需听命任何人的意志。自然状态又是一个平等的状态,人们毫无差别地享有自然的一切有利条件。在这种状态中,因受自然法的支配,人们自由却又不放任。人人都没有毁灭自身和其他生物的自由,而且人人必须保全自身并尽其所能保全其他人。除非为了惩罚一个罪犯,人人都不做夺取或损害另一个人生命的事情,也不做

---

① 〔英〕洛克:《政府论》(下篇),叶启芳、瞿菊农译,商务印书馆1964年版,第12页。

夺取或损害有助于保全另一个人的生命、自由、健康、肢体或物品的事情。洛克不同意霍布斯关于自然状态是战争状态的说法,认为自然状态与战争状态的区别,"正像和平、善意、互助和安全的状态和敌对、恶意、暴力和互相残杀的状态之间那样迥不相同"。①

同时,洛克承认自然状态存在许多缺陷:(1)在自然状态中,缺少一种确定的、众所周知的法律,来作为人们共同同意接受和承认的是非标准和裁判他们之间一切纠纷的共同尺度。(2)在自然状态中,缺少一个有权依照既定的法律来裁判一切争执的知名的和公正的裁判者。(3)在自然状态中,往往缺少权力来支持正确的判决,使它得到应有的执行。正因为这样,人们才设置了公民政府。洛克特别强调:"公民政府是针对自然状态的种种不便情况而设置的正当救济办法。"②

洛克自称并不准备谈论自然法的细节问题,他实际上也没有专门论述自然法,但是他在《政府论》中或隐或现地表达了自然法的思想和观点。概括起来,洛克有关自然法的思想主要有以下几点:(1)自然法是上帝意志的宣告,是理性,它教导着有意遵从理性的全人类。(2)自然法的宗旨在于维护和平和保卫全人类,它使人们不侵犯他人的权利,不互相伤害,凡是与它相违背的人类的制裁都不会是正确或有效的。(3)自然法是不成文的,只存在于人们的意识中。对于一个有理性的人和自然法的研究者来说,它像各国的明文法一样可以理解,甚至可能更浅显些。(4)自然法是永恒的,是人定法的依据或标本。它是所有人、立法者以及其他人的永恒的规范,"他们所制定的用来规范其他人的行动的法则,以及他们自己和其他人的行动,都必须符合于自然法"③。各国的法律只有以自然法为根据时才是公正的,对它们的规定和解释必须以自然法为根据。

▶二、自然权利论

自然权利也叫天赋权利,是与生俱来的权利。洛克认为生命、健康、自由和财产是人的自然权利。这些权利在自然状态下与自然法相一致,在国家政治产生后,人定法也不能剥夺这些权利。

洛克认为,生命是创世主赋予每个人的,他想让谁活多久就活多久,任何人都没有毁灭自己和他人的权利,而具有毁灭任何来自威胁和毁灭自己的东西的权利。面对生命的威胁,只能是以强力对强力。一个人毁灭向他宣战或者对他的生命怀有敌意的人,就如同杀死一只豺狼和狮子。

关于自由权,洛克是第一个论述最多、对后世影响也最大的人,他因此被称为"自由主义的鼻祖"。洛克有关自由的思想主要有以下几点:(1)自由是天赋人权,

---

① 〔英〕洛克:《政府论》(下篇),叶启芳、瞿菊农译,商务印书馆1964年版,第14页。
② 同上书,第10页。
③ 同上书,第84页。

"自由意味着不受他人的束缚和强暴"①,还意味着任何人可以放弃自己的一些天然自由,与其他人一道去创建并受制于一种政治秩序。总之,自由就是不受任何绝对、任意权力的约束。(2)自由与人的自卫和生命密切相连,丧失了自由,就意味着自卫手段乃至生命的丧失。(3)自由与法密切相连。自然状态下的自由以自然法为准绳;政治状态中的自由除了受经人们同意的立法机关制定的法律约束外,不受任何意志的统辖或任何法律的约束。法律的目的不是废除或限制自由,而是保护和扩大自由。哪里没有法律,那里就没有自由。(4)自由以理性为基础。人是生而自由的,也是生而具有理性的,理性能教导人们了解他用以支配自己行动的法律,并使他知道他对自己的自由意志听从到什么程度。但是,这并不是说人一出生便能实际上运用自由和理性。理性尚未达到成熟境界的未成年人的自由,还属于自然的自由,即服从父母的权利,直到他们的理性达到成熟境界的成年为止。至于精神病者和白痴,则需要他人的监护和管理。

关于财产权,洛克指出:上帝将世界给予人类共有,同时又给予人们以理性,让人们为了生活和便利的最大好处而加以利用。于是,凡是附加有劳动的东西便成为劳动者所有,成为劳动者的财产。就好像存在一只野兔,不属于任何人私有,一旦有人花费了劳动发现并追赶到了它,这只野兔就成了追赶人的财产。"保护财产是政府的目的,也是人们加入社会的目的",国家必须保障每一个人的财产,"未经本人同意,不能去取任何人的财产的任何部分"。②

▶三、社会契约论

洛克是继霍布斯之后,第二个详细论说国家或者政治社会起源于社会契约的人。他强调:"政权的一切和平的起源都是基于人民的同意的。"③因为人们天生是自由、平等和独立的,除非本人同意,不应使任何人受制于另一个人的政治权力。所以,"政治社会都起源于自愿的结合和人们自由地选择他们统治者和政府形式的相互协议"。④

所不同的是,霍布斯认为通过社会契约产生的即便是专制君主制,也标志着国家或政治社会的产生,洛克则认为专制君主制仍然是自然状态,并没有进入真正的国家或政治社会的状态。人人皆可做自己案件的裁判者,是自然状态中种种不适的主要原因,人们之所以相互结合形成国家,就是要消除这一弊端。而在专制君主制中,君主个人独揽一切,握有全部立法和执行的权力,不存在公正的裁判者;君主及其命令所造成的损失和不幸,人们无从向公正无私的裁判提出申诉,以至于不能期望通过裁判而得到救济和解决。所以,即便专制君主制当初也是由人们自愿同意受

---

① 〔英〕洛克:《政府论》(下篇),叶启芳、瞿菊农译,商务印书馆1964年版,第36页。
② 同上书,第86页。
③ 同上书,第70页。
④ 同上书,第63页。

一人治理而形成的,在专制君主制下的社会仍然处于自然状态中,甚至比自然状态更糟糕。

所以,在洛克所说的人们在社会契约中所表示的"同意",既表示同意建立一个由政府统辖的国家,也表示同意对即将成立的政府或者国家负有服从大多数的决定的义务。因为人们之所以从自然状态进入国家,就是希望具有一个作为整体而行动的公共权力。这个权力要行动,就要得到每个人的同意。但是,由于许多人可能有病、有事不能出席公共集会;还由于众人之间难免有意见分歧和利害冲突,公共权力的每一次行动都要得到每个人的同意,几乎是不可能的。所以,"开始组织并实际组成任何政治社会的,不过是一些能够服从大多数而进行结合并组成这种社会的自由人的同意"。①

除此之外,一个人要加入一个公民社会也要有明白的同意或默认的同意。明白的同意就是"通过明文约定以及正式的承诺和契约"②,默认的同意即"只要身在那个政府的领土范围以内,就构成某种程度的默认"。③

洛克强调同意建立国家的人们,也必然同意服从多数决原则,表明他所说的通过社会契约所成立的国家或者政府,是民主的而非专制的,这是他与霍布斯明显不同的地方。另外,洛克一再强调人们在成立国家或者政府问题上的"同意",包括明白的同意和默认的同意,凸显了人们在成立国家或者政府问题上的同意权,即非经同意不受任何权力的统治,正如洛克所说:"既然一切人自然都是自由的,除他自己同意外,无论什么事情都不能使他受制于任何世俗的权力。"④这也为任何一个国家、政府或者统治者是否合法,提出了一个判断依据,即人民的同意。

▶ 四、分权思想

洛克认为"分权"是有节制的、组织良好的政府的做法。他尤其强调立法权和执行权不能由同一批人同时拥有,因为,如果同一批人同时拥有制定和执行法律的权力,就会给人们的弱点以极大的诱惑,使他们动辄便攫取权力,借以使他们自己免于服从他们所制定的法律,并使他们所制定的法律更适合他们自己的私人利益。因此,洛克把国家权力分为立法权、执行权和外交权,并分别阐述了这三种权力的地位、组织和职能。

立法权是最高国家权力。因为人们进入国家的重大目的就是和平地和安全地享受他们的各种财产,而实现这一目的的重要手段和工具就是由社会所制定的法律。从这个意义上讲,国家中的一切权力都来自立法权并隶属于立法权,所以立法权是最高国家权力。立法权由人们选举的代表所构成的立法机关行使。立法机关

---

① 〔英〕洛克:《政府论》(下篇),叶启芳、瞿菊农译,商务印书馆1964年版,第61页。
② 同上书,第76页。
③ 同上书,第75页。
④ 同上书,第74页。

的成员在一定期间充当代表,期满后仍恢复为普通民众,但可重新当选。立法机关为非常设机关,它以定期集会为主要工作方式。立法机关负责立法任务,任命专职法官来执行司法和判断臣民的权利,委托国家的其他权力,如执行权、外交权等,并在必要时收回所委托的权力和处罚任何违法的不良行政行为。

洛克所说的执行权就是现在人们所说的行政权。按照洛克的设想,执行权是由君主为代表的机关承担的。执行机关辅助和隶属于立法权,它的主要职责是对外代表国家,对内负责执行既定的法律。因为立法机关是非常设的机关,立法机关的召集权、人民选举立法机关代表的召集权,也属于执行机关。执行机关还拥有自由裁量的特权,即针对特殊事例,没有相应的法律规定或者适用严格的法律将有失公平时,有权根据公众福利和利益的要求来处理。

外交权是对外处理有关公共安全和利益的事项的权力。外交权也辅助和隶属于立法权。洛克认为,外交权和执行权这两者虽然有区别,但在一个国家中,执行权与外交权几乎总是联合在一起的,"它们很难分开和同时由不同的人所掌握"。[①] 如果把它们交给不同的互不隶属的人们,几乎是不现实的,容易导致纷乱和灾祸。所以,按照洛克的意思,外交权与执行权是合在一起的。

洛克尚未顾及司法权,他把国家权力分为立法、执行和外交三权也并非科学。但是在近代西方,把国家权力这样明确的分开,洛克是第一人,他还充分认识到了立法权与执行权混而不分的弊端。洛克的这些分权思想为此后孟德斯鸠的权力分立思想,提供了最直接的思想材料。

▶五、有限政府思想

与霍布斯视国家为强大无比的利维坦相比,洛克提出的国家或者政府的权力是有限的。

洛克强调,公共权力"绝不容许扩张到超出公共福利的需要之外"[②]。人们之所以组成国家,就是为了更好的保护自己、自己的自由和财产,国家、政府的目的,就是为了人民的和平、安全和公共福利。因此,国家、政府的权力及其行使不能超出公共福利的需要。

洛克指出,各种国家权力都应当是有限的。立法权虽然是最高国家权力,但它不能超出以下权限:(1)以正式颁布的、经常有效的法律而非以临时命令来统治。(2)所制定的法律对任何人要一视同仁,不得因特殊情况而有出入。(3)立法权力的范围以社会的公共福利为限,所制定的法律以为人民谋福利为最终目的。(4)未经人民自己或人民代表的同意,不得对人民的财产课税。(5)立法机关不得转让其法律制定权。关于执行权,出于工作上的需要,它常常拥有一些未经法律规定的自

---

① 〔英〕洛克:《政府论》(下篇),叶启芳、瞿菊农译,商务印书馆1964年版,第91页。
② 同上书,第80页。

由裁量权或者特权。但是,当这些权力是为他们私人的目的而不是为公共福利而利用的时候,人民就应该以明文规定的法律对这些权力予以限制。至于其他辅助性的和从属性的权力,它们除了基于明文特许和委任而获得的权威之外,也没有别的权威,而且它们都对其他国家权力负责。

洛克认为,人民始终拥有最高权力,以用来罢免或更换立法机关、强力扫除与人民为敌的执行机关,乃至进行革命。他说,立法权虽然是最高权力,但这个最高权力是受人们委托的权力,"当人民发现立法行为与他们的委托相抵触时,人民仍然享有最高的权力来罢免或更换立法机关;……委托必然被取消,权力又回到当初授权的人们手中,他们可以重新把它授予他们认为最有利于他们的安全和保障的人"。[1] 当执行机关滥用权力,应该召集而不召集反而阻碍立法机关施行立法权的时候,"人民便有权用强力来加以扫除"。[2] 如果立法机关企图或实行奴役人民、摧残人民时,人民就只有"诉诸上天"[3]。"诉诸上天"就是诉诸上帝。洛克借用《圣经》上关于在发动战争前向上帝耶和华控诉,并诉请上帝裁判的事例,实际上是说,在没有裁判的情况下,人民只有以武力予以反抗或革命。

洛克是西方第一个系统阐述有限政府思想的人。他所提出的人民始终拥有"最高权力"的说法,以及此前他所强调的人们同意成立国家或者政府也必然同意服从大多数人的决定的观点,使"主权在民"思想已是呼之欲出的东西。他所提出的"强力扫除""诉诸上天"等思想内容,实际上是关于人民的反抗权的思想。此外,洛克强调:应该以既定的、向全国人民公布周知的、经常有效的法律而不是以临时的命令来实行统治,应该由公正无私的法官根据这些法律来裁判纠纷,法律不论贫富、权贵和庄稼人都一视同仁,并不因特殊情况而有出入,立法机关不应该把制定法律的权力让给任何其他人等,也充分展现了他的法治思想。

第四节 孟德斯鸠的法律思想

夏尔·路易·德·色贡达·孟德斯鸠(Charles Louis de Secoudat Montesquieu,1689—1755)是法国著名的启蒙思想家。他出生于法国西南部波尔多市的贵族世家,祖父曾任波尔多议会的议长。议长是一个可以买卖的世袭职位,后来由他的伯父继承。孟德斯鸠兴趣广泛,喜欢政治、历史、文学等作品,也喜欢自然科学,19岁时获法学学士学位,并从事律师职业。1716年,作为唯一继承人的孟德斯鸠继承伯父的议长职位,并根据遗嘱承袭伯父"孟德斯鸠男爵"的贵族尊号。后来,他因为不喜欢议长职位,又因一时缺钱,于1726年把这个职位卖掉,这使他的家庭生活过得十分富裕,有充分的经济力量和时间去考察各国的情况。

---

[1] 〔英〕洛克:《政府论》(下篇),叶启芳、瞿菊农译,商务印书馆1964年版,第91—92页。
[2] 同上书,第95页。
[3] 同上书,第103页。

孟德斯鸠是继亚里士多德之后又一个百科全书式的人物,他不仅研究社会科学,对自然科学也有一定的造诣。当然,他的主要成就是在社会科学方面,有三部作品使他享有盛名:《波斯人信札》(1721年)、《罗马盛衰原因论》(1734年)和《论法的精神》(1748年)。《论法的精神》是专门研究法学问题的,是孟德斯鸠全部科学活动和文学活动的最高成就。孟德斯鸠还在他的《论法的精神》一书中多次提到中国,他认为中国的法律是把宗教、法律、风俗、礼仪等混在一起的"礼教",是道德、品德一类的东西,其原因在于治国是以治家的思想为基础的。

孟德斯鸠

孟德斯鸠的法学研究风格,类似于亚里士多德的政治学研究,即不是纯思辩性的、抽象的理论演绎,而是经验性的理论分析和归纳。也就是说,孟德斯鸠的有关法律问题的一般结论,是建立在大量经验材料基础上的,而非单纯地从概念到概念的推论。孟德斯鸠的独到之处,首先在于他提出了自己的研究方法,这些方法成就了他的研究风格和成果,也为后人开辟了法学研究的新途径。孟德斯鸠是西方分权论的集大成者,并为以后所出现的宪政体制提供了分权制约的基本原理。孟德斯鸠对自由、权力等的论断,是近代以来最精辟的语言表述之一,具有经典而永久性的惊世和启迪人心的作用。

▶ 一、法学方法论

这里所说的法学方法论,是指关于法学研究方法的理论或思想。孟德斯鸠的法学方法论主要有三点,即联系方法论、比较方法论和历史方法论。

所谓联系方法论,是指在研究中注重事物之间的广泛联系,通过对一事物与它事物之间关系的考察,得出一般的结论。孟德斯鸠在《论法的精神》一书的序言中指出:"有许多真理只有在看到它们和其他的真理之间的联系时才能被觉察出来。"① 因此他强调,他所研究的法律的精神,就存在于法律和各种事物的种种关系中,包括法律与自然环境、人民的生活方式、国家政治制度、宗教、立法者以及法律与法律之间的各种关系,对这些关系进行研究,把这些关系综合起来就构成所谓"法的精神"。他一一考察了法律与政治、经济贸易、地理环境、人口、民族、宗教、历史等各方面的关系,并且也确实得到了一些他认为是法的必然性或应然性的结论。如关于法律与宗教的关系,他指出:法律是指导人们行为的戒律,而不是劝说;宗教是人们内心的指导,是劝说而不是戒律。宗教设立规矩,为的不是一般的"优",而是"最优";为的

---

① 〔法〕孟德斯鸠:《论法的精神》(上册),张雁深译,商务印书馆1961年版,第37页。

不是一般的"善",而是"最善"。"立法者把喜爱至善境域的人们可以作为一种'劝说'来实现的东西,竟当做一种'戒律'来执行;这样,他使自己疲劳,又疲劳了社会。"①这是孟德斯鸠对法律与宗教的区别所得出的结论。而这些,就是他采用相互联系方法进行研究而得出的。

关于比较方法论,孟德斯鸠并没有过多的论说。但是,他明确提出,要判断法律中哪些最合乎理性,"就不应当逐条逐条地比较;而应当把它们作为一个整体来看,进行整体的比较"。②他之所以主张整体比较法,就在于他在具体运用比较法时,发现在不同的国家之间,相似的法律未必出自相同的动机和产生相同的效果;看来相反的法律有时是从相同的精神出发的,相同的法律有时实在是不相同的。所以,他主张在进行国与国之间的法律比较时,不要脱离各自当时所处的情况,以及各自所制定法律的目的。总之,他认为只有通过比较而且是通过整体性的比较,才能真正判断哪些法律是最合乎理性的。这就是孟德斯鸠的比较方法论。他广泛地采用了这一比较方法,比较的范围极其广阔,包括希腊、罗马、西班牙、英国、德国、法国、意大利、日本、印度、中国、美洲等国家或地区之间的政治、地理环境、婚姻、宗教、风俗习惯的比较,及其同法律之间的关系。

关于历史方法论,孟德斯鸠提出了很明确的主张。他说:"我们应当用法律去阐明历史,用历史去阐明法律。"③在他看来,之所以要采用这一方法,就是为了探明在历史中所隐藏的一些原则、真相。比如,他在探讨罗马继承法时说:"这个问题渊源于极遥远的古代制度。为深入到问题的底奥,我就探究了罗马人的最古的法律,并发现了一些到今天为止还没有看到的东西。"④在探讨封建制度的起源和变革时,孟德斯鸠说:"封建法律是一幅优美的图景。一棵古老的橡树巍然耸立;远看簇叶荫翳;侧近就看到干茎;但是看不见根柢;要挖掘土地才能找到它们。"⑤总之,孟德斯鸠认为,只有采用历史的方法,才能探明有关国家和法律问题的真相,才能发现或者证成关于国家和法律的一般原则或原理。孟德斯鸠采用这一方法,在书中得出了一些原则和原理,弄明白了诸如罗马继承法、法国民法以及法兰克人封建制度的一些来龙去脉。孟德斯鸠的这一方法,为人们打开了法学的新视野。

▶二、法的概念、自然法和人为法

在《论法的精神》第一章,孟德斯鸠首先提出了法的概念,进而谈论了自然法和人为法。

孟德斯鸠把法上升到关乎一切存在物的高度,他说:"从最广泛的意义来说,法

---

① 〔法〕孟德斯鸠:《论法的精神》(下册),张雁深译,商务印书馆1963年版,第144页。
② 同上书,第293页。
③ 同上书,第363页。
④ 〔法〕孟德斯鸠:《论法的精神》(上册),张雁深译,商务印书馆1961年版,第199页。
⑤ 〔法〕孟德斯鸠:《论法的精神》(下册),张雁深译,商务印书馆1963年版,第303页。

是由事物的性质产生出来的必然关系。在这个意义上,一切存在物都有它们的法。"①整个宇宙有一个根本理性存在着,法就是这个根本理性和各种存在物之间的关系,同时也是存在物彼此之间的关系。显然,孟德斯鸠所说的法的概念很宽泛,大约是指宇宙以及宇宙内相互联系的各种事物存在和发展的规律。

讲完法的概念后,孟德斯鸠讲了自然法。他认为,自然法在所有的规律之先就存在着,"所以称为自然法,是因为它们是单纯渊源于我们生命的本质"。② 他还指出:如果要很好地认识自然法,就应该考察政治社会建立以前的人类;自然法就是人类在自然状态下所接受的规律。自然法究竟有哪些内容呢?孟德斯鸠认为,和平应当是自然法的第一条。在说到这一条时,他批评了霍布斯关于在自然状态下人类互相征服和战争状态的观点,认为征服意味着权力和统治的思想,而这种思想是由许多其他观念意识构成的,因此这并不是人类最初的思想。至于战争状态,只不过是霍布斯把社会政治建立以后的事情加在了社会政治建立以前的人类身上而已,只有在政治社会,人类才有互相攻打和自卫的理由。自然法的第二条是促使人去寻找食物,第三条是人与人相互之间的爱慕,第四条是人类在拥有最初的感情并逐渐得到知识后,愿意过社会生活。

孟德斯鸠认为,人类一进入政治社会,便立即失掉自身软弱的感觉,存在于他们之间的和平消失。从此,个人与个人之间、国家与国家之间的战争状态开始了。正是这两种战争状态,使人间的法律建立起来。存在于国家与国家之间的关系的法律是国际法,存在于统治者与被统治者的关系的法律是政治法,存在于公民之间的关系上的法律是民法。

孟德斯鸠说:"一般来说,法律,在它支配着地球上所有人民的场合,就是人类的理性;每个国家的政治法规和民事法规应该只是把这种人类理性适用于个别的情况。"③这里所说的"人民"就是国家。他认为一个国家的法律应该是非常适合于该国的人民的,如果一个国家的法律竟能适合于另外一个国家,那只是非常凑巧的事。一个国家的法律,无论是政治法规还是民事法规,都应该同已经建立或将要建立的政体的性质和原则有关,并与该国的自然环境有关,与该国的宗教、财富、人口、贸易、风俗习惯相适应;法律与法律之间也有关系。把这些关系综合起来就是法的精神。

孟德斯鸠还指出,人类受气候、宗教、法律、施政的标准、先例、风俗、习惯等多种事物的支配,从而各个民族就形成了自己的一般精神。而法的精神,就是民族一般精神之一种。

---

① 〔法〕孟德斯鸠:《论法的精神》(上册),张雁深译,商务印书馆1961年版,第1页。
② 同上书,第4页。
③ 同上书,第6页。

三、政体对法律的影响

孟德斯鸠认为,法律问题应该从法律与其他各种事物之间的关系中去考察,其中最重要的就是政体与法律的关系。他以统治者人数的多寡、是否依照法律来统治为标准,把政体分为共和政体、君主政体和专制政体三种,又经验性地分别阐述了各政体对其法律的影响。

(一) 政体的性质及其法律

孟德斯鸠认为,各种政体因其自身性质而产生相应的基本法律。孟德斯鸠所说的这些基本法律,是关于一个政体的本身构造的法律,实际上就是现在所说的一个国家的"宪法"。

共和政体的性质,是全体人民或仅仅一部分人民握有最高权力的政体。这种政体又分为民主政体和贵族政体两种。全体人民握有最高权力时,就是民主政体;一部分人民握有最高权力时,就是贵族政体。在民主政体中,人民在某些方面是君主,在某些方面是臣民。在这种性质的政体中,确定公民选举权、规定议会成员名额、由人民指派的官员的产生、由人民直接或间接选举的参议会的建立、选举公开原则的规定、由人民制定法律的规定等,都属于基本法律。贵族政体的性质是最高权力掌握在某一部分人手中。掌握最高权力的这一部分人有制定和执行法律的权力,其余的人民与这一部分人的关系,就如同君主政体中臣民和君主的关系。最好的贵族政治是没有参与国家权力的那部分人民数目很少,并且很穷。这样的话,占支配地位的那部分人就没有兴趣压迫他们了。这些就是由贵族政体的性质所产生的基本法律。

君主政体的性质,是由单独一个人执政,不过他是遵照固定的和确立了的法律执政的。孟德斯鸠认为在这种性质的政体下,由一个中间的、附属的权力去施行国家的法律,就成了基本法律。"最自然的中间的、附属的权力,就是贵族的权力。贵族在一定方式上是君主政体的要素。君主政体的基本准则是:没有君主就没有贵族,没有贵族就没有君主。但是在没有贵族的君主国,君主将成为暴君。"[①]另一个基本法律,就是应该有一个法律的保卫机构。这个机构的职责是:"在法律制定时便颁布法律,在法律被忘掉时,则唤起人们的记忆。由于贵族自然的无知、怠惰和轻视民政,所以必定要有一个团体,不断地把法律从将被掩埋的尘土中发掘出来。"[②]

专制政体的性质,是既无法律又无规章,由单独一个人按照一己的意志和反复无常的性情领导一切。由于专制政体的性质,施行专制统治的单独个人也同样地用一个单独的个人去替君主行使权力。这是因为,君主常常懒惰、愚昧、耽于逸乐,把一切事务都放弃不管。如果他把国家事务交给几个人去办的话,这几个人之间就要

---

① 〔法〕孟德斯鸠:《论法的精神》(上册),张雁深译,商务印书馆1961年版,第16页。
② 同上书,第17页。

发生纠纷,都阴谋设法成为他的第一个奴才。这样,最简单的办法是把行政委托给一个宰相。所以,设置一个宰相就是专制政体的一条基本法律。

(二) 政体的原则及其法律

孟德斯鸠认为各政体因其原则不同,所需要的法律也各异。

在孟德斯鸠看来,所谓政体的原则,就是从政体的性质衍生出来的推动或者促使政体得以行动的东西,是事关政体的动力的问题。他认为,每个国家的教育和法律都应该与其政体的原则相适应,以加强政体的动力。

民主政体的原则是"品德"。这里的品德是指政治上的品德,即热爱法律和祖国。正像君主爱君主政体、暴君爱专制政体一样,民主国家是由每个公民负责的,所以这种爱是民主国家所特有的。爱祖国就是爱平等、爱简朴。爱平等就把人们的野心局限于一种愿望和一种快乐上,这就是人们全都以平等的地位为国家服务。爱简朴就限制了占有欲,人人只求家庭之所需,如有所余,归给国家。教育的法律与这一原则相适应,要注意激发儿童对法律与祖国的爱。另外,其他整个社会的法律也要着眼于平等和简朴。真正的平等是国家的灵魂。要保持社会的平等,"关于妇女的妆奁;关于赠与、继承、遗嘱,以及其他一切契约的方式等等,就要订立规章。"①要用特别法征收富人的税,减轻穷人的负担。总之,"当一个社会把平等和简朴规定在法律里的时候,平等和简朴本身就能够大大地激起对平等和简朴的爱。"②

贵族政体的原则是节制。贵族团体抑制别人容易,抑制自己却很困难。这种政体看起来好像是把贵族放在法律权威之下,而又使贵族置身于法律之外。这样一个团体只有两种抑制自己的方法,一个是以高尚的品德,使贵族和人民多少平等些;另一个是以较小的品德,也就是说以某种程度的节制,使贵族们至少在贵族之间是平等的,这样他们就能够存在下去。所以,"节制"是贵族政治的灵魂。在贵族政体下,人们的财富是不平等的。因此,法律应该尽可能地鼓励宽和的精神,并努力恢复国家在体制上所必然会失去的平等。法律应该预防或者压制两个主要的致乱之源,一个是治者与被治者之间存在的过度的不平等所造成的怨恨,另一个是统治团体成员之间也由同样的不平等所造成的嫉妒。分散钱财给人民是贵族政治下的一条基本准则。如果不把国库的收入分散给人民的话,就应该让人民知道这些收入的管理是很好的。法律也应该禁止贵族经营商业,因为这种有资财的商人将会垄断一切贸易。法律应该使用最有效的手段,使贵族以公道对待人民。如果法律尚未建立护民官的话,法律自己就应该是护民官。法律应该时时压制权威上的骄横,应该设立一个临时的或永久性的职官,就像民主制下的监察官,去威慑贵族。节制贵族的财富需要制定明智的、缓和的规章,但不要没收财产,不要采用分田的法律,不要取消债务。因为这些做法会产生无穷的祸害。有些家族从虚荣心出发,主张本家族比其他

---

① [法]孟德斯鸠:《论法的精神》(上册),张雁深译,商务印书馆1961年版,第43页。
② 同上书,第42页。

家族更尊贵或年代更古老,以显耀自己。这种现象,不应受到法律的维护,它应该被看作是个人的弱点。

君主政体的原则是荣誉。因为"有君主政体就要有优越的地位、品级、甚是高贵的出身"①,而荣誉的性质就是要求优遇和高名显爵。在这里,"法律所不禁止而为荣誉所禁止的东西,则其禁止更为严格;法律所不要求而为荣誉所要求的东西,则其要求更为坚决。"②它鼓舞最优美的行动,它和法律的力量相结合,能够和品德本身一样,达成政府的目的。既然如此,法律就应该和这个原则相适应。荣誉可以说就是贵族的产儿,又是贵族的生父。法律应该努力支持贵族,使贵族世袭,这是为了使贵族当作君主权力和人民的软弱之间的连锁。法律应使贵族立承嗣以保存宗族的产业,这对君主政体很有用处,虽然它对其他政体并不适宜。遗产赎回权也是很有用的,它使贵族家庭由于亲长的浪费而丧失的土地得以恢复。贵族的土地应该和贵族本人同样享有特权。所有这些贵族的特权,对于容许这些特权的政府来说是非常麻烦的负担,但这同贵族的一般作用相比,便无所谓了。

专制政体的原则是恐怖。对于专制政体,品德是绝对不要的,荣誉则是危险的东西,它需要的是恐怖,恐怖是它的动力。因为在专制政体下,君主把大权交给他所委任的人们。而那些有强烈自尊心的人们,就有可能在那里进行革命,所以要用恐怖去压制人们的一切勇气,去窒息一切野心。与恐怖原则相一致,在专制政体下,法律仅仅是君主的意志而已。即使君主是英明的,官吏们也没法遵从一个他们所不知道的意志,那么官吏当然遵从自己的意志了。由于法律只是君主的意志,君主只能按照他所懂的东西表示他的意志,结果,便需要有无数的人替君主表示意志,并且同君主一样地表示意志。由于法律是君主一时的意志,所以那些替他表示意志的人们就必然也像君主一样,突然地表示意志。另外,既然专制政体的原则是恐怖,胆怯、愚昧、沮丧的人民是不需要许多法律的。政治同它的各种动力和法律,在这种政体下,必然是有局限性的,政治的治理和民事的治理是一样的简单。一切都简化为:使政治、民事的管理和君主家庭的管理相调和,使国家的官吏和君主后宫的官吏相调和。

▶ 四、自由与分权

分权思想是孟德斯鸠法律思想中最有实际影响的一部分,而他的分权思想是从自由开始谈起的。

孟德斯鸠否定了社会上种种宽泛、不着边际的关于自由的含义,明确地将所谈论的自由限定于政治领域,认为政治的自由并不是愿意做什么就做什么,而是说,"在一个有法律的社会里,自由仅仅是:一个人能够做他应该做的事情,而不被强迫

---

① 〔法〕孟德斯鸠:《论法的精神》(上册),张雁深译,商务印书馆1961年版,第25页。
② 同上书,第32页。

去做他不应该做的事情。"①"自由是做法律所许可的一切事情的权利;如果一个公民能够做法律所禁止的事情,他就不再有自由了,因为其他的人也同样会有这个权利。"②

孟德斯鸠进一步申明:一个公民的政治自由是一种心境的平安状态,这种心境的平安是从人人都认为他本身是安全的这个看法产生的。

由这种自由观,孟德斯鸠引申到自由所需要的政治制度。孟德斯鸠指出,要享有心境处于平安状态的政治自由,"就必须建立一种政府,在它的统治下一个公民不惧怕另一个公民。"③在孟德斯鸠看来,国家权力的滥用是自由的最大威胁,自由只有在国家权力不被滥用时才存在。"但是一切有权力的人都滥用权力,这是亘古不易的一条经验。有权力的人们使用权力一直到遇有界限的地方才休止。"④那么,究竟怎样才能防止滥用权力呢?孟德斯鸠说:"从事物的性质来说,要防止滥用权力,就必须以权力约束权力。"也就是说,"可以有一种政制,不强迫任何人去做法律所不强制他做的事,也不禁止任何人去做法律所许可的事。"⑤他所说的这种政制,就是他受当时英国政治制度的启发而构想的一种制度,即分权制约的政治制度。

这种政制把国家权力分为立法、行政和司法三种,分别建制,相互制约。

立法机关由公民选举的代表和世袭的贵族团体组成,所选举的代表有创制权,贵族团体有反对权。立法机关行使立法权、法律实施审查权。其中的代表团体对职务犯罪有向贵族团体提出控告的权力,贵族团体则具有审理贵族案件和职务犯罪的权力。

行政机关以国王为首长,实行国王个人负责制。行政机关负责军事、外交,维护公共安全,防御侵略;有权决定立法机关会议的召集时间和期限;对立法机关所制定的法律有反对权;经立法机关授权,有权逮捕危害国家安全的犯罪嫌疑人。

司法机关由不固定的法院构成,法院由从人民中选出的人员组成。法院在每年一定时间内惩罚犯罪或裁决私人讼争,法院的存续时间视需要而定。

立法、行政、司法要分别置立、相互制约,原因在于:如果立法权和行政权集中在同一个人或同一机关之手,国王或者议会就有可能不受任何限制或阻碍地制定暴虐的法律,并实施暴虐的法律。如果司法权与立法权、行政权不分,公民的自由也就不存在了。因为,如果司法权与立法权合而为一,法官就成了既是审判者又是立法者,公民的生命和自由就面临权力专断的威胁。如果司法权同行政权合而为一,法官也将握有压迫者的力量。总之,孟德斯鸠指出:"如果同一个人或是由重要人物、贵族或平民组成的同一个机关行使这三种权力,即制定法律权、执行公共决议权和裁判

---

① 〔法〕孟德斯鸠:《论法的精神》(上册),张雁深译,商务印书馆1961年版,第154页。
② 同上。
③ 同上书,第156页。
④ 同上书,第154页。
⑤ 同上。

私人犯罪或争讼权,则一切便都完了。"①

与洛克相比,孟德斯鸠的分权思想强调的是以权力制约权力,并明确指出其目的是保障自由。与美国建国时期的分权思想相比,孟德斯鸠关于司法权对其他两权力之间的制约关系并不十分明显。不过,美国那种三权分立思想,正是受他的影响而产生的。

第五节 卢梭的法律思想

让—雅克·卢梭(Jean-Jacques Rousseau,1712—1778),是法国启蒙思想家和激进的民主主义者。卢梭出生于瑞士日内瓦一个钟表匠家庭,据说出生10天便丧失了母亲,10岁时父亲因与人决斗也弃他而去。从此,卢梭便开始了四处流浪的生活,当过学徒、仆人、随从、家庭教师、乐谱缮写人、作家、乐师等。卢梭从没有受过良好的系统教育,但他自幼便嗜读成癖。他喜欢音乐和文学,首先以音乐家和剧作家入世。由于生活艰辛和思想敏捷,卢梭极具激情和反叛精神。1749年,卢梭根据法国巴黎第戎科学院征文公告,撰写《论艺术与科学》一文,揭露当时社会的腐败和不公平,此文获特等奖,使他一举成名。1753年,卢梭应第戎科学院的征文,写出《论人与人之间不平等的起因和基础》这一名著,指出私有制是社会不平等的根源,暴君统治是这种不平等的顶点,并提出通过暴力革命来废黜暴君统治的激烈主张。此后,卢梭比较重要的著作有长篇小说《新爱洛绮丝》(1761年),教育论著《爱弥儿》(1762年)、政治法律论著《社会契约论》(1762年)以及自传本《忏悔录》(1778年)。《爱弥儿》猛烈地抨击了封建教育对人的天性、对儿童个性的压抑和摧残,《社会契约论》深刻地揭露了旧的政治法律制度,这两本书给卢梭带来极大的厄运。在恶劣的环境下,卢梭患上迫害狂想症,在孤独、贫病交加和精神错乱中度过余生。

卢梭

《论人与人之间不平等的起因和基础》与《社会契约论》两书,分别代表卢梭早期和后期两个阶段的政治法律思想,后者更是卢梭的政治法律思想的浓缩。

一、自然状态论

和其他自然法思想家一样,卢梭也认为在社会政治出现以前,人类生活在受自

---

① 〔法〕孟德斯鸠:《论法的精神》(上册),张雁深译,商务印书馆1961年版,第156页。

然法支配的自然状态中。但他所描述的自然状态和自然法是另外一种样子。

卢梭认为在自然状态中,人们尚属没有理性的野蛮人,他们独来独往,单纯、清闲、安逸和易于睡眠。他们具有自爱心、怜悯心等自然情感,自然法就产生于这样的自然情感中。在卢梭看来,正是这些自然情感,在自然状态下起着法律、良好美俗和道德的作用。卢梭尤其推崇人的怜悯心,认为正是人具有这种自然情感,才产生了"在谋求你的利益时,要尽可能不损害他人这样一句出自善良天性的格言"①。这样一类格言就是卢梭认为的自然法,它们出自人的自然情感,也就是人们的本性。所以,卢梭认为,自然法的观念,就是关于人的本性的观念。这和其他自然法思想家所说的自然法出自理性有所不同。在卢梭看来,人的自然情感在很大程度上依赖于悟性,而情感的活动可以使人类的理性趋于完善。野蛮人的本能具备了在自然状态中生活所需要的一切,人类有了理性之后才具有在社会生活中所需要的东西。

他还认为,在自然状态中,人们之间除了微乎其微的因年龄、健康、体力等带来的自然不平等外,基本上是平等的,人们各自享受其天赋的生命和自由,所有人都是不受任何束缚的。在这个意义上,卢梭认为自然状态是人类的"黄金时代",自然的东西是好的,而文明是人为的造作,破坏了自然的本性。所以,他提出的口号是回到自然去,并提倡自然道德、自然教育和自然宗教。

自然状态说是所有自然法思想家各自展开其政治法律思想的一个逻辑起点,通过提出人们在自然状态下的自由平等,来抨击现存社会和设想未来社会。在这一点上,卢梭和所有自然法思想家是一样的。但他认为自然状态下的人是孤立的而非社会的,这是他与其他人的不同点,并因此受到批评。

▶二、人类不平等论

卢梭认为,在自然状态中,不平等几乎是不存在的。真正的不平等起源于私有制和法律的建立。他把人类的不平等分为三个阶段:法律和私有权的设定是不平等的第一阶段;官职的设置是第二阶段;而第三阶段,也就是最后一个阶段,是合法的权力变成专制的权力。他认为,暴君统治的第三阶段是不平等的顶点,所有人在暴君面前都是奴隶。而人类天赋的生命和自由是不能抛弃的,抛弃了自由就贬低了自己的存在,抛弃了生命就消灭了自己的存在。所以,不平等的第三阶段,在一定意义上就意味着人类又回到了平等,因为暴君的统治导致了一个"极端腐败"的"新的自然状态",人们又重新得到了自由活动的权利,获得了废黜暴君的权利。所以,这又是平等的,作为一个暴君是没有任何理由予以抱怨的。他说:"以绞死或废黜暴君为结局的暴乱,同暴君当初之利用暴乱屠杀人民和掠夺财物的行为一样,是合法的。暴君的位子靠暴力维持,而要推翻他,也必须同样靠暴力。"②

---

① 〔法〕卢梭:《论人与人之间不平等的起因和基础》,李平沤译,商务印书馆2007年版,第75页。
② 同上书,第117页。

卢梭把不平等归结为私有制,构成他与其他自然法思想家的明显不同。他是代表小资产阶级的,而其他思想家是代表资产阶级的。他的关于极端不平等又意味着平等的说法,充满了事物发展的辩证法。这种辩证的思维方式,在一定程度上对后来黑格尔的否定之否定说是有启发作用的。更重要的是,他的暴力统治必然被暴力所推翻的说法,直接构成法国大革命的理论基础。他的不平等的起源说对后来的社会主义者也有一定的影响。

▶三、社会契约论

卢梭也赞同国家起源上的社会契约说,只是他认为人们一开始约定的并不是专制统治,专制统治是政治腐化的结果。为此,他尖锐地批判了格劳秀斯和霍布斯的社会契约论,他提出的社会契约论有点接近洛克,但比洛克激进。并且,卢梭的社会契约论更大程度上在于以契约原理为根据来探讨一种组建国家的正义原则,而不在于证实国家起源于社会契约。

卢梭认为,社会契约应是一种对等的权利义务关系,社会契约行为应是一种理智的行为,否则,这种契约将是无效的。这一观念,是卢梭对其他社会契约论者进行批评时所表现出来的。他认为格劳秀斯、霍布斯等人所说的国王与人民之间的社会契约,是不对等的权利义务关系,并严厉地指出:"规定一方是绝对的权威,另一方是无限的服从,这本身就是一项无效的而且自相矛盾的约定。"[①]"这样一种行为是不合法的、无效的,就只因为这样做的人已经丧失了自己健全的理智。说全国人民也这样做,那就是假设举国皆狂了;而疯狂是不能形成权利的。"[②]显然,卢梭是以真正的契约原则来看待社会契约的,认为它应该是一种理智的行为,是一种平等主体之间的、意思自治和权利义务对等的社会契约。

卢梭强调每个人都生而自由、平等,政治共同体的最大的幸福可以归结为自由与平等这两大主要目标。因此,社会契约所要解决的根本问题,就是既要使由结合而成的公共力量保障每一个结合者的人身和财富,又能使每个结合者所服从的就是他们本人,并且像以往一样的自由。同时,卢梭强调:如果没有平等,自由便不能存在。平等是所有制度中的根本大法。总之,平等是全部社会体系的基础,订立社会契约,就是要以道德的和法律的平等来代替自然所造成的人们之间在身体上的不平等。以上这些,都体现了自由和平等在卢梭思想中的重要地位,它们是卢梭所设想的理想国家的基石,是卢梭所提出的社会契约论的出发点和归宿。

在表达以上观点的基础上,卢梭提出了自己设想的社会契约。按卢梭的说法,这是"以公意为最高指导"的"特殊公约"。这个社会契约及其成立,由约定者、约定的内容、约定的行为与形式三方面构成。关于约定者,它是指每个人与所有人之间

---

① 〔法〕卢梭:《社会契约论》,何兆武译,商务印书馆1980年版,第16页。
② 同上书,第15页。

或所有人与每个人之间；每个人在其中都是主权者之一，合起来便是一个完整的主权者。而不是像格劳秀斯、霍布斯等人所说的那样，是一个主权者与其他所有人之间的约定。约定的内容为：每个人都将自己的一切权利全部转让给集体，一切都服从由集体意志所表现的公意，从而每个人的权利实际上仍然保持在自己手里，服从公意也就是服从他自己。关于约定的行为和形式，卢梭认为政治的结合乃是全世界最自愿的行为，建立国家秩序乃是为其他一切权利提供基础的一项神圣权利，所以，唯有社会契约必须要有全体一致的同意，也就是说要众人自愿投票表决，组成共同体的成员数目就等于大会中所有的票数。同意者属于国家的一个公民，服从主权；反对者则是公民之间的外邦人，在国家成立后，居留便视为同意，并服从主权。这就是卢梭所说的社会契约的内容和成立过程。卢梭坚信，这样的社会契约永远不可能是不正义的或者为人所滥用的，因为共同体不可能想要伤害它自己；它把订约者联系在一起，使他们不受役于任何人，而且在以他们的唯一意志为律令的时候，它还使人们仍然一如既往地那样自由。

▶ 四、人民主权论

所谓主权在民或者人民主权，是指国家权力属于人民，人民是国家权力的所有者。卢梭的主权在民思想，包括他所提出的"公意"观念、主权在民的政治体制、主权在民的具体实施和主权在民的国家结构形式等。

"公意"观念是卢梭主权在民思想的核心。公意就是社会全体成员着眼于公共利益在所有公共事务上所达成的公共意志或一般意志。公意是通过投票产生的，是多数决的产物。卢梭认为，分歧是会有的，但是，如果公民之间没有勾结，能够在充分了解情况之下进行讨论，那么从大量的小分歧中总可以产生公意。只有在共同体内出现了派系，以至于形成了以牺牲大集体为代价的小团体的时候，才能影响到公意的产生，甚至会出现以这种小集体的个别意志取代公意的情况。所以，最重要的是国家内不能有派系存在，每个公民只能表示自己的意见。如果有了派系存在，就必须增殖它们的数目并防止它们之间的不平等，从而使公意发扬光大。卢梭指出：公意的宣告就是至高无上的秩序和国家的律令。这就是说，公意是国家最高主权的体现。卢梭所说的每个国家成员都是主权者之一，人民的集合体便是整个国家的主权者，其缘由就在于公意是由人民的意志构成的，公意是国家的最高秩序和律令。所以，卢梭所提出的"公意"是其主权在民思想的核心内容。

直接民主制是卢梭设想的主权在民的政治体制。主权者是一个集体的生命，是人民的一般意志，所以卢梭强调主权是不可转让、不可分割和不可代表的。主权的不可转让，是相对于霍布斯等人关于成立社会契约时，人民将自己的权力转让给一个或少数几个人来说的。卢梭认为那是不对等的社会契约。主权的不可分割，是相对于洛克、孟德斯鸠等人的权力分立来说的。卢梭认为，主权一旦分立成若干部分，主权便不复存在，正如一个人被分割成眼睛、手臂和脚一样，不会再是一个完整的人。主权的不可代表,是相对于代议制而言的。卢梭反对代表制度或议员制度。他说:"主权在本质上是由公意所构成的,而公意又是绝不可代表的;它只能是同一个意志,或者是另一个意志,而绝不能有什么中间的东西。因此人民的议员就不是、也不可能是人民的代表,他们只不过是人民的办事员罢了;他们并不能作出任何肯定的决定。凡是不曾为人民亲自批准的法律,都是无效的;那根本就不是法律。"① 这些关于主权不可转让、不可分割和不可代表的观点,表明卢梭所说的国家权力仅表现为立法权,没有孟德斯鸠那样的国家权力分类和分权制衡观点。卢梭反对代表议会制度,他所设想的国家政治制度是直接民主制。

主权者的集合行动及其原则是卢梭设想的主权在民思想的具体实施。公民行使主权的主要时机和场合是集会,"唯有当人民集合起来的时候,主权者才能行动"。② 每当这种场合,公民就通过投票、发言、提议、分议、讨论等权利,来行使和展现自己的主权权力。关于集会,卢梭提出了几点原则:(1) 集会必须依法,也就是说集会法定。(2) 集会分特殊集会和定期集会两种。(3) 每当集会时,政府的一切权力便告中止,政府首长这时只不过是人民集会的主席或议长之类。(4) 如果是以维护社会契约为目的的特殊集会,"永远应该是以两个提案而告开始;这两个提案绝不能取消,并且要分别地进行表决"。这两个提案分别是:"主权者愿意保存现有的政府形式吗?""人民愿意让那些目前实际在担负行政责任的人们继续当政吗?"③ 由此可知,卢梭所设想的人民的主权权力,主要包括三方面:制定和通过法律;选免官员;监督政府。

卢梭也提到他所设想的这种主权在民的国家体制有明显的局限性,即这种体制只能实施于小国,甚至只能在只有一个城市的国家实施,否则人民不可能事必躬亲、经常集会来行使自己作为主权者的权力。但是,国家如果过于小的话,又难于抵御外敌的入侵。怎么办呢? 卢梭曾设想建立邦联制国家,使一个国家能够把一个大国的对外力量与一个小国的良好秩序结合起来。他的这种设想已经拟好提纲并写出一些手稿,但最终未能成书。

卢梭围绕"公意"而阐述的主权在民思想,奠定了宪法学上主权在民原则的思想基础。其缺陷在于,过分地高扬"公意"而忽略了少数人的权利;强调公意是为了避免个人或者少数人专制,在另一方面却忽略了集体暴政的危险。

▶ 五、政府论

卢梭所说的政府,是狭义的政府,仅指一个国家的行政机关及其权力。

卢梭指出:政府的权力来自主权者人民的委托。"那完全是一种委托,是一种任用;在那里,他们仅仅是主权者的官吏,是以主权者的名义在行使着主权者托付给他

---

① 〔法〕卢梭:《社会契约论》,何兆武译,商务印书馆1980年版,第125页。
② 同上书,第118页。
③ 同上书,第134页。

们的权力,而且只要主权者高兴,他就可以限制、改变和收回这种权力。"①

卢梭还认为,没有永恒的政府,但可以延长政府的寿命。无论任何一种政府,在其成员身上总有三种本质不同的意志:(1)个人固有的意志,它仅倾向于个人的特殊利益。(2)全体行政官的共同意志,这一团体意志对政府而言它是公共的,对整个国家来说它则是个别意志。(3)人民的意志或主权的意志,这一意志才属于公意。按照社会秩序,这三种意志的排序应该是公意、团体意志和个人意志。但是,按照自然秩序,这三种意志的排序正好相反,政府每个成员都首先是他自己本人,然后是行政团体,最后才是公意。在卢梭看来,个别意志总是不断地反对公意,因而政府也就总是在努力反对主权。这种内在的、不可避免的弊病从政府一诞生开始,就无休止地趋向于自我摧毁。因此,政府也像人的肌体一样,最终将免不了衰老和死亡,以致于民主制蜕化为群氓制,贵族制蜕化为寡头制,君主制蜕化为暴君制。虽然如此,政治体的生命原则在于主权权威。维持和加强主权的权威能够延缓政府的寿命。主权者要经常地表现自己,除了特殊集会,要依法定期集会,使政府尽可能地活动于立法者的视线之下,并受立法者的指导。

卢梭关于政府的论说,诸如权力来自于人民的委托,人民可随时限制、改变和收回权力,政府自始便存在反对公意的弊病,人民应时时将政府控制在自己的视线之下等,明确指出了政府权力的人民渊源,深刻阐述了政府不可避免的弊病,凸显了卢梭对政府的极度不信任和警惕,并具体指出了人民要加强监督的方法。

▶ 六、法律与法治论

按照卢梭的社会契约论,所谓法律就是公意的宣告。法律具有意志的普遍性和对象的普遍性。意志的普遍性是指它是公意的宣告,立法权属于人民。对象的普遍性是指法律只考虑臣民的共同体以及抽象的行为,而绝不考虑个别的人以及具体的行为。

卢梭还把法律分为根本法、民法、刑法等。他把规定政府的法律称为政治法或者根本法,这实际上是指宪法。人们现在也称宪法为根本法,"根本法"这种叫法是从卢梭开始的。第二种是使每个公民对其他一切公民都处于完全独立地位的法,卢梭称之为民法。第三种是调整不服从与惩罚之间的关系的法,即刑法。第四种是风尚、习俗尤其是舆论,卢梭认为这些也是法律的一种,并把它们看得很重要,其他法律"都只不过是穹窿顶上的拱梁,而唯有慢慢诞生的风尚才最后构成那个穹窿顶上的不可动摇的拱心石"②。

卢梭对法律问题并没有作很深入的研究。他把风尚、舆论一类也归结为法律,这一说法未必严谨和恰当。不过,在法治问题上,卢梭则显得比较深刻和犀利。

---

① 〔法〕卢梭:《社会契约论》,何兆武译,商务印书馆 1980 年版,第 77 页。
② 同上书,第 73 页。

首先，卢梭认为法律是国家政治的唯一动力。在《社会契约论》的初稿中，卢梭写道："法律是政治体的唯一动力，政治体只能是由于法律而行动并为人所感到；没有法律，已经形成的国家就只不过是一个没有灵魂的躯壳"①。卢梭还强调："一旦法律的权威衰竭，国家就会精疲力尽而归于灭亡。"②

其次，法治是一切合法政府的必要条件。卢梭最欣赏共和制或者共和国，因为在他看来，凡是共和国都是实行法治的国家，政府都是受法律指导而运作的。他说："凡是实行法治的国家——无论它的行政形式如何——我就称之为共和国；一切合法的政府都是共和制的。"③而共和国或者共和制，就是"指一切被公意、也就是被法律所指导的政府"。④ 在共和国里，官员们应该捍卫法律而不是侵犯法律。

最后，有了法律和法治，才有自由和平等。卢梭认为，人们在法律之下，才拥有自由和平等。因为法律是公意，服从法律就是服从包括自己在内的所有人的公共意志，而不是服从某一个人的意志；法律对每个人都是同等的，既没有主人也没有奴隶。总之，"根本就不存在没有法律的自由，也不存在任何人是高于法律之上的。一个自由的人民，服从但不受奴役；有首领但没有主人；服从法律但仅仅是服从法律"。⑤

---

① 〔法〕卢梭：《社会契约论》，何兆武译，商务印书馆1980年版，第48页脚注。
② 同上书，第118页脚注。
③ 同上书，第51页。
④ 同上书，第51页脚注。
⑤ 同上。

第六章　哲理法学

学习重点：(1) 康德的法律思想；(2) 费希特的自由和平等思想；(3) 黑格尔关于法哲学、法的概念与发展的思想。

哲理法学(jurisprudence of philosophy)是用哲学的观点和方法研究法律问题和阐述法律理论而形成的一个法学流派。在哲理法学看来,法哲学是哲学的一个分支,因为哲理法学家往往是哲学家,他们以先验设定的哲学命题为起点,通过严谨周密的逻辑推理得出实在法的结论。而且,哲理法学所关注的往往是法的形而上的问题,把理性和自由作为支撑来阐述其思想,把权利与义务、婚姻与家庭、个人与国家、自由与平等、主权与政体、战争与和平等法律问题,放在一个庞大的哲学体系下进行考察,得出充满哲学味道的法律观点和主张。

哲理法学分早期和晚期两个阶段,早期的哲理法学严格来说并不是一个法学流派,而是德国古典哲学中的法律思想。德国古典哲学是18世纪末康德所创立的哲学流派,主要代表人物有费希特、谢林(Friedrich Wilhelm Joseph von Schelling,1775—1854)、黑格尔、费尔巴哈(Ludwig Andreas Feuerbach,1804—1872),他们在构建自己的哲学体系的同时,探讨了许多政治和法律问题,提出了不少深刻的见解,并使之融入自己的哲学体系中。当然,德国古典哲学也很难称得上是统一的哲学流派,因为他们的哲学倾向有很大差别。一般来说,德国古典哲学家康德、费希特、黑格尔的法律思想被称作德国古典哲理法学。晚期的哲理法学是一些继承康德和黑格尔哲学的学者在19世纪末20世纪初形成的法学流派,分为新康德主义法学和新黑格尔主义法学。新康德主义法学的代表人物有德国的施塔姆勒、拉德布鲁赫等,新黑格尔主义法学的代表人物有英国的格林(Thomas Hill Green,1836—1882)、美国的罗伊斯(Josiah Royce,1855—1916)、德国的柯勒(Joself Kohelr,1848—1919)、克罗纳(Richard Kroner,1884—1974),以及意大利的克罗齐(Benedetto Croce,1866—1952)。本章所介绍的哲理法学是早期的哲理法学,即德国古典哲学中的法律思想。

在德国古典哲学所处的时代,英、法、美等国已经发生了翻天覆地的变化。"光荣革命"后的英国通过工业革命,促进了社会的飞速发展。美国通过独立战争,确立了以孟德斯鸠的三权分立学说为理论基础的分权制衡制度,并制定了世界上第一部资产阶级成文宪法。法国爆发了震撼世界的资产阶级大革命,彻底摧毁了封建势力。而当时的德国,仍处于四分五裂的封建割据状态,资本主义经济发展迟缓,资产阶级具有先天的软弱性和妥协性。生活在那个时代的德国古典哲学家,虽然向往民主革命,但是无法超越现实,他们只能通过枯燥晦涩的形而上学理论,委婉地表达自己的改革要求。德国古典哲理法学深受英、法、美等国古典自然法学的影响,与古典自然法学一脉相承,但又明显不同于古典自然法学。古典自然法学简洁明朗,充满激情,革命色彩浓厚,古典哲理法学抽象深奥,含混难懂,保守意味明显。马克思把德国古典哲学家的理论称为"法国革命的德国理论",也正是基于它的这些特点。

第一节 康德的法律思想

伊曼努尔·康德(Immanuel Kant,1724—1804)是18世纪德国最伟大的哲学家之一,德国古典哲学的创始人。他出生于东普鲁士港口城市哥尼斯堡(现为俄罗斯的加里宁格勒)的一个制革匠家庭,少年丧母,家境贫寒。1740年,在教会的资助下,聪慧好学的康德进入哥尼斯堡大学学习哲学。1746年毕业后,康德开始担任家庭教师,这使他有充裕的时间读书和思考,为以后的研究奠定了基础。1756年,康德受聘于哥尼斯堡大学讲师职务,讲授逻辑学、数学、伦理学、地理学、物理学等课程,1770年受聘逻辑和形而上学教授职务,1797年退休。康德一生都没有远离哥尼斯堡,也很少离开居所。

康德学识渊博,思想深邃,见解独到,以抽象的思维方法演绎出庞大的哲学体系。他的哲学著作很多,最著名的是《纯粹理性批判》(1781年)、《实践理性批判》(1788年)、《判断力批判》(1790

年轻时的康德

年)。晚年时,康德研究的兴趣转向道德、政治、法律、宗教等问题,发表了不少著作,如《道德的形而上学基础》(1785年)、《在理性范围内的宗教》(1793年)、《永久和平论》(1795年)、《法的形而上学原理》(1796年)、《道德的形而上学原理》(1797年)、《实用角度的人类学》(1798年)等。

康德深受卢梭、孟德斯鸠等思想家的影响,用晦涩的语言引入天赋人权、个性解放、自由平等、民主法治等资产阶级思想,反对封建世袭财产和专制制度,主张实行民主代议制和共和制,强调三权分立,这在当时的德国具有进步意义。他站在德国资产阶级的立场上,对法国革命充满同情的同时又心怀恐惧,这反映了德国资产阶级的软弱性和保守性。

▶ 一、道德法则与自由意志

从一定意义上说,康德的法律思想是以道德法则为基础的,因而明确了道德法则的含义,才能对康德的法律思想产生深刻的认识。康德有一句被广为传颂的名言:"有两样东西,我们愈经常愈持久地加以思索,它们就愈使心灵充满日新月异、有加无已的景仰和敬畏:在我之上的星空和居我心中的道德法则。"[①]这句话表达了康德对自然律和道德律的重视和敬仰。自然律是对人的外在约束,是他律,道德律是人的实践理性给人立的法,是自律。这两种规律是由人的二重性引起的,是作为理性存在者的人观察自己和认识自己应当遵循的基本规律。

康德认为,人具有二重性,即人既是自然人,又是道德人。作为自然人,人是现

---

① 〔德〕康德:《实践理性批判》,韩水法译,商务印书馆1999年版,第177页。

象世界的存在物,具有肉体以及由此产生的认识、经验和欲望,人像自然界的任何事物一样要服从大自然的普遍规律,受时间、空间和因果律的支配,因而自然律作为一种必然的外在律令,使人始终处于受支配的非自由状态。作为道德人,人是本体世界的存在物,具有意志、信仰和道德性,行为受本人的自由意志支配,人可以遵循理性自身的法则,使自己的行为获得普遍的道德意义。所以康德说:"在自然界中每一物件都是按照规律起作用。唯独有理性的东西有能力按照对规律的观念,也就是按照原则而行动,或者说,具有意志。既然使规律见之于行动必然需要理性,所以意志也就是实践理性。……意志是这样的一种能力,它只选择那种,理性在不受爱好影响的条件下,认为实践上是必然的东西,也就是,认为是善的东西。"①这个内在的善或"善良意志"即是普遍的、必然的、无条件地适用于一切时代、一切民族的道德法则,是适用于一切人的绝对命令,是隐含在一切道德行为中的道德律。

道德法则包含三个方面的内容:(1)绝对命令,即个人的行动符合普遍的立法原则。"你的行动,应该把行为准则通过你的意志变为普遍的自然规律。""要只按照你同时认为也能成为普遍规律的准则去行动。"一个人的行为是否符合道德要求,取决于这种行为是否符合普遍的法律原则。人们必须限制内心私欲的干扰,听从理性下达的命令,按照道德法则的要求安排自己的行动。(2)人是目的,即在任何情况下都把人当做目的而不是手段。康德认为,一般来说,人都自在地作为目的而存在,他不单纯是这个或者那个意志所随意使用的工具。在他的一切行动中,不论对于自己还是对其他有理性的人,任何时候都必须被当作目的。(3)意志自律,即每个人的意志都是立法意志。每个有理性的人的意志的观念都是普遍立法意志的观念,一切和意志自身普遍立法不一致的准则都要被抛弃,从而,意志并不是去简单的服从规律或法律,他之所以服从,由于他自身也是个立法者,法律是他自己制定的。

康德关于道德法则的上述阐述,全部建立在自由的基础之上。他指出,自由概念是阐明意志自律性的关键,自由必须被设定为一切有理性者的意志所固有的性质。而且,人的行动符合普遍立法原则和在任何情况下把人视为目的,也离不开人的自由意志。因此,道德法则和自由不但不矛盾,而且是统一的。他说:"自由诚然是道德法则的存在理由,道德法则却是自由的认识理由。因为如果道德法则不是预先在我们的理性中被明白地思想到,那么我们就决不会认为我们有正当理由去认定某种像自由一样的东西(尽管这并不矛盾)。但是,假使没有自由,那么道德法则就不会在我们内心找到。"②可见,道德法则和自由意志密不可分,自由是道德法则的基础和前提,而道德法则又是自由得以体现的途径,离开道德法则人们将无法感受到自由。

---

① 〔德〕康德:《道德形而上学原理》,苗力田译,上海人民出版社2012年版,第23页。
② 〔德〕康德:《实践理性批判》,韩水法译,商务印书馆1999年版,第2页脚注。

二、自然状态、社会契约与分权制衡

康德说:"大自然的历史是由善而开始的,因为它是上帝的创作;自由的历史则是由恶而开始的,因为它是人的创作。"①康德的这句话,可以用来概括他对自然状态、社会契约和分权制衡理论的基本看法。康德吸收了霍布斯关于自然状态的理论、卢梭关于社会契约的理论和孟德斯鸠关于分权制衡的理论,在此基础上作了进一步发挥。

康德设想,人类最初生活在自然状态中,人人享有与生俱来的自由,但这种自由只是表面上的,实际上人和人之间充满矛盾和冲突,是一种战争状态。在这种状态里,单独的个人、民族和国家绝不可能是安全的、不受他人暴力侵犯的。每个人根据他自己的意志都自然而然地去做在他看来好像是善的和正确的事情,完全不考虑别人的意见。在这种状态里,即使不永远是敌对行为的爆发,也是不断在受到它的威胁,人们没有真正的自由可言。因此,人们首先不得不做的事情,就是接受一条原则:必须离开自然状态。所有那些不免要互相来往的人组成一个联合体,大家共同服从由公共强制性法律所规定的外部限制,拥有那些被称为他自己的东西,对他的保证是通过一个强大的外部力量而不是他个人的力量。对所有的人来说,首要的义务是进入一种文明状态。

关于社会契约的产生,康德指出:人们根据一项法规把自己组成一个国家,这种法规叫作最初的契约,也即是原始契约。这种称呼之所以合适,仅仅是由于用一种有形的方式来表达一种观念,通过观念可以使产生一个社会组织的程序合法化,可以为人们所相信。根据这种解释,人民中所有的人和每一个人,放弃他们外在的自由,为的是立刻又获得作为一个共同体成员的自由。从联合起来成为一个国家来看,这个共同体就是人民。因此,不能说个人在这个国家中为了一个特殊的目标,牺牲了他与生俱来的一部分外在的自由。他只是完全抛弃了那种野蛮的、无法律状态的自由,以此来再次获得他并未减少的全部恰当的自由。

关于国家和法律的起源,康德是从理性角度论述的,认为是理性使人类能够通过订立契约来建立国家和法律,并用法律规定人们的生活和调整社会秩序,因而人类进入了文明社会。在文明社会中,人们尽管感觉到不自由,行为要受到法律的约束,但在实际上是自由的,因为法律只是限制人们对自由的滥用,而且法律本身也是人们自己制定的,法律体现的是公意。他说:"人类之脱离这座被理性所描绘成是他那物种的最初居留的天堂,并非是什么别的,只不过是从单纯动物的野蛮状态过渡到人道状态,从本能的摇篮过渡到理性的指导而已;——总之一句话,就是从大自然

---

① 〔德〕康德:《人类历史起源臆测》,载康德:《历史理性批判文集》,何兆武译,商务印书馆1990年版,第71页。

的保护制过渡到自由状态。"①

康德认为,传统的政体理论把国家政体分为君主制、贵族制和民主制三种,但这种划分没有实际意义,因为它们都可以转化为专制制度,重要的问题在于国家的治理方法,在于国家权力掌握在人民手中并形成权力分立制衡的局面。他说:每个国家包含立法权、执行权和司法权三种权力,立法权力在一个国家中具体化为立法者这个人,执行权力具体化为执行法律的统治者这个人,司法权力具体化为法官这个人。三种权力的关系在于:(1) 彼此协作,一种权力成为另一种权力的补充,并以这样的办法使国家的政体趋于完善;(2) 彼此从属,一种权力不能超越自己的活动范围去篡夺另一方的职能,每一种权力有它自己的原则,并在一个特定的人的手中保持它的权威,但要在一位上级长官意志的指导之下;(3) 经过上述两种关系的联合,它们分配给国内每个臣民种种他自己的权利。只有实现三种权力的联合,国家才能实现自己的自主权,国家的福祉才能得到实现。

可以看出,在自然状态、社会契约和分权制衡方面,康德沿袭了英法资产阶级启蒙思想家的学说。但是,作为德国资产阶级法律哲学的代表,康德思想的妥协性和保守性非常明显。例如他说:"有时候,更改有缺陷的国家宪法是很有必要的。但是,一切这样的变更只应该由统治权力以改良的方式进行,而不能由人民用革命的方式去完成。"②

▶ 三、权利(法)的概念与分类

由于德文中 Recht 一词有法、权利、正义等含义,因而在《法的形而上学原理》中,康德关于权利的概念和分类,实际上就是他关于法的概念和分类。

在探讨权利(法)的概念这一问题之前,康德首先区分了法理学和法哲学。康德指出:权利科学所研究的对象是一切可以由外在立法机关公布的法律的原则。如果有一个这样的立法机关,在实际工作中也能用这门科学时,立法就成为一个实在权利和实在法律的体系。精通这个体系知识的人称为法学家或者法学顾问。从事实际工作的法学顾问或职业律师就是精通和熟悉实在的外在法律知识的人,他们能够运用这些法律处理生活中可能发生的案件。这种实在权利和实在法律的实际知识,可以看做属于法理学的范围。关于权利和法律原则的理论知识,不同于实在法和经验的案件,则属于纯粹的权利科学。康德关于权利科学的划分,实际上就是关于法理学与法哲学的划分,即法理学是研究实在法的科学,法哲学是研究法律原则的科学,法哲学也就是纯粹的权利科学或者法的形而上学。

关于权利(法)的定义,康德说,问一位法学家什么是权利,就像问一位逻辑学家一个众所周知的问题"什么是真理"一样使他感到为难。因为要决定那些已经制定

---

① 〔德〕康德:《人类历史起源臆测》,载康德:《历史理性批判文集》,何兆武译,商务印书馆1990年版,第70页。
② 〔德〕康德:《法的形而上学原理》,沈叔平译,商务印书馆1991年版,第152页。

出来的法律本身是否正确,并规定出可以被接受的普遍标准以判断是非,是非常困难的。认识权利的概念,应当从三个方面入手:(1)权利的概念只涉及一个人对另外一个人的外在的和实践的关系,因为通过他们的行为这件事实,他们可能间接地或者直接地彼此影响。(2)权利的概念并不表示一个人的行为对另一个人的愿望或纯粹要求的关系,不问他的仁慈的行为或者不友好的行为,它只表示他的自由行为与别人行为的自由的关系。(3)在这些自由意志的相互关系中,权利的概念并不考虑意志行动的内容,不考虑任何人可能决定把此内容作为他的目的。意志行为或者有意识的选择之所以被考虑,只在于它们是自由的,并考虑二人中一个人的行为,按一条普遍法则,能否与另一个人的自由相协调的问题。在此基础上,康德指出:"可以理解权利为全部条件,根据这些条件,任何人的有意识的行为,按照一条普遍的自由法则,确实能够和其他人的有意识的行为相协调。"①康德这里关于权利的定义,可以看做是关于法的定义,即法就是那些使任何人有意识的行为按照普遍自由的原则确实能与别人有意识的行为相协调的全部条件的综合。可见,康德关于法的定义建立在自由的基础之上。人是理性而自由的人,在做出某些行为时会与他人发生冲突,因而需要法限制人们的自由,实现每个人的自由与他人自由的协调。所以他说:"任何一个行为,如果它本身是正确的,或者它依据的准则是正确的,那么,这个行为根据一条普遍法则,能够在行为上和每一个人的意志自由同时并存。"②

在《法的形而上学原理》中,康德首先谈到两种关于权利(法)的一般划分。一是权利分为自然的权利和实在法规定的权利。自然权利以先验的纯粹理性的原则为根据,实在的或者法律的权利由立法者的意志规定。二是权利分为天赋的权利和获得的权利。天赋的权利是每个人根据自然而享有的权利,它不依赖于经验中的一切法律条例,获得的权利则以上述的法律条例为基础。而后,他又系统地探讨了私人权利(私法)和公共权利(公法)。私人权利(私法)涉及的是个人权利,特别是有关财产和婚姻的法律。公共权利(公法)包括全部需要公布的、为了形成一个法律的生活状态的全部法律。康德对权利科学的论述,就是按照私人权利(私法)和公共权利(公法)这种分类展开的。

▶ 四、法治与永久和平

康德认为,人类的历史大体上可以看做是大自然的一项隐蔽计划的实现,人类历史在经历了个体、民族与人类的种种曲折复杂的冲突、斗争和牺牲之后,通过把理性和以理性为基础的意志自由赋予人类,引导人类走向一个充分发挥人的全部才智的未来社会,这个社会就是普遍法治的公民社会。他说:"大自然迫使人类去加以解

---

① 〔德〕康德:《法的形而上学原理》,沈叔平译,商务印书馆1991年版,第40页。
② 同上。

决的最大问题,就是建立起一个普遍法治的公民社会。"①他进一步解释说:唯有在社会里,并且唯有在一个具有最高度的自由,因之它的成员之间也就具有彻底的对抗性,但同时这种自由的界限却又具有最精确的规定和保证,从而这一自由便可以和别人的自由共存共处的社会里;——唯有在这样的一个社会里,大自然的最高目标,亦即她那全部秉赋的发展,才能在人类的身上得以实现。在康德看来,普遍法治的公民社会包括国内生活幸福自由和国际永久和平两个层次,即人类社会的法治状态要经历国内的法治到全世界的法治两个阶段,每个阶段实现不同的法治。

国内的法治是初级法治。康德认为,在一个法治国家中,法律应当处于至高无上的低位,不是人而是法律在行使权利。在法治状态中,人和人之间的关系是自由、平等和独立的。康

康德的墓碑
(位于俄罗斯加里宁格勒)

德指出,根据权利,公民有三种不可分割的法律属性,它们是:(1)宪法规定的自由,这是指每一个公民除了必须服从他表示同意或认可的法律外,不服从任何其他法律;(2)公民的平等,这是指一个公民有权不承认在人民当中还有在他之上的人,除非是这样一个人,出于服从他自己的道德权力所加于他的义务,好像别人有权力把义务加于他;(3)政治上的独立,这个权利使一个公民生活在社会中并继续生活下去,并不是由于别人的专横意志,而是由于他本人的权利以及作为这个共同体成员的权利。因此,一个公民的人格的所有权,除他自己而外,别人是不能代表的。

康德认为法治不仅能够在国内实现,而且在世界范围内实现也是必然的,他提出了通过建立世界法治而实现永久和平的设想。他说,各民族间的自然状态正如个人之间的自然状态一样,是一种人们有义务摆脱的状态,以便进入法律状态,即法治状态。在没有发生这种转变之前,各民族的一切权利以及各国通过战争获得与保持的一切物质财产都仅仅是暂时的,只有这些国家联合成一个普遍的联合体的时候,才可以建立一种真正的和平状态。"这时候,每一个国家,纵令是最小的国家也不必靠自身的力量或自己的法令而只须靠这一伟大的各民族的联盟,只须靠一种联合的力量以及联合意志的合法决议,就可以指望有自己的安全和权利了。"②康德其至认为:"从理性范围之内来看,建立普遍的和持久的和平,是构成权利科学的整个的(不

---

① 〔德〕康德:《世界公民观点之下的普遍历史观念》,载康德:《历史理性批判文集》,何兆武译,商务印书馆1990年版,第8—9页。

② 同上书,第12页。

仅仅是一部分)最终的意图和目的。"①

第二节 费希特的法律思想

约翰·哥特利勃·费希特(Johann Gottlieb Fichte,1762—1814)是德国古典唯心主义哲学家、法学家,是康德和黑格尔之间承上启下的代表人物。费希特出身于贫穷的织工家庭,9岁时受到一位贵族的赏识和资助才得以入学读书。1780年起,费希特先后在耶拿、莱比锡和维滕堡等大学学习神学,也听过法学讲座。资助人去世使费希特在经济上陷入绝境,他1784年辍学后靠当家庭教师维持生计。1788年,费希特来到苏黎世当家庭教师,但他在东家的工作并不成功。1790年被解除聘约后,他重返莱比锡当家庭教师,同时给一位大学生补习哲学,这时他开始接受康德的哲学。1791年,费希特带着自己的论文《对一切启示的批判》赴哥尼斯堡拜谒康德,深受康德赏识。康德推荐费希特到但泽担任家庭教师,并推荐他的论文出版。1794年,费希特被聘为耶拿大学教授,他激进的民主思想遭到教会和封建反动势力的憎恨,1799年他被驱逐出耶拿大学。1800年,费希特举家迁到柏林,靠写作和演讲为生。1805—1807年,费希特受聘埃尔兰根大学教授。1810年,费希特担任新筹建的柏林大学教授和哲学系主任,1811年起担任柏林大学校长,直到1814年初病逝。

费希特

费希特的著作很多,主要有:《对一切启示的批判》(1792年)、《向欧洲各国君主索回他们迄今压制的思想自由》(1793年)、《纠正公众对于法国革命的评断》(1794年)、《全部知识学的基础》(1795年)、《自然法权基础》(1796年)、《伦理学体系》(1798年)、《人的使命》(1800年)、《锁闭的商业国》(1800年)、《极乐生活指南》(1806年)、《对德意志民族的演讲》(1808年)、《知识学纲要》(1810年)、《国家学说》(1813年)等。有人认为,费希特是一位生不逢时的哲学家,他被笼罩在康德和黑格尔的阴影下而黯然失色。在哲学方面,费希特虽然不如康德和黑格尔著名,但在法学方面比他们激进得多,他的法律思想在西方法律思想上占有重要地位。费希特的法律思想深受法国启蒙思想家的影响,并经法国大革命推动而逐渐形成,又与德国人民反对拿破仑侵略、争取民族独立和国家统一的斗争紧密相连。由于费希特生活在社会大变动时期,他的法律思想经历了早期的个人主义、中期的社会本位主

---

① 〔德〕康德:《法的形而上学原理》,沈叔平译,商务印书馆1991年版,第192页。

义和晚期的国家、民族主义三个阶段。

一、自由与平等

早期的费希特深受洛克、卢梭和康德等人的影响,宣扬自由平等、国家契约、人民主权等思想,个人主义色彩浓厚。在他早期的著作中,自由和平等受到了格外的关注。

费希特认为,理性是人的本质,而自由和对自由的追求则是理性的根本属性。使一切非理性的东西服从于自己,自由地按照自己固有的规律去驾驭一切非理性的东西,是人的最终目的。尽管这一目标无法达到,但人能够而且应该无限接近这一目标。无限接近这一目标,在道德上无限完善,是人的使命。他说:"只有这样一种人才是自由的,这种人愿意使自己周围的一切都获得自由,而且通过某种影响,也真正使周围的一切都获得了自由,尽管这种影响的起因人们并不总是觉察到的。在他的眼光里,我们可以更自由地呼吸;我们丝毫不觉得自己受到压抑、阻碍和钳制;我们感到一种成所欲成、为所欲为的非凡乐趣,而这一切并不妨碍我们对我们自身的尊重。"①因此,人可以利用非理性的东西作为达到自己目的的手段,却不可利用理性生物作为达到自己目的的手段,人甚至不可利用理性生物作为达到理性生物自身目的的手段,不可像对待无机物或者动物那样对他们施加影响,以至不顾他们的自由,而只是利用他们去实现自己的目的。费希特同时指出,作为理性生物,人在强调自己自由的同时还必须承认别人也有同样的自由,处于相互影响之下的人们互相不能侵扰自由,这样才能保证大家共有的自由。在人们联合起来共同完善的过程中,一方面别人自由地作用于我们,带来我们的完善,另一方面我们把别人作为自由生物,反作用于他们,造成他们的完善。

在《向欧洲各国君主索回他们迄今压制的思想自由》中,费希特高度讴歌思想自由,他认为一切都可以付出,唯独思想自由不能放弃。思想自由的表现同意志自由的表现一样,保证了人与神灵世界的联系,并使人与神灵世界一致,是人的精神生活和道德生活的基础。包括君主在内的任何人,都不能以任何借口剥夺人的思想自由。他明确告诉封建君主:"对于我们的思想自由,你们决没有权利;你们无权判决什么是真的、什么是假的;你们无权给我们的研究规定对象或设置界限;你们无权阻止我们公布研究的结果,不管这些结果是真的还是假的,不管我们想向谁公布或怎样公布。"②

费希特在宣扬自由的同时,强调了由自由所引发的平等。他认为,作为理性存在物的人是国家和社会的主体,平等是人的追求目标。他说,所有属于人类的个体都是互相有别的,但在一点上他们是完全相同的,这就是他们的最终目标——完善。

---

① 〔德〕费希特:《论学者的使命 人的使命》,梁志学、沈真译,商务印书馆1984年版,第21页。
② 〔德〕费希特:《向欧洲各国君主索回他们迄今压制的思想自由》,李理译,载梁志学主编:《费希特著作选集》(第1卷),商务印书馆1990年版,第164页。

如果人能够达到自己的最高和最终目标,那么他们之间就会完全等同,他们就会成为唯一的统一体,成为唯一的主体。而在这时,社会中的每一个人都至少按照自己的概念,力求使别人变得更加完善,力求把别人提高到他自己所具有的那种关于人的理想的程度。因此,社会的最终的、最高的目标就在于同社会的所有可能的成员完全一致和同心同德。费希特承认,这一目标就像绝对的完善一样,是不能达到的。但是,人类和一切理性生物的最高规律,即完全自相一致、绝对同一的规律,既然由于运用于自然界而成为实证的和物质的规律,就要求个体的一切天资都得到同等的发展,一切才能都得到尽可能完善的表现。这一要求的目标不能靠纯粹的规律来实现,而是取决于自然界的自由作用。如果把这个规律引用到社会上,如果设想存在着许多理性生物,那么,在每个理性生物的一切天资都应当得到同等发展的要求里,就同时包含着这样的要求:所有各种理性生物彼此之间也应当得到同等的发展。如果所有理性生物的天资本身就像实际上存在的那样,都是相同的,那么,同样的天资同样发展的结果就应该处处都自相等同,即达到一切社会成员都完全平等这一一切社会的最终目的。

▶二、契约与分权

同其他启蒙思想家一样,费希特认为国家起源于契约,但他并不认为契约真实存在,而是研究国家起源不得不进行的虚构。他认为,人们在自然状态下总是把自己的原始权利运用到最大限度,因而总会侵犯他人的权利并受到他人权利的侵犯。一个人不服从法权规律而侵犯另一个人的原始法权,权利受到侵犯的人需要一种强制法权来限制侵权行为。强制法权的实现,需要有裁判判断在什么时候、什么情况下对侵权人实施强制。如果每一个人都自己裁判、自己执行,每一个人的权利都无法得到保障。因此,强制和裁判的权利只能交给第三方而不能交给个人,这个第三方只能是法律。法律必须经过各人同意,因而人们服从的是不可改变的、固定的公共意志,也就是服从自己的意志。他说:"人们只能把自己的权力和裁决权利转让给必然的和能够决无例外的法律意志,而决不能转让给某人的那种自由的、可以更改其决定的意志。只有前者才要求法权规律,只有法权规律才是一切权利的条件。"[①]总之,为了可能与他人安全地生活在一起,人们应当依靠自由意志,把他的有形力量的表现引向一个经过深思熟虑的目的。在与他人的自由的关系上,应当遵循这一规则:他在多大的程度上操心,使他的法权不受损害,他也就必须恰好在多大的程度上操心,使他不损害他人的法权。法权规律赋予人们的最终目的是相互的安全。人们所服从的这种公共意志就是契约,国家正是根据这一契约而产生的。费希特把契约分为三部分。第一部分是公民财产契约,每个人在别人提供同样担保的条件下,以自己的财产为担保,相互约定不侵犯他人的财产。第二部分是保护契约,每个人约

---

① 〔德〕费希特:《自然法权基础》,谢地坤、程志民译,商务印书馆2004年版,第109页。

定尽力保护他人的财产,并获得他人对自己财产的同样的保护。第三部分是结合契约,作为个体的每个人与由个人订立契约而形成的人民整体订立契约,保护和保证前两种契约。

关于国家的政体,费希特认为没有哪种政体是绝对好的。即使是地地道道的民主政体,也可能是世界上最不可靠的政体。因此,费希特寄希望于分权而不是政体来保障人民的利益。费希特并不赞同洛克和孟德斯鸠的分权理论,他把国家权力分为行政权和监察权。他说:"任何合理合法的政体的基本法是:行政权——它包含不可分开的狭义司法权和执行权——与监督和判决如何管理行政权的权力——我想把这种权力称为广义民选监察院——是分开的;后者属于共同体全体成员,而前者被委托给特定的个人。因此,任何国家都不可用专制政体或民主政体加以治理。"①他认为,司法权与狭义的执行权的分离,仅仅在表面上是可能的,实际上它们并没有分开。广义上的行政权可以与监察权分开,行政权交给一些人行使,而不能由人民直接掌握和行使;而监察权是由人民来行使的监督行政权是否遵守法律的权力,监察机关没有行政权力,对政府的行动和措施不能指挥或者禁止,但必要时可以宣布停止整个政府的活动。总之,符合法权和理性的国家宪法的原则是,用一个绝对否定的权力克制一个绝对肯定的权力。晚年时,费希特认为自己所设想的这种权力分立制度不现实,因而放弃了自己的主张。

▶ 三、国家主义与民族主义

1800年,费希特发表《锁闭的商业国》,提出了一个空想的理想国方案,标志着他的法律思想已经从构建一个合乎理性的法治国家转向构建一个合乎法治的经济国家,他的国家学说也由强调个人权利和自由为主转向强调国家的作用。他在给该书标题的解释中说:法治国家是由人们组成的一个封闭的群体构成的,他们都服从国家的各种法律和国家的最高强制权力。这个由人们组成的群体应该被限定于他们在自己中间和为了自己而彼此进行贸易和从事工作,任何一个不服从同样的立法和强制权力的人都不得参与这种交往。这个群体就像现在构成一个锁闭的法治国家一样,会构成一个商业国,更确切的说,构成一个锁闭的商为国。根据他的设想,理想国家中的居民根据工作性质划分为不同的阶层,每个阶层的人数固定不变,生产者的生产以能够满足不同阶层人的需要为限度,每个公民根据自己的劳动在全国的工农业产品中得到应得的份额,商品的价格由国家确定。国家全面干预经济生活和社会生活,直接组织商品的生产和交换,甚至可以干预公民的私人生活,禁止自由贸易。他的一个基本的论调是:"在现存国家中如在理性国家中那样,问题不仅在于什么是合乎法权的,而且在于,有多少合法的东西在现有条件下是可以实行的。"②

---

① 〔德〕费希特:《自然法权基础》,谢地坤、程志民译,商务印书馆2004年版,第164页。
② 〔德〕费希特:《锁闭的商业国》,沈真译,载梁志学主编:《费希特著作选集》(第4卷),商务印书馆2000年版,第9页。

他希望自己所设想的锁闭的商业国能够在普鲁士王国实施,把此书献给王国枢密大臣,但他的建议并没有被普鲁士当局采纳。费希特的这些思想与社会主义有些接近,但他并不主张消灭私有制、消灭剥削等问题,因而并非社会主义,他所主张建立的国家仍然是资产阶级国家。

费希特的民族主义是他的国家主义的延续,主要体现在法国军队逼近普鲁士后他发表的《对德意志民族的演讲》中。原本支持拿破仑的费希特看清拿破仑的侵略本质后,以激昂的言辞号召德国人民奋勇抵抗法国侵略,维护国家独立和民族尊严。在演讲中,费希特流露出优越的民族自豪感和民族沙文主义倾向。比如,他把德意志民族和其他民族作了比较,认为德意志民族具有不同于其他民族的信仰和精神。他说:"如果我们在迄今的研究过程中是做得正确的,那就必须在这里同时阐明:只有德意志人,只有这种本原的、不在任意组合中消失的人,才真正是一个民族,才有权期望做一个民族;只有这样的人才能对自己的民族有真正的和合理的爱。"① 关于民族和国家的关系,他认为民族高于国家,国家是为保存民族、促进民族发展服务的。他说:国家单纯作为对于通常的和平进程中前进的人类生活进行治理的机构,并不是第一位的和独立存在的东西,而只是在这一民族中实现纯粹人性的永远均衡的发展这个较高目的的手段;只有对于这种永远的发展的预感和热爱,是应当在宁静时期也对国家管理工作不断进行更高的监督的东西,并且在民族独立濒于危险的时刻,也是唯一能够拯救民族的东西。

费希特在中后期的思想越来越丧失早期的斗志,逐渐转向保守。他的这种变化发生在他被驱逐出耶拿大学之后,与他生活的时代和他自身面临的各种窘况有密切的关系。当时的封建卫道士想方设法迫害他,他被作为一个危险人物而受到各种防范。因此,他前期昂扬的斗志在中后期逐渐变得软弱,前期他批判封建制度而主张建立自由平等的理性王国,中后期他却主张与封建制度相妥协而为建立自由平等的理性王国做准备。他与封建势力的妥协,反映了当时德国封建势力的强大和资产阶级的软弱。

第三节 黑格尔的法律思想

乔治·威廉·弗里德里希·黑格尔(Georg Wilhelm Friedrich Hegel,1770—1831)是近代西方最著名的哲学家之一和德国古典哲学的集大成者。他生于德国斯图加特一个官吏家庭,自幼受到良好的教育,1788年进入图宾根神学院学习神学和哲学,1793年毕业后,先后在瑞士伯尔尼和德国法兰克福担任家庭教师。1801年,黑格尔通过论文答辩成为耶拿大学哲学系编外教师,1805年成为副教授。1807年,

---

① 〔德〕费希特:《对德意志民族的演讲》,梁志学、沈真、李理译,载梁志学主编:《费希特著作选集》(第5卷),商务印书馆2006年版,第366—367页。

黑格尔出版他的第一部著作《精神现象学》,黑格尔哲学从此登上历史舞台。1808年起,黑格尔在纽伦堡担任了8年中学校长,其间完成了《逻辑学》,于1812年、1813年、1816年分三卷出版。1816年,黑格尔任海德堡大学哲学教授,1817年他出版了《哲学全书》,开始在哲学界享有盛誉,该书于1827年、1830年修改再版。1818年,黑格尔被普鲁士政府聘为柏林大学哲学教授,1821年,他出版了《法哲学原理》。1829年,黑格尔担任柏林大学校长,后于霍乱中病逝。黑格尔生前只出版了上述四部著作,其中《哲学全书》和《法哲学原理》属于教学纲要,只有《精神现象学》和《逻辑学》才属于严格意义上的哲学著作。黑格尔去世后,他的朋友

晚年的黑格尔

和学生汇集他演讲的笔记,整理出了《美学讲演录》《历史哲学讲演录》《哲学史讲演录》《宗教哲学讲演录》。

黑格尔的法律思想,主要体现在他的《法哲学原理》中。从1818年进入柏林大学任教到1831年逝世,黑格尔总共讲授六次《自然法与国家学或法哲学》,自《法哲学原理》出版后,即以该书为教本。该书副标题为《自然法和国家学纲要》,它表明了当年讲稿的主题思想,也表明了黑格尔的法哲学同自然法和国家哲学的密切联系。《法哲学原理》的出版和在柏林大学的讲学活动,使黑格尔成为普鲁士的"官方哲学家",这本书也是黑格尔保守的政治法律思想的集中表现。黑格尔在这部书的序言中明确指出:"我们不象希腊人那样把哲学当作私人艺术来研究,哲学具有公众的即与公众有关的存在,它主要是或者纯粹是为国家服务的。"①黑格尔在不少论述中赞颂当时的普鲁士王国,为反动的普鲁士政府辩护。比如他认为德国不能建立或存在专制政体,不适合也不应当实行民主政体,而应当实行君主立宪政体。他说:"国家成长为君主立宪制乃是现代的成就,在现代世界,实体性的理念获得了无限的形式。"②他把孟德斯鸠的三权分立理论改造成立法权、行政权和王权的分立,三者分别由人民、贵族和君主行使,他甚至主张君主世袭制。这些论述,充分暴露了黑格尔政治法律思想的保守性。

▶一、哲学体系与法哲学

黑格尔是西方客观唯心主义哲学的代表人物,法学不过是他的哲学整体的一个

---

① 〔德〕黑格尔:《法哲学原理》,范扬、张企泰译,商务印书馆1961年版,序言第8页。
② 同上书,第287页。

分支。因而要了解黑格尔的法律思想,应当首先了解黑格尔的哲学体系和法哲学的概念。

黑格尔是一位百科全书式的哲学家,创建了博大精深的客观唯心主义哲学体系。在整个哲学体系中,黑格尔杜撰了一个至高无上的精神实体——绝对理念,并推演了它的发展过程。黑格尔说,这种理念是真实、永恒和绝对有力的存在,它显现在世界中,而且在这世界中除它和它的荣耀外,再没有别的显现出来。他认为,整个世界和所有事物都以一种绝对理念为本源和基础,绝对理念是第一性的,是永恒存在的,自然界和人类社会是由绝对理念派生出来的。绝对理念处于运动之中,有其自身的阶段性发展规律,每一个发展阶段都是上一个发展阶段的必然结果,又是下一个发展阶段的发展预设。绝对理念经历了逻辑、自然和精神三个发展阶段。在第一阶段,绝对理念处于自在自为的状态,以纯粹概念的形式存在;在第二阶段,绝对理念外化为自然界的各种事物;在第三阶段,绝对理念发展为精神,人的全部活动即处于这一阶段。与此相适应,哲学体系也由逻辑学、自然哲学、精神哲学三部分组成。逻辑学是研究理念自在自为的科学,自然哲学是研究理念的他在或外在化的科学,精神哲学是研究理念由他在而回复到自身的科学。可见,黑格尔的哲学是一个从绝对理念开始,到绝对理念终止的封闭体系。恩格斯评论说,黑格尔的哲学体系包括了以前任何体系所不可比拟的广大领域,而且在这一领域中阐发了现在还令人惊奇的丰富思想。"精神现象学(……)、逻辑学、自然哲学、精神哲学,而精神哲学又分成各个历史部门来研究,如历史哲学、法哲学、宗教哲学、哲学史、美学等等,——在所有这些不同的历史领域中,黑格尔都力求找出并指明贯穿这些领域的发展线索;同时,因为他不仅是一个富于创造性的天才,而且是一个百科全书式的学识渊博的人物,所以他在各个领域中都起了划时代的作用。当然,由于'体系'的需要,他在这里常常不得不求救于强制性的结构,对这些结构,直到现在他的渺小的敌人还发出如此可怕的喊叫。但是这些结构仅仅是他的建筑物的骨架和脚手架;人们只要不是无谓地停留在它们面前,而是深入到大厦里面去,那就会发现无数的珍宝,这些珍宝就是在今天也还保持充分的价值。"①

黑格尔的精神哲学由主观精神、客观精神和绝对精神三部分组成,主观精神分灵魂、意识、心灵三个环节,客观精神分法、道德、伦理三个环节,绝对精神分艺术、天启宗教、哲学三个环节。《法哲学原理》的纲目与客观精神的三个环节基本相同,因而《法哲学原理》可以被看作是黑格尔研究客观精神发展的学说。

尽管法哲学的研究领域在西方古已有之,但法哲学并没有成为与法学不同的学科,也没有人论述法哲学与法学的区别。最早区分它们的是康德,但康德并没有使用"法哲学"这一概念,而是称之为"法的形而上学"。确定意义的"法哲学"的概念,

---

① 〔德〕恩格斯:《路德维希·费尔巴哈和德国古典哲学的终结》,载《马克思恩格斯选集》(第4卷),人民出版社1995年版,第219页。

是黑格尔在《法哲学原理》中最先使用的。① 在这本书的导论中,黑格尔开宗明义地指出:"法哲学这一门科学以法的理念,即法的概念及其现实化为对象。"②他解释说,哲学研究的是理念,而不是研究通常所说的单纯的概念,哲学应当指出概念的片面性和非真理性。同时,只有概念才具有现实性,并从而使自己现实化。概念和它的实存,象灵魂和肉体那样既有区别又合而为一。定在与概念、肉体与灵魂的统一便是理念,理念不仅仅是和谐,而且是它们彻底的相互渗透。法的理念是自由,为了得到真正的理解,必须在法的概念及其定在中来认识法。由此可见,黑格尔把法哲学视为哲学的一个分支,认为法哲学所研究的不是具有情感色彩的实定法,而是只有通过理性才能把握的自在自为的法的理念,即法哲学所研究的是理念法,它明显不同于以实定法为研究对象的法学。当然,黑格尔的法哲学中也涉及实定法的内容,但他是在通过实定法来说明理念法或者给理念法寻找例证,因而不能夸大黑格尔在实定法方面的观点。

二、法的概念

黑格尔把自由作为法的根本问题进行论述,认为法律的内容是意志,而意志又是自由的,所以法律是自由意志的体现。他说:法的基地一般说来是精神性的东西,它的确定的地位和出发点是意志。意志是自由的,所以自由就构成法的实体和规定性。法的体系是实现了的自由王国,是从精神自身产生出来的作为第二天性的精神的世界。黑格尔进一步论述了自由与意志的关系,他认为自由是意志的根本规定,正如重量是物体的根本规定一样。没有一种物质没有重量,其实物质就是重量本身。自由和意志也是这样,因为自由的东西就是意志,有意志而没有自由,只是一句空话;同时,自由只有作为意志,作为主体,才是现实的。

同时,黑格尔认为,法有多种多样的表现形式。他说,法一般来说是实定的,理由有两点。一是从形式上说,它必须采取在某个国家有效的形式,这种法律权威也就是实定法知识即实定法学的指导原理。二是从内容上说,这种法由于以下三点原因而取得了实定要素:(1) 一国人民的特殊民族性,它的历史发展阶段,以及属于自然必然性的一切情况的联系;(2) 一个法律体系在适用上的必然性,即它必然要把普遍概念适用于各种对象和事件的特殊的、外部所给予的性状——这种适用已不再是思辨的思维和概念的发展,而是理智的包摄;(3) 实际裁判所需要的各种最后规定。他进一步指出:自然法或哲学上的法同实定法是有区别的,但如果曲解这种区别,以为两者是相互对立、彼此矛盾的,那是一个莫大的误解。其实,自然法跟实定法的关系正同于《法学阶梯》跟《学说汇纂》的关系。他强调说:自由的理念的每个发展阶段都有其独特的法,因为每个阶段都是在其特有各规定中之一的自由的定

---

① 参见严存生:《法的理念探索》,中国政法大学出版社2002年版,第20页。
② 〔德〕黑格尔:《法哲学原理》,范扬、张企泰译,商务印书馆1961年版,第1页。

在。道德、伦理、国家利益等每个都是独特的法,因为这些形态中的每一个都是自由的规定和定在。在导论的最后,他明确说:我们在本书中谈到法的时候,不仅指人们通常对这一名词所了解的,即市民法,而且指道德、伦理和世界史而言;它们之所以同样属于法,是因为概念按照真理而把思想汇集起来的。

经过一番分析,黑格尔对法下了一个著名的定义:"任何定在,只要是自由意志的定在,就叫做法。所以一般说来,法就是作为理念的自由。"[①]对这个定义进行解读,会发现黑格尔对法所下的定义,包含两方面的内容。一方面,法是自由意志的定在,这是法的外在表现形式,即只要是以自由意志的定在的形式存在的东西,无论以什么形式出现,它都可以称为法。另一方面,法是作为理念的自由,这是法的内在本质规定,即法从根本上说是作为理念的自由,是自由的精神,无论法的外在表现形式如何,自由才是法的根本属性和真谛。黑格尔定义法的这两句话,是从不同方面对法做的界定,它们是一个统一的整体,相互充实和完善对法的认识。

为了进一步解释对法所下的这一定义,黑格尔批评了以前的学者对法的定义。他认为,以前关于法的定义,往往把法视为对自由或任性的限制,使法能够依据一种普遍规律而与任何一个人的任性并行不悖。一方面,这一定义只包含着否定的规定,即把法视为是对自由的限制这一外在表现形式,而没有看到法本身就是自由的存在这一实质内容。另一方面,它所包含的肯定的东西,即普遍规律或者理性规律,一个人的任性和另一个人的任性的符合一致,众多任性之间并行不悖,仅仅是众所周知的形式的同一性的要求。即使规则体现了公共意志,大家都服从同一的规则,也不能说明规则本身具有合理性和每个人在行动上能够体现自由意志。因此,以往关于法的见解不是自在自为的、合乎理性的意志,而是单个人在他独特任性中的意志;也不是作为真实精神的精神,而是作为特殊个人的精神。在这种法的概念中,理性的东西只能作为对这种自由所加的限制而出现,同时也不是作为内在的理性的东西,而只是作为外在的、形式的普遍物而出现。这种见解完全缺乏思辨的思想,而为哲学概念所唾弃,同时它会在人们头脑中和现实中产生一些可怕的现象。

▶ 三、法的发展

黑格尔认为,作为绝对理念在客观精神阶段发展的结果,自在自为的自由意志有三个不同的发展阶段,因而形成三种不同的法。在第一个阶段,意志是直接的,从而它的概念是抽象的,即人格,而它的定在就是直接的、外在的事物,这就是抽象法或形式法领域。在第二个阶段,意志从外部定在出发对自身进行反思,于是被规定为与普遍物对立的主观单一性。这一普遍物,一方面作为内在的东西,就是善,另一方面作为外在的东西,就是现存世界;而理念的这两个方面只能互为中介,这是在它的分裂中或在它的特殊实存中的理念,因而产生了主观意志的法,以与世界法及理

[①] 〔德〕黑格尔:《法哲学原理》,范扬、张企泰译,商务印书馆1961年版,第36页。

念的法相对待。这就是道德的领域。第三个阶段是前两个阶段的统一,被思考的善的理念在那个在自身中反思着的意志和外部世界中获得了实现,以至于作为实体的自由不仅作为主观意志而且也作为现实性和必然性而实存;这就是在它绝对地普遍的实存中的理念,也就是伦理。有学者对此进一步解释说:黑格尔所理解的作为自由的理念的法的体系,由三个部分构成:抽象法(形式法或法权人格)、道德(主观意志的法)、伦理(伦理实体法或客观世界法)。抽象法是关于社会一般平等自由人格的抽象法权规定;道德是关于个体内在精神世界的主观意志的法;伦理是关于现实世界的,是理念在外部世界中的实现,这是人的现实生活的法。这些不同法的统一,构成一个完整的自由的现实生活世界。而且,这三部分大致对应的历史阶段分别是:古罗马法所标识的古代文明,自由精神觉醒的启蒙时代,市民社会兴起及近代工业文明所标识的现代社会。①

抽象法是指抽象的单个人的意志、自由、权利和人格。在这一阶段中,个人具有一般的人格权利,但这种人格权利体现的是单一意志,而无对立面,所以叫抽象法。在这种法中,人们所享受的只是形式的自由,这种自由需要通过对物的占有才能实现,因而又叫形式法。黑格尔认为,人作为理念而存在,必须给它的自由以外部的领域。人的自由活动离不开一定的物质基础,人有权把他的意志体现在任何物中,使该物成为我的东西,因而抽象法的第一个环节是所有权。人们不仅可以通过实在物和自己的主观意志占有财产,而且同样可以通过他人的意志,也就是在共同意志的范围内占有财产。人们通过缔结契约关系进行赠与、交换、交易等,系出于理性的必然,与人们占有财产相同。因而,抽象法进入第二个环节,即契约。由于实际上存在权利冲突,存在对所有权和契约的侵犯,因而产生了抽象法的第三个环节,即不法。不法分为无犯意的不法、诈欺和犯罪,真正的不法是犯罪。

道德是在自由意志发展过程中通过对抽象法的扬弃而形成的法的较高的发展阶段。在抽象法中,意志的定在是外在的东西,但在道德阶段,意志的定在是在意志本身即某种内在的东西中。这就是说,意志对它自身来说必须是主观性,必须以本身为其自己的对象。因此,道德也叫主观意志的法。道德也包括三个环节,第一个环节是故意和责任,凡是出于一个人故意的事情,都可以归责于它。第二个环节是意图和福利。一个能思维的人的故意,包含着意图。行为的内容,作为行为人的特殊目的,就是福利。只有通过意图,才能揭示行为的意志属性。对意图而言,行为是达到某种福利的手段。第三个环节是善和良心。善就是作为意志概念和特殊意志的统一的理念,是被实现了的自由,是世界的绝对最终目的。在善的理念中,福利不是作为单个特殊意志的定在,而是作为普遍福利。福利没有法就不是善,法没有福利也不是善。良心是人们用善来规定自己意志的内部活动,真实的良心是希求自在自为地善的东西的心境。

---

① 参见高兆明:《黑格尔〈法哲学原理〉导读》,商务印书馆2010年版,第82页。

伦理是自由的理念,是成为现存世界和自我意识本性的自由的概念,是抽象法(客观法)和道德(主观法)的统一,是通过否定之否定而使法达到的最高阶段。伦理的发展包括家庭、市民社会和国家三个环节。家庭是最初的伦理,以爱为其规定,而爱是精神对自身统一的感觉。因此,在家庭中,人们的情绪就是意识到自己是在这种统一中,使自己不是一个独立的人,而成为一个成员。市民社会是伦理的第二个环节,在市民社会中每个人都以自身为目的,但是如果他不同别人发生关系,他就不能达到他的全部目的。因此,其他人成了特殊的人达到目的的手段,但特殊目的通过同他人的关系而取得了普遍性的形式,并在满足他人福利的同时满足自己。国家是伦理发展的第三个环节。国家是伦理理念的现实,是作为显示出来的、自知的实体性意志的伦理精神,这种伦理精神思考自身和知道自身,并完成一切它所知道的,而且只是完成它所知道的。国家是绝对自在自为的理性的东西。

▶ 四、实定法理论

在实在法方面,黑格尔说:"法的客观现实性,一方面对意识而存在,总之是被知道的,另一方面具有现实性所拥有的力量,并具有效力,从而也是被知道为普遍有效的东西。法律是自在地是法的东西而被设定在它的客观定在中,这就是说,为了提供于意识,思想把它明确规定,并作为法的东西和有效的东西予以公布。通过这种规定,法就成为一般的实定法。"①这是黑格尔对实定法所下的定义。这一定义包含了三个方面的内容:(1)实定法是法一种客观存在,具有实定的表现形式。也就是说,实定法是相对于意识而存在的,具有客观现实性。(2)实定法作为一种行为规范,应当为人们所周知,具有普遍的效力。他说,从自我意识的权利方面说,法律必须普遍地为人知晓,然后它才有拘束力。(3)实定法必须具有现实性的思想内容。在把内容归结为实定法的简单形式时,思维给了它最后的规定性。

在此基础上,黑格尔论述了立法和法典编纂问题。他认为,法的东西要成为法律,不仅首先必须获得它的普遍性的形式,而且必须获得它的真实的规定性。所以,想要进行立法,不宜只看到一个环节,即把某物表达为对一切人有效的行为规则,而且要看到比这更重要的、内在而本质的环节,即认识它的被规定了的普遍性中的内容。甚至习惯法也包含这一环节,即作为思想而存在,而被知道。对萨维尼反对编纂法典的观点,黑格尔给予了批评。他说:"否认一个文明民族和它的法学界具有编纂法典的能力,这是对这一民族和它的法学界莫大的侮辱,因为这里的问题并不是要建立一个其内容是崭新的法律体系,而是认识即思维地理解现行法律内容的被规定了的普遍性,然后把它适用于特殊事物。"②他认为,法必须通过思维而被知道,它必须自身是一个体系,也只有这样它才能在文明民族中发生效力。体系化,即提高

---

① 〔德〕黑格尔:《法哲学原理》,范扬、张企泰译,商务印书馆1961年版,第218页。
② 同上书,第220页。

到普遍物,正是我们时代无限的迫切要求。如果统治者能给予他们的人民即便像优士丁尼那样一种不匀称的汇编,或者给予更多一些,即采取井井有条、用语精确的法典形式的国内法,那么,他们不仅大大地造福人群,应当为此事而受到歌颂爱戴,而且他们还因此而做了一件出色的公正的事情。黑格尔还主张,立法应当注意法律的完备性,并不断地修订法律。他指出,对公开的法典一方面要求简单的普遍规定,另一方面,有限的素材的本性却导致无止境的详细规定。法律的范围一方面应该是一个完备而有系统的整体,另一方面它又继续不断地需要新的法律规定。但是,由于这个二律背反是在固定不变的普遍原则适用于特殊事件时所产生的,所以对修订一部完整法典的权利并没有受到损害。同样,这些简单的普遍原则本身可以跟它们对特殊事件的适用区别开来而被理解和设定的这种权利,也没有受到影响。

关于司法,黑格尔首先强调了法律面前人人平等。他说,市民社会的成员有权向法院起诉,也有义务到法庭陈述。在封建制度下,有权势的人往往不应法院的传唤,藐视法庭,并认为法院传唤有权势的人到庭是不法的。但是,封建状态与法院的理念是相违背的。在近代,国王必须承认法院就私人事件对他有管辖权,而且在自由的国家里,国王败诉也属常见。其次,黑格尔重视法律程序的作用。他说,法律程序使当事人有机会主张他们的证据方法和法律理由,并使法官得以洞悉案情。这些步骤本身就是权利,因此其进程必须由法律来规定,同时它们也就构成理论法学的一个本质的部分。最后,黑格尔主张公开审判。他指出:根据正常的常识可以看出,审判公开是正当的、正确的。反对这一点的重大理由无非在于,法官大人们的身份是高贵的;他们不愿意公开露面,并把自身看做法的宝藏,非局外人所得问津。但是,公民对于法的信任应属于法的一部分,正是这一方面才要求审判必须公开。公开的权利的根据在于,首先,法院的目的是法,作为一种普遍性,它就应当让普遍的人闻悉其事;其次,通过审判公开,公民才能信服法院的判决确实表达了法。

第七章 功利主义法学和早期分析法学

学习重点:(1) 边沁的功利主义、立法和法律改革理论;(2) 密尔的功利主义和自由主义理论;(3) 奥斯丁的分析法学。

近代功利主义思想在英国思想发展史上具有重要的地位和巨大的影响力。功利主义思想的基本原则和核心内容——最大多数人的最大幸福,在英国的经济、政治和法律领域得到普遍应用,至今仍在世界各国的立法和公共政策领域产生着重大影响。在19世纪中叶自由资本主义时期,以杰里米·边沁、约翰·斯图亚特·密尔、约翰·奥斯丁为代表的自由主义政治、法律思想家,适应资本主义经济和社会制度的发展变化,以功利主义哲学为基础,注重对公共权力合理性问题进行研究,强调个人自由和个性发展,主张自由竞争和自由贸易,希望改革议会、扩大选举和加强立法。他们把功利主义伦理原则应用于法律领域,形成了功利主义法学和早期分析法学。边沁奠定了功利主义法学的哲学体系和法理学基础;密尔把边沁的功利主义理论化、体系化并冠之以"功利主义"的名称,《论自由》等名著使他成为古典自由主义法学的集大成者;奥斯丁把功利主义和实证主义结合起来,创立了分析实证主义法学,他把法学从伦理学中独立出来,使法学尤其是法理学成为一门独立的学科。

功利主义伦理原则认为,人的本性是避苦求乐的,人的行为是受功利支配的,人对行为的取舍在于功利的权衡,追求功利就是追求幸福,社会或政府的基本职能是追求最大多数人的最大幸福。功利主义法学的基本特点在于:(1)立法者应该以功利主义原则(追求最大多数人的最大幸福)作为立法的宗旨,这也是评判法律优秀与否的唯一标准。(2)法律实施的基础是功利主义。法律规定权利和相应奖励措施的目的是引起人们的功利感,引导人们实施善的行为;法律规定义务和相应惩罚措施的目的是将痛苦施加于人,引导人基于功利的权衡而不去为恶。(3)在法律价值层面上奉行自由主义,主张个人利益优先。功利主义法律思想家一般都认为,个人利益和个人自由是最为真实和根本的,只要个人能够实现最大利益,社会利益就能达到最大化。在个人利益和社会利益的关系上,密尔进一步完善了边沁的理论,认为法律应该协调个人利益和社会利益的关系,充分保障个人的自由权利。

分析法学是19世纪西方一个重要法学流派,边沁是倡导者,奥斯丁是真正的奠基者。以边沁、奥斯丁为代表的早期分析法学的特点在于它的实证主义的分析方法,即研究"确实存在"的东西,追求"确实存在"的知识,坚持价值中立,否认有先验的理念存在。早期分析法学一改自然法学抽象、思辨的的色彩,采取经验的、事实的、分析实证的方法研究客观存在的法律,对实在的法律进行精微的比较和深入的探讨,力图发现构成法律所通用的一般原则、概念和特征。一般来说,早期分析法学的基本思想在于:严格区分"实际上是这样的法律"和"应当是这样的法律",强调对法律概念的逻辑分析,否认法律和道德之间的必然联系。从宏观和比较的角度来看,如果说,自然法学是在"形而上"的框架内精心构筑法律的理想、价值和目的,那么,实证分析法学则在"形而下"的指导下设计着法律的概念、技术和体系。

第一节　边沁的功利主义法学

杰里米·边沁(Jeremy Bentham,1748—1832)是英国功利主义哲学家、功利主法学的创始人和早期分析法学的奠基者。边沁生于中产阶级家庭，自幼聪慧。1760—1763 年在牛津大学学习哲学和法律，获学士学位，1767 年获林肯律师学院出庭律师资格。边沁所处的时代正是英国保守势力与革新力量斗争激烈时期，1776 年，边沁匿名发表《政府片论》，对功利主义进行纲要性阐述，抨击了当时著名法学家布莱克斯通（William Blackstone，1723—1780）的自然法理论，同时激烈地批判了英国的法律制度。18 世纪 80 年代中期，边沁完成《道德与立法原理导论》与《论一般法律》（或译为《法律概要》）这两部最重要的法学著作，前者开创了功利主义法学，后者成就了其分析法学奠基人之一的荣耀。1785 年之后，边沁长期致力于研究全景敞开式监狱的设计与建造，但

边沁

以失败告终。边沁所倡导的改革四处碰壁，无人响应，他只好重返书斋，著书立说，1812 年发表《司法证据的基本原理》，这是他关于改革司法制度的重要著作，首次提出合理的司法审判必须重视必要的证据的原则；1817 年在《议会改革计划》一文中，他提出了议会改革的原则。1821 年起，边沁着手编纂一部包罗万象的法典，1824 年完成法典大纲，1827 年发表第一卷，1830 年发表《宪法法典》。1832 年，边沁创办《威斯敏斯特评论》，以此为阵地宣传功利主义理论和法律改革计划。

边沁一生大部分的时间和精力致力于立法理论的研究和法律改革工作，留下了 7 万多张有关法律的理论以及所有可想象得到的与法律理论主题相关的手稿。边沁的研究领域广泛而深入，他对立法学和刑法学的关心和偏好多于对民法学的研究。边沁的作品是早期对道德与法律哲学理论的兴趣与其后对实践与制度的兴趣相结合的体现，他开创的功利主义法学和分析法学对西方法理学的发展产生了深远的影响。

▶ 一、功利主义原则

功利思想源远流长，古希腊的伊壁鸠鲁学派认为，人生的目的在于摆脱痛苦和寻求快乐，苦与乐的衡量标准是肉体的健康和灵魂的宁静。近代的斯宾诺莎指出，人性的一条普遍的规律是"两利相权取其大，两害相权取其轻"[1]。18 世纪意大利刑法学者贝卡利亚在《论犯罪与刑罚》中明确表示："立法是一门艺术，它引导人们去享受最大限度的幸福，或者说最大限度地减少人们可能遭遇的不幸。"[2] 贝卡利亚的

---

[1] 参见〔荷兰〕斯宾诺莎：《神学政治论》，温锡增译，商务印书馆 1982 年版，第 215 页。
[2] 〔意〕贝卡利亚：《论犯罪与刑罚》，黄风译，中国大百科全书出版社 1993 年版，第 104 页。

思想对边沁的功利主义产生了直接的影响。早在1781年,边沁就使用了"功利主义的"这个词,并声称这是其信条的唯一表述。在《政府片论》序言中,边沁提出"最大多数人的最大幸福是正确与错误的衡量标准"。18世纪末和19世纪初,边沁和密尔最终将功利主义建成一种系统的、有严格论证的伦理思想体系。功利主义理论主要从人类行为目的和效果角度去研究和衡量行为的价值,突出事物的有用性,强调行为的有利后果和最大效用。《道德与立法原理导论》一书集中体现了边沁的功利主义思想。

边沁的功利主义从人的本性出发,探寻个人行为依据和政府立法的原则。在《道德与立法原理导论》的开篇,边沁对普遍人性有一个宣言式的判断:自然把人类置于两个主宰——快乐和痛苦的统治之下。唯有这两者才能够指示我们应当做些什么,并决定我们将要怎么做。① 边沁所谓的快乐就是幸福、实惠、好处和利益(功利),在道德上就是善。他指出,快乐和痛苦是有知觉动物行为的唯一源泉,人的最基本的情绪是关于苦与乐的感觉,人的本性就是避苦求乐。它决定人的行为的动机和目的,同时还是衡量和评价行为是非善恶的唯一标准和尺度:凡有助于产生快乐的行为和事物便是好的,反之则是坏的。一句话,"避苦求乐"是人一切行为的出发点和归宿。

边沁认为,只有通过像数学那般严格而且无法比拟的更为复杂和广泛的探究,才会发现构成政治和道德科学基础的真理。测算一项行动所引起的快乐或痛苦的值,是计算该项行动之最终功利的基础,应该根据某一种行为本身引起的快乐和痛苦的大小程度来衡量该行为的善与恶。从人性出发,凡是能减轻痛苦增加快乐的,在道德上就是善良,在政治上就是优越,在法律上就是权利。人们对于苦与乐要根据功利的逻辑来决断,也就是要根据痛苦和快乐的数学计算原理来判断,以增加最大多数人的最大幸福,把痛苦减少到最小限度。因此,揭示快乐和痛苦的存在形态是理解其"最大幸福原理"的关键和基础。

边沁投入诸多精力,对作为有效原因或手段的快乐和痛苦本身及其分类、影响因素、计算方法等作了详尽的分析,以便形成一种精准的道德算术。为证明其道德计算的可行性与合理性,边沁把各种快乐和痛苦从两个大的视角进行分类研究,一类是单纯的、不可再分的快乐和痛苦,另一类是包含单纯快乐或单纯痛苦的复杂的快乐和痛苦。边沁不厌其烦地对苦与乐进行详尽的分类和计算,共计列出14种单纯之乐和12种单纯之苦。他指出,对苦与乐的计算要考虑苦乐的程度、范围、持续时间、准确度、距离、丰度、纯度七个方面的条件。所谓丰度,是指苦乐之后随之产生的同类感觉,即乐后之苦、苦后之乐;所谓纯度,关系到快乐或痛苦是否纯粹,即快乐或痛苦产生之后是否会引起相反的感觉。在边沁的功利理论大厦中,这些单纯快乐和单纯痛苦是他用来分析一切人类感觉的基本工具。边沁还列出并探讨了总计32

---

① 参见〔英〕边沁:《道德与立法原理导论》,时殷弘译,商务印书馆2002年版,第57页。

种影响个人敏感性的状况,包括24种主要状况和8种次要状况。主要状况是本身可以直接起作用的因素,如健康、体力、理解力、同情心等。次要状况是只能以主要状况为媒介才能起作用的因素,主要有性别、年龄、地位、教育、气候、血缘、政府和宗教信仰。边沁又将24种主要状况细分为先天的和后天的两类,先天的状况被进一步细分为肉体的和精神的,后天的状况更被他逐层递进细分至多级子层次。这种立法者对人们苦与乐的复杂的计算方法,被后人称为苦乐的"微积分",成为边沁功利主义立法原则的代名词。

  边沁这种关于道德计算的详尽分类方法,来自贝卡利亚的启迪。那些能够影响估量苦乐之值的强度、持续性、确定性和邻近性,贝卡利亚在边沁之前就已经关注。边沁自己对来自贝卡利亚的教益,也坦然承认:"我记得非常清楚,最初我是从贝卡利亚论犯罪与刑罚的小论文中得到这一原理(计算快乐与幸福的原理)的第一个提示的。由于这个原理,数学计算的精确性、清晰性和肯定性才第一次被引入道德领域。这一领域,就其自身性质来说,一旦弄清之后,它和物理学同样无可争辩地可以具有这些性质。"①他说:"一切行为的共同目标……就是幸福。任何行动中导向幸福的趋向性我们称之为它的功利;而其中的背离的倾向则称之为祸害。……因此,我们便把功利视为一种原则。"②这便是边沁的功利原则,这一对人性的认识是边沁建立道德理论的基石。全部道德体系,整个立法体系,都是建立在一个基础上,这一基础就是关于痛苦和快乐的知识,快乐和痛苦是关于这一主题的清晰观念的唯一基础。以功利主义为基础,边沁试图建立新的道德体系,这就是《道德与立法原理导论》中的"道德原理"之所在。

▶ 二、立法和法律改革思想

  边沁一生大部分时间和精力都用来从事立法理论的研究和法律改革工作。在边沁之前,法律的原则和标准以正义、自由和理性为主导,即传统的自然法理论。边沁从功利主义出发,对自然法、自然权利进行批判,他认为自然法和自然权利的概念是抽象的、空洞的、不可捉摸的,而功利的数学计算在理论上是可以运算的。他反对体现理性的自然法学和鼓吹习惯法的历史法学,把自己的法律思想奠定在功利主义基础之上。他把功利原则应用于立法,提出了著名的功利主义立法理论。他关于立法原则与立法技术的思想给19世纪英国法制改革运动以巨大推动,并影响到欧洲一些国家。

  边沁认为,功利的权衡支配着人们的行为,正是基于功利的需要才导致了立法,才导致了法律的产生。立法的根本目的在于增进最大多数人的最大幸福,政府的职责就是通过避苦求乐来增进社会的幸福,通过立法,用赏罚的立法特别是通过惩罚

---

① 〔英〕边沁:《政府片论》,沈叔平等译,商务印书馆1995年版,第38页。
② 同上书,第115—116页。

那些破坏幸福的行为,来增进人类幸福。他认为,主权者在采纳法律过程中所考虑的目的或外在动机,基于功利原则,仅仅是社会的最大福利。"如果人生的善与恶可以用一种数学方式来表达的话,那么良好的立法就是引导人们获得最大幸福和最小痛苦的艺术。"①为了达到通过立法增进人类幸福的目的,边沁认为,对于一个立法者来说,在立法开始之前,就需要运用道德算术,计算苦与乐,将功利主义贯彻到法律草案的起草过程中,政府的业务在于通过赏罚来促进社会幸福,由罚构成的那部分政府业务尤其是刑法的主题。在《道德与立法原理导论》一书中,边沁尝试着解释哪一种行为按照功利主义的原则可以视为犯罪行为,并应如何处罚,以引导人们如何行为。

边沁确信立法科学的宗旨在于"使人能够依靠理性和法律之手建造福乐大厦"②,因此他高度重视法律的功用。他指出,法律的全部作用可归结为:供给口粮、达到富裕、促进平等和维护安全。这四项既是贤明政府的目标,也是立法工作的出发点和目标。其中安全是最主要和基本的目标,安全乃是生命的基础,是人类幸福的首要条件。在个人安全的范围内,个人财产安全是基本的,否则人们的积极性就会受到挫折,就会妨碍社会进步。仅次于安全的目标就是平等,这种平等是一种机会平等而非条件平等,立法者应该尽力促进平等。他进一步指出,国家的法律并不能直接给国民提供生计,也不能指导个人寻求财富,法律所能做的只是创造驱动力,亦即设立惩罚和奖励,凭借这些驱动力,刺激和奖励人们去努力创造和占有更多的财富,从而被导向为自己提供生计。他认为,法学家应为社会大多数人的最大幸福着想,把功利原则贯穿于立法、执法和守法的各个方面,分析法律的内容,使法律能够不断改良和进步,以求得人类的福利。

在法律草案的起草过程中,关于苦与乐的计算,大致要从五个方面来考虑:(1)法律草案中的条文对每个人究竟是苦胜于乐还是乐胜于苦;(2)法律草案所规定的内容和提出的要求是否使所有的关系人受到影响,是否关系到整个社会的利益;(3)依据法律草案规定的内容使人受害、受益的人数的比例来权衡,如果该法律草案所规定的内容使受害的人数多于受益的人数,那么这个法律草案就是不可取的;(4)法律草案是否符合赏罚原则,尤其是对破坏人类幸福行为的惩罚是否有力;(5)立法能否收到"为最大多数人谋求最大的幸福"的效果。边沁认为,在进行道德判断、立法和司法之前,应当尽量这样考虑问题,和这种计算越接近就越准确。可见,边沁的立法思想始终是以功利主义原则为主线贯穿起来的,他认为立法者必须遵守这个原则,国家只有通过这样的立法活动,才能实现社会最大多数人的最大幸福。

边沁是一位深刻的思想家,一位敏锐的社会批评家,在英国享有"法律改革之

---

① 〔英〕边沁:《政府片论》,沈叔平等译,商务印书馆1995年版,第29页。
② 参见〔英〕边沁:《道德与立法原理导论》,时殷弘译,商务印书馆2002年版,第57页。

父"的称誉。他在总结继承前人思想的基础上全面阐述的功利主义理论,为英国的法制改革事业奠定了与古典自然法学截然不同的理论基础。

边沁不仅详细阐述了与最大幸福原则相关联的法律和制度,而且提出了建设性的批评意见。他对旧的政治法律制度的批判,涉及了对以往制度的价值内核和基础的重新审查。他认为,以往的政治、法律制度未建立在功利原理的基础上,因而需要由新的制度来取代。他对政治法律制度的变革说到底是为了增进国家和公众的福利,他试图进一步把功利原理作为新的立法理论和创建新的政治、法律制度的坚固基石。边沁深信:一种制度,如果不受到批判,就无法得到改进;任何东西,如果找不出毛病,那就永远无法改良。他不相信当法律正确的时候为之进行辩护,其功劳要比在它错误的时候对之提出批评大。他更不相信有一种制度安排,可以达到"一切事物都各得其所"。他力图从法律的本质和形式两个方面着手对法律实行改革,前者是指衡量法律好坏的标准及其价值的改变,目的在于正确地贯彻功利原理;后者是指法典的编纂及其价值。其法律改革的核心工作是制定出完整的、合理的成文法典。他认为,表达合理、清晰明确、全面周到的法典可以推动社会进步。

在边沁看来,法律未能以法典的形式表达出来就不是完整的。一部法典必须满足以下四种条件:(1) 它必须是完整的。即必须以充分的方式提出整个的法律,以致无须用注释与判例的形式加以补充。(2) 它必须是普遍的。(3) 这些法则必须用严格的逻辑顺序叙述出来。(4) 在叙述这些法则的时候,必须使用简洁准确、严格一致的术语。即要以简短的条文表述全部法律的内容,法律术语内涵要统一、准确,不能相互矛盾和模棱两可。

作为英国法律改革的倡导人,边沁极力提倡法典编纂。1811年,他给美国总统写信,表示愿意为美国编纂法典;1815年,他给俄国沙皇写信,表示愿意为俄国编制法典;1815年,他向世界一切崇尚自由的国家呼吁编纂法典。英国法律改革在边沁活着的时候并没有取得什么成效,但是在他死后,英国一系列的法律改革都受到了边沁的影响,如1832年英国法律改革草案的实施,刑法和监狱法的改良,济贫法的变更和卫生法的订立等。

边沁是一位激进的法律改革家,其一生致力于对英国判例法的现状进行改造,试图用罗马法的体例设计出英国系统的法律制度,这一点为后来的奥斯丁所继承。

▶ 三、分析法学思想

边沁的分析法学思想主要体现在其著作《论一般法律》之中。《论一般法律》是《道德与立法原理导论》的续篇,基本完成于1782年,但是边沁生前没有发表,长期淹没于边沁众多手稿之中。1970年伦敦大学阿斯隆出版社出版了由哈特教授编辑的该书权威版本,并以《论一般法律》(of Laws in General) 为名。《论一般法律》极具原创性,是边沁对分析法学所做的最大贡献。哈特教授在分析奥斯丁的分析法学时,把这种理论总结为三点,即"法律命令说""应然法律和实然法律的区分"和"法律和道德的区分"。而奥斯丁分析法学的原创意识均可在《论一般法律》中找到,前两条边沁已经有了明确的描述,后一条则是隐含在他功利主义的理论之中。

在《论一般法律》中,边沁将法律定义为:由一个国家内的主权者所创制的或者所采纳的、用以宣示其意志的符号的集合,该等符号是关于某特定的个人或某种特定类型的人们在某个特定的情形中应遵守的行为,而处于该情形中的该等人是或者被推定是受制于主权者的权力。他认为,法律的性质和本质可以说是命令,从而法律的语言应该是命令的语言,法律必须以强制的、或痛苦或喜悦的形式加诸当事人。在《论一般法律》中,边沁探讨了完整法律的构成,明确地将法律定义为国家行使权力的一种命令,这是他法律思想最核心的观点,是法律命令说的雏形,也是边沁对什么是一项法律的最终回答。边沁的这些理论,为奥斯丁创立分析法学开辟了道路。

在《政府片论》中,边沁区分了两种对法律问题发表意见的人:法律解释者和法律评论者。解释者的任务是说明"法律实际上是什么",评论者的任务则是评述"法律应当是怎样的"。前者注重对事实的尊重,后者则寻求应然并奠定理性基础。解释者要说明立法者和法官做了什么,评论者则说明立法者将来要做什么。解释者的思维活动只是"了解、记忆和判断",而评论者由于他所评论的事情有时会牵涉好恶问题,所以要和"感情"打交道。法律"是什么"各国不同,但法律"应该是什么"在所有的国家中在很大程度上是相同的。因此,法律解释者永远是这个或那个特定国家的公民,而评论者应当是一个世界公民。总之,评论者的任务是"通过立法者的实践把这门科学变成一门艺术"①。边沁对法律解释者和法律评论者的区分,已经初步有了法理学和立法学分野的印记,前者是法律科学,后者是伦理学。

在《道德与立法原理导论》中,边沁明确区分了"立法学"和"法理学",即审查性的法学和阐释性的法学。前者是批判性的,它是伦理学的一部分,其中贯穿了功利主义原则;后者是阐述性的,它是严格意义法理学的研究对象。他指出:一部法学著作只能以下述两者之一为目的:(1)确定法律是怎样的;(2)确定法律应当怎样。在前一种情况下,它可能被称作一部阐述性法学著作,在后一种情况下,则可被称作一部审查性法学著作,或曰立法艺术论著。审查性法学不是对现存的法律进行解释,而是要研究法律应该是什么,以及如何达到这个目标的途径,其任务是评价立法、设计立法,其目的在于通过建立审查性法学,在这一旗帜下清理、改革旧法律中不完善、不明确的因素,建立新的法学理论体系,为大规模的法律改革奠定基础。这是关于"法律应该是什么"和"法律实际上是什么"的较早区分。这就是后来分析法学的一个重要标志,即区分"法律应该是什么"和"法律实际上是什么"。此两分法为奥斯丁所继承,成为分析法学最为重要的法学研究方法。

边沁的分析法学以新的形式探究法律结构,廓清了探究的方法与通用的逻辑,在这些主题上,尚无他人做过,而奥斯丁分析法学的基本命题和研究方法基本上都

---

① 〔英〕边沁:《政府片论》,沈叔平等译,商务印书馆1995版,第97页。

能在边沁的著作中找到。奥斯丁是以通俗的、逻辑严密的论证方式表达出来的,边沁是以思辩的、晦涩的语言显现出来的。如果说边沁是这种理论的始作俑者,那么奥斯丁则是这种理论的论证者。由于边沁的功利主义掩盖了他的法理学,也由于《论一般法律》迟迟未能被人们所发现,再加上边沁著作的晦涩和艰深,奥斯丁因其严密和通俗的论述使自己戴上了"分析法学之父"的桂冠,获得分析法学创始人的荣耀。总之,分析法学的确立是与边沁和奥斯丁的名字密不可分的,边沁和奥斯丁共同成为分析法学的奠基人。

第二节 密尔的功利主义法学

约翰·斯图亚特·密尔(John Stuart Mill,1806—1873)是19世纪英国著名哲学家、政治、法律思想家,自由主义思想的集大成者。密尔出生于伦敦,自幼受到其父詹姆斯·密尔的严格教育,3岁开始学希腊文,8岁开始接触几何与代数,9岁开始阅读古希腊文学与历史作品,12岁开始学习亚里士多德的逻辑学著作,13岁开始学习政治经济学,攻读亚当·斯密(Adam Smith,1723—1790)和大卫·李嘉图(David Ricardo,1772—1823)的著作,14岁时赴法国学习法律。其父詹姆斯·密尔是边沁的至交好友,同时也是功利主义法学的重要代表人物。1814—1817年期间,詹姆斯·密尔一家与边沁

密尔

同住,边沁事无巨细均与詹姆斯·密尔商量而行。父辈的这种亲密关系使密尔经常有机会拜访边沁,逐渐接受了边沁的功利主义学说,这对密尔法律思想的形成和发展产生了重大影响。1823年,密尔发起组织了"功利主义学社",共同学习和讨论问题,积极研究和宣传边沁的功利主义思想。边沁虽然曾经使用过"功利主义"这一名词,但并没有用它来概括自己的整个学说,密尔第一次使用"功利主义"作为一个学派或一种学说的名称。1823—1856年,密尔在英国东印度公司任职,职务至检察官。在东印度公司任职期间,密尔一边工作一边学习,很早就在著作与学术活动中崭露头角。1825年,密尔与边沁合编《司法证据的理论基础》,又发起组织了"思辩学会",这是一个业余的读书会和哲学研究会,经济学和人口论等成为该学会讨论的中心话题。李嘉图的经济学、马尔萨斯的人口论和边沁的功利主义是这些志同道合者的旗帜和统一的基础。1836年,密尔任激进派刊物《伦敦和威斯敏斯特评论报》主编,1865年当选下院议员,力主革新,思想比较激进。

密尔的学术著作涉及诸多学科领域,《论自由》(1859年)、《代议制政府》(1861

年)、《功利主义》(1861年)等书集中体现了他的政治法律思想。在西方法律思想史上，密尔原创性地提出了民主制度下的社会自由和公民权利保障问题，由此推动了西方社会自由主义理论的完善和民主法治实践的发展。① 密尔超越了边沁的功利主义哲学，从一种社会整体进步的视角，省察自由在现实社会中实现的可能，并且肯定了代议制政府理论的重要作用，主张以发展和完善代议制政治体制来保障每个个体的自由，进而培育整个社会的自由氛围。这些理论创新使密尔的自由主义思想成为由古典自由主义向新自由主义过渡的桥梁，同时也使他本人成为自由主义思想发展史上具有转折性的人物。

▶ 一、功利主义理论的完善

密尔根据19世纪中叶英国社会发展的新状况，发展和完善了边沁的功利主义思想。在《功利主义》一书中，密尔第一次正式提出了"功利主义"概念，系统论述了功利主义学说，标志着功利主义思想发展的最高峰。

密尔继承了边沁避苦求乐的人性论，以此为其功利主义思想的立足点。密尔指出，所谓功利主义是指"行为的是与它增进幸福的倾向为比例；行为的非与它产生不幸福的倾向为比例。幸福是指快乐与免除痛苦；不幸福是指痛苦和丧失掉快乐"②。他认为支配人类行为的主要原因在于人性，而人性的集中表现是追求快乐，快乐是构成功利主义的基础。在他看来，除开让人快乐的东西和让人达到快乐或避免痛苦的手段以外，对人类来说便没有东西是善的。

边沁对功利主义原理做出了系统的阐释，并力图将之运用于政治、法律制度的变革过程。但是边沁的这种理论确实存在许多缺陷和不足，甚至显得比较粗糙。在继承边沁功利主义思想的同时，密尔修正与完善了边沁的功利主义思想，使之更能适应日益发展的自由资本主义的需要。密尔的功利主义理论主要表现在四个方面。

第一，幸福不但有量的区别，还有质的不同，理性的快乐比感官的快乐有高得多的价值。边沁认为，人们认识和享受苦与乐的能量都是相同的，快乐只有量的差别、程度的不同，而没有质的不同，他甚至提出要制造一种道德温度计来测量幸福或不幸福的不同度数。在边沁那里，幸福与行为的特定种类是没有关系的。密尔承认快乐有量的大小之分，还有质的高下之别。他指出，理性的快乐要比感官的快乐"有高得多的价值"。心智高尚者多追求精神之乐，心智低下者常常追求感官之乐；感官之乐容易得到满足，精神之乐不易得到满足。因为心智高尚者比心智低下者需要更多的东西才能令自己满足，他们对自己追求的快乐和幸福常常感到不完美，但强烈的自尊心令他们始终不能沉溺于心智低下者的感官之乐，为此常常遭受比心智低下者更剧烈的痛苦。所以，高贵者之苦与乐非低下者所能知。"做一个不满足的人比做

---

① 参见杨思斌：《功利主义法学》，法律出版社2006年版，第143页。
② 〔英〕密尔：《功利主义》，徐大建译，上海人民出版社2008年版，第7页。

一个满足的猪好,做一个不满足的苏格拉底比做一个满足的傻瓜好。"①这句名言,形象地表明了密尔的上述观点。他认为,由于人们经验、智慧之间的差异,对苦与乐的理解和趋乐避苦的能量彼此也不相同,对快乐的判断只能由那些具体体验快乐的人来决定。通过对快乐和幸福的质的区分,密尔对功利的规定比边沁的理论加入了更多的精神内涵。他不仅从内涵上而且从逻辑上完善了功利原则,也在一定程度上克服了边沁功利主义简单化和庸俗化的倾向。

第二,幸福是个人幸福和社会幸福的有机统一。密尔指出,功利主义行为的标准既关系到个人之乐,也关系到众人之乐,法律的任务是使个人之乐和众人之乐相结合。他认为,功利主义者追求的不仅是自身的幸福,更是与一切同该行为有关的人的幸福,即公众的幸福。个人行为的目的在于促进快乐,但快乐本身不是唯一的目的,当个人之乐同众人之乐发生矛盾时,应该限制自己无限的企求,以求得众人之乐、长久之乐。功利主义需要行为者对自己与别人的幸福快乐平等相待,正如基督教所宣扬的"己所欲者,施之于人"和"爱邻如爱己"的原则。这样的功利主义原则才是人们行动和国家政治生活的准则,才是功利主义的全部精神所在和理想境界。边沁的最大幸福原则主要是建立在个人利益基础之上,没有充分认识到个人利益和社会利益的差异和矛盾,忽视了个人利益与社会利益发生矛盾时的选择问题。显然,密尔在一定程度上克服了边沁以个人的快乐作为功利主义最终标准的片面性,把个人幸福与他人幸福和社会幸福有机统一起来,在一定程度上修正了边沁功利原则的利己主义倾向。

第三,内部制裁是功利主义原则实现的主要手段。内部制裁就是"人类的良心和社会感情",是人们内心的一种伴随着违反义务而产生的内心痛苦。外部制裁则是身体制裁、政治制裁、道德制裁和宗教制裁。边沁的功利主义伦理学未能充分关注个人的精神品格对个人行为的影响,忽视了个人的自我发展和教育在道德理论中的地位,缺乏对个人的道德品质和道德生活的深层次的内在挖掘,仅强调道德的外部功用和外在约束。密尔把个人的内心修养当做人类幸福的首要条件之一,注重内在制裁,推崇个人的道德修养,不再把外部条件的安排和对人思想行为的训练看作是唯一的重要因素。这标志着密尔开始由外向内作理论探讨,对边沁的功利主义做出了必要的修正。②

第四,对于趋乐避苦,个人无须事事权衡量定,人类数千年的生活经验、风俗、习惯早已对此作了回答。个人日常行为的或取或舍,或进或退,或动或静,不自觉中就有了苦乐的衡量,人们早已晓得哪些是对自己有利的,那些是对自己不利的。

可见,密尔将功利主义化简为繁,由粗到细加以精密纠正,完善了边沁的功利主义理论,把边沁的功利主义学说发展到新的阶段。

---

① 〔英〕密尔:《功利主义》,徐大建译,上海人民出版社2008年版,第10页。
② 参见杨思斌:《功利主义法学》,法律出版社2006年版,第131页。

二、自由主义法律思想

自由主义思想是西方社会占据主导地位的意识形态之一，密尔作为19世纪著名的自由主义思想家，在自由主义思想的发展史上占据了重要的地位。密尔在《论自由》一书中系统地阐发了他的自由主义法律观，对自由的含义、内容、原则及特点，尤其是对思想自由和讨论自由进行了全面而深刻的论述。

密尔所探讨的不是哲学意义上的那种与必然性相对立的意志自由，而是"公民自由或社会自由，也就是要探讨社会所能合法施用于个人的权利的性质和限度"①。从社会历史发展意义上说，社会自由就是"自由与权威的斗争"。他认为，当统治者与人民的利益根本对立的时候，社会自由意味着采取革命的手段迫使统治者承认人民的某些权利，并制定法律，把统治者的权力限定在一定的范围之内。当政治统治者由人民选举产生的时候，其同人民的利益并非根本对立时，因为人民可以通过选举随时撤换他们的代理人，这时，社会自由的内涵就是防止"多数人的暴虐"，防止社会对个人的束缚和专制。"这种社会暴虐比许多种类的政治压迫还可怕，因为它虽不常以极端性的刑罚为后盾，却使人们有更少的逃避办法，这是由于它透入生活细节更深得多，由于它奴役到了灵魂本身。"②

他明确指出："唯一实称其名的自由，乃是按照我们自己的道路去追求我们的好处的自由，只要我们不试图剥夺他人的这种自由，不试图阻碍他们取得这种自由的努力。每个人是其自身健康的适当监护者，不论是身体的健康，或者是智力的健康，或者是精神的健康。人类若是容忍各照自己所认为好的样子去生活，比强迫每人都照其余的人们所认为好的样子去生活，所获是要较多的。"③他认为，个人的行为只要不危害他人就有完全的自由，他人和社会就无权干涉；只有当个人的行为侵害了他人的利益时，社会才有权对其进行阻止和惩罚。"任何人的行为，只有涉及他人的那部分才须对社会负责。在仅只涉及本人的那部分，他的独立性在权利上则是绝对的。对于本人自己，对于他自己的身和心，个人乃是最高主权者。"④密尔明确认识到，没有法律就没有自由，法律的价值不是限制个人自由，而是维护个人自由。只有当个人行为超出了自由的边界，法律才能对其进行干预。国家应当积极制定良好的法律，来保证公民享有充分的自由。密尔关于自由的概念实际上是明晰国家和个人自治的关系，是与国家的干预、法律和道德的强制相抗衡的，他试图为国家权力的行使划定一定的界限，以保证个人自由不受侵犯。在个人和社会的关系上，密尔不仅坚定地站在个人一边，而且从自由原则出发，将其基本原理延伸到社会其他方面，如自由贸易。他就认为，一个社会对待贸易的态度和政策实际上体现了对个人独立与

---

① 〔英〕密尔：《论自由》，许宝骙译，商务印书馆2008年版，第1页。
② 同上书，第5页。
③ 同上书，第14页。
④ 同上书，第11页。

社会权威之间边界的理解与认识。

在《论自由》一书中,密尔着重对思想自由和讨论自由进行了详细研究。所谓思想自由,包括信仰自由、言论自由、情感自由、行为自由、集会结社自由等。他认为,思想自由在自由体系中占有重要地位,这种自由是绝对的,是发展人的个性和智慧,促进社会进步,增进人类幸福所必需的。他指出,限制思想自由不利于真理的发展。真理并不一定掌握在多数人手中,有时往往仅为少数人所认知。真理的发展存在于各种意见的相互磋商中,只有在讨论中才能相互吸收和补充。真理的获得不仅有赖于思想和言论自由,而且还必须要在社会中保持多样性。只有在多方得到表达,甚至在相互斗争博弈中才能达到社会的和谐、合理和健康。"在每一个可能有不同意见的题目上,真理却象摆在一架天平上,要靠两组相互的理由来较量。"①他认为,即使是握有真理和正确意见的人们也不应该强迫其他人信服自己,要允许另一些人保留自己的意见,哪怕是"错误"的意见。他说:"如果两种意见中有一个比另一个较为得势,那么,不仅应宽容而且应予鼓励和赞助的倒是在特定时间和特定地点居于少数地位的那一个。因为那个意见当时代表了被忽略的利益,代表着人类福祉中有得不到分所应得之虞的一面。……就是说,在人类智力的现存状态下,只有通过意见分歧才能使真理的各个方面得到公平比赛的机会。"②因此,一切意见应当允许自由发表,但方式上应须节制,不得越出公平讨论的界限,不能进行谩骂、讽刺和人身攻击,应限制使用辱骂性语言。除此形式上的限制之外,对思想自由和讨论自由不能进行任何限制,尤其不能动用法律手段和权威力量来限制。

总之,密尔的自由主义法律思想适应了当时转型中英国社会的现实,既继承了古典自由主义的基本立场,用完备的理论为个人自由辩护,尊重个性的发展,保护公民结社的自由,从而把维护和实现个人自由作为其自由主义思想的核心理念,同时又超越了传统理论的局限,关注社会正义,体察民情,提倡政府的有限干预,从更广阔的社会自由的角度重新审视了自由的真谛,拓宽了人们研究自由问题的维度。

▶ 三、代议制政府理论

代议制政府理论是密尔政治法律思想中非常重要的内容。在《代议制政府》一书中,密尔详细论述了代议制政府的各种问题。他认为,政体没有好坏之分,它取决于民族习惯和爱好。任何民族都可以根据一定的条件来选择一定的政府形式。一种政府必须具备以下三个不可或缺的条件:(1) 人民必须愿意接受这种政府。(2) 人民必须具备相应的素质,能够从事保持该政府形式的事情。比如民主制要求公民具备公共精神,摆脱个人崇拜,要求公民服从法律,自觉抵制贿选,要求公民必须具有足够的素质以承担当家作主必须承担的主人义务。(3) 人民必须愿意并能

---

① 〔英〕密尔:《论自由》,许宝骙译,商务印书馆2008年版,第42页。
② 同上书,第56页。

够履行政府给予他们的义务和职能。

他认为,政府既是对人类精神起作用的巨大力量,又是为了管理公共事务而设置的一套有组织的安排。一个良好的政府,其衡量标准有二,一是能够促进或者改善人的优良品德,二是能够把人的优良品德贯彻于政治制度之中。总之,评价一个政府的好坏,应该根据它对人民的行动,根据它对事情采取的行动,根据它怎样训练公民,以及如何对待公民,根据它倾向于促使人民进步,还是使人民堕落以及它为人民所做工作的好坏。

密尔认为,根据政府形式优劣的标准并从人类政体发展的历史来看,代议制政府是最理想的政府形式。他说:"理想上最好的政府形式就是主权作为最后手段的最高支配权力属于社会整个集体的那种政府;每个公民不仅对该最终的主权的行使有发言权,而且,至少是有时,被要求实际上参加政府,亲自担任某种地方的或一般的公共职务。"①在这种理想的代议制政府形式下,全体或多数人选出的代表行使国家的最高权力,全体人民共同享有自由,被统治者的福利是政府的唯一目的,人民在道德和智力上是进步的,有着最好的法律,最纯洁和最有效率的司法,最开明的行政管理,最公平的和最不繁重的财政制度。以此标准来衡量,英国的代议制还存在诸多缺陷和弊端,主要表现为执政者的昏庸和少数人的专制。密尔认为,必须改革英国的代议制度,使之符合功利主义的要求,并提出了内容全面的议会改革方案。密尔的代议制民主思想至今仍被西方学者奉为议会民主的权威理论。

第三节 奥斯丁的分析法学

约翰·奥斯丁(John Austin,1790—1859)是19世纪英国著名法学家,早期分析法学的创始人。奥斯丁生于英国一个磨坊主家庭,1806年应征入伍,1820年与名门之女塞拉·泰勒结婚并定居伦敦,与边沁为邻。奥斯丁经常与边沁、詹姆斯·密尔等人共同探讨问题,深受边沁的功利主义法学思想影响。1826年,伦敦大学成立,第一次开设法理学课程,边沁等人推荐奥斯丁为该大学的法理学教授。1827年,奥斯丁赴德国考察德国大学的法学教育及法律科学。当时,以萨维尼为代表的历史法学派在德国占据主导地位,该派重视对概念的分析、阐述,注重构造法律的结构体系。这种研究方法吸引了奥斯丁,他认为应当比较研究各国法律,从中抽象出法律的一般原则,掌握了这些基本的共通原则即可理解外国法律体系。奥斯丁的法理学课程内容艰深单调,过于注重对法律概念的分析。由于课程不受学生欢迎,奥斯丁被迫中断授课,1835年辞去法理学教授职务。此后,奥斯丁曾供职于英国第一刑法委员会,还担任过英国驻马耳他大使,都没有大的作为,最终在病痛和自我不信任中逝去。

---

① 〔英〕密尔:《代议制政府》,汪瑄译,商务印书馆1982年版,第43页。

奥斯丁在法学史上的地位，主要是通过他的《法理学的范围》(The Province of Jurisprudence Determined)和《法理学讲义》(Lectures on Jurisprudence)这两本书确立的。《法理学的范围》发表于1832年，收录了奥斯丁在伦敦大学的法理学教学大纲和授课内容。法理学在当时是一门新兴学科，它的范围、内容等都不明确，确定法理学的范围及其与其他学科的界限成为法理学教学的一项重要任务，因此奥斯丁的这段教学生涯对他分析法学思想的形成产生了重要影响。奥斯丁生前并没有享受到尊崇的地位和名誉，其思想和学说在他死后却引起了法学界的高度重视。英国历史法学代表人物梅因等人的大力举荐，使奥斯丁的分析法学成为英国法学中法理学教育的基础，分析法学成为英国19—20世纪最为流行的法学流派之一。《法理学讲义》是奥斯丁夫人整理奥斯丁生前的大量法理学讲稿，于1861年出版而成的。在《法理学讲义》中，奥斯丁详细分析了法律的一般概念、原则和主要的法律分类。《法理学讲义》所开创的新的法学研究方法和在此方法下确立的法理学研究对象，使奥斯丁成为"分析法学之父"。奥斯丁是边沁功利主义的追随者，他发展了边沁的法理学，认为法理学乃是关注实在法的科学，确立了他称之为科学的一般法理学。奥斯丁以他的严谨、富于逻辑和辛勤的工作，开辟了分析法学的时代。

▶ 一、法律命令说

奥斯丁认为，在宇宙中存在两种法则，一是自然规律，它与人的意志无关；另一种是人为法则，可以称之为规则。自然法则根本不是法律，只能在比喻的意义上使用。法律是人为的法则，但人类的行为法则并非都是法律。那么到底什么是法律呢？奥斯丁继承了霍布斯和边沁的理论，把法律看做是主权者的命令。奥斯丁在《法理学的范围》中，严格定义了法律，提出了著名的法律命令说。

奥斯丁指出："所有实际存在的由人制定的法，或者我们径直而且严格使用的'法'一词所指称的法，是由独揽权力的主体，或者地位至高无上的主体，对处于隶属状态的一个人，或者一些人制定的。"①换言之，它是一个君主或主权者，对处于其征服状态下的一个人或若干人，直接或间接确立的命令。每项实在法都由一位主权者或一个由人们组成的享有主权的机构制定，并且是为一个独立的政治社会中某一成员或若干成员而直接地或间接地设立的，法律是主权者(sovereign)的一种命令。"准确意义上的'法'是一种'命令'(command)，而且是一种普遍性质的(general)命令，命令是一类要求(wish)，是一类愿望(desire)，其中包含了'义务'和'制裁'这两项基本的要素。"② 而命令可表述为：(1) 一个理性的人怀有的希望或愿望，而另一个理性的人应该由此去做某件事或被禁止去做某件事；(2) 如果后者不顺从前者的希望，前者将会对后者实施一种恶；(3) 该希望通过语言或其他标记表达或宣告出

---

① 〔英〕奥斯丁:《法理学的范围》，刘星译，中国法制出版社2002年版，第11页。
② 参见同上书，第3页。

来。可见,命令是一种以惩罚为后盾的希望,对于违反命令的人们所加的痛苦便是制裁,制裁是命令不可缺少的特征。在命令中要求的作为和不作为就是义务。

主权者的"命令"是奥斯丁关于法律定义的核心,它构成了作为法学研究对象的实在法。制定法、判例法以及经法官确认的习惯都是实在法。奥斯丁认为,法理学的内容就是要研究实在法,实在法是一个主权国家制定出来的法律制度,这才是严格意义的法律,这种法律是政治上居上位者为政治上居下位者制定的。所谓主权指政治优势者对劣势者的关系。优势即强权,是以恶或痛苦施诸他人的权力,以及通过他人对恶的恐惧来强制他们按照主权者的希望去行为的权力。法律和其他命令来源于"优势者",用以约束或强制"劣势者",所谓法律制裁是对不服从者以刑罚方式出现的法律责任。

由此可知,命令、主权者和对不服从者以刑罚方式出现的法律制裁,是奥斯丁法律定义的基本要素。"命令"是奥斯丁法律定义的核心,由于法律是与命令、义务和制裁联系在一起的,所以法律的本质就是以制裁为后盾的强制执行义务的命令。法律一经制定并公布,人们只有服从的义务,而没有不遵守的权利。因此,有的法律,尽管在道义上是邪恶的,只要是以适当的方式颁布的,仍然是有效的,从而形成了"恶法亦法"的理论,这是分析法学的一大特色。

▶ 二、法理学范围的确立

在奥斯丁时代,法学在一定程度上摆脱了神学的束缚,但并未形成独立自足的体系。法理学还处在与哲学、伦理学、政治学等尚未完全分离的混沌状态,其研究范围、研究对象等均不明确。当时欧洲的法学研究主要有四种类型:(1) 中世纪的神学法学;(2) 资产阶级启蒙思想家的自然法学;(3) 以德国为中心的传统罗马法学;(4) 英国本土以司法为内容的实践法学。奥斯丁认为这四类都不是真正的法学,一切成熟的法律体系都会有着共同的基本特点和统一的概念,而法理学的任务就在于对它们进行分析和研究。

奥斯丁认为,古典自然法学关于自然法的理论前提是虚构的,这类虚构是产生莫名其妙的术语、隐晦无知和困惑的一种最丰富的来源,这种学说在"科学上占的地位是比较狭窄和没有意义的"。奥斯丁发展了康德两元论法律思想。康德把法学研究分为两类,一类是关于法律先验应然标准的研究,一类是关于法律实际规范的研究。奥斯丁把法律分为"应当是这样的法律"和"实际是这样的法律",他认为法理学乃是一种独立而自足的关于实在法的理论,法理学的研究对象是"实际上是这样的法律",从而严格地划定了法理学的研究范围。

奥斯丁明确划分法理学与伦理学之间的理论界限,目的是将法理学从其他学科中分离出来,确立法理学研究的范围,以使法理学成为一门真正的科学。他认为,法理学关注的乃是实在法,或严格意义上的法律,而不考虑法律的善或恶;法学家关心的是"法律是什么",立法者和伦理学家关心的是"法律应当是什么"。前者是实在法,后者是理想法、正义法。他指出,道德与法律不存在必然的联系,在确定法律的性质时,绝不能引入道德因素。二者的区别在于,道德是一种劝告和忠告的性质,人们可以自由接受或不接受,而国家的法律是一种命令,人们一定要遵守。实在法是法理学的研究对象,道德则是伦理学的研究领域。对"法律应当是什么"的研究属于立法学,立法学是伦理学的一个分支,其作用在于确定衡量实在法的标准以及实在法为得到认可而必须依赖于其上的原则。奥斯丁所主张的这种将法理学与伦理学相区分的观点是分析实证主义的最重要的特征之一。

奥斯丁认为,法理学的任务是对从实在法制度中抽象出来的一般概念和原则予以解释。奥斯丁将其"法理学"分为"一般法理学"(general jurisprudence)和"特殊法理学"(particular jurisprudence)。一般法理学,又可称为"比较法理学",它所关注的是对不同法律体系中的共同原则、概念、特征等进行抽象、分析和阐释。特殊法理学则是研究任何一个实际法律体系或其任何一部分的科学,是关于一个具体法律体系的"法律的知识"及其适用艺术,例如对罗马法的研究。特定法律体系由于它的独特性以及它本身所使用特殊技术语言而使之具有复杂性,这不是一般法理学的合适对象。在奥斯丁看来,法理学只能是一般法理学,虽然各种法律体系有它特殊的和不同的性质,但在各种体系中存在着共通的原则、概念和特征。以功利原则或任何人类观念为标准来衡量法律的好与坏,并不是一般法理学直接关心的问题,这属于立法学的对象,它涉及解释这些原则的目的、确立实在法应该是什么的标准和确立实在法合乎这些目的的尺度和标准。因此,奥斯丁为真正的法理学划定了两个范围:(1)法理学研究的对象是严格意义上的实在法;(2)通过对实在法进行分析,找出其共同的原则、概念和方法。

▶ 三、实证分析方法

奥斯丁继承和发展了边沁的功利主义思想,他认为在不同的法律体系中,都存在普遍的共通原则,这些共通原则就是功利。功利原则是绝对的、普遍的,为人们普遍采用和认可,是指导人们分析问题、做出行为选择的依据。但是,功利原则应当是立法学研究的对象,法理学的任务是对全部实在法的概念和特点进行整理与分析,澄清和阐述现有法的概念和结构,然后提取一般性的原则和结论,运用其一般原则和结论对全部实在法规范进行去伪存真的再认识。

在《法理学讲义》中,他详细地分析出法律的六项共通原则:(1)义务、权利、自由、伤害、惩罚、赔偿的概念与它们彼此间的关系,及它们与法律、主权和政治社会间的各种关系;(2)成文法和不成文法在司法实践中由于理解不适当而作出相反解释的区别;(3)权利的特征;(4)权利的限制;(5)责任的特征;(6)损害和不法行为的特征。以上这六个方面在任何法律体系中都是存在的,因而它们就构成了法理学的主要内容。奥斯丁的分析法学只是从形式上分析这些法律原则、概念和特征,而不涉及法律价值问题。奥斯丁说,通过对这些"法律主导术语"的分析,法律可以从道德中分离出来,成文法可以从不成文法中分离出来,法理学可以从立法学中分离出来。

奥斯丁开创的分析法学一改自然法学抽象、思辩的色彩,采取经验的、事实的、分析实证的方法研究客观存在的法律,对实在的法律进行精微的比较和深入的探讨,力图发现构成法律通用的一般原则、概念和特征。奥斯丁分析法学的最大特点是采用实证主义的分析方法,这一方法的关键在于:强调必须在可感知、可经验的观察材料范围内分析问题,注重研究"确实存在"的东西,追求"确实存在"的知识,坚持价值中立,否认有先验的理念存在。所以,奥斯丁认为应当在实在的法律制度中进行观察、归纳和分析。他深信,在各种较为成熟的法律制度中存在着足够的共同点,通过对这种共同点的归纳和分析,完全可以获得具有普遍性的法律概念和结论。

奥斯丁对法律本身精确的描述和分析,为法学的进一步发展奠定了基础。与边沁的学说加以比较就会发现,边沁是从功利主义角度出发,主要从事立法理论研究,奥斯丁则对法律的概念、本质、形式进行实证分析。正是从奥斯丁开始,法理学研究重心才开始从法律的外部关系,如法律与宗教、法律与道德等方面,转移到法律的内部结构、范畴体系和逻辑关系等方面。正是在奥斯丁这里,西方法学从传统的形而上学的思维转向了专门的法律思维,开创了法学研究的新领域。对可感知的现实法律制度材料的深入研究,既是分析法学的基本思路,又是其基本方法,也是其被称为"分析法学"的基本缘由。

学界通常认为,分析法学的原创意识可以在边沁的著作中找到类似的观念表达,可惜边沁的著作长期淹没于庞杂的手稿之中。从分析法学历史发展角度来说,人们依然不能不承认,正是奥斯丁的《法理学的范围》一书,在事实上是分析法学得以发动推进的先导性文本。毕竟,后来的众多崇尚分析法学的学者,首先是在《法理学的范围》这一原典中获得思想的。奥斯丁的这种实证式的分析方法,开启分析法学的学术风格,使法学真正成为一门独立的社会科学。

第八章　历史法学

学习重点:(1) 萨维尼的法律与民族精神、立法和法典编纂理论;(2) 梅因的法律发展理论。

历史法学泛指以历史的观点和方法研究法律现象的一种思潮。亚里士多德、孟德斯鸠等著名学者都不同程度对历史法学的发展作出了贡献,而真正使历史法学形成一个学派始于19世纪的德国。这一学派倡导对历史上的法律进行深入研究,以此为当代法律的发展提供历史资源,对德国法学乃至英美法学都产生了深远影响。

18世纪末19世纪初,在德国形成了以胡果(Gustav Hugo,1764—1844)和萨维尼等为首的历史法学派,基本代表了19世纪法学思想发展的主流。随后历史法学分化,形成了研究罗马法的罗马法学派和研究日耳曼法的日耳曼法学派。罗马法学派以萨维尼为代表,他们强调对德国历史上的罗马法进行穷根究底的研究,发现其中的原理。该学派尤其以研究罗马法中的《学说汇纂》见长,因为《学说汇纂》的德语译音为"潘德克顿",所以该学派也被称为"潘德克顿学派"。日耳曼法学派的代表人物有埃希霍恩(Karl Friedrich Eichhorn,1781—1854)、祁克(Otto Friedrich von Gierke,1841—1921)等,他们潜心于德国日耳曼习惯法的收集整理和研究。

以萨维尼为代表的历史法学,极大地影响了法学理论发展的进程。(1)历史法学对近代民法学的形成和发展作出了贡献。近代民法学科的德国法学家,几乎无一例外都是历史法学派的成员:普赫塔(Georg Friedrich Puchta,1798—1846)、埃希霍恩、耶林(Rudolph von Jhering,1818—1892)、温德海得(Bernhard Windscheid,1817—1892)、祁克等。如果没有历史法学,近代民法学就不会达到如此高的水准。(2)历史法学在挖掘、整理、恢复人类法律文化遗产方面作出了巨大贡献。现代西方法律制度和法学学科的历史基础是罗马法和日耳曼法。罗马法从中世纪起就受到学者的重视,历史法学在此基础上进一步予以总结、汇集、出版,从而使古代罗马法的经典文献能为创建近代法学服务。大规模从事日耳曼法研究的是日耳曼法学派,尤其是祁克在保存、恢复和阐明日耳曼法方面所取得的成果至今无人超越。(3)历史法学积极倡导用历史方法研究法律现象,为后世提供了丰富的法学方法论工具。同时,历史法学家把法学理解为"一门建立在历史基础上的科学",批判自然法学的非历史主义,比较正确地指出了法的起源及其发展规律。

历史法学由德国扩展,进而影响到欧洲其他国家之后,这股思潮便逐渐消除其早期的某些缺陷,摆脱其政治上的保守性,不但对德国等大陆法系国家影响深远,对于英美法系国家也有很大影响,尤其对工业革命时代的英国具有很强的影响力,使英国历史法学展现出不同的面貌,与德国各具特色,相映成趣。历史法学在英国的代表人物有梅因和梅特兰(Frederic William Maitland,1850—1906)。梅因是英国法律史学的开路先锋,他的研究使英国法律界重视法律史研究,顺应历史潮流,标志着历史法学达到一个新的高度。梅特兰努力开拓英国法制史学的研究,他被视为英国法律史的奠基人物。

历史法学是当时法学中的一颗璀璨明珠。20世纪美国著名法学家庞德评价说:19世纪有各种各样的法理学理论,但这一历史进程的主要线索是历史法学派的兴起、称雄和衰落。在19世纪,历史法学派基本上代表了法学思想发展的主流。萨维尼创立的历史法学派的兴衰史虽不构成整个19世纪的法学思想史,但它却是这个历史的核心和最主要内容。① 萨维尼提出的"法源自民族精神"的观点,是人类在认识法律的形成方面作出的努力之一,为后世通过社会学、文化学、经济学等方法认识法律现象提供了参考,这实际上建立了近代法学方法论的基础。

第一节 萨维尼的法律思想

弗里德里希·卡尔·冯·萨维尼(Friedrich Karl von Savigny,1779—1861)是德国历史上最伟大的法学家之一,历史法学派的主要创立者。萨维尼出生于法兰克福,由于家人相继去世,13岁时萨维尼便成为家族的唯一后裔。萨维尼父亲的老朋友、皇家最高法院陪审法官诺伊拉特(Johann Friedrich Albert Constantin von Neurath,1739—1816)将萨维尼接到家中与自己的独子一起抚养,并对他们进行法学教育。1795年,萨维尼在马尔堡大学听课,结识了人文主义法学学者维思(Philipp Friedrich Weis,1766—1808)并在他的指导下研究《学说汇纂》,其间萨维尼曾赴哥廷根大学学习。1801年冬,萨维尼开始在马尔堡大学执教,1803

萨维尼

年出版的《论占有权》使他跻身德国经典法学作家之列。1810年,萨维尼受聘到新建的柏林大学任教授,后被推选担任校长。1817年,他受任普鲁士枢密院议员,1819年又出任柏林上诉法院法官,1842—1848年被任命为普鲁士立法大臣。1848年革命后,他退守书斋,埋头著述。

作为历史法学的主要创始人和近代私法法律科学的奠基人,萨维尼在法学理论、教育和实践方面的影响都不容忽视。萨维尼在其主要作品《论占有权》(1803年)、《论立法及法学的现代使命》(1814年)、《中世纪罗马法史》(1815—1831年)和《现代罗马法的体系》(1840—1849年)中系统阐述了该学派的代表性观点,主要如下:(1)就法的产生而言,不存在所谓"放之四海皆真理"的自然法或理性法。法律只能是土生土长和几乎盲目地发展,不能通过正式理性的立法手段来创建。在任何地方,法律都是由内部的力量推动的,而不是由立法者的专断意志推动的,法律的历史演变过程离不开一定的民族共同体。(2)就法的本质而言,法是世代相传的"民族精神",法律的存在与民族的存在以及民族的特征是有机联系在一起的,立法者不能修改法律,正如他们不能修改语言和文法一样。只有民族精神或民族共同意识才

---

① 参见〔美〕庞德:《法律史解释》,邓正来译,中国法制出版社2002年版,"作者前言"第2页。

是实在法的真正创造者,而非立法者。(3)就法的基础而言,法的最好来源不是立法而是习惯。只有在人民中活着的法才是唯一合理的法,习惯法是最有生命力的,其地位远远超过立法,只有习惯法最容易达到法律规范的固定性和明确性,它是体现民族意识的最好的法律。

▶ 一、萨维尼与蒂堡的论战

19世纪初,德国大部分地区处在拿破仑统治之下,《拿破仑法典》也被引进到莱茵河左岸和巴登等地区。这一时期,德国深受法国大革命的影响。法国大革命赋予公民自由平等的权利,并使其成为宪法的一项基本原则。随着拿破仑大军的对外扩张,公民权的观念也得到传播,在德国北部,普鲁士由于战败,不得不割让土地、赔款。1813年,德国获得解放战争的胜利,摆脱了拿破仑在政治上的压迫,随之而来的是民族主义热情高涨。1814年,持守以温和的理想主义为哲学基础的传统自然法学说的海德堡大学民法教授蒂堡(Anton Friedrich Justus Thibaut,1772—1840),发表论文《论制定一部统一的德国民法的重要性》,主张德国进行民法典的编纂,并借助法典编纂统一德国各地区的私法。他写道:"现行法律是一个奇怪的混合物,罗马法是外来的,又是一个衰落时期的成果。旧的德意志法律书籍也充满着不合适的东西。没有人能够纵览如此广阔而又紊乱的整个领域。"[1]蒂堡指出,解决这一问题的方法就是编纂全德统一的民法典。"如果按照德意志精神编成一部简明的法典,那就将使法官,可能也使普通公民能易于掌握这个论题。……这样一个法典会把德意志各邦的居民团结在一起,即使政治上它们还命定处于分裂状态中。"[2]蒂堡的设想引起萨维尼的激烈抨击,他针锋相对地写出《论立法与法学的当代使命》这部著作予以驳斥,形成德国法学界著名的论战。二人的论著,充分体现出了理性主义法律诉求与历史主义法律观的尖锐冲突。

针对蒂堡的根据普遍的人类理性法学家们就可以制定出完美法典的观点,萨维尼认为,法律的起源和发展取决于民族的特殊历史,如同该民族的语言、习俗和政制一样。所有这些因素都是民族的统一的精神生活所创造的统一体,它们密切联系在一起,不可分离,是人民的信念的产物,而不是偶然性的和自由意志的产物。根据萨维尼的观点,法的发展表现为习惯法、学术法和法典编纂三个阶段,即从习俗和人民的信念之中产生了法,法在后来的发展主要通过职业法学家群体来推动。但是,推动法发展的决定性的力量来自民族内部,它在潜移默化中无声无息地发挥作用,这一力量就是民族精神。

萨维尼同意蒂堡关于德国应该编纂法典的意见,但不同意蒂堡关于立刻编纂法典的主张,他认为当时德国不具备制定统一法典的条件,这个条件就是立法者和法

---

[1] 转引自〔英〕乔治·皮博迪·古奇:《十九世纪历史学与历史学家》,耿淡如译,商务印书馆1989年版,第39页。
[2] 同上书,第40页。

学家必须对历史上的法进行深入研究,必须具备渊博的法律知识。

萨维尼也承认法学家在立法方面的重要作用。他认为,法学家群体是伴随法律的专业化分工而产生的。曾经作为人民共识的法,逐渐转化为法学家群体的共识,法学家取代人民,承担了法的发展的职能。但是,法学家的作用是从属的、有限度的。法学家对于立法干预太大,便会忘记对法的历史因素的考虑,向法律中"掺杂武断的意愿或意志",使法律越来越矫揉造作和复杂化,导致法和法律体系的扭曲和变形。把立法当成一种主观对客观进行加工的活动,这无疑存在歪曲体现民族精神的法的可能,这种立法容易对法律产生一种败坏作用,所以应该尽量少用。他指出,德国目前对现有法律资料的研究尚不足以有能力制定一部成功的民法典。当时的德国法学界还没有足够的学术能力发展出这样的学术体系,要获得这种能力,需要对从古到今的一切时代、一切民族的法进行深刻研究,尤其需要对罗马法原始文献进行认真阅读和仔细鉴别,之后才可以认识到其中有价值的原则和方法。如果不具备这样的条件就进行法典编纂,在司法实践中必然捉襟见肘,从而导致法律渊源的混乱。同时,如果现在就制定法典,那么其内部的缺陷就会固定下来,为以后法律科学的完善制造障碍。

通过这场争论,萨维尼创立了他的历史法学。1815 年,他与埃希霍恩一起创办《历史法学杂志》作为历史法学的理论阵地。1815 年和 1816 年,萨维尼出版《中世纪罗马法史》前两卷,随后的几卷分别在 1822—1831 年间出版。这一巨著进一步奠定了历史法学的基础。在这部著作里,萨维尼主要是想证明罗马法在中世纪从来没有中断过。其间,由于盖尤斯手稿的发现,萨维尼更加坚信自己观点的正确性。由于萨维尼的努力,罗马法在德国受到了重视,德国民法典的编纂也延期了。《论立法与法学的当代使命》的原型本是《中世纪罗马法史》的第一章,而《中世纪罗马法史》是萨维尼长期积累和构思的杰作。在《论立法与法学的当代使命》中,萨维尼首次系统地阐明了一种新的法哲学理论,奠立了德国历史法学的基础。①

▶ 二、法律与民族精神

18 世纪以来,德国的法律科学一直受理性的自然法思想支配,以普遍理性来编纂统一的德国民法典的思想盛行。萨维尼却提出了他独特的学说,主张法律是"民族精神"的产物。

民族一词在古典拉丁语中,意为"出生与出身",不附有政治上的含义。后来这一概念演变为"出身所属"的意思,进而衍化为因出生归属的人种集团、同乡集团社会以及更广泛的族源、人口等意思。② 对于一个共同体而言,仅构成民族是远远不够的,没有精神的民族是一个松散的、缺乏自我归宿感及个体之间缺乏相互认同感的

---

① 参见林端:《德国历史法学派——兼论其与法律解释学、法律史和法律社会学的关系》,载许章润主编:《萨维尼与历史法学派》,广西师范大学出版社 2004 年版,第 100 页。
② 参见刘新利:《基督教与德意志民族》,商务印书馆 2000 年版,第 16 页。

民族。因为民族也像自然界其他的生命物种一样具有内在演进的法则,决定民族生命之周期与形式的就是内化于民族个体成员内部的民族精神,这种精神是一个民族有机体的中心与根本,是一个民族区别于另一个民族的独立性的标记。民族精神的塑造需要深层次的民族文化的熏陶与培育,而历史法学认为法律是一种民族精神的观点,与当时德国的整个思潮一起,构成了文化民族主义的一部分,从而为德国凝聚人心、建立统一国家发挥了重要作用。

萨维尼认为法律不是理性的产物,不是由人任意制定的,而是民族精神所创造出来的,近代的自然法是凭空想象的,是"哲学的一种无根傲慢"。他反对启蒙运动的想法,认为对所有民族有效而超越时空的理性法是不存在的,因为每个民族各有其自己的独特性,有他们自己的民族精神。他视法律为该民族整体文化的一部分。他说:"在人类信史展开的最为远古的时代,可以看出,法律已然秉有自身确定的特性,其为一定民族所特有,如同其语言、行为方式和基本的社会组织体制。不仅如此,凡此现象并非各自孤立存在,它们实际乃为一个独特的民族所特有的根本不可分割的禀赋和取向,而向我们展现出一幅特立独行的景貌。将其联结一体的,乃是排除了一切偶然与任意其所由来的意图的这个民族的共同信念,对其内在必然性的共同意识。"①

在此"历史上可信的最早期",法律已经具有民族固有的特征,就如同该民族的语言、建筑有自己的特征一样,并且,法律随着民族的成长而成长,随着民族的壮大而壮大,最后,随着民族对于其民族性的丧失而消亡。民族的共同意识乃是法律的特定居所。这一理论的总的意旨是,一切法律均缘起于行为方式,在行为方式中惯常使用的做法最终发展成习惯法;就是说,法律首先产生于习俗和人民的信仰,其次才假手于法学。因此,法律完全是由民族内在无声的巨大力量造就的,而绝不是立法者的专断意志。一言以蔽之,法律就是民族精神的体现。一个国家的法体系,就是其固有的民族精神之长期发展的结果。

显然,萨维尼把法律看做民族精神的产物,从而针锋相对地反对以蒂堡为代表的当时流行的看法——把法律视为理性的产物,完全来自立法者所创造的制定法。萨维尼认为法律与语言、风俗等一样,存在于整个民族的意识当中,并根据其特性,借助于"内部必然性"而生长。他将法律的生成过程称为是"有机的",也就是说,法律与自然界的生物甚至人类一样,是借助于内部的必然性、按照其自身法则有机地生长的,它们都受看不见的手的支配。在萨维尼看来,法律"从某种意义上来讲就是生活着的人本身"。他认为,法律关系和法律规则构成一个不可分的整体,法律就是活着的现行有效的法律的整体,法律科学的任务就是重新描述这个整体。

德国历史上不乏支持萨维尼观点的实例。例如,中世纪习惯法中一直存在"永佃权",德国佃农据此可以较低的地租来长时间耕种地主的土地,甚至让子孙后代继

---

① 〔德〕萨维尼:《论立法与法学的当代使命》,许章润译,中国法制出版社2001年版,第25页。

承这种永佃权利,但德国的法学专家们无视这一习惯法,在立法中贸然废除了"永佃权",而代之以土地租赁合同制度,地主借此大幅上涨地租以迫使佃农退佃,而再高价转租他人,广大佃农失去土地后无以为生,纷纷揭竿起义,发动暴动,冲入城市中打砸法庭、市政厅,最后德国又恢复了"永佃权",暴动才得以平息。

除了民族精神外,萨维尼也承认法学家在立法中的作用,甚至把这种作用称为法律的"双重生命力"之一。他认为,伴随着文明的进步,民族的演进方向也越来越清晰明白和极具个性,那些本来可能还是全社会所有人共同保有的东西,后来却成为特定阶级的专属物品。法律也是如此。如今,法学家们越来越成为一个特殊的阶层;法律完善了这一阶层的语言,使其秉持科学的方向,正如法律以前存在于社会意识之中,现在则被交给了法学家,法学家因而在此领域代表着社会。法律因而具有双重生命力,自此以后也更具人为色彩,同时也更为复杂。这样,法学家和立法者就成为法律的代言人。

▶ 三、立法与法典编纂

萨维尼认为有两种类型的立法,一种是拥有立法权的人通过立法来体现其政治意志;另一种是通过立法消除单个的法可能存在的疑问和不确定性因素,使其规范明确。对于后一种性质的立法,萨维尼认为古罗马的裁判官法是一个典型的例子。

关于编纂法典,萨维尼认为,国家要审查法典编纂之前的其他法律渊源,统合到法典之中,为的是使法典取代在其之前有效的一切其他法的渊源,实现法律统一。而法典必须具有两个特征:就内容来说,法典应该保障最大限度的法的确定性以及法的适用的安全性;就形式来看,法典必须将其内容以精确的形式表现出来,而不能产生混乱和分歧。现实生活中出现的案件是无穷无尽的,因此试图穷尽一切的法典是不可能存在的。他指出:"人们常常揣猜,似乎仅凭经验就可能并且甚为便利地去获得关乎具体案件的完美知识,然后再根据法典的相应规定对其逐一进行裁判。但是,因为各种情形错综复杂,千差万别,所以,无论谁对于法律作过审慎思考,都会一眼看出,此举必败。"[①]

萨维尼认为,虽然包罗一切的完美法典不可能实现,但通过另一种途径法典确实可以实现完美,那就类似于几何学中的推理,比如三角形之中,从两条边及其夹角的情况就可以知道关于三角形的一切情况。而法律中也存在同样的情况,法律的每一部分中都存在一些要素,从中可以推论法律的全部情况,这就是法律的基本公理。从这些基本公理之中依次可以推论出各种具体的法律概念和其他的法律原则。不过萨维尼认为,这样的推论和阐述,构成了法学最艰巨的任务。在一个法学不够发达的时代,无法通过这一方法来实现法典化。

萨维尼指出:"法学家必当具备两种不可或缺之素养,此即历史素养,以确凿把

---

① 〔德〕萨维尼:《论立法与法学的当代使命》,许章润译,中国法制出版社2001年版,第38页。

握每一时代与每一法律形式的特性;系统眼光,在与事物整体的紧密联系与合作中,即是说,仅在其真实而自然的关系中,省察每一概念和规则。"①而实际上,这些工作在德国几乎没有动手去做,所以,萨维尼断然否认当时的德国具有编纂一部良好法典的能力。

同时,萨维尼认为,如果没有对法学很好的研究就仓促编纂法典,将不可避免地造成特别严重的后果。在这样的情况下,从表面来看是根据法典进行司法,但事实上是根据存在于法典之外的东西进行司法。这些存在于法典之外的东西就将成为法的真正的主要渊源,而这种支配法典背后的真正起到法的渊源作用的东西,其名称甚至都是变化不定的,有时叫自然法,有时叫法理学,有时叫法的类推。显而易见,在法典产生之后,其他的法律渊源都被取消,但是在实际上又要借助于其他方面的东西,这无疑会导致在司法实践中出现混乱、冲突和相互矛盾。

另一方面,这样做对法学也会产生毒害。由于法律渊源都集中到实在法层面,人们就会忽视先前时代的智慧,把注意力都集中到法律条文的字面上来。一部平庸的法典,除了产生一种机械、僵硬和毫无生机的关于法的观念之外,毫无所得。萨维尼对当时已经问世的法典如《法国民法典》、《普鲁士民法典》、《奥地利民法典》都持否定意见。对理性主义者主张根据法的普遍理性就可以制定法典的观点,萨维尼认为最好的反驳例子是与婚姻有关的法。婚姻占据法的一半的领域,但是其本身的一半几乎由习俗构成。因此如果不与必要的其他相关因素联系起来,每一个关于婚姻的法几乎都是不可理解的。在现代,加上基督教的影响,对婚姻关系的非法律性(即认为婚姻关系不是一种世俗法律上的联系,而是一种基于宗教理念的联系)的宗教信念,导致婚姻关系更加复杂和不确定。习俗、宗教与实在法并不一定如同立法者所想象的那样可以基于实在法而联系起来,这主要取决于公众的意识,立法只有确认这种公众意识才可以得到有效的施行。如果立法与具体环境不相符合,那么它就根本无法得到认可,解决不了问题,反而会增加不确定性的程度和解决问题的难度。

萨维尼认为目前德国法学家应注重对罗马法和德国传统法——日耳曼法的研究,以及这二者在现代的发展经历的研究。罗马法是法的典范,人们主要学习其法学研究方法以及原则。德意志各邦的共同法基本上就是罗马法,即使是地方法,也绝大多数起源于罗马法。德国传统法则是联系德国各民族的中介,具有民族性。虽然其大部分已经消失了,也不能忽视它。因此,德国法学家应该全力以赴进行这方面的工作。

在萨维尼提出他的主张之后,德国制定民法典的工作延期了。德国法学家将更多精力投入到对罗马法和日耳曼法的研究,其标志就是形成了旗帜鲜明的"潘德克顿"学派和日耳曼法学派。在萨维尼担任普鲁士立法大臣期间,他也只支持现状改

---

① 〔德〕萨维尼:《论立法与法学的当代使命》,许章润译,中国法制出版社2001年版,第37页。

良的修法方式。其结果就是没有大幅修法,而是颁行一些相关领域的特别法,如《婚姻诉讼法》《新闻法》《民事诉讼法》《汇票法》,这种情形一直维持到德国民法典颁行。

四、法律理论与实务的结合

萨维尼主张法律理论与实务相互结合,因为法律理论和实务具有天然的联系。萨维尼认为,法律本身具有双重生命:一方面,法律是社会存在整体中的一部分;另一方面,法律乃是掌握于法学家之手的独立的知识分支。简单地说,法律与民族的一般存在间的这种联系可以称为"政治因素",而法律的独特的科学性的存在可以称为"技术因素"。萨维尼认为对所有的法律理论家和法律实践家来说,对法律历史和体系的理解是不可或缺的。就如他早前提到过的那样,法学家必当具备历史素养和系统眼光。

在萨维尼看来,那种认为存在可以适用于所有时代的所有的事物的确信,不过是一种不幸的偏见而已。法律科学是一门历史科学。要了解一个民族的特殊性,就必须研究这个民族的历史,因为只有历史才能保持这个民族现状与其原始状态之间的生动关系。法律只有作为历史事实、作为实在法看待才是真实的。他提倡向法学引进历史学的方法,追溯每种法律制度的根源,从而发现一种有机的原理,将仍富有生命力的东西从没有生命力的或仅属于历史的东西中分离出来,以利于现行的法律发展。而与历史无关的、永恒有效的理性法不是法律科学研究的对象。毋庸置疑,这种严谨的"科学性质"也同样是法律实务工作者的工作性质。这样,通过法律的"科学性质",法律科学理论和实践就具有了天然的联系。

萨维尼指出,作为榜样的是罗马法的发展,罗马法的形成不是依靠制定法来实现的。萨维尼把古罗马发展法律的方法视为理想,希望在他的时代能够复兴这种方法。德国的理论也同样必须更加具有可实践性,而德国的司法实践则须更具有法律科学依据。萨维尼希望通过"博学多识阶层的法学家、教师和作家"和"从事实务的法律从业者"的团体相互结合,来纠正当时司法方面的弊端和不足。在萨维尼看来,法律科学的主要任务正是藉由这一理论与实践之间的相互接近,使法律的实施获得切实的改善。

法律理论之外另存一个司法体系对萨维尼来说是不能忍受的,因为这将引出理论和实践的分离。最有害的情况是法官被限定为机械地运用已存在的法律规范,不允许对这些规范进行解释。法官要解释法律就必须思考在法律中蕴藏的思想,弄清法律的内容。而这种解释本身必须是历史的、体系的。历史的解释,是指为了获得立法思想的知识而对历史情况的关注。体系的研究是超越单一的文本,而从法的整体中寻找法律的意义。在体系中法官才了解到整体的内容,而不只是一个单义的规范。找寻这些法律规则是理论和实践的任务,也是萨维尼一直要求理论和实践相统一的原因。

在萨维尼看来,理论与实务的统一是可能的,并能富有成效。他认为,不久的将来,高等上诉法院的法官将会都由从事法学理论研究的人来充任,而他们可以把理论与实践很好地联系起来。理论工作者拥有理论,实务工作者既拥有理论还拥有责任。如果法官们缺乏理论,他们的职责履行就带有很大的偶然性,这不利于法律的实施。

为拉近理论和实践距离,克服当时严重存在的理论和实践之间的对立关系,萨维尼倡导"法学家成员和法院之中的交流",建议选任有学识的人担任法官。他指出:"实践与充满活力、一直保持持续进步的理论间的联系,乃是向法院源源不断提供优秀英才的唯一办法。"① 同时,司法官的裁判只有不再被当做工具,而是一种自由而庄重的使命的召唤时,司法才会获得真正的、科学的完善。为此目的,萨维尼自己也亲身实践,他长期担任柏林大学法学院判决咨询委员会委员,还兼职为莱茵地区在柏林的高等和上诉法院工作。萨维尼感到具体的、实际的审判工作对自己很有吸引力,使自己的学术研究获得更宽广的视野,并给自己带来很多快乐。这表明萨维尼对实务工作有很大热情。在萨维尼看来,一个法院的素质评定就是看法官成员的受教育程度和他们的学识,这样才能确保法官职业的科学性和政治上的自由度。

第二节 梅因的法律思想

亨利·詹姆斯·萨姆那·梅因(Henry James Sumner Maine,1822—1888)是英国著名法律史学家。他1840年进入剑桥大学潘布鲁克学院读书,很快成为当时学院最有才气的学生,1847年成为剑桥大学罗马法课程的教授,任职7年。当时剑桥大学法制史教授的职位并未受到人们的注意,梅因却在这个职位上使自己功成名就。1852年,伦敦四大律师学院联合设立五个讲师职位,梅因成为罗马法与法理学的第一位讲师。1861年,《古代法》这本划时代著作的出版,使梅因实至名归,当年年底即被任命为印度顾问委员会的法律委员,在印度工作7年。回国后,梅因开设法理学讲座,并根据其讲义先后出版《村落共同体》《制度早期史》《古代法律与习惯》等著作。1877年,梅因当选为剑桥大学法学院院长。

梅因

梅因可谓英美法学界第一个明确使用历史法学方法并为历史法学在英美世界赢得声誉的法学家。他批评布莱克斯通对道德论证的依赖和对自然法理论的诉求,

---

① 〔德〕萨维尼:《论立法与法学的当代使命》,许章润译,中国法制出版社2001年版,第150页。

还指责边沁和奥斯丁对法的本质的思考缺乏历史维度。他认为,法律是特定时空的产物,边沁和奥斯丁的理论本身也是特定时空的产物。在《古代法》的序言中,梅因指出:研究古代法的目的在于说明反映于古代法中的人类最早的某些观念,并指出这些观念同现代思想的联系。有了这种认识,在具体的研究中才能增强目的性,从而在具体的经验基础上得出系统的、具有文化属性的对法律制度及其历史的把握。不过,从学术史上看,梅因的主要贡献是他从印度归来后对乡村社区、早期的制度、现代习惯以及古代法的研究。而且,梅因明显受到萨维尼的影响。

梅因所处的时代正是英国辉煌的维多利亚时代,工业革命、经济的高度发展使人们对历史尤其是法律史产生了轻视的看法。如著名法学家边沁认为法律史除了可供批判外别无用处,约翰·斯图亚特·密尔也认为他对英国法律宁愿不顾过去的全部成就而重新从头写起。梅因的研究使英国法学家们终于明白,如果他们想更好地理解法律,就必须进行历史的研究。

▶ 一、法律的起源与发展

和萨维尼一样,梅因也把法律视为一个阶段性的缓慢的发展过程。他认为,把法律的起源说成是命令,这是对历史的漠视和歪曲,因为在人类的初生时代,不可能想象会有任何种类的立法机关,甚至一个明确的立法者。他认为,现今意义上的法,只能从它的起源、发展、变化的过程中去认识,法律永远是反映前一时代的观念、制度、原则和特征的沉积。他说:"早期法律制度有重大作用,早期法的始基对于法学家来说,正如同地壳对于地理学家那样重要,因为它们潜在地包含了以后法律具有的一切东西。"①他通过对希腊、罗马、英国和印度古代法的研究,将法的起源和发展分为两大时期。

第一个时期的法律是按照判决——习惯法——法典这样的顺序发展起来的。最早的法律观念存在于古希腊荷马诗篇中的"地美士"(Themis)和"地美士第"(Themistes)的字眼中,"地美士"是古希腊万神庙中的"司法女神"。在人类初生时代,人们对于持续不变的活动只能假定用一个有人格的神来加以说明,比如下雨有雨神,刮风有风神,日出日落有日神等,当国王用判决解决纠纷时,他的判决也就假设是来源于"地美士"神的直接灵感的结果。而其复数用法"地美士第"意指审判本身,因为其并没有一般原则,所以并不指法律。但个别的、单独的判决不断作出,类似的案件采用类似的判决,就有了"习惯"。随着社会的进化,国王逐渐丧失神圣的权力,而为少数贵族集团所取代,这些贵族集团不再假借神意,而是确立自己的权威。他们依照习惯原则来解决纷争,成为法律的保存者和执行者,他们所依据的习惯就成了习惯法,法律的发展也进到习惯法时代。一个拥有司法特权的贵族政治成了唯一的权宜手段,可以较为正确地保存民族或部族的习惯。而这一时期的习惯法

---

① 〔英〕梅因:《古代法》,沈景一译,商务印书馆1959年版,第2页。

是真正的不成文法。再后来,由于文字的发明,加上大多数平民对少数贵族独占法律表示不满与反抗,促成法以法典的形式公布,这使法典时代最终到来。历史上先后出现了希腊的《阿提卡法典》、罗马的《十二表法》和印度的《摩奴法典》。梅因认为,这些法典的意义不在于是否匀称整齐,而在于为众所周知,以及它们能使每个人知道应该做什么和不应该做什么。

原始的法律一经制成法典,法律的自发发展时期便告终止,进入第二个发展时期。此后法律的演变和发展便都是外力作用和人为的结果。由于各民族历史发展不同,法律也相应呈现出不同的特点。

世界上绝大多数民族的法律制度一经形成,就很少有继续加以改进的愿望。他们的法律仍停留在古代成文法阶段,很少或几乎没有发展。那里"不是文明发展法律,而是法律限制文明",梅因将这种社会称为"静止的社会",以印度为代表的东方社会便属于这种情况。法律限制了社会文明的进一步发展。

而少数先进民族却不然,在他们那里,社会需要总是走在法律的前面,为了缩小法律与社会和社会现实之间的缺口,他们总是在不断地发展、改进自己的法律。梅因称这种社会为"进步的社会",以罗马和英国为代表的西方社会便是如此。西方人发展和改进法律的方式依次有三:(1)法律拟制,它用以表示掩盖或旨在掩盖一条法律规定已经发生变化这一事实的任何假定。此时法律的文字并没有改变,但其运用已经变化,这种方式不改变成文法的原貌,却使其内容发生改变,如罗马的"法律解答"和英国的"判例法"。它实际上发展了法律,但不致于引起人们对法律变革产生混乱和反感。旧的规定已经被废除,一个新的规定已被用来代替,但这事实却往往不易觉察。(2)衡平,它在拉丁文中有"平准"之意。这是借用人类普遍信奉的至高无上的原则,对原有的法律进行改动和补充。衡平是对法律明确而公开的变动,往往依据神圣的原则认定其比普通法律更为优越。如罗马裁判官法依据自然法原则可以改变"市民法"的规定,英国大法官衡平法宣称是根据"国王的良心"公然改变普通法。(3)立法,指一个立法机关制定法规,它可以由一个专制君主或一个议会来进行。立法所以有强制力,与其原则无关。它有权把它所认为适宜的义务加在社会成员的身上,没有谁能限制它任意制定法规。法规所以有拘束力,是由于立法机关本身的权力,而不是由于立法机关制定法律所根据的原则。

二、法律发展的趋势:从身份到契约

梅因通过对世界上各主要民族的法律体系进行历史的、比较的考察和研究,得出一个著名的结论:所有进步社会的运动,到此时为止,是一个从身份到契约的运动。"身份"是指来源于古代属于家族所有的权利和特权的法律关系,即个人对父权制家族的隶属关系。"契约"是法律关系发展、进步的结果,它指的是由个人自由订立协定而为自己创造的权利和义务的关系。

梅因认为,古代社会并不像现代所设想的是个人的集合,而是许多家族的集合体。而这些家族实际上应当看作是因吸收外人而不断扩大的团体,团体成员由于对父辈的服从而结合在一起。而其中最显著的法律制度是"家父权"制度,即家父对子和妻的人身和财产享有处分权,法律实际上就是父辈的指令。由"家父权"结合起来的"家族"是全部"人法"从其中孕育而产生出来的卵巢,家父握有生杀之权,他对待他的子女、他的家庭像对待奴隶一样,不受任何限制。亲子终有一天也要成为一个族长,除此以外,父子关系和主奴关系似乎很少差别。但是,家父拥有这样的权力和地位并不是由于他是父亲,而是因为他是家族的代表,他以代表的身份而非所有人的身份实施占有。

在这种情形下,法律或"地美士第"也许只是每一个独立的家族长向他的妻子以及奴隶任意提出的不负责任的命令。即使国家形成后,法律的使用亦极其有限,因为约束力只涉及家族而不涉及个人。梅因用一个不完全贴切的对比说,古代法律学可以譬作"国际法",目的只是填补作为社会原子的各个大集团之间的罅隙。国家立法和法院审判只针对家族首长,家父是家中的"立法者",家族成员以家族法律为行为准则。

所有进步社会的运动过程中,家族依附逐步消灭,个人义务不断增长,个人不断代替家族成为民事法律所考虑的单位。用以逐步代替源自家族各种权利义务关系形式的,就是个人与个人之间的契约。在新的社会秩序中,人的一切关系被概括为在契约关系中,而所有这些关系都因个人的自由合意而产生。只有未成年人、孤儿、精神病人才因缺乏达到定约的必要条件而应受到保佐人的外来支配。例如,"保佐下妇女"的身份,如果保佐人不是其夫而是其他人,从她成年以至结婚,凡是她所能形成的一切关系都是契约关系。"父权下之子"的身份也是如此,在所有现代欧洲社会法律中它已经没有真正的地位。

▶ 三、古代法律制度的早期史

为了使自己的观点更具有说服力,梅因具体考察了遗嘱与继承、财产所有权、契约、侵权和犯罪行为等各个部门法律关系的历史。

(一)遗嘱与继承

遗嘱是个人处置自己遗产的一种自由意志的表述。它不是自古就有的,而是人类社会发展到一定阶段的产物;它也不是一成不变的,古代社会与现代社会的遗嘱继承关系无论在性质上还是在意义上都有重要差别。最初的遗嘱绝不是个人自由处理自己遗产的手段,因为当时个人既不拥有财产,也没有支配财产的权利,他只是家族的一个附属品,一个家族事实上构成一个法人。在这种条件下,遗嘱和继承只能在家族之间进行,即由家族这一法人的代表族长来进行。遗嘱只是把家族权力转移给新族长的一种方式。因此,最初的继承权必然是概括继承,即"对死亡者全部法律地位的一种继承"。随着社会的演进,遗嘱继承逐渐由"用来规定家族权的转移"变为"规定财产的死后分配"。但是遗嘱继承作为分配死者财产的一种方式,从一开始就受到强大的家族势力的抵制和反对。

梅因在对许多民族的古代法进行研究之后证明,在实行遗嘱继承之前,有一个长时期的"无遗嘱继承"时代,即按照血缘和家族身份分配死者的财产。到了中世纪,西欧的"长子继承制"更是建立在家族授产的基础上,把遗嘱继承排除在法律之外。真正将遗嘱作为分配死者财产的自由意志的体现,是随着中世纪后期资本主义萌芽的出现而兴起的。

(二) 财产所有权

罗马法认为,人们最初的财产所有权主要是通过"先占"这种"取得财产的自然方式"获得的。所谓"先占",是指对无主物的蓄意占有。人们通过先占这一程序,便使自然界中的无主物件成为个人的私人财产。梅因指出,这种财产所有权理论是对古代史实的严重歪曲。

他认为,后人之所以对这种学说感兴趣,主要是受了自然状态理论的影响,它提供了一个关于私有财产起源的假说。事实上,这种个人自然取得财产的说法仅仅是神话。他以大量历史资料证明,古代法律几乎全然不知个人。它所关心的不是个人,而是家族,不是单独的人,而是集团。在古代社会中,财产不属于个人,甚至也不属于个别的家族,而是属于按照宗法关系组成的社会。印度的农村公社最能说明这方面情况,那里的个人财产所有权受到村社公有制的极大限制,财产公有制成为印度乃至整个人类古代社会所有制的共同特征。即使在西方,个人所有权也受到来自血缘和宗亲集团方面的强大影响,只是后来随着商品经济的发展和平民力量的壮大,宗亲、团体分解而成为各个家庭,最后,家庭又为个人所代替。每一种这样的变化,都标志着所有权性质的一次改变。

(三) 契约

近代自然法学说主张社会契约论,认为一切法律都源于契约。梅因将这种理论斥为将法学引入形而上学歧途的"梦呓"。历史的真相是,在人类社会早期,个人并不能为自己设定任何权利,也不能为自己设定任何义务。他所应遵守的规则,首先来自他所出生的场所,其次来自他作为其中成员的户主所给他的强制性命令。在这种制度下,就很少有契约活动的余地。罗马人发明的契约观念,是人类摆脱身份束缚的重要手段。这种手段为中世纪的日耳曼蛮族所继承,契约成为缔结封建关系的纽带。诚然,封建主具有一个宗法家长的许多特点,但他们的权力受到多种习惯的限制,这些习惯就来自他与其臣属之间的契约关系。这正是古代与中世纪社会的一个重要区别。

(四) 侵权和犯罪行为

梅因在对一些民族的古代法典进行详尽研究后,得出这样的结论:古代法典的一个重要特点是,法典愈古老,它的刑事立法就愈多,社会发展水平愈低下,民事立法就愈少。因此,刑法与民法在法典中所占比重的不同,构成古代法律与现代法律的重要区别。古代法典中民法少、刑法多的特征,是与当时社会的其他特征相联系的。

古代社会体制和历史条件决定了"人法"、"财产与继承"以及"契约法"这些民法规则必然缩小到最狭窄的范围。既然家庭中的一切身份都从属于父权,既然妻妾对其夫没有任何权利,子女对其父处于完全的依附地位,人法只能是规定人们身份的寥寥数语。既然财产不属于个人而为家族或集团所有,财产的转移只在家族内进行,遗产的分配也须以血缘和宗亲关系为依据,有关财产和继承的规定便也不会很多。由于以上同样的原因,契约的观念在古代并不普遍,这方面的法律规范更稀少。

刑法则不然。人们刚刚从野蛮社会迈进文明的门槛,各种强暴行为时时发生,因而刑法的比重必然大大超过民法。但是,古代社会的刑法不是现代意义上的"犯罪法",而是"不法行为"或"侵权行为"法。犯罪是指侵犯国家、社会的共同利益,对此国家司法机关应予以制裁。而不法行为或侵权行为是对个人利益的侵害,对此由侵害者交纳罚金补偿。在古代,大量属于犯罪的行为,如侵害、盗窃等都被视为侵权行为,由侵害者赔偿了事。由此可见,在法律的幼年时代,公民赖以保护使自己不受强暴或欺诈的,不是犯罪法,而是侵权行为法。后来,当人们逐渐认识到这种侵害行为不仅危害个人,而且也危害社会时,对这类行为的制裁和惩办便开始由国家出面承当,犯罪的概念和犯罪法也随之产生。与此相适应,执行这方面法律的责任也逐渐由家族集团的个人转移到整个社会的代表——公职官员身上。

综上所述,梅因通过对各部门法的历史追溯与考察,揭示了人类法律关系演变进化的历史轨迹,指出从身份到契约的运动是前资本主义时期以及资本主义时代法律关系发展的总趋势,展现了不同历史时期法律关系的基本特征。

第九章 社会法学

学习重点:(1) 埃利希的社会规范、法律规范与活法理论;(2) 狄骥的社会连带关系、社会规范和客观法理论;(3) 庞德的社会控制工程理论和社会学法学的纲领;(4) 美国现实主义法学的法律观。

社会法学是从社会本位出发,运用社会学的观点、方法研究法律问题,注重法律的社会目的、功能和效果,强调不同社会利益整合的一个实证主义法学流派。从其名称看,有时用社会学法学(sociological jurisprudence)一词,有时用法律社会学(sociology of law)一词,这反映出社会法学的两大传统:(1) 来自法学的传统。代表人物有德国的鲁道夫·冯·耶林(Rudolph Von Jhering,1818—1892)、奥地利的欧根·埃利希、法国的莱昂·狄骥、美国的罗斯科·庞德等。他们主要使用法学范畴,其学说通常自称或被称为社会学法学。(2) 来自社会学的传统。代表人物有法国的奥古斯特·孔德、英国的赫伯特·斯宾塞(Herbert Spencer,1820—1903)、德国的马克斯·韦伯、法国的艾米尔·涂尔干等。他们的法学理论属于其社会学的一部分,他们主要使用社会学范畴。尽管这两种传统存在一定的差别,但它们都强调以社会学的观点、方法研究法律问题,都关注法律与社会之间的关系,两者之间还表现出相互融合、相互影响的趋势,本章将两者统称为社会法学。

19 世纪末 20 世纪初,受西方社会学的影响,在批判分析法学和概念法学的基础上,社会法学首先在欧洲大陆兴起,然后很快扩展到北美和斯堪的纳维亚地区。社会法学的产生背景,主要是法律社会化运动及社会学的广泛传播。19 世纪末开始,随着西方社会由自由竞争向垄断阶段过渡,主要资本主义国家中各种社会矛盾趋于激化。在贫富分化悬殊、社会道德沦落、自然资源和生存环境遭受极大破坏的情况下,西方各国开始积极而广泛地干预社会经济生活,许多社会立法包括劳工法、社会保障法、环境保护法等不断出台,形成法律社会化运动。在法学领域,自然法学、分析法学已经不能满足日益变化的社会需求,许多新的论题促使法学传统与社会学方法相结合。在思想观念层面,实证主义、实用主义成为当时西方社会的主流思潮。早在 19 世纪 30 年代,法国的孔德就认为,社会学是运用自然科学的方法研究人类社会的科学,人类应该借助观察、实验和比较等方法研究社会问题。19 世纪末 20 世纪初,法国的涂尔干、德国的韦伯和美国的芝加哥学派等,试图具体确定社会学的范围和方法。社会学的迅速传播,为社会法学的产生提供了理论基础和精神动力。

社会法学的产生和发展可以分为三个阶段:(1) 19 世纪末到 20 世纪 30 年代前,是社会法学的产生和初步发展时期。该学派的诞生标志是德国耶林 1872 年发表的《法律的目的论》一文,其中提出法律的目的是保护社会利益。奥地利的埃利希、法国的狄骥、美国的庞德等学者大力呼吁把社会学的方法引入法学,他们力图构筑社会法学的行动纲领,建立社会法学的理论体系。(2) 20 世纪 30 年代到 60 年代,社会法学受到心理学行为主义的严重影响,有些学者过分运用问卷、资料统计、行为调查等纯社会学技术,偏重对具体法律问题的社会学分析,尤其强调对法官的心理分析。在这一阶段,美国的霍姆斯、卢埃林和弗兰克等人发挥了重要作用。(3) 20 世纪 70 年代以后,社会法学恢复和发扬了庞德等人的"正统社会法学",强调社会法学的研究既是理论的又是实践的,强调研究法律的实际社会作用和效果,为改革或改善法律提供方案。在全球化进程中,社会法学开始呈现世界规模的整体化趋势,各国学者包括中国的法学研究者纷纷加入全球性的社会法学研究。

如果说自然法学强调的是价值,分析法学强调的是规范,社会法学则注重社会事实,即法律在社会生活中的实际运行和效果。社会法学把研究的侧重点由国家转向社会,强调法学的重心不在立法和司法判决,而在于社会本身,强调对法律和司法判决的社会效果进行研究,强调对"活法"、"行动中的法"进行研究。社会法学强调社会利益、社会连带关系对法律和社会发展的重要性,指出法律是一项社会控制工程,其目的在于对各种相互冲突的利益进行协调。

第一节 埃利希的自由法学

欧根·埃利希(Eugen Ehrlich,1862—1922)是奥地利法学家,欧洲社会法学和自由法学的创始人之一。埃利希出生于布科维纳的切尔诺夫策一个犹太人家庭,1886 年在维也纳大学获法学博士学位,1894 年出任维也纳大学讲师,主讲罗马法,兼任律师工作,1900 年起在切尔诺夫策大学担任罗马法教授,1906—1907 年任该大学校长,1909 年在奥地利教育部大臣的资助下开办"活法讲座"。埃利希的主要著作有:《默示的意思表示》(1893 年)、《德国民法典上的强行法与非强行法》(1899 年)、《法律的自由发现与自由法学》(1903 年)、《权利能力》(1909 年)、《法社会学原理》(1913 年)和《法的逻辑》(1918 年)等。

埃利希

▶一、法律发展的重心在于社会

埃利希法律思想的出发点是强调法律发展的重心不在国家,而在社会本身。在《法社会学原理》一书的序言中,埃利希提出:"在当代以及任何其他的时代,法的发展的重心既不在于立法,也不在于法学或司法判决,而在于社会本身。"①他认为,社会是不断发展的,任何立法所产生的法律总是有缺陷和滞后的。在法律发展过程中,国家和国家立法活动的作用是极其有限的,国家制定法只是法律中很小的一部分,而社会本身才是法律发展中的决定因素。这就要求法官和行政官在作出裁决时不能仅关注国家制定法,还要观察社会生活本身。

在埃利希看来,社会是彼此存在联系的人类团体的总和。这些构成社会的人类团体是复杂多样的,其最初的形式是氏族和家庭。氏族、家庭和家族成员共同体既

---

① 〔奥〕埃利希:《法社会学原理》,舒国滢译,中国大百科全书出版社 2009 年版,"作者序"。

是经济、宗教、军事和法律的团体，也是语言、习俗和社交的共同体。各种人类团体先后经历了氏族、家庭、家族、部族等阶段，随着时间的推移，国家得以形成。在最高级的文明民族中，每个人都变成了各种各样的社会团体中的成员，其生活也变得丰富多彩、变化无常、纷繁复杂。在现代社会中，以血缘为纽带组成的社会团体中只有家庭保持了它的原型。

在古代社会，法律主要是存在于氏族、家庭和家族成员共同体中的秩序。这种秩序决定一个有效婚姻的前提条件和后果，决定夫妻、父母和子女间的相互关系，也决定其他氏族、家庭和家族共同体的相互关系。每个团体完全独立地为自己创造这种秩序，而不受其他团体为此而存在的秩序的约束。假如一个民族的同类团体中的秩序差别很小，那一定是因为生活条件存在相似性，常常也是因为借鉴的结果。在封建社会，即使存在比较完善的法律制度，仍然有大量的法律秩序并不是建立在法条之上，而是建立在人类团体的内部秩序之上。这些团体既有传统的，如氏族、家庭和家族成员共同体，也有新兴的，如封建联盟、庄园、马尔克公社、城市公社、同业公会、行会、法人团体和公共机构。要了解中世纪的法律，仅仅了解那时的法律条文是远远不够的，还必须研究封赏文书、特许状、土地登记簿、行会登记记录、城市名册以及行会章程等。

在现代社会中，人们普遍认为法律不过是法条的总和。埃利希认为这一观念充满矛盾。因为每个法官、每个行政官员都知道，比较而言，他很少单纯依据法条作出裁决。大量的裁决是根据法律文书、证人与专家证言，根据契约、团体章程、遗嘱和其他宣告进行的。按照法学家的行话来说，这在大多数情况下与其说是有关"法律问题"的判断，还不如说是有关"事实问题"的判断。事实问题恰好就是人类团体的内部秩序，即使在今天，人的命运在很大程度上依然由团体内部秩序而非由法条所决定。

人们通常认为法律概念包括四个要素：它是由国家制定的；它是法院或其他国家机关判决的基础；它构成此种判决之后的法律强制的基础；它是一种社会秩序。埃利希认为，这四点从不同的角度看或许都很重要，但其实前三点并不是法律概念的必要因素，只有第四点有必要保留并应成为社会法学的出发点。法律扎根于社会之中，本质上是一种社会秩序。真正的和主要的法律不是国家立法机关制定的法律规范，而是社会生活中的秩序或人类团体的内在秩序。"人类团体的内部秩序不仅仅是原初的法的形式，而且直到当代仍然是法的基本形式。法条不仅很晚才出现，而且至今绝大部分依然来源于团体的内部秩序。因此，要说明法的起源、发展和本质，就必须首先探究团体的秩序。"① 在过去的若干世纪里，决定着团体内部秩序的所有法律规范均以习俗、契约、法人团体的章程为基础，人们至今还必须主要到这些地方去寻找它们。

---

① 〔奥〕埃利希：《法社会学原理》，舒国滢译，中国大百科全书出版社2009年版，第40页。

▶ 二、社会规范与法律规范

埃利希认为,社会团体是这样一种人类群体:他们在相互的关系中决定承认某些规则为其行为规则,而且至少大体上实际地依此而行为。这些规则是多种多样的,以不同的名称加以称谓:法律规则、伦理规则、宗教规则、习俗规则、荣誉规则、礼仪规则、社交规则、礼节规则、时尚规则等。"这些规则在形式和内容上是规范,抽象的命令和禁令,它们涉及团体内的共同生活,引导团体的成员。"① 任何的人类关系,无论是暂时的还是持久的,都完全以团体中的行为规则来维持。假如规则不再起作用,那么团体就会四分五裂;这些规则的效力愈弱,共同体就会变得愈松散。在各种各样的社会规则中,唯有进入社会生活之中的规则,才是活的规范,其他的则纯粹是学说、裁判规范、教义或理论。

如果说维系社会团体的是社会规范,那么法律规范就是其中最重要的一种。并非一切人类团体均由法律规范所决定,只有那些从属于法律的团体,其秩序才以法律规范为基础。在所有的法律团体中,法律规范构成了其内部秩序的支柱,它们是其组织体的最强有力的支持。然而,只有法律规范已经在某个团体中成为实际的行为规则,它们才创造团体中的秩序。社会法学头等重要的任务,就是把规制、调整和决定社会的法的成分从单纯的裁判规范中分离出来,并且证明其组织的性质。事实上,整个私法不过是一种团体法。因为私法主要是、而且除了家庭法之外甚至完全是经济生活的法,而经济生活毫无例外地在团体中进行。还有一部分法律并不直接规制和调整团体秩序,但是能有效地防止社会团体受到攻击,比如刑法就属此列。这些法律规范不像社会团体的内部规范那样能够在团体内部自发地形成,它们必须经过国家的创制。

埃利希认为,"强制"并非法律规范的特有属性,作为社会权力之表现的社会规范同样存在强制问题。强制一词在内容上很丰富,包括由各种社会关系产生的有约束力的无形强制和通过制裁、刑罚等进行的有形强制,既有一般的强制,也有特殊的强制。一般的强制并非法律规范所独有的属性,特殊的强制也并非所有法律规范都具有,而只为其中的裁判规范所独有。一个人按照法律来行为,主要是因为社会关系迫使他这样做。国家并不是唯一的强制团体,在社会中还有无数的团体,它们实施强制比国家更加有力。假如没有由社会团体施加的一定强制,习俗规范、伦理规范、宗教规范、社交规范、礼仪规范、礼节规范和时尚规范就完全没有意义。

法律与国家也没有必然的联系,法律规范并非总是由国家所创制。主流的法观念认为,一个规范,只有当它被国家制定为法律规范时才是法律规范。但实际上,只有较少一部分法律即国法才是由国家创制的。国家是这样一种团体,即许多团体为了防御外敌和对外扩张而建立的军事联盟,这一联盟后来演化为一种能承担管理社

---

① 〔奥〕埃利希:《法社会学原理》,舒国滢译,中国大百科全书出版社2009年版,第42页。

会公共职能的"社会机关"的团体。国家不仅维持其内部的秩序,而且通过处理各种社会纠纷来影响其管辖下的团体的秩序。国家法能够制约其他社会团体的内部规范,但是国家法毕竟只是整体的法的一部分,而且是极小的和派生的部分。国家对法律的发展所起的作用是有限的,基于社会团体内部秩序的法律并不是由国家所能随意改变的。

法律规范与其他社会规范是互相关联、相辅相成的。埃利希认为,说法律制度完全以法律规范为基础,这是不正确的。因为伦理、宗教、习俗、礼仪、社交,甚至礼节和时尚,不仅调整法律以外的关系,而且也处处涉足法律领域。没有任何一个法律团体仅靠法律规范即能够维持存在,它们还不断地需要法律以外的规范的支持,这些规范增强和补充它们的力量。只有各种社会规范的相互协作才会为人们提供一幅社会机制的完整图景。可以说,法律是国家生活、社会生活、精神生活和经济生活的秩序,但无论如何不是它们的唯一秩序;与法律并行的还有其他许多有同等价值的、在某种程度上或许更为有效的秩序。

▶ 三、活法观念

"活法"(living law)是理解埃利希社会法学和自由法学的一个重要概念。埃利希所称的活法,是指与国家制定法相对应的在社会生活中真正起作用的社会规范,也就是各种社会团体的内在秩序。活法不同于那些由法院和其他审理机构强制实施的法,它是支配生活本身的法,即使不具有法律条文的形式。活法作为法律的主体部分,在远离国家、国家裁决机构和国家法的领域内运行。活法也是法律的基础部分,其他法律都缘它而生,都是其派生物。对法学研究者来说,大量的司法判决建立在法院确认的具体的习惯、占有关系、契约、章程、遗嘱处分的基础之上。要想理解一般化、统一化以及法官和立法者进行规范发现的其他方法,首先必须了解它们得以实现的基础,也就是活法。研究者必须在婚姻契约、购销契约、社会团体章程以及商号章程中寻求活法,而不是到法典的条款中去寻求。

相对于纸面的法而言,活法是实际上有效的法律。活法不是法院裁决案件时认为具有拘束力的那部分文件的内容,而仅仅是当事人在生活中实际遵守的部分。社会法学用来检测法律规范和法律条文的标准是现实生活,而纸上的法律与实际生活中的法律往往是两回事。埃利希以《奥地利民法典》中关于婚姻财产共有的规定为例,指出实际上的情况与法典中的规定没有丝毫共同之处,法典中的规定从未得到适用,因为它们总是被正式缔结的婚约所排除。埃利希认为,活法像社会生活一样是丰富多彩和日新月异的。每一个团体都有自己的内部秩序,也就有自己特有的活法。因此,社会上的活法必然是千差万别的,而不可能是统一的,虽然它们之间有共同之处。

活法在国家出现以前就自发地与社会同时存在和发展,社会民众真正按照它来指导自己的行为举止。它们不同于由法学家发明和创造的裁判规范,人们只能发现而不能创制它们。活法的渊源首先是现代法律文件,主要是指商业性法律文件,其次是对生活、商业、习惯和惯例以及所有联合体的切身观察。社会法学家不仅要从活法角度看待现代法律文件,更重要的是要直接观察实际生活本身。不仅要观察已被法律承认的社会生活,而且要特别注意那些被忽视、甚至被法律否认的社会生活。埃利希提出:"对法的科学认识至关重要的法律领域中的社会事实,首先是法的事实本身,即在人类团体中决定每个人之地位和职责的习惯、支配—占有关系、契约、社团章程、遗嘱处分和其他处分、遗产继承顺位。其次,就是纯粹作为事实的法条,也就是说,只是从法条的起源和其效果来考察,而不涉及其实际的应用和解释。最后,还有导致法的形成的所有社会之力。故此,社会学家必须把目光投向这些现象,他必须收集产生这些现象的事实并加以解释。"①

埃利希认为,社会法学必须开始的工作就是对活法的探究。研究者首先应把目标指向具体之物,而非指向一般之物,因为能够被观察的东西毕竟只能是具体之物。只有具体的习惯、支配—占有关系、契约、章程、遗嘱处分,才会产生据以调整人们关系的行为规则。只有在这些规则的基础上才会产生法院的裁判规范和制定法条款。不仅如此,活法的科学意义并不限于对法院的裁判规范或者制定法的内容具有决定性这一点上,活法具有自己的认识价值:它是人类社会法律秩序的基础。在探究活法的过程中,"我们只需要睁开双眼,竖起双耳,便能获知对我们时代的法具有重要意义的一切东西。"②

活法观念与埃利希主张的法律发展的重心在于社会的看法是一致的。在埃利希看来,活法是一个比较宽泛的概念,只要能够在社会生活中发挥规范作用,即使这种法律不曾被制定为法律条文,它仍不失为支配社会生活的法律。埃利希强调活法是法律的主体,实质是否认国家制定法在整个法律体系中的主要地位。他反对将法律视为国家立法的唯一产物,认为应从组织化社会,或社会本身,或人们的社会行为中,去探寻法的真谛。

▶ **四、自由判决的方法**

自由法学是 1896 年《德国民法典》颁布后兴起的"自由法运动"中产生的社会法学分支。埃利希是该运动的倡导者之一,主张法官在审判中拥有"自由判决的方法"。针对分析法学认为司法过程只是机械地适用法律,因而丝毫没有自由裁量权的主张,埃利希认为应该给法官以自由,从而使法律促进各种利益间的平衡。这不仅包括适用法律的自由裁量权,而且包括在法律已经陈旧和明显有缺陷时创制新的法律,即立法的自由。既然活法在社会生活中是大量存在的,并对社会起着实际的控制作用,那么法官不仅应当知晓成文法典,而且应当了解活法,他们可以而且应当

---

① 〔奥〕埃利希:《法社会学原理》,舒国滢译,中国大百科全书出版社 2009 年版,第 524 页。
② 同上书,第 541 页。

在自己的审判当中运用自由判决的方法去发现法律。也就是说,法官可以自由地进行判决,自由地发现法律。

埃利希关于法官自由判决的思想是一贯的,最早和最完整的阐述在《法律的自由发现与自由法学》一书中。在该书中,埃利希基于对概念法学的批判而明确指出,将法律与法官判决根据等同起来的主张是难以成立的。因为国家制定法只是法律的很小部分,法官仅依靠国家制定法判案,从根本上说是不完整的。况且法律一旦被制定出来,由于社会生活的变化,很快会变得过时了,不能仅依靠过时的成文法来处理和解决现实中新出现的纠纷和法律问题。

在此基础上,埃利希认为存在两种不同的判决方法。一种是传统的"技术主义的判决方法",即严格按照成文法规定的判决方法;另一种是他所主张的法官"自由的判决方法",即不是根据成文法的规定而是根据法官自由发现的法律进行判决。这两种方法的区别在于,前者要求判决只能通过一成不变的成文法实现,后者却考虑到了法官个人巨大的创造力因素。因而,自由地发现法律,在赋予法官责任的同时,能够充分地发展法官的个性,使其能创造性地运用法律。埃利希认为,自由判决的方法实际上并不关系到法律实质,而是关系到如何组织司法机关,从而为法官发挥个性提供足够空间的问题。

埃利希认为,法官在司法活动中如果遇到已有的法律规范未作明确规定的事项,应当本着正义精神和遵循创制法律规范的正确途径去寻找新的法律规范,以补充已有的法律规范。在此过程中,法官除了运用"普遍化和统一化"的技术外,更重要的是要深刻理解和把握正义精神。法官在司法活动中是一个有能动性的为正义精神所驱动的人,他享有与其角色相适应的自由裁量权。他们既是次级的法即裁判规范和法律条文的创造者,又是活法的发现者,发挥着发现和创制法律的重要作用。由于社会在变化,语义在变迁,已有的裁判规范和法律条文必然随之发展,法官所承担的工作就是不断地创造新的法律规范以适应发展变化的社会需要。

埃利希在提出法官运用"自由判决的方法"时,并没有忘记强调法律稳定性的价值。与其他社会规范相比,法律规范能够以更明确清晰的语言表达出来。法律规范的明确性为以法律规范为基础的社会团体的稳定性提供了可能,这是法律规范和社会规范之间的重要区别。埃利希指出,法律给了那些以法律规范为基础的社会团体以特定的稳定性,然而,不以法律规范为基础的团体,例如政党、宗教团体、亲戚群体、社会关系,除非它们都采取了法律形式,否则它们都具有松散性和缺乏稳定性的特征。一旦道德规范、伦理习俗规范、礼仪规范使用明确的术语加以表述,对社会法律秩序具有根本性意义,它们也可以变为法律规范。

在埃利希看来,法律的自由发现运动不仅是法学研究上的进步,而且也使国家和社会之间的关系发生了实际的改变。并非只有国家以成文法的形式公布的法律才是法律存在的唯一形态,实际情况是,经常有一些人们尚没有正确认识的东西未能被国家制定为法律。埃利希的自由法学将欧洲来自法学家一翼的社会法学的基本框架大体呈现出来了。他关于"活法"以及法官"自由判决的方法"的主张,对后来社会法学"行动中的法律"概念乃至美国社会法学的"法官造法"思想,都产生了极其深刻的影响。

第二节 狄骥的社会连带主义法学

莱昂·狄骥(Léon Duguit,1859—1928)是法国公法学家,社会连带主义法学的创始人。狄骥出生于法国夷龙省里蓬县,1882年获波尔多大学法学博士学位,并取得大学助教资格,1892年升任波尔多大学公法学教授,1919年出任法学院院长。狄骥从事法学教育四十多年,曾在美国、阿根廷、葡萄牙、罗马尼亚、埃及等国讲学。狄骥的法学著作主要有:《公法研究》(1903年)、《宪法论》(1911年)、《〈拿破仑法典〉以来私法的普通变迁》(1912年)、《公法的变迁》(1913年)、《法律与国家》(1917—1918年)。《宪法论》是狄骥最有代表性的著作,集中阐述了他对法、国家等一般理论问题的基本观点。

一、社会连带关系

狄骥法律思想的主要渊源是法国的艾米尔·涂尔干(Emile Durkheim,1858—1917)的社会连带关系理论。涂尔干在《社会分工论》(1893年)中提出了一个基本观点,即社会以人与人之间的连带关系为基础。涂尔干认为,在不同的社会里,由于社会分工的程度不同,形成了不同的连带关系。工业社会的分工包括两种互相连带的方式:一是机械的方式,要求整齐划一;二是有机的方式,容许参差不齐。二者关系处理得当,就可保障社会均衡。为了对社会连带关系进行分类、比较,人们应当从外部现象着手,由此及彼地研究社会内部的连带关系。这种外部现象的显著标志,就是法律。根据制裁形式的不同,可以将法律分为压制性法和恢复原状性法两类。由此出发,深入探讨与两类法律相联系的机械连带关系与有机连带关系及其演变过程,构成涂尔干法社会学的中心内容。狄骥吸收了涂尔干的这一观点,认为社会连带关系是一种基本事实,法律就是基于这一事实和为了维护社会连带关系而存在的。

在狄骥看来,人是社会的和自觉的存在物。一方面,人是一种社会性的存在,他的行为只是在成为社会行为的范围内才有价值。也就是说,人是一种不能孤独生活并且必须与同类始终一起在社会中生活的实体。另一方面,人具有自觉性。人的行为不是一种盲目的不自觉的力量的产物,而是为目的自觉所限制的产物。也就是说,人是一种对自己的行为具有自觉的实体。[①] 人的社会性主要表现在人与人之间必须交往并结成一种不可分割的关系,即社会连带关系。社会连带关系越增强,社

[①] 参见〔法〕狄骥:《宪法论》(第1卷),钱克新译,商务印书馆1959年版,第49页。

会纽带就越坚固,个人活动也就越自由。连带关系是构成社会的"第一要素",是社会中人们之间相互作用、相互依赖的关系。坚持社会连带关系是一种事实,这是客观的、实证主义的态度,也是科学的态度。

依照涂尔干的理论,狄骥把连带关系分为同求的社会连带关系和分工的社会连带关系。其理由是:(1)人们有共同的需要,只能通过共同的生活来获得满足。人们为实现他们的共同需要而作出了一种相互的援助,这就构成了社会生活的第一要素,形成同求的连带关系或机械的连带关系。(2)人们有不同的能力和不同的需要,只能通过相互服务才能使自己得到满足,这样就在人类社会中产生一种广泛的分工,形成分工的或有机的社会连带关系。这两种社会连带关系为人们所认识,形成了人们的两种感觉:合作的感觉与分工的感觉,社交的感觉与公平的感觉。合作的感觉使人们相互援助,分工的感觉使人们各司其职;社交的感觉使人们组成社会或社会集团,公平的感觉使人们保有某种个人的自由。社会越发达,连带关系就越紧密,人们的两种感觉就越鲜明、突出。

二、社会规范和客观法

狄骥认为,有社会必有其规律、纪律,也就是社会规范。人是一种社会性的存在,生活在社会中,而且只能生活在社会中。组成社会的个人只有适合社会存在的规律,才能在社会中存在下去。不过,由于人是有意识的,这一规律对人来说只是"应该",因而称之为"社会规范"。社会规范的作用在于,能调节人们的行为,使人们的行为有规律。在狄骥看来,社会和社会规范是两种不可分离的事实,社会规范包含社会存在的必要条件的意思,是社会本身存在所需要的东西。他说:"社会规范不外是社会事实固有的规律,这种规律肯定集团中的全体成员所必须采取的积极的或消极的行为,以便集团和它所组成的个人得以生存和发展,而违反这种规律就要被迫引起一种反应,反应是与控制集团生活的规律有自然联系的一种集团的行为。"[①]

狄骥把社会规范分为经济规范、道德规范和法律规范三种。其中,经济规范是指经济活动中的社会规范,涉及财富的生产、流通和消费行为,违反它就会引起反常的经济现象,如生产过剩、物价上涨、工业危机等。道德规范是关乎人们日常生活中的风俗习惯的社会规范,违反它就会引起一种自发的、在某种程度上坚强而确定的社会反应,如冷遇、讽刺、谴责、批评等。法律规范是指当被违反时会引起强烈的社会反应并需要以公共权力制止的社会规范,它是社会规范的最高部分,由经济规范和道德规范转化而来。

经济规范和道德规范能够转化为法律规范,必须满足一定的条件。首先,社会连带关系遭到严重破坏,社会的大多数人意识到或感觉到必须用强制力量对违反者

---

① 参见〔法〕狄骥:《宪法论》(第1卷),钱克新译,商务印书馆1959年版,第61页。

加以制裁,即双重的感觉得以产生和存在。也就是说,法律规范来源于在社交和公平双重感觉作用下,通过社会强制来制裁的道德规范或经济规范。其次,强制组织或公共权力的产生和存在。这种组织不一定是国家,也可以是氏族、家族。当社会的大多数人意识到某种行为已难以用其他办法加以控制,必须借助于公共权力时,法律规范就会产生。

狄骥认为,作为社会规范最高部分的法律规范是客观存在的,因而称为"客观法"。每一社会都有一种客观法,正如它必须有一种语言、风俗、习惯、宗教以及一块永久或暂时能生活的土地一样。社会的概念本身,就意味着客观法或法律规则的存在。一切人类社会都势必服从社会的纪律,这种纪律构成社会的客观法。客观法是整个人类社会所固有的,只要人类社会存在,客观法就存在。客观法的基础是社会连带关系,它与社会内部发生的分化完全没有关系。客观法的特点在于,它不是人有意识形成的,也不依靠外在的强力,而是出于人内心的精神强制。客观法适用于一切自觉的个人、一切社会集团的成员,它先于国家而存在,国家受客观法的制约。

与客观法相对应的是实在法,它包括制定法、判例法、习惯法等形态。客观法高于实在法,实在法以客观法为生效条件,以实现客观法为目的。狄骥说:"实在的法律只能被了解为表示法律规则的一种方式。立法者并不创造法律,只是确认法律;而实在的法律只能就其适合这种规则的范围来强加于人。服从法律不是因为法律本身是个法律,而只是因为法律是表示了一种法律规范或实施一种法律规范。"①可见,实在法不是法的本体,而是客观法的表现形式,是客观法的表述、体现和确认。

▶三、国家的起源和目的

狄骥指出,国家只不过是同一个社会集团的人们中间的一种自然分化的产物,有时很简单,有时又很复杂,由此产生出人们所称的公共权力。这种公共权力绝不能因它的起源而被认为合法,而只能因它依照法律规则所做的服务而被认为合法。从而,近代国家就逐渐成为在统治者领导和监督下共同工作的一种社会集团,以实现各个成员的物质和精神的需要,公务概念也就逐步代替了公共权力的概念。国家随之变成一个劳动集团,不复是一种发号施令的权力,而握有公共权力的人们只有为了确保共同的合作才使这种权力合法地运作起来。

上述说法可以理解为,国家是在原有的、由社会连带关系形成的社会集团的基础上和范围内,经过"自然分化"产生出来的,是一种"特殊的社会集团"。这种"自然分化"指的是一种政治分化的事实:社会中的一部分人对另一部分人发号施令,必要时可以用强力来强迫人们执行命令。发号施令的人是统治者,而另外一些人就是被统治者。这种统治与被统治的分化就形成了政治权力。任何国家都是由强制权力构成的,只要证明某个共同体内存在一种强制的权力,就可以说已经有国家了。

---

① 〔法〕狄骥:《宪法论》(第1卷),钱克新译,商务印书馆1959年版,第126页。

狄骥虽然认为国家强制权力是不可抗拒的，但又主张国家应该服从法律，进而把国家视为为法律服务的一种强力。国家强制权力的对象和范围都为客观法所规定，国家受法律的限制是完全自然而必要的。在客观法与国家的关系上，他认为：首先，国家是执行客观法的一种组织。国家的职责不是行使主权，而是履行公务，即执行客观法。其次，国家是贫富分化的结果。在他看来，国家可以没有领土、主权和特殊的组织机构，而只是执行客观法的机构。

国家的目的在于：维持本身的存在；实现客观法；促进文化，即发展公共福利、精神和道德文明。三个目的归结为一点，国家的最终目的就是实现法律。狄骥解释说，国家应当促进其本身的存在，就是说它应当促进社会连带关系的存在和发展，因此也就应当促进基于这种连带关系而产生的法律。同时，国家促进文化也是为了促进法律的实现。因为法律对统治者和所有人都强加了积极的和消极的义务，即不得做任何违反社会连带关系的事情，并尽量为实现社会连带关系而合作。这种合作就是文化的合作、文明进步的合作。在这一过程中，法律也获得实现。

狄骥思想的形成受到孔德(Auguste Comte, 1798—1857)的实证主义哲学和社会学的影响。孔德的社会学认为，应当"缓和"阶级对抗，保证社会机体的"均衡"，一切从"社会利益"出发。狄骥也倡导"社会连带关系"学说，并以之为国家和法律的基础。孔德的实证主义认为，哲学不应该回答世界本质的问题，只应当从经验所给予的材料出发并与"科学"结合起来，否则就是"形而上学"和"经院哲学"。受这一观念影响，狄骥认为法学研究无需探讨国家和法律的本质，并将启蒙思想家提出的天赋人权、人民主权等主张斥为"形而上学的幻想"和"谬论"。

在对权利、主权的看法上，狄骥首先批判了传统的个人权利学说，认为其错误在于：(1)它们是以孤立的个人作为出发点，这不符合人的社会本性。(2)人既然是社会的，就不可能有离开社会的天赋权利；在社会权利和义务的关系上，义务先于权利而存在。(3)传统学说承认自然法这种客观法的存在，却把它建立在主观权利的基础上。(4)这种理论应用到国际上，主权的主张必然引起侵略和战争。狄骥认为，人们在社会中生存只有法律义务，没有法律权利。统治当局也一样，只有义务和责任，而没有权利。狄骥坚决反对国家主权理论，认为关于主权的观念是虚妄的假设。他提出了两方面的论据：一是在对国内方面，公民个人没有权利，国家也没有权利、没有主权；二是在对国外方面，如果坚持主权观念，便证明政府一切任意专断的要求、拒绝一切仲裁、对仲裁公约附加一切保留条款的作法，似乎都是正确的。综合国内和国外两方面因素，可以说主权的存在是不合时宜的。

▶ 四、国际法思想

狄骥认为，社会连带关系不仅存在于一个集团内部的成员之间，而且存在于不同集团的成员之间，因此，就产生了一种"社会际的法律规范"。他说："正如一切社会集团会有构成内部客观法的一种纪律一样，当连带关系的约束在归属于不同集团的个人之间形成时,一个社会际的集团也会有一种社会际的纪律,这种社会际的纪律便恰恰正是社会际的法,正是现代国际法的胚胎。"①这种社会际的法律规范也像国内的客观法一样,是客观存在的,也产生于两种感觉,即合作的感觉与分工的感觉,或社交的感觉与公平的感觉,不过叫做"社会际感觉"。

狄骥提出,当群众在思想上了解到为了国际连带关系和一种公平的急迫需要,必须有这种规则的制裁,并了解到如果这些规则被违犯就要强加制止的时候,道德的和经济的规则才变成法律规则。就是这种观念,也只是这种观念才会成为国家之间的规则的基础。不论是统治者或被统治者的自觉意识,都要通过它的表示来给予一种社会际规范以法律的性质。可见,狄骥的国际法是建立在社会际的连带关系之上的,国际法就是一种"社会际的法律规范"。狄骥的这一观点,是与他否认国家主权的主张相联系的。他认为,这一观点解决了法学界关于国际法是法律还是道德的长期争论。

第三节 庞德的社会工程法学

罗斯科·庞德(Roscoe Pound,1870—1964)是美国社会法学的集大成者,20世纪上半叶西方最有影响的法学家之一。庞德出生于美国内布拉斯加州林肯城,早年攻读植物学,获博士学位;随后进入哈佛大学学习法律,1890年毕业回内布拉斯加州当律师;从1903年开始,先后在内布拉斯加州大学、西北大学、芝加哥大学和哈佛大学任教,1916年起任哈佛大学法学院院长达20年。庞德学识渊博,发表了数以百计的论著,其中主要有:《社会学法学的范围和目的》(1911—1912年)、《普通法的精神》(1921年)、《法律史解释》(1923年)、《我的法哲学》(1941年)、《通过法律的社会控制》(1942年)、《社会利益概述》(1943年),以及五卷本巨著《法理学》(1959年)等。庞德的社会法学主张法律是一种"社会控制工程",法律的作用就是承认、确定、实现和保障各种利益,尤其是社会利益。

▶一、法律的概念

庞德明确反对沉湎于逻辑推理的概念主义或形式主义法学,他首先对通常所说的法律一词进行了社会学分析。他认为,尽管法律有多种说法,真正的法律就是"实在法"(positive law)。而"实在法"一词有三种用法:一是法学家们现在所称的法律秩序,即通过有系统地、有秩序地使用政治组织社会的强力来调整关系和安排行为的制度;二是指一批据以作出司法或行政决定的权威性资料、根据或指示;三是司法或行政过程,即公务上所做的一切事情。

针对第二种意义上的法律,庞德进行了详细的论述,认为其中包含复杂的结构。

---

① 〔法〕狄骥:《宪法论》(第1卷),钱克新译,商务印书馆1959年版,第137页。

他认为,这种意义上的法律包括各种律令、技术和理想,即按照权威性的传统理想由一种权威性技术加以发展和适用的一批权威性律令。其中,权威性理想指一定时间和地点的社会秩序的图画,是关于那个社会秩序是什么以及社会控制的目的是什么的法律传统,这是解释和适用律令的背景;权威性技术是发展和适用律令的技术、法律工作者的业务艺术;律令是由各种规则、原则、说明概念的法令和规定标准的律令组成的。在后者当中,一项规则是对一个确定的具体事实状态予以确定的具体后果的律令;一个原则是一种用来进行法律论证的权威性出发点;一个概念是一种可以容纳各种情况的权威性范畴;一个标准是法律所规定的一种行为尺度。[①]

上面所说的三种意义上的法律都使用同一个名称,显然造成很多混乱。要消除这一混乱,就需要一个能把三者统一起来的概念,即社会控制。在《通过法律的社会控制》一书中,庞德认为,这三种意义的法律可以统一起来的话,那就是用社会控制的概念来加以统一。他说:"我们可以设想一种制度,它是依照在司法和行政过程中使用的权威性法令来实施的高度专门形式的社会控制。"[②]社会控制包括法律秩序、权威性资料、司法和行政过程三个部分。其中,法律秩序是社会控制的过程和结果,权威性资料是控制的依据和标准,司法和行政过程是社会控制活动的主要内容。

二、法律的社会控制工程

人类必须对自己的行为进行社会控制,才能在秩序的范围内进行社会生活。为此,庞德极力主张将法律作为社会控制的手段,通过法律实现社会控制。在《我的法哲学》一书中,他认为在某种意义上,法律是发达政治组织化社会里高度专门化的社会控制形式,即通过有系统、有秩序地适用这种社会的暴力而达到的社会控制。在这一意义上,法律是一种制度,即人们称之为法律秩序的制度。其中,系统性和秩序性的含义在于,法律制度是通过司法或行政程序实施的。

庞德是从法律与文明的关系出发阐明这一理论的。他认为,文明是各门科学的出发点,法学更是如此。法律是文明的产物,也是维护和促进文明的手段。文明能够使人类的力量得到最完善的发展。具体地说,文明对人类有两个方面的贡献,一是对外在的、自然界的控制,二是对内在的、人类本性的控制。前一种控制主要是通过科学的发展来实现的,后一种控制,即对人类本性的控制,实际上就是社会控制。控制人类自身的支配力是通过社会来保持的,这种社会保持的控制手段主要就是道德、宗教和法律。在早期人类社会,这三种手段几乎融合在一起,随着文明的进步而日渐分离。但是从16世纪以来,法律已经成为社会控制的首要工具。

通过法律对人的内在本性进行社会控制的原因在于,人类具有双重本性,即相

---

① 参见[美]庞德:《通过法律的社会控制 法律的任务》,沈宗灵、董世忠译,商务印书馆1984年版,第22—25页。

② 同上书,第22页。

互合作的本性和个人主义的本性。个人主义的本性造成了人们之间会有不同的主张和要求,但是,任何一个社会都不可能满足所有人的主张和要求,这就导致了相互间利益的冲突。为了协调这种矛盾,需要强有力的控制工具,在现代社会中,这种控制工具就是法律。法律作为一种行为准则,所表达的是一个社会权威性的价值准则,是人类经验和理性的结晶,能够得到人们的普遍认可。而且,法律所凭借的是社会权力,能对人的行为施加更大的影响。但是法律并不创造利益,它只是承认、确定、实现和保障利益,这就决定了人们必然通过法律的强力或独特性实现社会控制。

在《法律史解释》一书中,庞德认为,对事物的解释,都可以用类比的方法,即为了解一个事物而把它同另一个事物进行对比。对法律最合适的类比是工程,法学则是一门社会工程。对法学家、法官和立法者进行考察,也应当以类似于考察工程人员的方法来进行。这就要求所有从事法律工作的人员,要研究法律秩序,而不要去争论法律的本质;要考虑利益、主张和要求,而不要去考虑权利;要考虑人们所要保障和满足的东西,而不是仅考虑人们曾经企图用以保障和满足这些东西的制度;要考虑一种社会体制如何活动,而不是考虑它是否有条不紊或完美无缺。

▶ 三、法律的目的和任务

作为一种社会控制工程,法律的目的和任务在于满足人们的各种要求和愿望,即"为最大多数人做最多的事情"。在侧重评述了19世纪法学家们关注的三个主要问题,即法律的性质、法律史的解释、法律与道德的关系之后,庞德明确指出,当今法学家面临的最重要的问题就是利益理论。所谓利益,就是人类个别的或在集团社会中谋求得到满足的一种欲望或要求。

庞德汲取了耶林的利益分类说,将利益分为三种:个人利益、公共利益和社会利益。其中,个人利益是指直接包含个人生活中并以这种生活的名义提出的各种要求、需要和愿望。个人利益又包括三个方面,即人格利益、家庭关系利益和物质利益。公共利益是指存在于政治性组织的社会生活中并以该组织的名义提出的主张、要求和愿望。公共利益包括两个方面,一是国家作为法人的利益,二是国家作为社会利益的保卫者而拥有的利益。社会利益是指存在于文明社会的社会生活当中,并以各种社会生活的名义提出的主张、要求和愿望。社会利益分为六个方面:一般安全的社会利益、社会制度安全的利益、一般社会道德的利益、保护社会资源的利益、一般进步的社会利益和个人生活的社会利益。

庞德不仅详细研究了社会利益的种类,而且强调通过法律对社会利益加以调整和保护。他认为,某种法律制度要达到法律秩序的目的,就必须通过:(1) 承认某些利益,包括个人利益、公共利益和社会利益;(2) 规定各种利益界限,在这些界限之内,上述各种利益将得到法律的承认,并通过法律规范使之有效;(3) 在法律规定的界限内努力保障这些已得到承认的利益。为了确定哪些利益是共同的社会利益,庞德在比较了各种方法后,认为应当通过经验论的方法,即"从经验中去寻找某种能在丝毫无损于整个利益方案的条件下使各种冲突的和重叠的利益得到调整,并同时给予这种经验以合理发展的方法"①。

四、法律的历史发展

庞德认为,法律是发展变化的。为了进一步说明法律的目的和任务,他将法律的历史发展划分为五个阶段:原始法阶段、严格法阶段、衡平法或自然法阶段、法律的成熟阶段、法律社会化阶段。

在第一个阶段即原始法阶段,法律与其他社会控制手段尚未分离,宗教、法律和道德都是在一种简单的社会节制中混同为一。原始法的目的是维持和谐,防止无限制的血亲复仇。《汉谟拉比法典》《十二铜表法》等是原始法的代表。这种法律具有以下特征:(1) 被害人得以补偿的不是对他的伤害,而是因伤害引起的复仇愿望;(2) 审讯的方式不是理性的,而是机械的;(3) 法律的范围极其有限,既无原则也无一般概念;(4) 法律的主体不是个人,而是血亲集团。

在第二个阶段即严格法阶段,国家或政治结合成的社会出现了,法律也从其他社会规范中分化出来。法律的目的,由原始法阶段的保护和谐变为维护一般安全。罗马公元前4世纪的法律、英国13世纪的普通法就属于这种性质的法律。严格法阶段,法律的特征表现为:(1) 形式主义流行,完全按照法律的规定办事;(2) 具有硬性和不可改变性,即法律被认为是神圣不变的;(3) 严格要求履行义务,不允许有任何例外;(4) 法律不考虑道德因素;(5) 权利和义务仅限于具有法律资格的人,对人们的法律行为能力加以专横的限制。

在第三个阶段即衡平法或自然法阶段,法律的发展主要由于同化及援引来自法律制度的资料或法律之外的资料所促成,司法者用衡平的方法解决遇到的疑难问题,法律必须在任何方面与道德相吻合。这一阶段,在罗马法中主要是指从奥古斯都到公元3世纪初的古典时代;在英国法中,指17、18世纪大法官法庭的兴起和衡平法发展的时期;在欧洲大陆,指17、18世纪自然法观念占主导地位的时期。这一阶段法律的主要特征是:(1) 法律与道德具有一致性;(2) 注重义务观念以及企图使道德义务成为法律义务;(3) 司法中依靠理性而不是专门的规则,以尽可能消除反复无常和个人因素;(4) 不应不公正地损害别人而使自己获得利益;(5) 法律上的人格扩大到所有的人,法律应当注意实质而非形式,注意精神而非文字。

在第四个阶段即法律的成熟阶段,法律强调个人权利至上,其目的是保障机会平等和获得安全。所谓平等,包括法律规则发生作用的平等、使人的才能和财产机会平等两个方面。所谓安全,是指保障每个人的利益不受他人侵犯,以及只有在本人同意或因本人违反保护他人同样利益的规则时,才容许他人从本人方面取得利

---

① 〔美〕庞德:《通过法律的社会控制 法律的任务》,沈宗灵、董世忠译,商务印书馆1984年版,第60页。

益。19世纪欧洲许多国家的法律都属于成熟法,它们以财产和契约作为基本点。在这一阶段,由于道德的或衡平的观念早已法律化,法律与道德相对地分离开来。但在司法过程中,法律与道德又有四个接点:司法造法、法律解释、法律适用以及司法的自由裁量。

在第五个阶段即法律社会化阶段,法律的重点从保护个人利益转向保护社会利益,其目的是以最小限度的阻碍和浪费,尽可能满足人们的要求。19世纪后期,西方社会的法律已经进入这一阶段,法律对个人的自由加以限制,对责任的追究不再坚持无过错责任原则,越来越注重对公共利益的保护。庞德后来主张,在第五个阶段之后,法律发展将进入"世界法"阶段。他认为,我们需要一个世界范围的法律秩序。因为,世界范围的人类本能斗争,需要法律作为控制的工具。而国际法与国内法发展的步骤是相似的,即不仅为了调解冲突、平息战争、维护和平和保障安全,也是为了实现全体成员的普遍福利。随着科学技术的进步,世界各国的经济开始走向融合,建立一个"新的万民法"成为时代的需要。

▶ 五、社会学法学的纲领

庞德认为,要真正使法律成为社会控制的工具,实现法律的任务和价值,必须推翻那些长期以来禁锢法学发展的旧观念、旧方法,提出新的观念和方法,这就是社会学法学。与其他法学家相比,社会学法学家的特点是:(1)更多地关注法律的运行机制而不是它的抽象内容;(2)将法律视为可通过有理智的人类努力加以改善的社会体制,因而坚信有责任发现促进与引导这种努力的最佳手段;(3)强调法律所促进的各种社会目的,而不是制裁;(4)呼吁将法律更多地看作是带来社会公正结果的指南,而不是一成不变的模式;(5)在法律的实用主义哲学基础上充分汲取社会学理论,以便形成将实用主义概念与方法系统地、具体地运用于解决各种特殊问题的学说。

庞德系统阐述了他所处时代的社会法学的纲领:(1)研究法律制度和法律学说的实际社会效果。(2)为准备立法进行与法律研究相联系的社会学研究。(3)研究使法律生效的手段。(4)既对司法、行政和立法进行心理学的研究,又对理想的哲理进行研究。(5)对法律史进行社会学研究,不仅要对法律制度和法律学说如何演变和发展进行研究,而且要对它们产生了什么社会效果和如何产生这些效果进行研究。(6)强调各种具体案件的合理、公正解决的重要性,不应为了追求不可能达到的确定性程度而常常牺牲合理性与公正性。(7)注重对普通法系国家的司法部作用的研究。(8)所有以上各点都是达到一个目的的手段,即力求使法律秩序的目的更有效地实现。

总之,庞德主张社会学法学应以实用主义为法学的哲学基础,注重研究法律制度和法律学说的实际社会效果,强调立法的社会作用,法律生效的手段以及司法、行政和立法的相互关系等方面。庞德提出的"社会学法学的纲领",使当时的法学研究从传统的注重抽象的内容变为注重其社会作用,从强调法的规范性变为强调其经验的、作为社会控制手段的属性,从重视法的制裁变为重视法的社会目的和实际效用。

第四节　美国和北欧的现实主义法学

美国现实主义法学兴起于20世纪30年代初,是由实用主义法学分化出来的一个社会心理学法学分支,一度在美国占据支配地位。该学派以霍姆斯的法律预测说和庞德的相关主张作为出发点建立其理论体系,特别重视司法审判行为尤其是法官心理活动,否认立法机关所制定的成文规则是法律,仅视之为一种影响司法判决的客观因素。北欧现实主义法学,即斯堪的纳维亚现实主义法学或乌普萨拉学派,是20世纪初在瑞典的乌普萨拉大学产生的一个社会心理学法学分支。该学派不同于美国现实主义法学对司法过程中法官行为和心理的分析,而注重对法的一般理论进行研究。

▶一、美国现实主义法学的发展脉络

美国现实主义法学的理论观点直接来源于霍姆斯及庞德等人的主张。霍姆斯开创的实用主义法学已经包含最初的现实主义法学思想,庞德的社会学法学促使法学家们进一步将眼光由"书本上的法"转向"行动中的法"。霍姆斯认为,法律只是当事人或其律师对将来判决的预测,庞德在谈到实在法的第三种意义时认为法律就是司法或行政过程。正是在这些观点的启发下,美国现实主义法学发展起来。从反对概念法学、分析法学这一点来衡量,实用主义法学、社会学法学与现实主义法学的基本主张是一致的。

从初始意义上看,"现实主义"(realism)是"行为主义"(behaviouralism)的代名词。20世纪20年代,随着美国社会风气的变化,人们对行为科学的兴趣日渐浓厚。而行为科学研究的要旨是:人类行为是怪癖的,往往是无理性的,个体的精神因素对人的外部行为形成约束。这种重视个体行为研究的方法论,直接促成了现实主义法学的出现。

1930年,哥伦比亚大学法学院的卢埃林教授发表《现实主义法理学:下一步》一文,被认为是现实主义法学产生的标志。同年,耶鲁大学法学院研究员弗兰克出版《法律和现代精神》一书。1931年,卢埃林为了反驳庞德对现实主义法学的批评,在《哈佛法学评论》上发表长文《关于现实主义的一些现实主义——答庞德院长》,全面阐述了自己对现实主义法学的见解。

从宽泛的意义上讲,美国现实主义法学的代表人物有霍姆斯、卡多佐、卢埃林和弗兰克等人。

奥利弗·温德尔·霍姆斯(Oliver Wendell Holmes,1841—1935)是美国历史上最伟大的联邦最高法院大法官之一。他出生于美国波士顿,1857年进入哈佛大学,

1861年毕业,美国内战中应征入伍,战后回到哈佛大学学习法律;1882年受聘哈佛大学法学院教授,不久即被任命为马萨诸塞州最高法院法官,后升任该法院首席法官,1902年起担任联邦最高法院大法官,直到90岁高龄退休。在联邦最高法院任职的30年间,霍姆斯发表了许多与当时保守派法官意见相左的新观点,赢得"伟大的异议者"称号。霍姆斯与威廉·詹姆斯(William James,1842—1910)等著名的实用主义哲学家交往甚密。作为第一位自觉运用实用主义方法研究普通法的美国法学家,霍姆斯的精神气质和诸多洞见为现实主义法学家所遵从。霍姆斯生前出版的唯一著作是《普通法》(1881年),但他留下了大量的信件、演讲和论文,其最著名的演讲是《法律之路》(1897年)。

本杰明·卡多佐(Benjamin Cardozo,1870—1938)是美国历史上很有影响的大法官。卡多佐出生于美国纽约,1889年毕业于哥伦比亚大学,1891年加入纽约律师公会并获律师资格,1914年担任纽约上诉法院法官,1927年升任首席法官,1932—1938年继任霍姆斯成为联邦最高法院大法官。卡多佐的著作集中于司法实践领域,主要有:《司法过程的性质》(1921年)、《法律的成长》(1924年)、《司法过程中的悖论》(1928年)、《法律与文学》(1931年)和《卡多佐文选》(1947年)等。在罗斯福新政的关键几年里,卡多佐以其敏锐的思想、强大的说服力和现实主义法学思想,给美国法院系统带来巨大和持久的影响。

卡多佐

卡尔·卢埃林(Karl Llewellyn,1893—1962)是美国现实主义法学的领军人物之一,也是美国《统一商法典》的首要起草者。他出生于美国西雅图,在学术和体育方面展露出天赋和才能,1911年进入耶鲁大学,1914年远赴巴黎大学学习拉丁文、法律和法语;1915年返回美国后进入耶鲁大学,任《耶鲁法学杂志》主编,1922年受聘为耶鲁大学法学院助理教授,1923年升任副教授;1925年转哥伦比亚大学法学院,担任商法和法理学教授,1951年任职芝加哥大学法学院。卢埃林的著作主要有:《荆棘丛——论我们的法律及其研究》(1930年)、《晒延人方式》(与霍贝尔合著,1941年)、《普通法传统》(1960年),以及论文集《法理学:理论与实践中的现实主义》(1962年)。卢埃林对概念法学提出激烈批评,认为法律人有关法律争端的所作所为本身就是法律,必须研究法律人的言行,以判断他们在多大程度上为法律之外的事实所影响。在卢埃林看来,法律的核心不是规则,而是官方的行为,或者说是解决争端的官方行为。这些事实对案件结果的影响,有时远远大于可适用的法律。

杰罗姆·弗兰克(Jerome New Frank,1889—1957)是美国杰出的法官和法学家。

他出生于美国纽约,1909年在芝加哥大学获哲学学士学位,1912年获法律学位。此后20年间,弗兰克投身于法律实务并专攻公司重组的有关业务,1941年被任命为美国第二巡回上诉法院法官。基于《法律和现代精神》(1930年)一书及此后的著作,弗兰克被认为是法律现实主义的领军人物。其著作还有:《假如人是天使》(1942年)、《命运与自由》(1945年)、《初审法院——美国司法中的神话与现实》(1949年)以及《无罪》(1957年,与巴巴拉·弗兰克合著)等。弗兰克通过研究司法审判过程,力图证明传统法律强调稳定性、确定性以及传统的判决方法是一种"基本法律神话"。他主张法官通过对法律事实的怀疑来开展司法活动,并以此为基础建立现实主义法学。

▶ 二、美国现实主义法学的法律观

美国现实主义法学长期被称为一种"运动",而不是一个"学派",因为持现实主义态度的众多法学家的观点并不一致。但总体上看,他们一般都否定国家制定法的权威性,将法学研究聚焦于司法过程,把法律理解为官员们解决社会纠纷的行为及得出的结果;他们一般都否认法律的确定性和稳定性,否认司法判决依据的事实的确定性,贬低三段论推理在司法活动中的作用;他们强调经验的决定意义,认为法律来自社会生活。具体而言,现实主义法学的法律观主要包括五个方面的内容。

(一)认为法律就是司法或行政过程及其结果

霍姆斯认为,法律就是法官对案件判决的预测或者人们对法官将要如何判决的预测。在《法律之路》的演讲中,霍姆斯提出,对法院将实际做什么的预测,并且不包含任何夸夸其谈,就是他所说的法律。他说:"倘若你们想了解法律,而不是别的什么,你们得以一个坏人的眼光看待它,坏人仅仅关心根据这一法律知识做出预计的具体后果,这不像好人在模模糊糊的良心约束之下,要为他的行为找寻根据,无论这些根据在法律之内还是之外。"①可见,霍姆斯倡导以法律预测说来看待法律的本质,通过法院在将来可能作出的判决来分析和解释法律。在他看来,形式的法律规范不过是立法者对法律的见解,法官在司法审判中既可以采纳,也可以不采纳。真正的法律并不是立法者的见解,而是法官实际上作出的判决。

霍姆斯的实用主义观点深深影响了美国实证主义法学家。约翰·奇普曼·格雷(John Chipman Gray,1839—1915)在《法律的性质和渊源》一书中,区分了法律与法律渊源,他认为法律就是法官所宣布的东西,而制定法、先例、博学专家的意见、习惯和道德仅仅是法律渊源。卢埃林在《荆棘丛——论我们的法律及其研究》一书中认为,法律(确切地说,美国法)就是"解决争端的官方行为"。他提出,围绕争端所做的事情,或者说,合理地做的事,就是法律事务。那些负责法律事务的人们,无论

---

① 〔美〕霍姆斯:《法律的道路》,载〔美〕斯蒂文·J. 伯顿主编:《法律的道路及其影响》,张芝梅、陈绪刚译,北京大学出版社2005年版,附录第418页。

是法官,还是行政司法长官、书记官、监管人员或律师,都是法律的官员。这些(公共)官员所做的有关争端的事,就是法律本身。这种"规则怀疑论"的主张,否定了法律主要表现方式之一的制定法的客观性,也就否定了法律存在的普遍性和客观性。

(二)提出"事实怀疑论"

现实主义法学家不仅提出"规则怀疑论",而且质疑作为司法判决依据的事实的确定性,进而提出"事实怀疑论"。有些现实主义法学家认为,判决所依据的事实仅仅是法官的内心猜想,是被法官认定的主观事实,并不是客观事实。

弗兰克就对法官认定事实的确定性表示怀疑。他认为,在事件发生以后的几个月甚至几年后,法官才从证人那里获得有关事实的信息,而这些证人在复述时或许有偏见,或者缺乏必要的知识。这就意味着作为判决依据的事实,并不是客观上曾经发生的纠纷的实际状况,而只是司法人员内心对该事实的一种认定。不同的司法人员基于种种原因,最后认定的事实肯定会有差异。也就是说,这样认定的事实呈现多样性,带有一定的主观色彩。因而,案件最后得出的裁决也是有差别的。弗兰克对审判事实的论述改变了对"法律事实"的传统认识,揭示出事实认识上的重要性和主观性。

(三)揭示司法过程的性质和规律

现实主义法学家主张,法官在创制法律的过程中应当发挥主导作用,而不像分析法学那样认为法官的工作仅仅是将既有规则机械地运用于案件。由此,他们极力贬低三段论推理在司法活动中的作用。

弗兰克认为,分析法学的三段论推理过程用公式表达就是:R(Rule,法律规则) × F(Fact,事实) = D(Decision,判决)。由于R和F这两个假设根本不存在,所以这个公式是不真实的。真实的情况是,具有个性的法官作为主体,接受来自客体的各种信息和刺激,进行加工而得出判决。用公式表达就是:S(Stimulus,刺激) × P(Personality,个性) = D(Decision,判决)。较之政治、经济或道德偏见,特定法官的特殊性格、气质、偏见和习惯传承是他判决过程中的决定因素。因而,法律及司法判决就可能因审理任何既定案件的法官个性差异而有所不同。

卡多佐在《司法过程的性质》一书中认为,司法决定是一个"化合物",整个司法过程类似一个"酿造化合物"的过程。在这一"酿造"过程中,法官可资利用的资源包括先例、逻辑、习惯、社会福利、个人的或共同的正义和道德标准等,指导法官作出判决的是原则。发现、创造、适用原则的路线和途径就是司法方法,其中主要包括哲学的方法、进化的方法、传统的方法以及社会学的方法。他认为,司法过程不是先有法律后有判决,而是先有对事实的认识,然后产生对其性质的判断和解决此纠纷方法的决策,即找到适用于该案件的法律。

(四)主张法律的不确定性

现实主义法学家认为,如果法律就是法官的判决,那么直到案件审理终结前,适用于该案的法律是什么、法律在哪儿,实际上都是不确定的。立法机关制定的规范性法律文件,对法官来说仅是一种权威性的参考资料。

弗兰克认为,那种将法律看成是确定的观念,是一种自欺欺人的神话。因为,法律所应付的是人类关系最为复杂的方面,它不可能确定。文化人类学的研究表明,在所有父亲作为家庭首领的社会共同体中,父亲处于最后仲裁者的权威位置。在儿童的心目中,父亲象征着确定性、安全性和一贯正确。当儿童自己长大成人、成为父亲之后,面临变化莫测的现实状况,儿提时的盲目依赖性仍或多或少地保留下来。只不过,成人转向求助于牧师、集团统治者、领导人等。人们希望通过"父亲"的再发现,摆脱现实的不确定和混乱,而法律很容易成为人们所寻求的"父亲"。

(五)认为法律的生命在于经验

不同于分析法学或概念法学的看法,现实主义法学家认为法律来自社会生活,主张以法律实施的效果来评判法律。也就是说,他们更强调经验的决定意义。

霍姆斯在《普通法》一书中提出,"法律的生命不在逻辑,而在经验"。他所说的"法律",主要不是指立法机关制定的成文法,而是指法官制定的判例法。在判例法的形成过程中,人们感觉到的时代需要,主流的道德和政治理论,对公共政策的直觉,甚至是法官与其同胞们共有的偏见等,较之于三段论推理所起的作用更大。他所说的"经验",是指法官在遵循先例的前提下,充分根据变化中的社会生活,给予先例新的生命。在这里,霍姆斯跳出了仅对法律进行逻辑分析的分析法学框架,而是将法律与政治、经济、道德、历史和心理等许多因素联系起来,强调法律的本质在于实用的主观经验。

由于法律蕴涵着一个民族,甚至人类的智慧和经验,因此不可能仅用逻辑的办法来理解和适用它们。司法判决并不是从概念到概念的逻辑推理,而需要加进法官的经验和智慧。霍姆斯强调经验对于法的重要性,实际上是针对19世纪上半叶在英国普通法理论中形成的"严格遵循先例"原则而言的。在他看来,严格遵循先例无非是根据已有先例进行逻辑推理,作出判决。而美国的有限遵循先例,有利于根据社会的需要不断发展法律。强调法律的生命在于经验,就是要求人们在尊重普通法历史的基础上,及时适应时代的需要,修改或补充旧的法律制度。

▶ 三、美国现实主义法学的地位和影响

美国现实主义法学的法律观具有美国特色,揭示出以法官为中心的法律制度的现实。在美国,包括联邦宪法在内的一切成文法在经法院的司法解释并适用于具体案件之前,都不能算作真正的法律。至于普通法,本身就是由联邦或各州上诉法院的判例形成的。美国法官的司法过程也不是一个单纯的逻辑思维过程,它夹杂着许多因素,有理性的思考、直觉和经验,其中经验起着关键和根本的作用。正是从美国法律制度的现实出发,现实主义法学家强调法官在审判活动中的行为以及在立法中的作用。但是,他们在强调法律的不确定性时,过分夸大了法律确定性的弊端。

美国现实主义法学对后来的各种法学流派影响很大,欧美国家涌现的许多新兴法学流派,可以看作现实主义法学的分支。比如,受行为科学尤其是行为主义政治学的影响,在美国现实主义法学中分化出行为主义法学这一分支。其代表人物及著作有:唐纳德·布莱克(Donald Black),著有《法律社会学的界限》(1972年)、《法律的运作行为》(1976年);格兰登·舒伯特(Glendon Schbuert),著有《司法行为的量的分析》(1959年)、《司法行为》(1964年)和《司法心态》(1965年);劳勒(lawlor),著有《计算机能作什么:司法判决的分析和预测》(1962年);达勒斯基(Daneilsk),著有《比较司法行为》(1969年)等。他们以法律行为尤其是法官的行为作为研究对象,但与现实主义法学不同的是,他们以计算机和高等数学为工具,把影响法官行为的各种因素变成数据,运用计算机进行预测。

▶ 四、北欧现实主义法学

北欧现实主义法学的创始人是乌普萨拉大学的哈格施特勒姆(A. Hagerstrom,1868—1939),其他代表人物有伦德斯特(A. V. Lundstedt,1882—1955)、奥利维克罗纳(K. Olivercrona,1897—1980)和丹麦的罗斯(A. Ross,1898—1979)等。

(一) 对分析实证主义法学的批判

北欧现实主义法学标榜批判"形而上学",他们认为分析实证主义法学是形而上学。哈格施特勒姆认为,奥斯丁提出的法律命令说不符合社会和历史事实,而且是自相矛盾的。比如,法律命令说无法解释罗马法的历史。从本质上看,法律命令说的本质是意志理论,它要求必须对某种违法行为进行处罚。但是,它很少关注违法者为什么会如此行为,也就是说,它忽视了对违法者的行为进行心理的和精神的分析。

哈格施特勒姆还认为,分析法学所强调的权利和义务等概念,是心理和感情的产物,是虚无的东西。比如,传统的权利观念主张的非自然的权利能使一个人合法地拥有某物或合法地为某种行为,由于在自然界里没有对应物,因而这一观点是错误的。奥利维克罗纳也指出,与其说是任何具体的或客观的概念,不如说是人类大脑所特有的对权利的主观观念或意象构成了认识权利的基础。

(二) 认为法律是以暴力为后盾的权力的工具

北欧现实主义法学指出,那种认为法律是由人制定并且也是为人制定的一套规则,认为法律是从国家的立法意志中获得存在的基础和效力的观点,是一种迷信。奥利维克罗纳认为,法律不是立法者的命令,因为在经验的世界里,根本不存在立法意志,即使是立法者,也不过是在别人起草的文本上盖自己的图章而已。罗斯认为,从原则上说,法律就是一系列同某些人类行为、观念和态度相关的社会事实。

在这些现实主义法学家看来,法律就是以暴力为后盾的权力的工具,它是一架为保障社会安全而建立的以人为齿轮的庞大的机器。这架机器不是由立法者的意志推动的,而是在强大的综合情感和习惯的驱动下发挥作用的。

(三) 认为价值法学的正义观念是幻想

北欧现实主义法学不仅反对分析法学,而且认为价值法学也属于形而上学。他们不同意价值法学强调的正义等观念,认为根本不会有什么"应有世界"的科学,正义之类的原则完全是幻想。

伦德斯特指出,自然正义是从某个特定的人、特定的事物中抽象出来的,因而是与现实相背离的,不能普遍适用。他认为,正义只是法律承受者的一种情感,这种情感是由习惯和统治意志引起的,并受法律指导。在法律的评价方面,正义的方法是无用的,必须用"社会福利的方法"予以代替。

罗斯进一步强调,正义问题是由社会事实决定的,构成自然法学基础的那些有关人性的假设是任意的。无论是人人皆兄弟的观点,还是弱肉强食的观点,都无法在客观上被证明是正确的或错误的。因此,诉诸正义是没有用的,可以赋予正义这一概念的唯一意义,可能就是提示法官应当正确地、不加歧视地适用一般法律规则。

(四) 对美国现实主义法学的批评

针对美国现实主义法学家的理论主张,伦德斯特指出其存在的六大不足:(1)没有对包含正义方法的法律意识形态进行批判;(2)没有对基本的法律概念背后的事实进行分析;(3)没有进一步说明信仰法律规则是一种错误;(4)没有揭示法律科学中认识论和社会价值之间的关系;(5)没有充分考虑正义等情感因素在法律机器运作中所起的作用;(6)没有建立在社会利益基础之上的、运用法律科学的实证的方法。[①] 这些批评意见显示,北欧现实主义法学家试图建立与社会生活更加紧密的关联。

概括而言,北欧现实主义法学家认为法律是一种社会事实,是为社会安全建立起来的以人为齿轮的社会机器,是如何行使武力的规则,是权力的工具。在他们看来,社会上的大部分人之所以服从法律,并不是由于强制,而是出于习惯,不过他们也认为强制的威胁是保证这种服从的最重要的心理因素。

---

① 参见吕世伦主编:《现代西方法学流派》(上卷),中国大百科全书出版社2000年版,第505—506页。

第十章 现代分析法学

学习重点:(1) 凯尔森的纯粹法学;(2) 哈特的法律规则、法律与道德分离理论;(3) 拉兹的法律体系、法律渊源与权威理论;(4) 制度法学的法律规范和制度事实理论。

现代分析法学是对边沁、奥斯丁的古典分析法学的继承和发展,主要包括凯尔森的纯粹法学、哈特的新分析法学、拉兹的排他性实证主义法学、麦考密克和魏因贝格尔的制度法学。

根据哈特的总结,古典分析法学的基本立场和核心观点表现为五个方面:(1)主张法律是人类的命令。(2)主张法律与道德(或者说实然的法律与应然的法律)之间没有必然联系。(3)主张法律概念的分析研究是值得从事的有意义的工作,它区别于对法律的原因和起源所作的历史学研究,区别于对法律和其他社会现象的关系所作的社会学研究,区别于依据道德、社会目的、功能及其他标准对法律所作的批判和评价。(4)主张法律体系是一个封闭的逻辑体系,人们无须参照社会目标、政策和道德标准,而只需从作为前提的法律规则出发,借助逻辑推理便可获得正确的结论。(5)主张道德判断与事实陈述不同,它不能靠理性推理、证据和证明手段获得,或借以为自己辩护。① 第二次世界大战后,自然法学再度复兴,社会学法学异军突起,分析法学面临严峻挑战。面对其他法学流派的诘难甚或攻击,现代分析法学一方面继承古典分析法学的传统,坚守古典分析法学的基本立场和研究方法;另一方面又进一步拓展分析法学的研究范围和研究方法,除了分析实在法的概念、规范和逻辑结构外,对法的作用和法的价值等问题也有所关注,除了运用规范逻辑分析方法外,将语言哲学、解释学和社会学等学科的研究方法也引入分析法学,显现出与自然法学、社会学法学交汇融合的发展趋势。尽管如此,现代分析法学仍是与自然法学、社会法学相并列的现代西方三大法学流派之一,始终保持自身的独立地位和鲜明特色。

现代分析法学家们对法律实证主义的立场有强有弱,理论观点也不尽相同,但始终秉持共同的学术传统。具体表现为:(1)实证主义哲学观对分析法学的思维模式、理论兴趣、研究范围和研究方法有着决定性的影响,这是分析法学保持统一和独立的思想基础。(2)尽管在法律与道德的关系问题上,存在排他性实证主义与包容性实证主义的分野,但坚持法律与道德分离的命题是分析法学家们的共同立场。(3)虽然对实在法的范围、鉴别标准或效力来源等问题存在认识上的分歧,但分析法学家均认为实在法是法律科学的主要研究对象。(4)尽管不断吸纳和引入新的研究方法,但规范分析、逻辑分析、语义分析等分析方法一直是分析法学的元方法或总方法。

分析法学的学术贡献主要表现在两个方面:一是明确了法律科学的研究对象和研究方法,使法学从政治哲学、道德哲学中分离出来而成为一门独立的学科,凸显了法学的学科主体地位;二是为法学研究提供了一个普遍有效的研究范式,为人们认识法律和理解法律提供了一把钥匙。

---

① 参见〔英〕哈特:《实证主义和法律与道德的分离》(上),翟小波译,载《环球法律评论》2001年第2期。

第一节 凯尔森的纯粹法学

汉斯·凯尔森（Hans Kelsen，1881—1973）出生于布拉格，原籍奥地利；1901 年进入维也纳大学学习法律，获法学博士学位；1911 年起任教于维也纳大学，参加了 1920 年奥地利共和国宪法的起草工作，1920—1930 年任奥地利最高宪法法院法官；1930—1933 年在德国科隆大学任教，后迁居瑞士直到 1940 年流亡美国，并加入美国籍；1940—1942 年在哈佛大学任教，1952 年退休。凯尔森研究广泛，著述颇丰，涉及公法学、法哲学、国际法学、政治学、社会学以及人类学等多个领域，作品总数达 600 余件，被翻译成包括中文在内的 24 种语言。其代表性的著作有：《国家法的主要问题》（1911 年）、《国家学概论》（1925 年）、《国际公法概论》（1925 年）、《纯粹法理论》（1934 年

凯尔森

初版、1960 年修订）、《法与国家的一般理论》（1945 年）、《布尔什维主义的政治理论》（1948 年）、《国际公法原理》（1952 年）、《共产主义的法律理论》（1955 年）、《什么是正义》（1957 年）等。本节根据凯尔森的《法与国家的一般理论》①和《纯粹法理论》②来介绍其纯粹法学思想。

▶一、纯粹法理论

为了保证法学的独立性与自足性，恰当地限定法学的学科功能和研究范围，凯尔森创立了纯粹法理论。凯尔森认为，作为一门科学的法律科学或法的一般理论，在研究对象和研究方法上应当是纯粹的，应当抵御形而上学、意识形态、正义观念、伦理道德等价值因素和社会学、心理学、政治经济学等研究方法对法学的侵袭。纯粹法理论，是关于实在法的理论，是法的一般理论，试图发现法自身的性质，并确定其结构和典型形式，并不关注因时因人而异的法的内容。纯粹法理论把研究对象严格限定在实在法领域，从结构上去分析实在法，而不是从心理上或经济上去解释它的条件，或者从道德上或政治上对它的目的进行评价。纯粹法理论之所以被称为"纯粹"，是因为其试图将所有无关的因素排除在对实在法的认识之外，是一种剔除了所有政治意识形态与一切自然科学因素的法律理论，其目标就在于使法学上升为

---

① 〔奥〕凯尔森：《法与国家的一般理论》，沈宗灵译，中国大百科全书出版社 1996 年版。
② 〔奥〕凯尔森：《纯粹法理论》，张书友译，中国法制出版社 2008 年版。

一种真正的科学,一种人文科学,使法学具有一种主要关注认知法律而非塑造法律的倾向,并使认知的结果尽可能地接近一切科学的最高价值:客观性与精确性。

凯尔森之所以反对自然法学,是因为他认为一门科学必须就其对象实际上是什么来加以叙述,而不是从某些特定的或理想的价值观念出发来规定它应当如何或不应当如何。后者是一个政治上的问题,它和治理的艺术有关,是一个针对价值的活动,而不是一个针对现实的科学对象。自然法学的原则体系是绝对的、静止的、先验的,是法的形而上学。纯粹法理论并不试图将法律理解为正义的产物或出自上帝的人类产儿或超人的权威的体现,而是将法律视为以人类经验为基础的一种特定的社会技术。法学不应具备实现神圣价值的功能,它也不代表神圣价值本身,法律及其科学是可变的、应变的,相对稳定与保守的法律是可以改革的。自然法将法与正义等同起来的倾向,是为一个特定社会秩序辩护的倾向,是一种政治的而不是科学的倾向。纯粹法理论虽然不反对合乎正义要求的法律,但它无力回答某一个法律是否合乎正义以及什么是正义的基本要素问题,因为这个问题是根本不能科学地加以回答的。正义只是一种主观的价值判断,众多的自然法学说没有一个能以较正确和客观的方式来成功地界定正义秩序的内容,大都是一些空洞的公式。自然法学说在性质上有时是保守的,有时是改良的或革命的。它要么为实在法辩护,宣称实在法与自然的、合理的或神圣的秩序相一致,要么怀疑实在法的效力,宣称实在法与一个预定的绝对物是抵触的。自然法学说不关心对实在法、法律现实的认识,只关心对它的维护或攻击,只关心政治的而非科学的任务。因此,只有实在法才能成为科学的一个对象,才是纯粹法理论的对象。纯粹法理论是法的科学,而不是法的形而上学;它研究现实的法,既不称之为正义而加以辩护,也不名之为不正义而加以谴责;它寻求真实的和可能的法,而不是正确的法;它是客观的和经验的理论,拒绝对实在法加以评价。

凯尔森之所以与社会法学保持距离,是因为凯尔森认为法律科学所研究的法律现实不同于自然科学所研究的自然现实。法律现实是一个规范的体系或一种规范性秩序,它决定着人们应当如何行为。至于实际存在的个人行为,则是由自然法则根据因果关系原则来决定的,属于自然现实。当社会学研究这个由因果法则决定的自然现实时,社会学就是自然科学的一个部门。社会法学不以陈述人们应当如何行为的命题来描述法律现象,而是试图像物理学描述某种自然客体那样来说明人们实际上如何行为,其研究的并非是法律规范,而是人的合法或非法行为。纯粹法理论是规范法学,其研究对象只是那些规定个人应当如何行为的规范,而非个人的实际行为本身。纯粹法理论不否认社会法学的有效性,但并不因此就认为它是唯一的法律科学。社会法学应与规范法学并肩携手,而无法相互取代,因为二者各自解决的是截然不同的问题,即社会法学解决的是法律的实效问题,规范法学解决的是法律的效力问题。社会法学以规范法学为前提,是规范法学的补充。

总之,自然法学研究的是法律价值,社会法学研究的是法律事实,纯粹法学研究的是法律规范。自然法学把法律实际是什么与法律应当是什么的问题混淆了,社会法学把人们应当如何行为与人们实际如何行为的问题混淆了。凯尔森认为,只有把法律理论与正义哲学以及社会学区分开,才可能建立一门特定的法律科学。为了达到这个理论目的,凯尔森继承了奥斯丁的实证主义分析方法,认为纯粹法理论的方法在原则上与分析法学一样,专门从分析实在法中取得其成果,二者之间没有实质的差别。但凯尔森试图比奥斯丁更首尾一贯地推行分析法学这种方法。因为他认为奥斯丁的功利主义、法律命令说等观点,仍然带有浓厚的本体论和形而上学色彩,会给自然法学和社会法学留下空隙。所以,凯尔森进一步剔除了奥斯丁分析法学中的自然法残余和社会学成分,将其推向极端,从而创立了一个不受政治意识形态影响和社会学方法侵袭的纯粹法理论。

凯尔森分别从静态与动态两个角度对实在法规范的要素、结构及其效力等问题进行实证分析,相应地纯粹法理论也分为法的静态理论和法的动态理论。

▶ 二、法的静态理论

法的静态理论主要研究法律概念,凯尔森分析了法的定义、法律规范以及权利、义务、责任、制裁等法的构成要素。

(一) 法的定义

法的定义,有政治定义与科学定义之分。自然法学主张的是政治定义,凯尔森主张的是科学定义。凯尔森认为,法的政治定义受政治成见的影响,使法的概念仅适合于一个特定的正义理想,如民主和自由主义的理想。但从摆脱任何道德或政治价值判断的科学角度看,正如专制和社会主义一样,民主和自由主义只是社会组织的两种可能的原则,没有任何理由把前者的法律排除在外。法的科学定义所使用的法的概念没有任何道德涵义,它仅指出法是社会组织的一个特定技术。法律问题,作为一个科学问题,是社会技术问题,而不是道德问题。纯粹法学研究的是实在法的概念,实在法的科学必须与正义的哲学明确区分开。

从纯粹法学的观点来看,法是人的行为的一种秩序,是社会组织的一个特定技术,是一个强制秩序的特定社会技术——惩罚技术,即在出现与法律规范相反的行为(不法行为)时,通过强制措施的威胁来促使人们实现社会所希望的行为。从这个意义上讲,只有规定制裁的规范才是法律规范,一个法律秩序的所有法律规范都是强制规范。法律秩序不同于道德、宗教等其他社会秩序,就在于法律秩序以一种有组织的惩罚技术来调整人们的行为。道德、宗教所追求的部分目的虽然与法一样,但使用的是与法不同的技术。法对不法行为的反应是秩序所制定的社会有组织的强制措施;道德对不道德行为的反应,要么不是由道德所规定的,要么虽有规定但不是社会有组织的制裁;宗教规范所规定的制裁具有先验性,而且也不是社会有组织的制裁。

(二) 规则与规范

凯尔森认为,我们对自己智力工作中想当作工具使用的那些术语,可以随意界定。唯一的问题是它们是否符合我们打算达到的理论目的。所以,虽然法学界一般认为规范(norm)与规则(rule)这两个概念的含义没有多大差别,但凯尔森认为二者还是存在细微差异的。规则是描述性的,规范是规定性的;规则表达的是"是"(being),规范表达的是"应当"(ought)。为了防止对法律性质的误解,凯尔森建议将法律权威创制的法律称为规范,而将法律科学对法律的陈述称为规则。理由是:

其一,相对于因果意义上的"必然"性规则而言,实在法规则是"应当"规则,即规范性规则。如果称法律为规则,那就一定要强调指出法律规则实质上不同于其他规则,尤其不同于那些体现为自然法则的规则。自然法则是描述自然事件实际上如何发生以及这些事件为什么发生的规则;法律规则是对人的行为的规定,它规定人们应当如何行为,而不涉及人们的实际行为及其原因。

其二,规则的意思是,当某种条件具备时,某类现象就发生或应当发生,总会或几乎总会发生。规则一词具有某种"一般"的内涵,它并不指一个单独的、不重复发生的事件,而是指一整批同样的事件。如果把法律与规则等同起来,就只能认为法律是一般规范,但凯尔森认为,法律并非只是由一般规范构成的,它还包括个别规范,如法官针对某一案件的司法判决就创立了一个其约束力仅限于当前的特殊案件的特殊规范或个别规范,它同样属于法律规范,是整个法律秩序的组成部分。

其三,规则是法律科学所陈述的,是叙述性的;规范是法律创制权威所制定的,是规定性的。法律科学的任务就是以"如果如此这般条件具备,如此这般的制裁就应当随之而来"的陈述形式来表达法律。法律科学用以表达法律的规则不能与法律权威所创造的规范混淆起来,不能把法律科学的陈述称为法律规范,而应称为法律规则。

(三) 法的效力与实效

凯尔森认为,规范既不能等同于命令,也不能等同于立法者的意志或法律行为中的当事人的意志,规范意味着"应当",它表示某人应当以一定方式行为,而不意味着任何人真正"要"他那样行为,它是一个不具人格的和无名的"命令"。只有借助于规范的概念和与之相关联的"应当"的概念,才能够理解法律的含义。相对于作为价值的自然法来说,实在法是现实的,发生在"是"(being)的领域中;相对于人的实际行为来说,实在法是规范性的,是一种"应当"(ought)并因而是一种价值,是评定实际行为合法或非法的标准。这就是法律的实证性问题:法律规范具有"应当"和"是"的双重属性。

因此,凯尔森认为法律的效力问题与实效问题必须区分开,前者属于"应当"的领域,后者属于"是"的领域。例如,法律规定法官应当惩罚偷窃者,这是一个效力问题;至于偷窃者实际上是否被惩罚,则是一个实效问题。效力是规范的特殊存在,说一个规范有效力,就是假定它的存在,或者说假定它对那些其行为由它所调整的人具有约束力。法律效力的意思是法律规范是有约束力的,人们应当像法律规范所规定的那样行为,应当服从和适用法律规范。法律实效的意思是人们实际上就像根据法律规范规定的应当那样行为而行为,规范实际上被适用和服从。效力是法律的一种特性,实效是人们实际行为的一种特性,而不是法律本身的一种特性。凯尔森同时指出,效力与实效之间也有很重要的关系。因为,规范只能在属于一个规范体系和一个就其整体来说是有实效的秩序的条件下,才被认为是有效力的。因而,实效是效力的一个条件,但也仅是一个条件,而不是效力的理由。一个规范是否有效力取决于规范本身,而不取决于它是否具有实效,即使一个规范没有被适用或服从即缺乏实效的情况下,它也是有效力的。

▶ 三、法的动态理论

法的动态理论主要研究法律规范的效力问题。基于法律实证主义立场,凯尔森关于法律效力渊源的观点与自然法学和社会法学的观点截然不同,认为法律效力既不是道德价值赋予的,也不是社会事实验证的,而是规范自我授予的。一个规范之所以有效力,是因为其来自另一个较高级规范,较高级规范之所以有效力,是因为其来自一个更高级规范,如此形成一个效力链条,最终追溯到一个基础规范。

(一) 规范体系

凯尔森认为,法律秩序是一种委托创造规范的权力从一个权威被委托给另一个权威而形成的一个动态规范体系,前者是较高级的权威,后者是较低级的权威。在这个动态的规范体系中,低级规范的效力来源于高级规范。不能从一个更高的规范中得出自己效力的规范,就是基础规范。法律秩序就是一个由不同级别的规范构成的金字塔式的规范等级体系。

宪法规范是国内法中的最高一级。凯尔森把宪法区分为实质意义上的宪法和形式上的宪法。实质意义上的宪法是创立一般法律规范的规范,是形式上宪法成立的基础。实质意义上的宪法,不仅可以决定立法的机关和程序,而且在某种程度上还可以决定未来法律的内容。宪法既可以消极地禁止法律所不应该规定的内容,也可以积极地规定未来法律的一定内容。宪法还可以使习惯成为法律秩序的一个组成部分,使习惯具有法律的效力。

在宪法规范之下的是一般规范,包括制定法和习惯法。一般规范具有两个功能:一是决定适用法律的机关及其所遵循的程序;二是决定这些机关的司法和行政行为。基于这两个功能,相应产生两类法律:实体法和程序法。前者是实质规范,后者是形式规范,二者有机结合组成法律。与宪法规范不同的是,一般规范不仅决定法律的执行机关和程序,而且决定个别规范的内容。宪法规范创立一般规范,形式的决定占支配地位;一般规范创立个别规范,形式的决定与实质的决定同样重要。司法判决也可以创立一般规范,即当司法判决具有先例的性质时,对于以后所有类似案件的判决具有约束力。行政机关的命令或条例也属于一般规范。

如果说凯尔森将规则等同于规律或自然法则而对规则作了缩小解释的话,那么其对规范的理解则属于扩大解释。因为,一般认为法律规范不同于个别命令,具有普遍性和持续性,是面向一般人的、能够反复适用的。但凯尔森认为,针对某个人的具体指令也是法律规范,并将其称为个别规范。个别规范主要是法官针对特定人执行的一定制裁,即法院的司法判决。此外,自治的个人行为也可以是创造和适用法律的行为,也可以创立个别规范,如一个损害赔偿的侵权行为,双方合意的契约等都可以创立个别规范。但相对于一般规范这种主要规范而言,个人行为创立的个别规范是次要规范。

凯尔森指出,法律秩序是一个自我创造的系统,法律调整它自己的创造是法律的一个特点。法律的创造始终是法律的适用,将法律创制与法律适用区分开并视二者为绝对的对立物的传统理论是错误的。每个法律行为通常既是创造法律的行为,又是适用法律的行为。一个法律规范的创造通常就是调整该规范创造的那个高级规范的适用,而一个高级规范的适用通常就是由该高级规范决定的一个低级规范的创造。例如,一个司法判决,既是适用一个一般规范,又是创造一个使争端一方或双方负有义务的个别规范。又如,立法既是法律的创造,也是宪法的适用。第一部宪法的创造,同样也可以认为是基础规范的适用。基于这种认识,凯尔森反对法律秩序存在间隙的说法,认为间隙的观念是一个虚构。从法律规范效力体系的角度看,法律秩序不会有任何的空缺或间隙。通常认为法律会存在漏洞,法院的作用就是通过解释法律弥补漏洞。但凯尔森认为,与其说法院的作用是弥补法律空隙,还不如说法官的司法活动就是立法,即在法律体系中加入了一个不同于一般规范的个别规范。

(二) 基础规范

在规范等级体系中,每个规范的效力都来源于另一个高级规范。即个别规范的效力来源于一般规范,一般规范的效力来源于宪法规范,而宪法规范的效力来源于较老的宪法或第一部宪法。如此推演,必然涉及第一部宪法的效力来源问题。为了避免无止境的回溯,凯尔森预设了一个基础规范。凯尔森认为,基础规范是一个法律体系中所有规范得以具有效力的终极渊源。基础规范具有特殊的功能,它就如同一个共同的源泉那样,构成了组成一个法律秩序不同规范之间的纽带。

凯尔森指出,正如康德主义哲学认为先验的逻辑原则是经验的条件一样,基础规范的逻辑预设也是实在法律秩序的条件,它既不是超验的,也不是经验的,而是假定的。因此,基础规范作为实在法律秩序的效力理由和法学体系的逻辑起点,既与自然法学把法律的效力来源归结为抽象的道德原则有区别,又与社会法学把法律效力立足于变动的社会事实有差异。基础规范不是由立法机关通过立法程序创造出来的,而是假定的或预设的,既是构建理论体系的逻辑起点,也是实在法律体系的效力终点。基础规范之所以被预定有效力,是因为如果没有这一预定,个人的行为,尤其是创造规范的行为,就无法被解释为一个法律行为。在现实中,基础规范反映了一定的历史、政治事实,它或许是第一部宪法。基础规范作为其他规范的效力渊源,是既存的、静止的;基础规范作为法律秩序、法学体系与社会现实、历史事实的连接点和转折点,在内容上则是动态的、可变的。

第二节 哈特的新分析法学

赫伯特·莱昂内尔·阿道尔弗斯·哈特(Herbert Lionel Adolphus Hart,1907—1992)生于英国的哈罗盖特,1929年毕业于牛津大学,1932—1940年任出庭律师,第二次世界大战期间在英军情报机关服役,1952年当选牛津大学法理学讲席教授,1978年退休。哈特的主要著作有:《法律中的因果关系》(1959年)、《法律的概念》(1961年)、《法律、自由与道德》(1963年)、《刑法的道德性》(1965年)、《惩罚与责任》(1968年)、《法理学与哲学论文集》(1983年)等。其中,《法律的概念》系统展现了他的分析法学思想,是其职业生涯中的核心成就,被誉为20世纪法学的经典之作。在该书中,哈特秉承边沁、奥斯丁所开创的分析法学传统,并在批判的基础上将之推向新的高度,从而成为现代分析法学的一面旗帜。本节根据《法律的概念》①来介绍哈特的新分析法学思想。

尼尔·麦考密克著
《大师学术:哈特》(第二版)的封面

哈特将法律理论的困惑归纳为三个争论焦点:(1)法律与以威胁为后盾的命令有何区别和联系?(2)法律义务与道德义务有何区别和联系?(3)什么是规则以及在多大程度上法律是由规则构成的?通过对奥斯丁法律命令说的批判,哈特构建了法律规则理论;通过与德沃金等人的论战,哈特捍卫了法律与道德分离理论;针对形式主义法学和现实主义法学的极端片面性,哈特提出了法律规则的开放结构特征,论证了自由裁量权存在的必要性。

▶ 一、法律规则理论

奥斯丁的传统分析法学认为,法律是主权者对其臣民所发布的以威胁为后盾的命令。哈特认为,把法律等同于主权者的强制命令,是一个过于简单的理论模式,未能反映法律制度的全部特征,是一个虽富启发性但却失败的记录。该理论失败的根本原因在于,其所有建构的要素,即命令、服从、习惯和威胁等观念,没有包括、也不可能通过把这些要素组合起来产生"规则"的观念。而如果没有规则这个观念,我们

---

① 〔英〕哈特:《法律的概念》,张文显等译,中国大百科全书出版社1996年版;〔英〕哈特:《法律的概念》(第2版),许家馨、李冠宜译,法律出版社2006年版。

就连最基本形态的法律也无法说明。因此,分析法学需要一个新的开端——法律规则理论。

哈特认为,法律是由第一性规则(primary rules,亦译为主要规则、初级规则、首位规则、原生规则)和第二性规则(secondary rules,亦译为次要规则、次级规则、次位规则、衍生规则)的结合构成的。所谓第一性规则,是指要求人们去做或不做某种行为的规则,是设定义务的规则。所谓第二性规则,是指引入新的第一性规则、修改或废除旧的第一性规则以及决定第一性规则运作方式和作用范围的规则,是授予权力(公权力或私权力)的规则,包括承认规则(rules of recognition)、改变规则(rules of change)和裁判规则(rules of adjudication)。

哈特认为,简单社会的规则都属于第一性规则,即使没有立法机关、法院、官员和组织化的制裁体系,这些规则也能发挥社会控制的功效,但这并不意味着简单社会体制下的第一性规则就是法律规则,它也可被称为道德规则或社会规则。此外,简单社会体制下的第一性规则还存在三个根本性的缺陷:(1)不确定性。简单社会的规则仅仅是一批单独的标准,构成不了一个体系,没有任何确定的或共同的标志。(2)静态性。简单社会不存在有意识通过废除旧规则或引进新规则而使规则适应正在变化的情况的手段。(3)无效性。简单社会用以维护规则的力量是分散的社会压力,对于一个规则是否被违犯经常会发生争论,缺乏最终的、权威性的决定,对违规行为的惩罚是由受影响的个人或群体进行的,而不是由一个专门的机构掌管,既缺乏效率,还可能引起潜在的仇恨。

第一性规则体制的这些缺陷,只有通过引入第二性规则来进行补救。(1)补救第一性规则体制不确定性的方法是引入"承认规则",即用以决定性地确认第一性规则的渊源和效力的规则,如由一个特定机关颁布的事实、长期习惯性实践、与司法判决的联系等。(2)补救第一性规则体制静态性的方法是引入"改变规则",即授权个人或群体,废除旧的第一性规则或引入新的第一性规则权力的规则,既包括授予制定或废除法律即立法权的规则,也包括授予私人改变其在第一性规则之下所处的原初地位的权力的规则,如订立遗嘱、签订合同、转让财产等方面的规则。(3)补救第一性规则体制无效性的方法是引入"裁判规则",即授权个人对特定情况下第一性规则是否被破坏的问题作出权威性决定并对违规行为进行制裁的规则。这些补救办法,是从前法律世界进入法律世界的一步。因为每一种补救都随之带来了贯通于法律的因素,这三种补救合起来无疑足以使第一性规则体制转换为无可争议的法律制度。

承认规则、改变规则、裁判规则之间存在着密切的联系,但承认规则提供了其他规则的效力标准,是一个最终的规则,处于核心地位,是法律体系存在的基础。承认规则一般来说不是制定出来的,而是通过法院、官员、私人自觉地接受和一致的实践活动显现出来的。无论是承认规则,还是改变规则和裁判规则,相对于设定义务的第一性规则而言,是附属性的或第二性的。法律就是第一性规则与第二性规则的结合。在阐明法律的概念时,第一性规则与第二性规则结合的观念是分析法律制度的一个有力工具。一条规则是不是法律规则,一个制度是不是法律制度,关键不在于其是否存在强制命令和制裁,而在于其是否具有包括承认规则、改变规则和裁判规则在内的第二性规则。因此,一个法律体系的存在最少必须具备两方面的条件:一方面,那些符合法律体系终极判准因而是有效的行为规则,必须普遍地被服从;另一方面,这个法律体系当中提供效力判准的承认规则及其改变规则和裁判规则,必须被政府官员实在地接受,作为衡量官员行动的共同的、公共的标准。

二、法律与道德分离理论

法律与道德的关系问题,是分析法学与自然法学的对立所在。哈特虽然承认法律与道德存在某些联系,提出了自然法的最低限度内容,但否认法律与道德之间存在必然的联系。

哈特认为,规定义务和责任的道德规则虽然与法律规则使用共同的词汇,也确实存在某些明显的相似之处,但从形式特征上看,道德与法律存在重大区别,主要表现在四个方面:(1)道德的重要性。任何道德规则,都被看作是某种应予维持的具有重要意义的东西,法律规则在要求或禁止相同行为的意义上虽然与道德是协调的,然而就所有法律规则的地位来说,其重要性并不像道德规则的地位那样突出。(2)道德的非有意改变性。法律可以通过有意识的立法活动引入新规则或者改变、废除旧规则,而道德规则或原则不能以这样的方式引入、改变或撤销。(3)道德责任的故意性。某人的行为虽然从外部看违反了道德原则,但如果他能证明自己不是故意的且已经尽力了,人们就会排除道德谴责,免除其道德责任。阻却法律责任的要素在许多方面都受到限制,证明被告无法遵守他所触犯的法律,并不必然可以排除法律责任。即使没有过错,也可能承担法律责任,即严格责任。(4)道德强制的形式。道德强制就其典型特征而言,不是通过威胁或者借助惧怕、利诱所施加的,而主要是通过尊重规则和对良知的呼唤来维护的,而法律强制的典型形式是由威胁构成的。

基于人类自我保存的目的假设,哈特提出了自然法最低限度的内容,认为限制使用暴力和要求尊重财产与承诺的规则,构成了作为实在法和社会道德之共同基础的自然法的最低限度内容。哈特以五个公理的形式,论证了自然法的最低限度内容所依据的人性特征:(1)人的脆弱性。人们既会偶然地进行肉体攻击,又一般地容易遭到肉体攻击,这种相互之间的脆弱性,使限制暴力杀人或施加肉体伤害成为法律与道德的共同要求。(2)大体上的平等。人类虽然在体力上、智能上存在差别,但任何人都不可能强大到没有合作也能较长时期地统治别人或使别人服从的程度。这使一种相互克制和妥协的制度成为可能和必要,它是法律与道德义务的基础。(3)有限的利他主义。人既不是魔鬼,也不是天使,而是处于这两个极端之间的中间者。这一事实使相互克制的制度既有必要,又有可能。(4)有限的资源。人类生存可资利用的资源的稀缺性,使某种最低限度的财产权制度以及要求尊重这种制度的规则必不可少。人类劳动分工的存在以及对合作的持续需要,使保证交易安全的程序和动态规则成为必要。(5)有限的理解力和意志力。无论是对长远利益的理解,还是意志力,并非所有的人都是相同的。为了确保那些自愿服从规则的人不致牺牲给那些不服从的人,从而冒受欺之险,一个强制制度下的自愿合作就成为必要。

法律与道德分离命题是分析法学的核心立场,也是其与自然法学的根本区别。哈特提出自然法的最低限度内容,虽然一般被解读为其立场已由排他性实证主义退缩到包容性实证主义,但这并不意味着他的基本立场发生了动摇。因为,法律与道德在内容上确实存在最低限度的重合,法律与道德相互影响,作为一个历史事实是任何实证主义者都无法否认的。法律与道德分离理论讨论的是法律效力与道德原则的关系问题,亦即判断一个规则的法律身份或法律效力的标准是社会事实问题还是道德评判问题。在这个问题上,哈特认为规则的法律效力来源于承认规则,而承认规则在本质上属于社会规则,是通过官员特别是法官的内在接受和社会实践体现出来的,是一个社会事实问题,而不是一个道德论证问题。自然法最低限度的内容是基于自然的必然性而非概念的必然性提出的,是由人类求生存的自然本能和事实所要求的,而不是理性论证出来的。道德与法律虽然在内容上存在一定的关联,但这并不意味着一个规则的法律效力取决于道德上的合理性或正当性。也就是说,法律的存在是一个社会事实问题,而非道德判断问题。

哈特指出,法律实证主义者与自然法学者在法律与道德关系问题上的观点对立,实际上是广义与狭义法律概念的对立。广义的法律概念将法律视为第一性规则与第二性规则的结合而构成的体系,即使其中的有些规则违反了道德,它也是有效的。狭义的法律概念把法律视为合乎某种道德的规则,而把违反道德的规则排除在法律之外。哈特认为,在法律理论或科学研究中,采用狭义的概念,除了造成混乱以外,将一无所获。通过拒绝承认邪恶的法律为有效法律来解决微妙而复杂的法律效力与道德价值问题,是一个过于粗糙的方法。哈特赞同广义的法律概念,认为一个将法律的无效性与法律的非道德性区别开的法律概念能使我们看到这些问题的复杂性和多样性,而否认邪恶的规则具有法律效力的狭义法律概念却使我们对这些问题视而不见。因此,哈特仍然坚持了法律与道德分离这一法律实证主义关于法律与道德关系的基本立场,认为法律与道德并不存在概念性的或必然性的联系,道德上邪恶的规则可以仍是法律,从效力上看,恶法亦法。

▶ 三、法律规则的开放结构

哈特认为,法律规则具有开放结构(open texture,亦译为"空缺结构")的特征,即不确定性。对于任何一个以普通语言来表达的规则的适用情况来说,都可能存在规则肯定适用于其中的明确的主导的情况和既有理由主张又有理由否定规则适用于其中的情况。任何规则,都具有确定性核心与非确定性边缘的两重性,都伴有含糊或开放结构的阴影。法律制度和法律规则的开放性源于人类语言本身的开放性。在所有的领域,都存在一般语言所能提供的指引上的限度,这是语言所固有的局限性。语言既有意思明确的标准情况,也有意义模糊的边际情况,二者之间的差别有时仅是程度不同而已。比如,一位男士,其头光而亮,显然属于秃头之列;另一位头发蓬乱,显然不是秃头;但第三位只是在头顶的周边有些稀稀落落的头发。如果某一事情的结果取决于当事人是不是秃头的话,对于第三位是否算秃头这个问题就可能会无限期地争论下去。当然,与标准情况产生偏差有时不仅是一个程度问题,还可能是事物的构成要素多少问题。当标准情况是由一些正常地相互伴随着但又各具特质的要素结合而成时,如果某一事物缺少了其中某一个或几个要素,也会引起争议。比如,水上飞机是"船"吗?所以,无论是制定法还是判例法,虽然它们能够顺利地适用于大多数普通案件,但都会在边际的某一点上产生适用上的问题,表现出不确定性。例如,如果存在一条"任何车辆禁止带入公园"的规则,公共汽车、摩托车是该条规则适用的典型的明确的情况,而电动玩具汽车是否适用这条规则就不确定了。虽然通过解释规则,可以减少不确定性,但不能消除不确定性。因为这些规则本身是使用语言的一般规则,一般语词的使用本身也需要解释。除了语言方面的原因外,由于对事实的相对无知,立法者也不可能制定出详尽无遗的规则;由于目的的相对模糊,立法者也不应当盲目地制定出详尽无遗的规则,否则,可能会发生背离立法初衷的情况。事实上,所有的法律制度都以不同的方式协调两种社会需要:一是需要某种规则,二是对某些问题需要留待精明的官员的选择来解决。

在法律规则的确定性问题上,法律理论有一个反常的历史:既易于忽略又易于夸大法律规则的不确定性。两种极端理论由此产生,一个是坚信规则确定性的形式主义法学或概念法学,另一个是夸大规则的不确定性甚至否认规则存在的现实主义法学,特别是规则怀疑主义。概念法学试图掩饰或贬低一般规则被固定下来之后作出新选择的需要,其方法之一就是凝固规则的意义,使该规则的普通术语在规则适用的每一个场合都有同样的意义。与概念法学相反,规则怀疑主义则走向另一个极端:有的否认法律是规则,把法律视为法院的判决或对法院判决的预测;有的虽然不否认规则的存在,但仅把规则作为法院判决的一个渊源来看待,在法院适用之前否认规则是法。哈特指出,形式主义和怀疑主义是法律理论的两端,前者过分夸大规则的确定性,后者过分夸大规则的不确定性,它们似乎暗示我们面临着一个二难悖论,然而,这是一个虚假的二难悖论,真理就在二者之间。在每一个法律制度中,都有宽泛的和重要的领域留待法院或其他官员行使自由裁量权,以使最初含糊的标准变得明确,解决法律的不确定性。法律的开放结构意味着的确存在这样的行为领域,在那里,很多东西需要留待法院或官员去发展,他们根据具体情况在相互竞争的、从一个案件到另一个案件分量不等的利益之间作出平衡。哈特同时指出,虽然法律规则具有开放结构的特征,法院发挥着创制规则的作用,但就大部分情况而言,法院的裁决是由于真诚地尽力遵守规则即有意识地把规则作为裁决的指导标准而得出的。法律规则虽具有开放结构,但明确得足以限制法院的自由裁量权。

第三节 拉兹的排他性实证主义法学

约瑟夫·拉兹(Joseph Raz,1939—)出生于以色列,1963年毕业于耶路撒冷希伯来大学,1967年获牛津大学哲学博士学位,1972年成为牛津大学巴利奥尔学院法学研究员和导师,1977年起在牛津大学哲学系工作。拉兹主要从事法律、道德和政治哲学的教学与研究工作,主要著作有:《法律体系的概念——一种法律体系理论的介绍》(1970年初版,1980年修订)、《实践理性与规范》(1972年)、《法律的权

拉兹

威——法律与道德论文集》(1979年)、《自由的道德》(1986年)等。本节根据《法律体系的概念》①和《法律的权威——法律与道德论文集》②来介绍拉兹的排他性实证主义法律思想。

面对德沃金对分析法学的批判,法律实证主义阵营分化成包容性(柔性)法律实证主义与排他性(刚性)法律实证主义两个支派。一般认为拉兹与其老师哈特不同,坚持的是排他性法律实证主义立场,尽管拉兹本人并不认同这个标签。拉兹系统梳理了奥斯丁、凯尔森和哈特的法律体系理论,建构了法律个别化与整体性相结合的法律体系理论。基于排他性法律实证主义立场,拉兹提出了法律渊源理论和法律权威理论,认为鉴别一个规则是不是法律的标准是一个社会事实问题,无需借助于道德论辩,捍卫了法律实证主义关于法律与道德分离的核心立场。对法治的含义、原则、价值及其实现,拉兹也进行了深入研究,指出法治仅是一种社会控制手段而非目标,其价值是消极的而不是积极的。

一、法律体系理论

拉兹认为,建立一种适合于各种法律制度的具有普遍性的法律体系理论,需要解决四个问题:(1)存在问题,即一种法律体系存在的标准是什么;(2)特征问题以及与之相关的成员资格问题,即决定一种法律归属于某一体系的标准是什么;(3)结构问题,即所有的法律体系或某类法律体系是否具有共同的结构;(4)内容问题,即有没有一些内容对于所有的法律体系都是不可或缺的。拉兹指出,法律体

---

① 〔英〕拉兹:《法律体系的概念》,吴玉章译,中国法制出版社2003年版。
② 〔英〕拉兹:《法律的权威——法律与道德论文集》,朱峰译,法律出版社2005年版。

系理论所包含的这四个问题,在大多数情况下,几乎为所有的分析法学家们所忽视。人们习惯上似乎一直认为,理解法律的关键步骤就是界定一条法律。实际上,一种法律体系理论对任何充分的关于某一法规的定义来说,完全是必不可少的前提。法律具有三个重要的特点,即法律是规范性的、制度化的、强制性的。相应地,每一种法律体系理论都必须与对这三个特点的解释相互一致。在《法律体系的概念》一书中,拉兹通过对奥斯丁、凯尔森法律体系理论的梳理、分析和批判,重点探讨了法律体系的存在标准、法律体系的身份标准、法律体系的结构与法律个别化问题。

(一) 法律体系的存在标准

根据什么标准来确认一个法律体系是否存在,传统观点一般采取有效性原则,认为除非法律在某种程度上是有效的,否则,法律体系就不存在。也就是说,法律体系的存在取决于法律得到了服从和遵守。如果服从法律的情况与遵守法律的机会总数之比达到一定的比例值,那么该法律体系就存在。

拉兹虽然不否认法律体系的存在是其社会功效作用的结果,但认为这种解释过于简单和粗糙。除提醒要注意法律的渊源问题外,拉兹还指出了确定法律服从程度时应当注意的问题:(1) 避免过于简单的统计和计算;(2) 区别对待不同类型的犯罪;(3) 依据法律思考具体环境和目的问题;(4) 考虑法律知识及其对人们行为的影响;(5) 考虑权利的行使和义务的遵守;(6) 赋予宪法性法律以更重要的作用。在考虑这些因素之后,拉兹提出了"初步测试"和"排除测试"来分别解决两个问题:在某一社会中是否存在一种法律体系?如果存在,那么占统治地位的是哪一种法律体系?

(二) 法律体系的身份标准

法律体系的身份标准问题,旨在解决某一法律是否归属于某一法律体系的问题。在这个问题上,奥斯丁、凯尔森采取的是起源标准,强调立法机关的重要性,拉兹认为,尽管立法作为法律创制方法是现代法律体系的特征,但它并不是任何一种法律体系都共有的特征,并非所有的法律都是由立法机关创制的。每一种法律体系都设立了法律适用机关,应由它们认定法律体系的每一条法律。因此,法律体系的身份标准应是适用标准而不是创制(起源)标准,即主要法律适用机关所认定和适用的法律构成一个法律体系。

所谓主要法律适用机关,是指有权决定在某些情况下使用武力是否被法律禁止或许可的机关。如果某条法律是由主要法律适用机关认定和适用的,那么该条法律就属于由该主要法律适用机关认定和适用的法律所构成的一个法律体系。拉兹之所以突出强调禁止或许可使用武力的法律地位,是因为在每种法律体系中,所有的法律都与禁止使用武力的法律或者在执行制裁中许可使用武力的法律有着内在的联系。主要法律适用机关不仅根据既存的法律作出决定,还可以创制新法律并加以适用。但拉兹同时指出,尽管所有的法律都是由主要法律适用机关认定的,但这并不是说法律都是由主要法律适用机关创制的。主要法律适用机关仅创制一部分法律,习惯、立法机关创制的法律等,只是由它们加以认定从而成为一个法律体系的法律。

(三) 法律体系的结构与法律个别化

根据奥斯丁、凯尔森的观点,每一条法律都具有自足性和独立性,法律体系就是由这些彼此独立的法律组成的。拉兹认为,应当从法律的个体与整体的关系上分析法律体系的结构。法律体系应当被看作是相互联系的法律之间的错综复杂的网络。对法律体系的认识,取决于划分法律体系的基本单元所依据的原则,这就是法律的个别化问题。法律个别化问题是分析一部法律与分析一种法律体系之间的连接点。对于法律体系结构的充分解释,完全依赖于人们对个别化问题的适当研究方法。

拉兹认为,法律个别化原则需要满足两个要求:一是限制性要求,即排除原则,包括:(1) 被个别化原则所个别化的法律不应该严重偏离通常的法律概念,或者没有过硬理由就背离通常的法律概念;(2) 被个别化原则所个别化的法律不应该是过分重复的;(3) 被个别化原则所个别化的法律不应该是多余的。二是指导性要求,即选择原则,包括:(1) 被个别化原则所个别化的法律应该是比较简单的;(2) 被个别化原则所个别化的法律应该是相对自足的;(3) 被一种法律体系所指导的每一种行为环境(如,在某种环境下,某人应该履行某种行为)都应该是一个法律的核心;(4) 被个别化原则所个别化的法律应该尽可能地说明同一法律体系内不同法律部分之间的重要联系。

拉兹把法律个别化理论归纳为五个基本命题:(1) 在每一种法律体系内,都有授予权利(力)的规则和强加义务的规则;(2) 它们都是法律规范;(3) 在每一种法律体系内,都会有几种不属于规范的其他类型的法律;(4) 所有的不属于规范的法律与法律规范都有内在的联系;(5) 法律规范之间可能会相互冲突。

▶二、法律渊源与权威理论

拉兹指出,法律实证主义与自然法学争论的核心问题主要有三个:法律的鉴别问题、法律的道德价值问题以及重要法律术语(如权利、义务)的含义问题。拉兹将这三个问题分别称为社会命题、道德命题和语义命题。其中,社会命题是最基本的,它关系到"实证主义"这个称谓本身的有效性问题。从充分条件与必要条件出发,社会命题可分为强社会命题与弱社会命题。前者是指某一社会条件是鉴别法律的内容及其存在的必要条件,只有(only if)当某一规则符合这一社会条件时,它才是法律规则;后者仅强调这个社会条件作为充分条件的功能,即如果(if)某一规则符合这一社会条件,那么它就是法律规则。二者的区别在于,前者强调社会条件的存在是某一规则成为法律规则的唯一条件,而后者只是表明这个社会条件的存在只是规则成为法律规则的条件之一,除此之外还有其他可能。

拉兹认为,法律体系的存在和识别的标准包括三个基本因素:实效性(efficacy)、制度化特性(institutional character)和渊源(source)。实效性,是指除非一个法律体系被一般地信奉或接受,否则,它就不是某个共同体正在被实施的法律。实效虽然区分了实际有效的法律和没有实效的法律,但不能区分法律与非法律体系,所以不是一个最重要的条件。制度化特性包括两层含义:(1) 除非一个规范体系建立了审判制度,从而可以处理那些在适用规范体系过程中发生的争议,否则,它就不是一个法律体系;(2) 仅当一个规范体系主张权威性并且在社会中占据了最高的位置——它主张自己拥有宣布其他社会制度为合法或非法的权利时,这种规范体系才是一个法律体系。

拉兹指出,大多数实证主义者都主张弱社会命题。根据弱社会命题,一个社会条件的存在只是规则成为法律规则的条件之一,除此之外还有其他可能,如道德论证。因而关于什么是法律的判断,在某些案件中就取决于道德的考量,从而使某些道德原则成为法律体系的一部分。弱社会命题在某种程度上已经站在了自然法学的一边,这与实证主义所极力主张的分离命题是不和谐的。弱社会命题虽然是真实的,但对于法律实证主义来说是不充分的。因此,拉兹主张,在实效性和制度化特性这两个因素之外,应加入渊源这个因素,构成强社会命题。由于排除对法律的道德论证主要借助于渊源这个要素,拉兹将强社会命题称为渊源命题,并用法律权威理论进行论证。

(一) 法律渊源理论

拉兹认为,任何义务规范的存在,必然同时假定相对应社会规则的存在。法律规则的有效性仅是一个社会来源问题,即有效法律的存在仅取决于它是否有恰当的来源,如立法、判例或社会习惯,这些都是单纯的社会事实问题,无须诉诸道德因素的考量;有效法律的内容仅依赖于人类行为的事实,这些人类行为事实能够以价值中立的术语加以描述,无须求助于道德因素。当某一法律的内容及其存在能够在不借助道德论辩而被确定时,这个法律就具有一个渊源。法律的渊源,就是借助它们使法律成为有效力的并且法律的内容得以识别的那些事实。这个意义上的渊源比法律的"形式渊源"(formal source)要宽泛得多,后者仅是确立一条法律的效力的东西,如一个或多个议会法案再加上一个或多个程序,也许就成了一个法律规则的形式渊源。

一个法律的渊源从来都不是一个单一的行为,如立法行为,而是多种不同性质的事实的总体。这些社会事实包括立法机关和法官们的诸多行为,以及这些行为中所使用的语言和这些行为所表达的目的。但无论如何,法律的渊源必然表现为事实的性质。所有的法律都具有渊源,不具有渊源的任何东西都不是法律。由于法律的存在及其内容依其渊源而获得,有关这个问题的争论就是基于事实问题的争论,与道德争论无关,因此,拉兹认为,法律实证主义的共同基础在于法律具有社会渊源,法律的内容及其存在可以参照社会事实得以确定,而无需依赖道德上的论证和权衡。根据渊源命题,在某个问题上,当具有法律约束力的渊源提供了解决方法时,就认为在这个问题上法律已经被确立了。在这样的案件中法官很典型地可以被看成是在适用法律,并且,既然法律是基于渊源的,那么法律的适用就仅仅涉及从这些渊源中进行推理的技术性的法律技能,而无需借助于道德智慧。而如果根据来自法律渊源的标准,某个法律问题没有答案,那么这里就缺少法律答案——法律在这个问题上尚未规定。在判决这样的案件时,法官必然引入新的根据,进而发展法律。很自然地,法官在这样的案件中的判决至少部分地依赖于道德的和其他法律之外的考量。

(二) 法律权威理论

拉兹认为,法律渊源之所以是识别法律的标准,原因就在于它具有权威性。权威既可以指一种关系,也可以指具有权威地位的个人或机构。权威可以分为实践权威与理论权威,前者与人的行动有关,为人们提供了行动的理由,后者一般来说以某一领域的专业知识为基础,以其专业知识提供了使人们相信它的理由。权威还可以分为事实权威与合法权威,前者指事实上在行使并有效的权威,后者指被证明为正当的权威。法律权威是合法的实践权威,法律规范作为一种强制规范,以应当、应该、必须等方式被陈述,以此来指引人们的行动,为人们提供了正确的行动理由。

在拉兹看来,法律必然要具备权威,因为法律要求人们的忠诚和服从。主张合法性权威是法律的一个显著特征,它并不仅仅满足于成为事实上的权威,而且主张自己是合法的权威,要求人们把法律作为行动的正当理由,并且是内容独立的排他性理由。法律主张合法性权威,意味着它不仅声称法律规范是行动的理由,而且还要求人们忽视不服从法律规范的理由,哪怕是道德上的理由。法律拥有合法性权威意味着法律指令是独立于内容的理由。因此,对权威性法律指令的确认和解释,既不依赖当事人有争议的非独立性理由,也不依赖道德论证,而只能依赖它的渊源,道德理由或当事人争议的理由都只具有从属性。法律权威在人们的行动与行动理由之间起着一种媒介作用,法律若要起到这种媒介作用,就必须是由某个权威创立的。确认某一规则是不是法律规则,实际上就是判断它是否由某个权威性法律机构所创立,而这种判断只能依据事实而不能依据道德。这些事实论据就是立法、司法判决、习惯等法律渊源。法律的有效性来源于它的权威性,法律的权威性则来自于相应的立法过程、遵循先例和习惯法的法律实践。因此,拉兹认为,渊源问题抓住了并且阐明了法律的一项根本的、基础性的、重要的功能:法律提供公开可证实的标准,借此社会成员被认为受到约束,因而他们不能通过挑战该标准的正当性而为他们的违反规则行为开脱。

▶ 三、法治理论

关于法治的含义存在各种理解,如亚里士多德的良法之治,富勒的服从规则治理的事业等。拉兹在《法律的权威——法律与道德论文集》的第十一章全面阐述了一个法律实证主义学者对法治的理解和主张。

拉兹认为,法治的字面含义就是法律的统治。它有两个向度:一是人们应当受法律的统治并且遵守它;二是法律应当可以指引人们的行为。拉兹指出,他所关注的是法治的第二个向度:法律应当可能被遵守,应当有指引其主体行为的能力。显然,法治的概念是一个形式概念,它没有说明法律如何被制定,也没有说明基本权利、平等或正义。

拉兹提出了八项法治原则:(1)所有的法律都应当可预期、公开且明确;(2)法律应当相对稳定;(3)特别法(尤其是法律指令)应受到公开、稳定、明确和一般规则的指导;(4)司法独立应予保证;(5)自然正义的原则必须遵守;(6)法院应对其他原则的实施有审查权;(7)法院应当是易被人接近的;(8)不应容许预防犯罪的机构利用自由裁量权歪曲法律。其中,前三项原则要求法律应当符合规定的标准以便能有效地指引行为;后五项原则用来确保执法设施不应通过歪曲执法来剥夺法律本身指引行为的能力,监督服从法治并且当出现违法情况时提供有效的救济。

拉兹指出,法治的优点在于:(1)法治可以用来反对专制独裁,限制权力滥用;(2)法治为人们提供一种选择生活形态和方式、确定长远目标并有效地指引人们追求这些目标的能力;(3)法治可以保护个人自由。但拉兹同时指出,法治是法的内在品质,而不是法的道德品质,法治并非意味着良法之治。因为,如果法治是良法之治,那么这一术语也就失去了任何用途。仅仅为了信奉法治就相信良善应当获胜,是不必求助于法治的。法治是一种政治理念,一种法律体系可能或多或少地缺少或拥有这种政治理念。法治只是一种法律体系可能拥有的优点之一,不应将它与民主、平等、人权等价值相混淆。在本质上,法治的价值是消极的,即尽量减少法律所造成的专横,避免法律本身可能带来的邪恶,法治并不能够带来善果,法治也没有增加美德。

拉兹认为,遵守法治是一个程度问题。完全遵守是不可能的(某些模糊性是不可避免的);最大可能地遵守在总体上是不利的(存在某些受到控制的行政自由裁量权比不存在要好);一般地符合法治,由于可以帮助实现其他目标而受到欢迎。因为法治不能解决人类的道德困惑,它只是一种手段,扮演一个从属的角色。虽然符合法治使法律成为实现某些目标的优良工具,但是符合法治本身并不是一个最终的目标。法治的从属性作用既表明着它的效能,也表明着它的限度。如果追求某些目标与法治格格不入,那么这些目标就不应当通过法律手段去追求,应当警惕以法治的名义不合法地追求重大社会目标。在法治的祭坛上牺牲太多的社会目标,可能会使法律成为空中楼阁。

第四节 麦考密克和魏因贝格尔的制度法学

尼尔·麦考密克(Neil MacComick,1941—2009)出生于苏格兰,毕业于爱丁堡大学和牛津大学,1967—1972年在牛津大学、巴里奥尔大学任教,1972年起任爱丁堡大学法学院教授。奥塔·魏因贝格尔(Ota Weinberger,1919—2009),出生于捷克斯洛伐克,1968年移居奥地利,1972—1989年任卡尔福伦兹大学法哲学研究所教授。1969年,魏因贝格尔发表《作为思想和作为现实的规范》一文,首次提出制度法律实证主义观念。1973年,麦考密克在不知魏因贝格尔已发表相关论文的情况下,在爱丁堡大学发表题为《作为制度事实的法律》的就职演说,提出制度事实概念,主张运用这一基本概念对法律进行实证主义分析。1979

麦考密克

年,魏因贝格尔在不知麦考密克已经提出制度事实概念的情况下,发表论文《事实与对事实的描述》,也用制度事实作为自己学说的理论基点。两个身处不同法系、操着不同语言的学者,素昧平生,互不知晓,却不谋而合地提出了制度法理论,在学界传为佳话。此后两人开始进行学术交流和对话,于1985年将各自独立发表的论文汇编,以《制度法论——法律实证主义的新方法》为名出版,从而创立了独树一帜的制度法学。本节根据《制度法论》①简单介绍制度法学的核心思想和主要方法。

制度法学的理论宗旨和目标就是合理吸收自然法学的思想和社会法学的方法,实现对传统分析法学和自然法学的超越。在坚守法律实证主义基本立场的同时,制度法学一方面扩大实在法的范围,把法律原则、法律制度的目的论背景等也纳入研究的范围,另一方面采取多元研究方法,除对法律规范进行逻辑、语义分析外,还引入了解释学和社会学方法,从而使现代分析法学的研究对象和研究方法突破了古典分析法学的藩篱。

▶ **一、法律规范论**

在法律的本源或本质问题上存在规范主义和反规范主义的对立,前者如凯尔森的纯粹法学,后者如现实主义法学。规范主义只承认法律的规范性,反规范主义只认可法律的社会性,二者各执一端。魏因贝格尔认为,规范主义忽视了法律对社会生活产生的影响,从而使法律成为一个抽象的概念,陷入"唯心主义"的圈套;反规范主义否定规范的效力,把所有属于和关于法律的问题缩小为社会学问题——关于社会关系、经济关系和社会心理学的问题,坠入"缩小主义"的陷阱,应当对规范主义作出一种社会现实主义的发展。

魏因贝格尔指出,规范具有双重属性。在哲学意义上,规范作为一种思维结构的理想上的存在,是一种思想客体,具有规范性。在社会学意义上,规范作为一种社会现象的实际上的存在,是一种社会现实,具有社会性。前者属于法律之"应然",后者属于法律之"实然"。传统的法律实证主义,如凯尔森的纯粹法理论,只关注前者,

---

① 〔英〕麦考密克、〔奥〕魏因贝格尔:《制度法论》,周叶谦译,中国政法大学出版社2004年版。

而忽视了后者。法律科学既要对法的"应当是这样"的问题进行规范逻辑的分析,也应对法律现实问题进行研究。

(一) 作为理想实体的规范

一个规范不是一个物质实体,不是借助于观察设备就能观察到的某种东西。但是,规范对人类的行为起着作用,影响着人们的举止。人类行为的规律性肯定是与规范的创始有关的因素。然而,行为的规律性不以任何方式带来义务,绝不能从对行为的观察中认识规范。规范是一种客观意义上的思想,是从意识的过程中抽象得来的思想。为了逻辑上的原因,这些思想必须被认为是与心理活动分离的客观的思想即思想客体。只有在这种方式下,关于规范逻辑关系的理论才能结出成果。对于作为思想客体的规范,既可以像传统法律实证主义那样通过语言学分析推敲出来,也可以通过规范性语句的明显的实用功能加以阐释。

作为一个普遍的规律,任何规范一旦得到清楚的理解,就总是能用语言来表述。作为思想客体的规范的特性是,对规范的语言表述应当是规范性语句,而不是陈述性语句。因为,在规范逻辑体系中,规范性语句在意义上不同于陈述性语句,对规范性语句不可能用陈述性语句加以重述而不改变其意义;不能从纯粹的陈述性前提推演出规范性语句,或者相反,如果前提中只含有规范性语句而未含有陈述性语句,就不能从这些前提推演出陈述性结论。

规范性语句的主要功能是决定行为,促动行为人,协调社会中人们不同类型的行为和创立人类集团的秩序。从次要方面看,规范或规范体系也是一个评价标准:对于遵守规范者判断为善,对于违反规范者判断为恶。作为一个思想客体的规范,一旦用语言表述,就是一种能够在主体之间传递的信息。一项规范的实际效力,通常与各规范的主体之间的交流有关。为了使规范的发布者和接受者能够对规范的内容作出完全相同的理解,规范必须被看作是具有同样逻辑关系的思想客体,必须具有相对的独立性和客观性。否则,如果对于同一个规范,不同的主体作出不同的理解,规范对人的行为就无法产生指导作用。

(二) 作为现实的规范

现实与物质存在并非等同的概念,现实的东西并非仅限于能够用直接的感性直觉加以检验或能够借助于物理器械使之可以接受检验的东西,理想的实体在某种意义上也有存在或不存在的问题。理想的存在与物质的现实之间的接触点可以从两个因素中找到:一个是行为,即具有思想内容的物质的、实际的进程(心理行为、理解行为、意志行为等);另一个是时间,即物质存在和理想实体都具有时间上的坐标,即时间上的测定。

规范作为一种现实存在,在下列因素中具有实用价值:(1) 规范存在于人类意识领域中,有某种类似关于义务的经验的东西,即认为某些事物原来就应当如此的思想意识。(2) 规范在人类行为中起一种动机因素的作用。(3) 真正有效的规范对社会上人类行为的影响不一定限于执行规范,其对个人的行为和社会的结构还有深远的间接影响。(4) 在很多规范性领域,特别是在法律领域里,规范的实际存在是与政府机关、法院、立法机构等社会制度的存在紧密相连的。(5) 规范的现实性非常明显地体现在符合或违反规范的行为将产生积极的或消极的社会后果这一事实中。

由此,魏因贝格尔认为,法律科学的概念要求人们必须了解规范的两个方面,即作为思想客体的逻辑方面和作为社会现象的实际方面。法律科学的任务,就是通过了解法律行为与法律规范间的规范逻辑联系,以及它们作为社会现实之间的规范逻辑关系,来理解法律充满活力的性质。

▶ 二、制度事实论

麦考密克借鉴美国语言学家约翰·塞尔(John R. Searle, 1932—)的原始事实和社会事实理论,将事实分为原始事实和制度事实,认为法律的存在是一个制度事实。

(一) 制度事实

塞尔认为,虽然事实都来源于物质,但有的事实是相对于观察者的意识而存在的,有的事实则是完全独立于观察者的意识的。塞尔将前者称为社会事实,将后者称为原始事实。原始事实不依赖于主体而存在,不以主体的意志为转移,具有客观性,例如氢原子有一个电子。社会事实的存在虽然依赖于主体的感受,但无论主体的意愿如何,它仍是一个客观存在的事实,也具有客观性,例如疼痛。社会事实中有些事实的存在,一方面取决于人们的同意或者相信,另一方面又不由人们的爱好、评价或道德态度所决定。塞尔把这些依赖于人们一致同意的事实称为制度事实,因为这些事实的存在需要人类的制度,例如一张纸要成为钞票,就必须有人类的货币制度。

麦考密克根据塞尔的理论,将事实分为原始事实和制度事实。原始事实是一种时空存在,既有空间上的位置,又有时间上的延续,不取决于人类的意志、传统或努力,它们是给人类的传统和努力规定条件,而不是从传统和努力中产生的结果。制度事实只有时间上的延续,没有空间上的位置,虽然它们不是物质客体,但也是一种客观存在,如合同、婚姻、条约等。

(二) 作为制度事实的法律

麦考密克认为,法律的存在是一个制度事实。法律作为制度事实,在哲学意义上意味着一套规则和规范,是由创制规则、结果规则和终止规则所调整的法律概念组成的,如合同、所有权、法人、婚姻等。这些法律概念的共同点在于,它们表示这样一些事物——它们经历了时间上的存在,由于某些行为的实施或某些事件的发生而设立,直到某个新的行为实施或事件发生的那一刻为止,它们一直继续存在。这些法律概念的重要性在于,法律上的权利和义务都是由于它们的存在而产生,并被法律规定为进一步法律后果的条件。这些法律概念具有三个特点:(1) 当发生某种行为或事件时,就会出现有关制度的具体实例,有可能用一个单独的法律规则的形式来说明任何这种制度实例存在所必须具备的条件,这类规则就是创制规则。(2)当一个制度实例存在时,法律便会以权利和权力、义务和责任的方式规定它所产生的法律后果,这类规则就是结果规则。(3)由于任何制度实例只是在一段时间内持续存在并产生法律后果的,因此,法律还必须规定它在某个时间终止,这类规则就是终止规则。以合同法为例,它们就是订立合同的规则、履行合同的规则和废除合同的规则。这些法律概念及其具体实例的意义在于,它能使我们在解释法律时达到两个可能相互冲突的目标。一方面,我们能把复杂的法律材料的主体分解为比较简单的一套套互相关联的规则;另一方面,我们能以一种有组织的和一般化的方式看待巨大的法律主体,而不是把它看成一堆七零八碎的东西。因此,法律制度这一术语,在哲学意义上应被理解为由创制规则、结果规则和终止规则调整的法律概念。

法律作为制度事实,在社会学意义上,它是由一套相互作用的社会制度以各种方式创造、保持、加强和改善的。"制度"(institution)这一术语除了用来指称规则外,还可用来指称组织或机构,如大学、医院、孤儿院、图书馆等,麦考密克将这样的组织称为"社会制度",以区别于作为规则或规范的"法律制度"。法院、议会、警察局、文官部门、律师公会、法学会都属于与法律有关的社会制度,它们是为了执行法律任务而存在的社会制度。在社会学意义上,法律普遍被用来指法院、法律专业和警察。在哲学意义上,法律则意味着一套规则和其他规范,这些规则和规范被认为是调整这些社会制度并由这些社会制度付诸实施的。

(三)法律原则

麦考密克认为,法律规则的明确性是相对的,而不是绝对的,因为法律是为人类和被人类制定的,而不是人类为法律或被法律创造的。虽然每个法律制度都是由一套创制规则、结果规则和终止规则组成的,但这些规则不能解决所有的问题,每一条规则在社会现实中都有很多的例外。例如,创制规则只能给制度具体实例的有效创立规定一般的必要条件,或者推定充足的条件。

麦考密克指出,为了使规则具有对不断变化的社会条件和价值观念作出反应的灵活性和能力,应当根据已经确立的法律原则和可能有的新的原则来解释规则,因为法律原则是说明法律规则和法律制度的基本目的的,是规则和价值观的汇合点。规则本身是没有目的的,可能赋予它们目的的是与法律有关的社会制度的活动方式以及这些制度的目的和价值观念。原则对规则所起的作用表现为,在某些领域对规则的限制,在另一些领域对规则的扩大或改善。构成法律秩序的不仅是公开制定的行为规范和权限规范,法律秩序的目的论背景也起作用。法律制度是一种建立在目的论基础上的规范性制度。因此,作为制度事实的规则尽管是法律的一个单独的重要部分,但不是法律的全部。把法律的许多重要因素设想为哲学意义上的制度事实虽然是有益的,但不能把所有的法律都挤入这一类。

三、法学方法论

制度法学认为,方法论的多元论并不等同于方法论的纯洁性。从方法论的多元论概念不能得出结论说每一门科学(例如法学)都必须建立在一种特定的方法论基础之上。为实现对传统实证主义和自然法的超越,制度法学在研究方法上,以哲学中的实践理性和伦理学中的非唯知论为指导,合理吸收、借鉴解释学方法和社会学方法,以求对作为制度事实的法律有更全面透彻的理解。

(一) 分析方法

制度法学认为,在法律的"应当是这样"与"实际是这样"的双重属性中,"应当是这样"居于首要地位。法律哲学的首要任务是理解法律,而理解法律的适当方法就是分析什么是法律。即使是对法律的批判,也首先必须对法律有一个正确的理解。

麦考密克认为,法律哲学的分析形式或模式,远不是枯燥乏味地卖弄学问,而是一种最根本的和令人激动的学术活动。如果法律科学被认为是一门科学,其任务是获得对法律现象的理解的话,那么对法律内容的分析和对法律体系逻辑关系的分析,就成为对法律和法律程序进行合理描述的工具。

与传统分析法学不同的是,制度法学不仅扩大了分析的范围,如把法律原则、法律的目的论背景等也纳入实在法的组成部分,还指出了分析方法的局限性——可能沦为仅仅使现存的国家权力合法化的工具。

(二) 解释学方法

解释学是一种哲学方法论思潮,认为研究历史和社会现象需要运用一种不同于研究自然现象的方法,这种方法的特点在于把各种历史的、哲学的、文学的"文本"(text)作为社会存在、历史经验、社会生活方式的表达,其意义不能用注释学和训诂学的方式去注释或诠释,而应通过对被表达对象的体验去解释,注重理解的历史性、创造性、主体性和实践性。①

制度法学认为,解释学的方法对法学研究和法律分析有着不容忽视的意义,因为关于法律这种制度事实的知识不同于自然科学知识,它是由在规范所提供的框架内对客观事件的解释而形成的。对法律制度和法律程序这些人类现象的描述必须包括对所描述情况的理解,单纯从外部观察是不可能认识法律的。例如,甲将一笔钱交给乙,仅从外部观察根本无法得知甲是在还债、赠与还是行贿。在法学研究中,一个陈述的正确性依赖于对世界上所发生的事情所作的解释,即按照人类的实践和规范性规则对事件的解释。

(三) 社会学方法

制度法学指出,对法律的规范逻辑分析仅是一种逻辑的、语义学的分析,不能对

---

① 张汝伦:《意义的探究——当代西方释义学》,辽宁人民出版社1986年版,第225页。

规范体系的实证的性质作出判断,因为实证性是规范体系的社会学属性而不是规范逻辑属性。实证法理论不仅是规范逻辑的分析,而且包括从规范体系的社会实际方面对这种体系的了解。一种旨在认识法律现象的法律理论必须研究规范体系在社会现实中的实际存在,而不是仅停留在一种静止的对规范体系逻辑关系的概略描述上。不考虑社会现实的法律科学是不可思议的。

规范的社会存在问题是一个必须由社会学研究的问题。在某些方面,法律只能被理解为社会学意义上的制度现象,必须谨慎地、严格地按照社会学的研究方法行事。分析法学的方法与社会学的方法并不是对立的,而是相互补充的,在某种意义上,二者都是对另一方的检验,只有创立出对两方面都合适的而且协调得很好的理论,我们才能有信心说二者都是正确的。法理学是且必须继续是法学家、哲学家和社会学家的共同事业。

第十一章　现代自然法学

学习重点:(1) 马里旦的新托马斯主义自然法思想和人权思想;(2) 富勒的法律的内在道德理论;(3) 罗尔斯的正义理论;(4) 德沃金的法律构成和权利理论。

实证主义主张实然与应然、科学与道德的分离，认为通过研究客观事实，只能够提供关于外在事物的客观知识，即客观事物是什么，而无法得出客观事物应当如此的结论。随着实证主义哲学思想的泛滥，法学领域形成了法律实证主义思潮，并逐渐独占鳌头。法律实证主义否认存在检验国家制定法正当与否的客观规则，冲击了西方历史上绵延流长、经久不衰的自然法思想，主张法律是由主权者制定的调整人们行为的规范体系，是主权者意志的体现。服从法律实质上就意味着对统治权力的服从，特别是近代人民主权思想的确立和政治实践，更使服从主权者制定的法律获得了民主合法性的基础。

历史事实证明，民主主权意志下的法律可能会沦为专制权力统治的工具。第二次世界大战时期德国纳粹统治者对犹太人实施惨绝人寰的大屠杀，引发了全世界的震惊。屠杀是以人民名义发布的有效合法的命令，可体现民意的法律却沦为统治者实施暴力的合法工具，法律成了罪恶的帮凶。[①] 如何避免以民主和人民共同利益的名义进行奴役和压迫，成为这一时期人们思考的问题。此外，法西斯主义和第二次世界大战后西方国家采取的国家干涉主义，都对以自由、平等为核心的个人主义价值观构成了威胁。

在20世纪的社会背景下，法律获得普遍服从的理论依据是什么，法律本身是否受到客观自然法则的支配，如果国家制定法受到客观自然法则的支配，那么自然法则如何得以科学认识，如何协调民主意志所表达的人类共同政治理想目标与个人自由的矛盾，如何避免法律成为权力统治的工具，这些都成为该时期思想家思考的主要问题。西方法学家开始反思法律实证主义理论，批判19世纪以来西方盛行的法律实证主义思潮，重新强调以理性和道德为基础的自然法。现代自然法学应当时社会的要求而兴起，其法律智识的进步既是对法律实证主义所批判的法律应然价值无法科学确证的回应，又是对西方早期自然法学的发展。

现代自然法学的代表人物及其法律思想主要有：(1) 马里旦以神学人道主义为核心的自然法，构建了现代多元化社会中以人的本性为基础的普遍人权。(2) 富勒的法律的内在道德，是符合人们追求卓越的愿望的道德，是法律活动中形成的为人们普遍服从的程序自然法。(3) 罗尔斯的正义制度，是在假设的原初状态和无知之幕的前提下，以纯粹的正义程序所达成的共识，弥补了因社会地位和自然天赋所导致的实际不平等。(4) 德沃金的权利观，认为政府行为受道德的限制，在法律权利之外存在着道德权利，理性的道德是蕴含在法律规则中的原则，是司法者在审判疑难案件时应当遵守的法律标准。与近代古典自然法不同，这一时期的自然法力求摆脱主观价值的左右，被称为新自然法学或者现代自然法学。

---

① 参见〔英〕韦恩·莫里森：《法理学：从古希腊到后现代》，李桂林、李清伟、侯健、郑云端译，武汉大学出版社2003年版，第329页。

第一节　马里旦的现代自然法学

雅克·马里旦(Jacques Maritain,1882—1973)早年就读于法国巴黎大学,1906年改信天主教,并潜心研究经院哲学,这对后来他提出新托马斯主义自然法思想产生了极为重要的影响。1914年他出任巴黎天主教神学院的现代哲学教授,1945—1948年担任法国驻梵蒂冈大使,1948年移居美国,任普林斯顿大学哲学教授,1956年退休。

马里旦的政治法律思想集中体现在他的《人和国家》(1952年)中。在这一著作中,他竭力主张以神学为中心的人道主义代替以人的理性为中心的人道主义,形成了新托马斯主义思想[1],成为20世纪以来新托马斯主义最主要的代表人物。在第二次世界大战期间他身体力行,反对法西斯纳粹政府和资产阶级政权恣意践踏人权。他还参与了《世界人权宣言》的制定工作,其人权思想对后世产生了极其深远的影响。

近代以来,随着人道主义思想的觉醒,一些思想家如笛卡尔(Rene Descartes,1596—1650)、卢梭和康德等人试图从人自身发现神圣性的一面,主张以人的理性取代上帝的神圣性。在"以人为中心的人道主义"思想支配下,思想家们认为绝对自由的个体按照自我意志自主决定其行为,可以形成自由秩序,但信奉绝对自由个体理性的思想在实践中却导致人以"自己"为尺度排除所有"他者","他者"成为了物化的结果。[2] 马里旦认为正是神圣的东西与世俗的东西的分裂,导致了现代社会文明的危机。

为纠正以绝对的个体理性为核心的人道主义思想所存在的弊端,马里旦运用阿奎那的神学思想,重新认识人的存在,力求复兴以神为中心的人道主义。他的神学人道主义思想认为,人的理性有局限性,人不可能达到对自然界和社会中所有事物的理性把握,只有上帝掌握所有的理性,所以人们需要上帝的引导。上帝在创造人时把至善的一面赐予了人,正是凭借上帝所赐予人的至善性,人成为有自我感觉、追求自我利益的个体,同时又具有自我精神上的超越,追求至善的一面。人格的至善性使人类能够建立社会政治组织,只有在社会政治组织中人格才能逐步完善,人格的完善给人类创造了幸福的生活。马里旦的现代自然法思想重新界定了民族、政治体和国家的概念,明确了人民与国家的关系,继承并发展了前人的人权和主权思想。

---

[1] 新托马斯主义是梵蒂冈罗马天主教的官方学说。新托马斯主义对托马斯·阿奎那的神学思想加以人道主义改造,主张以神学为中心的人道主义,认为自然法根源于人的本性要求,是在上帝启示下发现的自然客观规则,以神学人道主义为基础的人权观具有客观基础。

[2] 参见刘素民:《重返存有——雅克·马里旦形而上学思想探析》,载《南京大学学报(哲社版)》2011年第5期。

一、人民和国家

马里旦认为在现代社会中,人民组成了政治体,国家是维护人民整体利益的政治权力机构,是政治体的一部分。国家权力和人民权利的行使都受到自然法的支配和制约。

在《人和国家》中,马里旦区分了民族、政治体和国家的概念。他指出国家自成整体的观念在法国大革命后被保存下来,民族国家的思想开始流行,从此民族、政治体和国家就被等同起来,人们往往把民族、政治体和国家视为同一概念。由于概念的混淆,有些民族国家的统治产生了灾难性的后果(纳粹德国统治下的大屠杀即是例证),所以很有必要区分这三个概念。马里旦把民族视为一个以出生和血统的生物事实为基础的人类共同体,把政治体和国家视为不同于民族共同体的社会,且是最高形式的社会。而共同体和社会的不同在于,"共同体是自然的创作,并且与生物的现实有关,社会则更多的是理性的创作,而且与人的理智和精神的特性有关"。① 为了避免严重的误解,人们还需进一步区分政治体和国家的概念。

马里旦认为,政治体代表着整体。政治体的存在不是让每一个人都热衷于自己的舒适生活和发财致富,也不是促进工业文明对自然的征服,或政治上对其他人的征服,而是要改善人类生活的条件或实现大众的共同福利,以保证全体中的每个人都可以真正地选择一种独立的生活。这种独立性的标准是"文明生活所固有的,并且同样地为工作和所有权的经济担保、政治权利、公民道德和智力的培养所保证"②。也就是说,政治体在确保实现人民共同福利的目标时,也保障着个体的自由和独立。

国家只是政治体中维持法律、促进共同福利和公共秩序以及管理公共事务的部分,它是政治体中维护整体利益的一个权力机构。国家的权力机构总倾向于增加自我权力,总倾向于不停地扩大自己,这就如同参谋部人员把自己当作全军,教会当局把自己当作整个教会一样,国家把自己当作整个政治体。这往往使人们误以为国家就是政治体,而实际上国家是政治体的一部分,是最高的部分,"它是高于这一社会的其他机关或集体部分,但这并不是说它高于政治体本身"。③ 国家只是整个政治社会中促进公共福利、维护公共秩序的一部分,现代政治社会之所以需要国家,主要是因为现代社会迫切需要正义,国家存在的首要职责就是维护正义。

人民通过彼此之间的友谊,为了共同的福利联合起来,组成一个政治社会或政治体。政治体是由人民组成的整个单位,人民是有机地联合起来的政治体成员,是政治体中有生命和自由的实体,而国家是政治体的一部分,因此,"人民高于国家,人

---

① 〔法〕马里旦:《人和国家》,霍宗彦译,商务印书馆1964年版,第6页。
② 同上书,第52页。
③ 同上书,第16页。

民不是为国家服务的,国家是为人民服务的。"①在现代的政治社会里,人民往往受制于国家权力的统治,这是主权概念错位导致的后果,马里旦认为有必要廓清主权概念的原初意义。

二、主权的概念

早期的绝对主权论者认为,国王或者民族国家的主权至高无上、不可分割,主权统治之下的个人丧失了其权利。这是依据所有权的转让或者受托占有某物的财产权转让、赠与理论进行的类比论证,与同一物上无并存的所有权一样,一个政治社会内部不可能有并存的主权。与之不同,马里旦认为主权概念的原始意义在于,最初的主权观念是绝对君主专制统治在欧洲出现之后才产生的,是上帝的影像在世俗政治统治领域的反映。他说:"主权是一种绝对的和不可分割的所有权,它是不能被分享的,也不容有程度之分,它属于独立于政治整体之外的主权者,作为它自己的一种权利。"②

马里旦的主权概念包含两个要素:一是自然的不可转让的权力,二是至高无上的权力。以此判断,任何人类机构都无法依靠其本性而获得统治人的权力。首先,政治体与国家都不是主权者。政治体虽然具有完全自主、不可转让的权力,但是政治体不具有至高无上的权力,因为政治体本身不能分开,不能以高于其本身的地位来治理自己。换言之,政治体本身作为整体,并无高于自身的至高无上权力。同样,国家也不是主权者,它只是政治体中的一部分,本身无自主和最高权力。其次,人民也不是主权者。卢梭提出的人民公意说使所有人的个人意志在不可分割的人民公意中丧失了独立性,这为现代民主制注入了有害于民主的主权概念,会导致极权统治的结果。若是把人民同意的事就视为具有法律效力,这并不具有完全正当的意义,法律反而会成为多数人专断的意志。马里旦认为人民治理自己的权利来源于自然法,他们权利的行使也要受到自然法的约束和支配。

马里旦认为,必须抛弃主权的概念,因为它与绝对主义的概念是一样的。在精神领域里,如果认为上帝是统治世界的主权者,这是一个有效的概念。"但是在政治领域中,以及关于负责引导各国人民走向他们世俗命运的人们或机构方面,主权概念是毫无用途的。因为,归根结底,任何人间的权力都不是上帝的映像和上帝的代表。"③上帝是人们授予那些人或机构的权威的渊源,但是他们并不是上帝的代理人,他们是人民的代理人。

三、对早期自然法思想的批判

马里旦对西方早期的自然法思想进行了批判和总结。他认为17世纪以前,人

---

① 〔法〕马里旦:《人和国家》,霍宗彦译,商务印书馆1964年版,第27页。
② 同上书,第38页。
③ 同上书,第48页。

们把自然和理性视为先验存在的、在任何空间和时间里都永恒不变的、普遍得到承认的客观法则。他把早期自然法的思想描述为:"人们中间的正义自然应该像欧几里德几何学的定理那样可以普遍适用。"①正如一个正确的定理对每个人都适用一样,符合自然理性法则的法律同样适用于所有人。但是这种自然法无法通过具体的概念或者知识得以认知,所以它本质上是武断的和人为规定的。他说:"自然法——像事物的真正本质一样存在于事物的内部,它先于一切陈述而存在,并且不必根据概念或理性的知识而为人类理性所认识——就按照一种成文法典的样式被设想为对于所有人都是适用的,任何正义的法律都应该是它的复本,并且它先验地并在它的一切方面通过假定由自然和理性所规定的命令来确定人类行为的标准,但事实上,这些命令是武断地和人为地规定的。"②

18世纪的自然法思想经过理性主义的改造之后,自然法被认为是人的理性的命令,是人们自己规定的,可以从自由意志中推导出来。因此,自然法就意味着,人除了服从自己意志和自由法则以外,不服从任何法则。如康德主张以人类的意志或自由代替上帝的意志,人的意志成为自然法的最高来源和起因,认为一个人除了服从自己给自己所规定的法律以外,不服从其他任何法律。康德认为任何来自自然世界的措施或规定,都会毁灭人的自律和人的最高尊严。马里旦指出,18世纪以人的理性为基础的自然法思想最终导致了自然人权演化为绝对权利。他说这一时期的自然法思想"损害和糟蹋了这些权利,因为它使人们设想权利本身就是神圣的,因而就是无限的,不受制于每一客观标准,拒绝为自我的主张所设定的每一限制,并最终地表现了人类主体的绝对独立性以及牺牲所有其他实在物以施展自己宏图那种所谓绝对权利"③。这种绝对权利在政治和社会的实践中到处碰壁后,令人们对绝对人权趋于怀疑,最终导致了现代文明的危机。

▶四、新托马斯主义的自然法思想

在对西方早期自然法思想进行批判的基础上,马里旦提出新托马斯主义的自然法理论。它主要包括自然法的本体论要素和认识论要素两个方面。

在本体论要素方面,马里旦认为人类的自然法与自然界的自然法一样。自然界的自然法是:"存在于自然界的所有东西的自然法是为了它们的特殊本性和特殊目的而用来使其应该在它们的行为方面达到完满存在的那种正当方式,这时,应该这个词只有一种形而上学的意义(就如我们说一只好的或正常的眼睛应该能从一定的距离看出黑板上的字母)。"④自然界事物的本性和存在的目的规定了其存在正当性的自然法。人的本性及其本性中的必然性也同样蕴含了人们应当如何行为的正当

---

① 〔法〕马里旦:《人和国家》,霍宗彦译,商务印书馆1964年版,第77页。
② 同上书,第78页。
③ 同上书,第79页。
④ 同上书,第82页。

方式,并可以从中推导出人们应当如何行为的自然法。马里旦分析了种族灭绝行为,认为它是违反自然法的行为。人性首要的和最普遍的目的就是维护自我存在,人具有生存的权利,而种族灭绝是与人类本质的目的不相容的行为,是为自然法所禁止的行为。联合国大会对种族灭绝行为的谴责,就表明自然法是禁止该犯罪行为的。马里旦的自然法本体论要素弥补了现代实证主义哲学导致的事实与价值、实然与应然的裂痕。

在认识论要素方面,马里旦认为人的理性有局限性,以人的理性无法获取关于人存在必然性的全部知识,无法全面认识反映人存在必然性的自然法,只有上帝才能达到对自然法全部知识的了解。自然法并不是成文法,人们要了解和知悉自然法比较困难,有可能会错误地认识自然法,甚至有些人还会借自然法名义对其他人进行威压。以行善避恶为例,行善避恶是一切人自然遵守的原则,是人们都具有的共识,但它不是自然法本身,而是人们理智地加以认知的自然法原则。自然法则只有当它为人们所认知,并在实践理性中被自觉遵守时,才具有法律效力。人们对自然法则的认知会随着人类道德良知的发展而不断增进。

马里旦指出,阿奎那的教导为人们提供了认识自然法的途径。阿奎那认为人们通过人类本性倾向指引来认识自然法,也就是说人类认识自然法并不是靠理性方式,而是通过人类本性倾向的指引发现自然法的具体法则,对自然法的发现和认识需要依靠上帝对心灵的启示。

▶ 五、人权思想

马里旦认为,人权的哲学基础是自然法,自然法的历史发展制约着人权观。早期先验理性的自然法思想导致主观武断的权利观,18 世纪以人的理性为基础的自然法思想最终导致了绝对人权观,18 世纪以前的自然法思想并没有为人权理论提供任何可靠的基础,反而成了统治者利用其地位和权力压迫他人的理论依据。换言之,自然法思想并没有为权力和权利的行使提供客观依据,却促成了权力和权利滥用的恶果。

马里旦以神学人道主义为基础,提出了为不同文明和价值观念各异的人群都共同认可的人权理论。马里旦认为,神学自然法则规定了一系列普遍的人权,其中有物质财富的私有权。他说:"理性使人们认识到为了共同福利,人们需要有效地使用物质财富,而为了有效地利用和创造物质财富的前提条件是物质财富一定要私有。"[①]人类自然享有物质财富的权利就属于自然法,这是符合人的理性的普遍规则,物质财富的私有权也属于国际法或万民法的普遍规则。

马里旦还认为,"自然人权是不能让与的,因为它们是以人的本性为依据的,而

---

① 〔法〕马里旦:《人和国家》,霍宗彦译,商务印书馆1964年版,第94页。

人的本性当然是任何人与生俱有的"。① 他进一步把人权分为绝对不能让与和基本不能让与两类。有些人权,如追求幸福权,如果政治体能够在任何程度上限制人们对它们的自然享有,共同福利就会受到损害,因此这些人权是绝对不能让与的。而另外一些人权,如结社或言论自由等权利,如果政治体不能在某种程度上限制人们对该类权利的自然享有,共同福利也会受到损害,马里旦把这类人权称作基本不能让与的人权。

由此可见,马里旦所主张的以神学人道主义为基础的普遍人权,不是绝对的人权,而是受自然法制约和支配的人权。

第二节　富勒的现代自然法学

朗·L.富勒(Lon L. Fuller,1902—1978)是美国现代著名的法哲学家和新自然法学的主要代表人物,他早年任教于美国伊利诺斯大学和杜克大学,1939 年起担任哈佛大学法理学教授,直到 1972 年退休。

富勒的《法律的道德性》(1964 年)被认为是 20 世纪现代自然法学最具代表性的著作之一,书中主要表达了富勒对法律实证主义的不满,富勒与哈特关于法律与道德关系的学术辩论也载入其中。

富勒所说的自然法,不是万事万物中普遍存在的客观自然法,也不是神学自然法,而是要辨清和阐明一种特殊类型的人类活动所遵循的自然法,这种活动使人类行为服从于规则之治的事业。富勒认为存在着人们普遍服从的规则,法律就是一项人们服从于规则治理的事业,是法律程序运作中的自然法,像是木匠的自然法则,或者至少像是一位想使自己所建造的房子经久耐用并服务于居住者目的的木匠师傅所尊重的法则。②

富勒致力于寻求和运用自然法的方法建构规范的自然。如果这种自然被理解为偶然因素和进化的产物,人们就无法从中推演或者归纳出任何规则,这种规范的自然应当是人类理性的设计,而不是自生自发的客观存在。③ 富勒寻求法律规范运作过程中的道德性,以此建构其现代自然法理论。

▶一、义务的道德与愿望的道德

富勒认为法律与道德含混的主要原因是没有区分义务的道德与愿望的道德,在《法律的道德性》一书中,富勒对此作了区分,他说:"愿望的道德是善的生活道德、

---

① 〔法〕马里旦:《人和国家》,霍宗彦译,商务印书馆 1964 年版,第 95 页。
② 参见〔美〕富勒:《法律的道德性》,郑戈译,商务印书馆 2005 年版,第 113 页。
③ 参见郑戈:《富勒的寓言》,载高全喜主编:《从古典思想到现代政制》,法律出版社 2008 年版,第 577 页。

卓越道德以及充分实现人的力量的道德。"① 如果愿望的道德是以人类所能够达到的最高境界为出发点，那么义务的道德是以人类所能够达到的最低点为出发点的，它确立了有秩序的社会最低限度的基本规则，这些规则往往表述为"不得……"或者"应当……"。亚当·斯密的《道德情操论》一书中早就对两种道德进行了比喻性的区分，亚当·斯密认为义务的道德可以比作语法规则，而愿望的道德可以比作为追求卓越和优雅的写作所确立的标准，这有助于人们对两种道德的理解。

富勒比较了义务的道德和愿望的道德对赌博行为的不同裁断，以助于认识义务的道德与愿望的道德的差异。从义务的道德角度判断，立法者会认为赌博浪费时间和金钱，会让有些人嗜赌成性，会引起许多危害社会的后果，比如忽视家庭和社会的义务等，所以义务道德的立法者会得出人们不应当从事高赌注的赌博活动的结论。若从愿望的道德角度判断，赌博是一项具有风险性的活动，是为了寻求刺激而逃避社会负担的行为，愿望的道德会思考赌博是否值得一个人努力为之，它不是谴责赌博行为，而是对此持轻蔑的态度。

富勒认为义务的道德与愿望的道德对法律有不同影响。义务的道德直接影响法律，它证明了某些行为是法律应当禁止的或者命令人们必须作为的，这些是一般性的道德义务。愿望的道德与法律不具有直接相关性，它对法律只具有间接影响，"愿望的道德影响下的法律规则体系能够使人们从盲目的随机行为中摆脱出来，使他们安全地从事有目的的创造性活动"。② 富勒借助愿望的道德，对现代法律中符合善的生活道德进行阐释。比如一个人与另一个人进行交易时，由于对事实理解错误而支付了款项，准契约法会要求返还，契约法会基于对相关事实认识错误而把签订的合同视为无效。虽然这些原则在早期人类法律中并未得到认可，但是逐渐被现代法律所承认。这些标志着人类为减少非理性因素而努力取得的成果，或者说是愿望的道德逐渐获得了现代法律的认可。

▶二、法律的合法性

如果法律不具备一些道德，那么法律就不可能获得普遍的服从，道德使法律具有合法性。富勒以雷克斯国王(Rex)造法失败的寓言故事，生动地表达了法律运作过程中的道德性。

雷克斯国王曾经野心勃勃地想要作为伟大的立法者而名垂史册，但是当他废除了所有的现存法律后，却因为自己缺乏概括能力而无法创制出一般性规则。他具备一定的概括能力之后制定了法律，为了日后更好地完善法律便未公开颁布法律，这遭到臣民们的反对，因为事先颁布的法律能帮助人们安排未来的事务，而事后才知晓的规则对人们无益。在人们的反对下，雷克斯国王不得不颁布公开的法律，可由

---

① 〔美〕富勒：《法律的道德性》，郑戈译，商务印书馆 2005 年版，第 7 页。
② 同上书，第 11 页。

于法律文字晦涩难懂，法官难以理解法律背后的真意，导致法律规则无人执行。雷克斯国王为了使法律内容比较容易理解，不得不对法律进行修改，可法律中又出现了许多相互矛盾之处。雷克斯国王还发布了在国王面前使自己的身体发出异味就构成犯罪、处以10年监禁的法律，这又遭到许多人的反对，他们认为法律要求不可行，人们难以遵行，法律最终会失去约束力，于是雷克斯国王撤回了不可行的法律。由于法律不断的修改，最终导致人们无所适从的结局。

富勒通过雷克斯国王造法失败的寓言故事说明，造法和维系一套法律规则体系会在以下八种情况下流产：（1）没有任何规则可以遵守，以至于每一项问题不得不以就事论事的方式得到处理；（2）没有将规则公布于众，或者至少受影响的当事人不知道他们所应当遵循的规则；（3）滥用溯及既往的立法，这种立法不仅不能引导行动，而且会破坏前瞻性立法的诚信；（4）不能以人们理解的方式表述规则；（5）出现相互矛盾的规则；（6）要求人们做超出他们能力之事的规则；（7）频繁地修改规则，以至于人们无法根据这些规则来调整自己的行为；（8）无法使已公布的规则与它们实际情况相吻合。显然，没有人有义务去遵守一项不存在的法律，一项前后矛盾的法律，一项随时可能会改变的法律，这八种情况的任何一种不仅会导致一套糟糕的法律体系，而且最终会导致法律的失败。

法律运行过程中出现上述的任何一种情况，法律的合法性会受到破坏，就像德国纳粹统治之下的法律一样。纳粹统治下德国当权者为了便利，随意利用溯及既往的立法，特别设立的军事法庭审判政治类案件时不遵守已经公布法律，法律不是指引人们如何行为，而是恐吓公民无所作为。德国公民所面临的情况，迫使他们思考是否要遵守纳粹政权统治下的法律，法律的合法性受到质疑。

与上述八种情况相对的规则体系致力于追求法律的卓越品质，是检验法律合法性的完善标准，是法律运行过程中程序的道德。它与社会生活中的基本道德不同，社会生活中的基本道德一般是对他人的义务，通常要求自我克制，大多能够得到准确的表达。比如不得杀人、他人之物不得妄取等。在富勒看来，法律的内在道德很难通过义务来实现，因为不论人类的努力方向看起来是多么可欲，提出一种主张很容易，要确保它的实现却不轻松。比如立法者有道德义务使自己制定的法律明白易知，这最多只是一项劝告，除非我们界定了他必须要达到的清晰度和准确度。因此，富勒认为法律的内在道德是一种愿望的道德，它主要诉诸于一种管理者的责任感或立法者与司法者的精湛技术。

▶ 三、法律的内在道德

法律的内在道德是法律运作过程中程序的道德，是法律合法性的基础。富勒把法律的内在道德归结为八个方面。

（1）法律的一般性。法律的一般性要求法律规则适用于一般人，不能专门针对某些人。富勒认为，法律的适用往往导致法律的一般性不能完全实现，这主要是行政机构执法所致。行政机构认为按照个别案件个别处理的方式,行政人员可以从中获得处理某些问题的一般性洞见,实际上这却导致法律的一般性的落空。法律的一般性在实践中所出现的难题,并没有在法理学中得到充分讨论,虽然此前奥斯丁区分了一般性命令与特殊命令,但是这并没有解决法律的一般性在法律实践中出现的困难。

（2）法律的颁布。法律的颁布是一个历久常新的问题。现代社会的法律成千上万,只有其中极少的一部分直接或者间接地为普通公民所知晓,为什么非要公布它们呢？即使是颁布的法律又有几个人去读呢？富勒认为公民有了解法律的权利,人们遵守法律不是因为他们直接知道这些法律的内容,而是因为他们会效仿那些更加了解法律的人的行为模式。若法律不公开颁布,人们便无法监督执行法律的人是否遵从了法律。因此,法律必须公布,为公众所知晓,以便于批评和监督法律的执行。

（3）法律无溯及力。法律无溯及力要求法律必须面向未来,不能针对过去,人们不能因事后制定的规则而被捕和受审。溯及既往的法律之所以受到普遍谴责,一方面是因为现代国家把"无法律则无刑罚"作为文明国家的标志,另一方面就是刑法最直接涉及塑造和约束人们的行为。溯及既往的法律会使人们联想到一种荒唐之极的情况,即今天命令一个人过去做某种事情。

（4）法律的清晰性。清晰性是法律合法性的一项基本要素,含糊和语无伦次的法律会使合法性成为任何人无法企及的目标。有时候获得法律清晰性的最佳办法就是利用并在法律中注入常识性的判断标准,该标准是在立法之外的普通生活中生长起来的。

（5）法律的一致性。为了避免法律的自相矛盾,立法者需要十分谨慎,即使这样也不可能避免法律中产生的自相矛盾。如果法律规定了人们应当如何行为,而人们如此行为后又遭受到惩罚,这很难使人们服从法律规则。处理法律自相矛盾的办法是协调相互矛盾的条款,前后颁布的不同法律出现自相矛盾时,按照新法优于旧法的原则处理。

（6）法律的可行性。法律要求人们做不可能之事是荒诞不经的,人们普遍认为神志清醒的立法者或者邪恶的独裁者都不会制定不可行的法律。但不幸的是,在人类的许多场景中,积极的敦促与强加的义务的界限会变得模糊,立法者往往误入歧途,要求人们为不可能之事。面对法律所加诸于人们的不可能之事,政府官员要么对违反法律的行为视而不见,要么执行法律而做出不义之举,这必将导致人们不尊重法律。

（7）法律的稳定性。法律规则不能经常变动,否则不可能形成依法行为的局面。

（8）官方行为与法律的一致性。官方行为与法律的一致性会以多种方式遭到破坏,比如错误解释、法律不易理解、缺乏对维持法律体系完整性必要因素的正确认识、腐败、偏见、漠不关心、愚蠢以及个人对权力的渴望。由于威胁一致性的因素有多种,维持一致性的程序措施必然会采取多种形式,其中维持官方行动与法律一致性的任务中最为复杂和精细的是法律解释,法官和其他执法官员要根据整个法律秩序来解释法律,才符合法律的合法性要求。

第三节 罗尔斯的现代自然法学

罗尔斯

约翰·罗尔斯(John Bordley Rawls, 1921—2002)是美国著名哲学家和伦理学家。他出生于马里兰州的巴尔的摩,第二次世界大战时入伍服役,后来拒绝了荣升军官的机会,退伍之后回到大学读书,1943年毕业于普林斯顿大学,1950年获该校博士学位。他先后在普林斯顿大学、康奈尔大学、麻省理工学院和哈佛大学任教,1991年退休。

罗尔斯以其《正义论》(1971年)和《作为公平的正义》(2001年)而享有盛誉,他把西方的政治哲学研究推向了新阶段。他认为,"正像真理是思想体系的首要价值一样,正义是社会制度的首要价值。如果某些法律制度,无论它们如何有效和有条理,只要它们不正义,就必须加以改造和废除"。①罗尔斯的正义制度是指分配公民基本权利和义务,划分人们在社会合作中产生的利益和负担的主要制度。罗尔斯的正义理论认为,即使一个社会的制度安排非常有效,完全合乎逻辑,但是如果制度是不正义的,社会制度就不能满意地表达人类的愿望。正义制度主要探讨什么样的社会制度安排才是正义的,这属于政治哲学而不是道德哲学的范畴。

罗尔斯以假设的原初状态和无知之幕为前提,运用纯粹正义程序,形成了以平等自由为核心的正义原则。

▶一、作为正义理论前提的原初状态和无知之幕

近代西方法律制度规定了法律面前人人平等的原则,这只是抽象的形式平等,由于现实社会人的自然秉赋和与生俱来的社会地位的差别,在法律制度适用的过程中造成了实际的不平等。有鉴于此,罗尔斯提出通过社会制度设计,重新分配公民的权利、义务和责任,以克服历史和自然方面的偶然因素所导致的实质不平等。

罗尔斯以假设的原初状态和无知之幕作为正义理论的前提。原初状态的假设

---

① 〔美〕罗尔斯:《正义论》,何怀宏、何包钢、廖申白译,中国社会科学出版社1988年版,第1页。

是,"为了建立一种公平的程序,以使任何一致同意的原则都是正义的。其目的在于用纯粹程序正义的概念作为理论的一个基础。"①原初状态有些类似于洛克、卢梭等人社会契约论的原初状态,罗尔斯所做的就是把古典时期的社会契约论加以归纳,并将它提到一个更高的层次上来。无知之幕(the veil of ignorance)是罗尔斯假设的原初状态下,各方处在无知之幕的背后,不知道各种选择对象将如何影响自己的特殊情况,不得不在一般考虑的基础上对原则进行评价。其目的在于用纯粹程序正义的概念作为理论的一个基础,建立一种公平的程序,使任何被一致同意的原则都将是正义的。古典自然法学所缔造的社会契约理论在现代社会已经声名狼藉了,罗尔斯的原初状态和无知之幕的假设与社会契约理论所假设的原初状态不同,他运用无知之幕下的纯粹程序正义作为其正义理论的基础。

与纯粹的程序正义不同,罗尔斯认为社会中存在完善的程序正义和不完善的程序正义。完善的程序正义的两个特征是,有实现公平分配的独立标准;有能够保证达到公平分配的预期结果的正义程序。不完善的程序正义的基本标志是,有一种判断公正结果的独立标准,却没有可以保证其实现公正的程序。无知之幕下的纯粹程序正义与上述两种程序正义不同,它强调不存在判断公平正义结果的独立标准,却存在一种正确的或公平的程序。若纯粹正义程序被人们恰当地遵守,其结果一定是正确的或公平的。

罗尔斯以公平分蛋糕为例,对运用纯粹程序正义所达到的公平结果作了说明。假设有人受托切蛋糕,若切蛋糕者事先知道自己将拿最后那块蛋糕,在自私自利的促动下,他将会让最后留下的蛋糕最大。如果切蛋糕者知道他将拿前面蛋糕中的一块,则有可能留下的最后一块是最小的。如果切蛋糕者恰好不喜欢吃蛋糕,也知道自己将拿最后一块,则他可能把最后一块留下的最小。如何才能保证所切的蛋糕都恰好一样?罗尔斯指出,这在于切蛋糕者不知道自己将得到哪一块蛋糕。这就与上述假设的无知之幕具有相似性。"这种状态的基本特征是:没有一个人知道他在社会中的地位——无论是阶级地位还是社会出身,也没有人知道他在先天的资质、能力、智力、体力等方面的运气。"②罗尔斯认为采用无知之幕下的纯粹正义程序可以确保社会公正,可以避免人们因主观喜好或者偶然因素而导致的不公平。

▶二、无知之幕下的正义原则

在20世纪50年代,美国民权运动、黑人运动此起彼伏,贫富之间的差距日益加大,社会危机四伏。当时社会正义的标准仅限于法律被严格服从的状况,而法律适用过程中出现了法律与道德的分离,产生了违反正义的现象。罗尔斯从当时美国社会现实状况出发,批判了社会流行的正义理论,提出了正义制度的原则。

---

① 〔英〕韦恩·莫里森:《法理学:从古希腊到后现代》,李桂林、李清伟、侯健、郑云端译,武汉大学出版社2003年版,第418页。

② 〔美〕罗尔斯:《正义论》,何怀宏、何包钢、廖申白译,中国社会科学出版社1988年版,第10页。

功利主义是一种严格的、古典的理论。其理论主旨可以表达为：如果一个社会的制度能满足最大多数人的最大幸福，那么这个社会就能被正确地组织，因而也是正义的。罗尔斯认为功利主义理论与正义并不符合，原因有四点：(1)个人自由与权利的要求和整体社会福利的总增长之间有原则区别。正义不是为使一些人享受较大利益而剥夺另一些人的自由和权利，不是把不同的人当作整体来计算他们得失的方式，而是把个人的基本自由和权利视为理所当然。在一个正义的社会里，由正义保障的个人权利和自由不受制于政治交易或社会整体利益的权衡。(2)功利主义者把个人追求自我利益最大化的原则扩展为社会共同体利益。它假定一个共同体的利益只是个人利益的扩大，这是毫无道理的。相反，如果承认任何事物的正确原则都依赖于其性质，承认目标互异的多元化是人类社会的一个基本特征，人们就不会认为共同体利益选择会是功利主义的，因为不存在将一致赞同的原则视为正义的基础。(3)功利主义是一种目的论的理论，而正义是一种义务论的理论。真正的正义原则是事先设定的，不能从结果来判断正义与否。(4)功利主义认为任何欲望的满足本身都具有价值，没有必要区别欲望的性质和它对幸福的不同影响。假如这是正确的，那么怎样看待人们在相互歧视或者损害别人自由中提高自己尊严获取快乐的行为呢？功利主义把个人的自由、权利和利益与社会共同福利连接起来，功利主义理论的实践在西方产生了不公正的社会乱象，如分配的不平等、欲望至上、种族歧视、贫困问题等。

通过对功利主义正义观的批判，罗尔斯提出了以自由、平等为核心的正义理论。罗尔斯的正义理论分为理想成分和非理想成分。理想成分主要是指一个组织良好的社会原则，是社会追求的正义目标。非理想成分是指面对现实社会人类生活中不可避免的自然限制和历史偶然因素所导致的不公平现象，寻找解决不正义问题的原则。罗尔斯认为正义理论的理想成分是正义制度的目标，比如平等自由是社会制度的首要价值。非理想的正义原则所解决的主要是由社会历史和自然所导致的不平等的状况。罗尔斯的正义论通过对权利、义务和责任等方面的分配，弥补社会、历史和自然天赋所带来的差别，以实现理想的正义目标。

在无知之幕的情况下，由于人们不了解自己与他人所处的状态，为了各自良好的生活，他们都愿意赋予自己最多机会和追求最大的利益，这就形成了无知之幕状态下正义的第一原则——平等自由原则。它的含义是，每一个人与他人在最广泛的平等自由体系中应有同等的权利。但由于社会地位和自然天赋条件的影响，每个人都有沦为社会底层的可能性，为使最坏部分达到最小，因而形成了正义的第二原则——机会平等原则和差别对待原则。差别对待原则是在社会地位和自然天赋不同的情况下，要求制度的安排应当克服因自然天赋和社会地位导致的不平等。它具体是指在符合自由平等正义原则的前提下，适合最少受惠者的最大利益。这可以通过水桶理论进行说明，水桶里水的多少取决于组成水桶最短的那块木板，同样，社会正义与否取决于最少受惠者的最大利益。其次是职务和地位向所有人开放，即机会的公平。由此可见，罗尔斯正义理论的第一个原则主要强调了自由，第二个原则主要强调了平等。罗尔斯的正义理论力图协调自由在社会中所致的实质不平等，使存在实际差别的人们保持相对平等。

▶三、法治是实现正义的保障

罗尔斯认为，运用纯粹程序正义分配份额时，有必要建立一个正义的制度体系。只有在一种正义的政治经济结构和社会制度下，才可能确保正义原则的实现。社会是一种互利的合作事业，正义制度的设计能使人们共同行动以产生更大数量的利益，并按照收益中应得份额分配给每一个人。

正义原则演化为具体的制度分为四个阶段。第一阶段是人们接受两个正义原则。在原初状态下，人们接受了两个正义原则之后，就进入了第二阶段即召开制宪会议。当人们具备社会理论的知识和形成对基本事实的认识时，他们将选择最有效的正义宪法，通过宪法确定平等的公民权和各种自由权，这最终使宪法符合正义的原则。第三阶段是立法，在这个阶段里正义原则中的机会平等和差别原则发挥着主要作用。第四阶段是具体运用规范，法官和行政官员运用制定的规范处理具体事务，公民普遍遵循规范。

法律是一系列强制性的公开颁布的规则，为理性人的行为和相互合作提供了某种框架。罗尔斯认为假定法律规则是正义的，服从法律就形成了人们相互产生合法期望的基础。法治的形式正义要求法官判决案件必须服从法律规则，法官和其他有权者没有运用恰当的规则或者不能正确地解释规则是不正义的行为。正义原则构成了法治的基础，法治保障着正义的实现。罗尔斯从四个方面对法治与正义关系进行了阐释和分析：

（1）法律具有可行性。法律要求的行为和禁止的行为应该是人们合理地被期望去做或不做的行为。一个规范体系只能规定人们能或不能做的行为，却不能提出一种不可能完成的义务。立法者、法官及其他官员必须确保法律能够被服从和被执行，惟其如此，法律和命令才能被接受。

（2）类似情况类似处理。在法律适用的过程中，类似情况类似处理的准则有效地限制了法官和其他执行法律者的权限。按照类似情况类似处理的原则解决具体个案，要求官员必须对具体事实进行分类，以确定所应当适用的规则。若规则很复杂而需要解释时，类似情况类似处理的要求也当然适用于规则的解释，否则会导致一个专断的判决。此外，当既定规范发生了始料未及的困难，因而需要对例外情况做出处理时，衡平法也适用类似情况类似处理的原则。

（3）法无明文规定不为罪。一个暴君可能不预先告知就改变法律，并依据改变的法律惩罚臣民，因为他乐于看到臣民花多长时间，才从观察他所给予的惩罚中领会到新规范的内容。罗尔斯认为这不是法律，因为它不能提供合法期望来组织社会行为。法治要求法无明文规定不为罪，遵循这个原则不仅要求法律为人所知并被公开地宣布,而且法律的含义要清楚。这意味着法律至少对严重的犯罪行为应有严格的解释,在量刑时不追溯犯罪者的既往过错。

(4) 法治符合自然正义。自然正义是司法公正的指南,自然正义的内涵包括法官必须是独立的、公正的,不能审判关涉他自己利益的案子;各种审判必须是公平的、公开的,不能因公众的舆论而带有偏见;如果法律有明确规定,法官就必须考虑以某种适当的方法来适用法律规范,必须确定一个违法行为是否已经发生,是否要对它处以正确的惩罚。自然正义还是形式的正当程序要求,也就是说法庭必须按照法律规定的程序受理申诉和进行审判,即以一种合理设计的、与法律体系的正义目的相容的方式查清一个违法行为是否发生、在什么环境下发生的真相的程序。

罗尔斯的法治原则阐明了法治与自由的关系。由于模糊的、不明确的规范,人们能够自由地去做的事情同样是模糊的、不明确的,自由的界限是不确定的,人们对自由权利的行使就会产生一种合理的担心,最终反而限制了人们的自由。如果不按照类似情况类似处理的原则处理案件,如果司法诉讼程序缺少公正性,那么同样会产生限制自由的结果。因此,在一个组织良好的社会中,理性个体为了确实享有自由,为了确立平等自由的协议,公民一般都要求维护法治。

第四节　德沃金的现代自然法学

罗纳德·德沃金(Ronald Myles Dworkin,1931—2013)是美国当代著名的自由主义法理学家和政治哲学家。他出生于美国马萨诸塞州,先后在牛津大学和哈佛大学获学士学位,在耶鲁大学获硕士学位,后又进入哈佛大学法学院学习。他担任过大法官伦尼德·汉德(Learned Hand)的助手,1962年任耶鲁大学教授,1969—1998年任英国牛津大学法理学首席教授,成为哈特在牛津大学法理学教授职位的继任者,哈特称他是一位高贵的梦想家。2002年,德沃金到中国进行短期的学术活动,在中国法学界掀起了研究德沃金法律思想的热潮。

德沃金

德沃金的著作被大量翻译成中文,主要有《认真对待权利》(1977年)、《原则问题》(1985年)、《法律帝国》(1986年)、《生命的自主权》(1993年)、《自由的法》(1996年)、《法袍正义》(2006年)、《人权与民主生活》(2006年)等。在这些著作中,德沃金批判了占支配地位的法律实证主义理论,论述了其现代自然法思想。

一、对占支配地位的法律理论的批判

在《认真对待权利》的导言部分，德沃金简要介绍了美国的"占支配地位的法律理论"，并分析了这一理论的缺陷。

德沃金认为，占支配地位的法律理论把法律视为规则的集合体，一条规则就是一个命令，在某一特定的事实出现后，这个命令要求以规则所规定的方式做出反应。比如，雷偷了面包。若一条规则规定，未经他人允许擅自拿走别人的东西必须归还，占支配地位的法律理论就会认为按照法律规则，雷有把面包还给主人的义务。这不是因为他这样做是正确的，而是因为法律规则告诉人们，他必须这样做，即以国家的法律作为评判行为的准则。占支配地位的法律理论视法律为一系列的法律规则体系，规则是否符合正确和公平的观念不是法律所关注的。一旦人们确认了适用于具体事实的规则，规则背后的正确或者公平观念都是不相干的问题。比如，唐娜给雷一块面包，因为雷答应付钱，结果雷没有付钱给唐娜。如果法律只规定未经主人许可擅自拿走别人东西必须归还，而不包括其他相关规则，则雷可以不归还面包，因为雷得到面包经过了唐娜的允许。但是从共同的道德观念来看，允许雷享有答应付钱而实际上没有付钱的权利也是不公平的。

占支配地位的法律理论认为适用法律规则可以不考虑规则中隐含的正义观念，可能会产生不公平的结果。当正确的规则与法律规则相互冲突时，惩罚那些依据正确规则采取行动的人，最终会抑制道德的发展。比如，雷知道没有规则强制履行已经答应付钱的口头承诺，而唐娜只知道人们应当遵守诺言的情况，雷可能会利用自己所了解的法律，违反普通人的道德常识来服务于自己自私的目的，法律最终沦为聪明人和了解法律复杂性的人满足自私目的的工具。

占支配地位的法律理论把法律仅视为规则体系，在适用法律规则解决具体案件的过程中，会导致裁判的结果与道德相悖。于是在美国产生了对法律规则的怀疑论者，他们认为法律与政治道德之间存在着冲突和紧张的关系。针对占支配地位的法律理论的局限，德沃金指出法律应当包括规则、原则和政策，对法律的尊重与对道德的尊重之间并不冲突。

二、法律规则、法律原则和法律政策

德沃金认为法律不仅是一系列明确稳定的规则体系，而且包含着法律原则和法律政策。

法律规则与法律原则的区别在于："一个规则对于某一预定的事件作出固定的反应，而一个原则指导我们如何对某一特定的事件做出反应，同时指导我们对特定因素的思考。"①规则没有指示在案件事实与规则不完全对应的情况下该如何运用规则,适用规则的预计目的是什么。比如,一条规则告诉人们一个人应该返还未经允许而擅自拿走别人的东西。在这一规则指导下,人们普遍认为擅自拿别人东西者有返还的义务,但是它没有具体指出如何运用这条规则,法律原则却能为适用规则时考虑什么和如何适用规则提供指导。

德沃金以"埃尔默遗产继承权"案为例,分析了法律原则在解决疑难案件中的指导作用。1882年,埃尔默祖父新近再婚,埃尔默担心祖父会修改给他留下一大笔遗产的遗嘱,使他一无所获。为了避免祖父修改遗嘱,使自己能够继承遗产,埃尔默毒死了祖父。案发后,埃尔默被定罪。埃尔默的姑姑请求剥夺埃尔默的遗产继承权,那么埃尔默能否根据遗嘱继承遗产呢?这是德沃金在其著作中讨论的一个疑难案件。审理该案的厄尔法官(Judge Earl)推理认为:"如果拘泥于字义进行解释,并且如果这些成文法的效力和效果在任何情况下都不能予以控制或者修改时,应该把财产给予凶手。"他又进一步指出:"一切法律以及一切合同在执行及其效果上都可以由普通法的普遍基本的原则支配。任何人都不得依靠自己的诈骗行为获利,亦不得利用他自己的错误行为或者根据自己的不义行为主张任何权利。"②德沃金认为,厄尔法官并未完全依赖法律规则的字面含义理解遗嘱法立法者的意图,而是探究法律规则背后所蕴含的普遍原则。多数法官形成了关于该案的法律原则的共识,即任何人不得从自己的错误行为中获得利益。从遗嘱法立法者的意图来看,法律规则应当否认杀害被继承人者有遗产继承权。

德沃金认为,法律规则的约束力不是源于违反规则必将受到惩罚的威吓,而是受到原则的支持,所以法院在适用法律过程中不能弃之不顾。此外,法律规则的约束力还隐含着一直以来人们所认可的任何改变法律规则的行为都将受到立法至上的保守原则和先例的共同谴责的观念。法律原则建立在道德基础上,法律原则通过道德情感使法律获得了权威性,在适用法律时需要考虑道德因素。当法律规则与道德互相矛盾时,适用法律必须权衡所有有关的原则,而不是机械地服从法律规则。

法律原则一般指具体法律规则以外的法律准则,是公平、正义或者其他道德层面的要求,是法律总体精神的体现。法律政策规定某些政治、经济或者社会问题的总体目标,一项法律政策促进或保护了社会整体的集体目标。比如,支持补贴飞机制造商的政策可以论证该资助会保护国家的安全;赞成禁止就业歧视的法令是因为少数人享有受到平等尊重和保护的权利。

法律实证主义认为法官应当适用立法机关所制定的法律,不应当创制新的法律,在法律具体适用的过程中,这不能被完全遵守。由于法律规则本身的模糊性,法官运用法律规则处理具体案件时需要对法律给予解释,当出现法律并无明确规定的

---

① 〔美〕德沃金:《认真对待权利》,信春鹰、吴玉章译,中国大百科全书出版社1998年版,中文版序言第18页。

② 同上书,第42页。

事项时,他不得不或明或暗地创制法律。有些法学家认为,法官创制法律表面上尽管受到法律传统的制约,本质上创制法律是法官个人的政治伦理观的反映。德沃金指出:"在法官面临疑难案件时,没有明确规则指示法官该如何判决,则似乎可以说一个适当的判决可以来自政策也可以来自原则。"①任何一项复杂立法纲领必需符合一定的政策或者原则,所以作为执行和适用法律的法院在判决案件过程中可以以政策或者法律原则作为判决的依据。

▶三、认真对待权利

法律实证主义认为,只有主权机关立法所创造的权利,才是个人享有的法律上的权利。德沃金认为,个人享有立法机关所创造法律权利之外的道德权利,即使是在没有明确的规则可以遵循的疑难案件中,个人仍然可能享有权利,正是权利使法律成为了法律,法律因此获得了权威性。

德沃金的权利理论假设政府行为应该受到一定的道德限制,政府遵循的基本政治道德应当是理性的,这一方面要求政府遵循相同情况相同处理的原则,不能出现相互矛盾的判断,另一方面理性的政治道德承认所有人的权利应当受到平等的关心和尊重。当政府面临法律规则和道德的互相矛盾时,它不是一味地机械地服从法律规则,而是需要权衡所有的法律原则,"法律原则允许法律思想和道德思想联系起来,允许法律发展和道德发展携手并进"。②

若一项有效的法律与个人所认为的道德权利不一致时,他是否可以不遵守法律?德沃金认为人们有服从法律的义务,但是当服从法律的义务和道德义务相冲突时,他就有权利遵从自己的良知。如果个人有权利按照自我良心去选择自我行为,国家法律禁止他这样做怎么会是正当的呢?国家表明要承认个人权利,却又对个人按照自我良知去做的事情进行禁止和惩罚,这是邪恶的做法。德沃金说:"任何严厉处理善良违法行为或者反对口头抵抗运动的政府,其行为都是有悖于它所宣称的真诚对待个人权利的。"③政府应当赋予公民善良违法和反对政府行为的权利,只有这样才是真诚地对待权利。

德沃金的权利理论是关于法律发展的理论。社会、政治和经济条件总是变化的,法律必须随之变化。占支配地位的法律理论认为,若要与社会、政治和经济的发展步伐相一致,立法者必须制定更多的规则,法律发展过程被视为适应社会、政治和经济发展而不断立法的过程。这一观点没有考虑如何维持法律有效性的问题,德沃金认为法律发展要与政治道德的发展相适应,政治道德是法律有效性的基础,理性的政治道德不仅来自于政府、法律家们和受过特殊训练的学者和科研人员,更主要是来自理性的力量。

---

① 〔美〕德沃金:《认真对待权利》,信春鹰、吴玉章译,中国大百科全书出版社1998年版,第118页。
② 同上书,中文版序言第20页。
③ 同上书,第268页。

四、法律的整体性

德沃金认为法官适用法律不仅是在寻找具体的法律规则,而且也是在法律规则与案件事实相互适用过程中对法律进行解释。德沃金既想追求法律实证主义所主张的法律确定性,又要以法律解释所提供的内容建构自由,因而提出了法律的整体性理论(law as integrity)。在《法律帝国》一书中,德沃金对"整体性概念"进行了深入分析。他说:"整体性是一个有关原则的问题,而且并不要求政策有任何简单形式的一致性。整体性的立法原则要求立法机构尽力保护每一个人,把它视为他们的道德权利和政治权利,这样的共同标准就表示出正义和公平的一个连贯体系。"①

法律整体性理论包含立法机构在制定法律时所遵循的原则,立法原则就是使法律遵循正义和公平的共同标准。法律整体性理论还包含司法过程中法律解释的原则。法律整体性的原则要求法官"在可能范围内把公共标准的现有制度视为表达和尊重一套合乎逻辑的原则"②。法官在解决具体案件过程中,不能按照个人喜好对法律进行任意解释,而应按照法律体系整体所蕴含的共同标准,以合乎逻辑的形式对法律进行解释,这既是人们政治道德共识的体现,又是法律逻辑形式理性的展现,从而使法律解释存在确定性。

德沃金还指出,法律整体性的解释并不要求一个社会的法律在所有历史阶段上都一致,并不要求法官们把他们执行的法律理解为过去法律的历史延续。虽然历史上所形成的判例为法官的判决提供了正当基础,但是法律整体性并不要求坚守过去的判决,而是要跨越法律实施的标准范围,在原则上保持一种横向的而不是纵向的一致性。

---

① 〔美〕德沃金:《法律帝国》,李常青译,中国大百科全书出版社1996年版,第234页。
② 同上书,第198页。

第十二章　其他法学流派

学习重点:(1) 综合法学的产生、发展、主要代表人物和基本观点;(2) 经济分析法学的形成、发展和基本观点;(3) 批判法学和新康德主义法学的基本观点;(4) 西方马克思主义法学的发展脉络及主要代表人物。

20世纪是西方法律思想发展的活跃时期,在自然法学、分析法学和社会法学这三个主要法学流派之外,新产生的流派还有很多,包括综合法学、多元论法学、存在主义法学、新自由主义法学、新制度法学、批判法学、新康德主义法学、经济分析法学、法律政策学、法律修辞学、符号法学、法律与文学运动以及西方马克思主义法学等。这些法学流派虽然有些是从三个主要流派中分化出来的,或者是在综合三者的基础上产生的,但就整体而言,它们大多带有反主流、非理性主义和开放性的特点。它们大都批评或否定主流法学,特别是传统法学的理论和观点;采用某种形式的非理性主义哲学指导对法律问题的思考;研究视野更加宽阔,研究方法更加综合。

20世纪西方法律思想之所以呈现这样的特点,原因主要有两点:(1)社会的发展和变化向法学提出了一系列新问题,需要从新的角度论证运作理念和变革愿景;(2)新的历史条件下产生的新的社会思潮,特别是哲学思潮,直接影响了法学的发展。19世纪中叶以后,西方资本主义社会进入帝国主义阶段,资本主义向全球扩张,世界经济和科技飞速发展,人类的生产生活实现了全球性的紧密联系,资本主义貌似赢得了全球性的胜利。与此同时,资本主义自身的矛盾暴露得更加充分,资本主义国家内部、资本主义国家之间以及资本主义国家和其他国家之间的矛盾和斗争日趋复杂和尖锐,从国内阶级斗争,到两次世界大战,再到频繁的全球性经济危机,都显示出资本主义制度面临着全面衰退的危机。资本主义的成就与衰败以及自身的两面性,促发了对原有价值观念的反思与批判,导致了非西方文化视角的引入,激发了西方思想的活跃,产生了种类繁多的批判西方传统的学说。这些都深刻地影响了西方法学的发展,改变了西方主流法学的发展方向和特点,产生了许多与主流法学旨趣相异的新的法学流派。

在考察当代西方法学主要流派之外的诸多其他流派时,应当格外注意五个流派:综合法学、经济分析法学、批判法学、新康德主义法学和西方马克思主义法学。在一定意义上,综合法学是日益分殊的当代西方法学向传统的总体性法学研究进路的一种回归,这对传统上就有着全面观点、辩证思维的中国人而言,既有着思维方式上的诸多亲和力,也蕴藏着法学新知探求方面上的丰富启迪。新康德主义法学是传统哲理法学道义论的现代表达,经济分析法学是传统功利主义法学功利论的现代表达,两者分属于西方主流法律思想的左右两端。批判法学和西方马克思主义法学则是外在于西方主流法律思想的两个流派,如果以整个西方法律思想的整体坐标系来衡量,它们均处于原点的左侧;对于信奉中庸之道,致力于"允执其中"的中国学子来说,要从整体框架上把握整个西方现代法律思想的复杂发展,很有必要了解它们。因此,本章主要介绍这五个法学流派。

第一节 综合法学

综合法学,又称统一法学或一体化法理学(Integrative Jurisprudence),是20世纪中叶在西方兴起的一个旨在推动各主要法学流派"融合",主张消除各主要法学流派界线,融会各学派有效的研究方法、研究成果和实践价值,建立"适当的法理学"的法学流派。它的主要倡导者有美国法学家杰罗姆·霍尔、埃德加·博登海默、哈罗德·伯尔曼、澳大利亚法学家朱利叶斯·斯通等。部分学者把拉斯韦尔(Harold Lasswell,1902—1977)等人的"法律政策学"(policy-science of law)也视为综合法学的一支。

一、综合法学的产生与发展

美国法学家庞德较早预言并显露了西方法学理论一体化的发展趋势。他在20世纪20年代就断言,鉴于西方各个法学流派各有其合理性和局限性,从19世纪末开始,所有的西方法学家就均已隐约感到,仅靠某一流派的理论或方法,是不可能肩负起法学的全部使命的。基于这种认识,他身体力行,博采众家,系统深入地研究各个法学流派,将它们的观点和方法吸收进自己的理论之中,并直接号召实现西方法学的"大联合"。在许多学者看来,庞德的理论主张,在一定意义上可以被看作综合法学思潮之滥觞。

但是综合法学的主要目标,是消除学派界限,实现法理学的"三个统一",即法学研究方法的统一、法的概念的统一以及法的价值论的统一,以集各个法学流派的有效研究方法、研究成果和实践价值于一体,创造出一个"适当的法理学"。"适当的法理学"要求超越分析法学、社会法学和自然法学在研究方法上的分裂,综合使用分析的、社会学的和价值的方法,整体研究法律的形式、价值和事实三个方面,更加全面地研究法律现象;要求用更具包容性的范畴来理解和定义法律,避免仅从形式、价值或事实中的某个单一维度来理解和定义法律,以形成更具整体性的法概念;要求人们放弃绝对的法的价值观,把秩序、效率、自由、平等、民主、法治等价值因素都视为法的价值总体不可分割的一部分,既不人为割裂,也不强分主次,以全面塑造法律制度,全面规范人们的社会行动。正是在这一意义上,综合法学与庞德的法学大联合主张,新托马斯主义法学家达班(Jean Dabin,1889—1971)的分析自然法学,哈特、富勒等人的兼容并包的理论姿态,并不完全等同。因为,庞德、达班、哈特、富勒等人尽管都主张吸收或引进其他学派的研究方法和研究成果,但他们最终的目的,是保持他们各自学说或学派的独尊地位;他们对其他学派和学说的综合和包容,归根结蒂都只是手段而不是目的。综合法学所主张的一体化,并不仅仅是手段意义上的。

综合法学运动的兴起与持续发展有深刻的社会背景,它是资产阶级法学意识形态适应西方资本主义社会矛盾深化发展的产物。法学是意识形态的重要组成部分,资产阶级法学的各种流派各种学说,都是适应资产阶级特定时期内经济、政治或心理需要而出现的,都能为资产阶级服务,但又都不是"全能的",而且都有一定的"副作用"。在相当长的历史期的不同阶段,资产阶级曾经分别把某一种法学学说作为主要的意识形态工具来使用。在17、18世纪资产阶级革命和资产阶级法制建立时期,主要采用自然法和自然权利学说;在19世纪资本主义法律制度巩固完备时期,主要采用分析实证主义法律学说;在20世纪初到第二次世界大战前后,主要采用社会法学来应对尖锐的社会矛盾。而在第二次世界大战之后,由于资本主义社会的矛盾彼此交融,牵一发而动全身,兼采并用各种学说分头处理相关矛盾,就成为必然的选择。

综合法学的产生与发展是20世纪科学发展总趋势影响法学的产物。20世纪世界科学发展的一个极为重要的特点是综合性和边缘性,这使封闭、单向和绝对的传统科学思维方式得以改变,科学研究更加趋于开放、多向、多维和动态。科学的整体发展特点深刻影响了法学家的思维方式,使法学发展出现了一体化、综合化的特点。

综合法学的兴起和发展也是20世纪西方法学自身发展趋势的一种自然体现。20世纪以来,西方法学发展出现了两种趋势:一是高度分化,一是分化中又趋于统一。表现为:一方面,新的法学流派不断涌现,社会法学迅速发展,自然法学得到复兴,分析法学不断分化,一种法学思潮独霸天下的局面被打破,法学思潮呈现多元化格局;另一方面,各个流派之间的对立不再尖锐,分歧程度降低,观点与方法的相互吸收和借鉴增多,彼此之间的共同之处越来越多,法学发展整体上呈现出一体化趋势。综合法学体现的正是后一种趋势。

综合法学的产生与发展具有重要意义,但由于资本主义社会利益和意识形态的冲突依然存在,综合法学的理论抱负并没有完全实现,而且在理论体系上,相较于其他法学流派尚显不够成熟,内部成员之间的观点也不尽一致。但是,随着时间的推移和形势的发展,这一法学思潮正在引起人们比以往更多的关注和兴趣。

▶ 二、霍尔的综合法学

美国法学家杰罗姆·霍尔(Jerome Hall,1901—1992)是综合法学的正式开创者。霍尔是美国加利福尼亚大学的法学教授,兼任美国政治哲学和法哲学协会会长、国际法哲学和社会哲学协会美国分会会长,对法理学、刑法学和社会学都有精深研究。其主要著作有《法理学读本》(1938年)、《刑法的一般原则》(1947年)、《民主社会的活的法》(1949年)、《法理学和刑法理论研究》(1958年)、《比较法和社会理论》(1963年)、《从法的理论到综合法理学》(1964年)和《比较法理学基础》(1973年)等。霍尔1947年发表的《综合法理学》(Integrative Jurisprudence)一文是综合法学产生的正式标志。

霍尔用综合的观点看待法律,认为法律是事实、形式和价值的统一,而将三者结合起来的概念是"行动"(action)。因此,法律是"作为行动的法律"(law as action),是"现实的合乎道德的权力规范"(actual ethical power norms),而不是"纯粹的权力规范"(sheer power norms),"合理性"和"道德性"是法律的根本:法的规则解释着官员规定、评价、发布和适用法令的行动;法的价值通过法的效力概念进入法的概念之中,要求对官员的决定是否正确、适宜或有益等问题进行评价;法的事实通过法的实效观念进入法的概念,要求对官员决定的实际社会效果进行评判。

霍尔认为法学研究必须同时综合形式、价值和事实这三个方面,任何的人为割裂或抱残守缺都必然会带来更多的谬误;而西方的社会法学、分析法学和自然法学,所研究的实际上都仅限于其中的一个方面,是"特殊论的"(particularistic)法学,各有其合理性和局限性。因此,法学要超越局限,扬长避短,就应当建立一种能够综合三种法学各自优点的法学,即综合法学。综合法学兼用自然法学的哲理方法、社会法学的社会学方法和分析法学的分析方法,全面研究法律。他认为,综合法学应当包括四个部分:(1) 法律目的论(legal axiology),即法律哲学或自然法学;(2) 法律本体论(legal ontology),即基本法律概念的形成;(3) 法律社会学(sociology of law);(4) 形式法律科学(formal legal science)。它们分别从价值评价、逻辑分析、经验说明与概括化各个方面共同构建新的法理学。

▶三、博登海默的综合法学

埃德加·博登海默(Edgar Bodenheimer, 1908—1991)出生于德国柏林,1933 年获海德堡大学法学博士学位后移民美国,在华盛顿大学研习美国法律,1937 年获法学学士(LL. B)学位。博登海默从 1951 年开始担任犹他大学和芝加哥大学法律教授,1975 年成为法学荣誉教授,后为美国戴维斯加利福尼亚大学的法学和政治学教授。其主要论著有《法理学——法律哲学与法律方法》(1962 年)、《论正义》(1964 年)、《权力、法律和社会》(1972 年)、《责任哲学》(1980 年)等。

博登海默

博登海默认为,综合法学产生与存在的必然性与合理性应当从法律自身的复杂性上来理解。法律是一种复杂的社会现象,它的产生与实施受到了多种社会因素的影响,因而对它的研究,需要各学派的分工合作和同心协力。他说:"法律是一个带有许多大厅、房间、凹角、拐角的大厦,在同一时间里想用一盏探照灯照亮每一间房间、凹角和拐角是极为困难的,尤其当技术知识和经验受到局限的情况下,照明系统不适当或至少不完备时,情形就更是如此。"[①]"我们的历史经验告诉我们,任何人都不可能根据某个单一的、绝对的因素或原因去解释法律制度。一系列社会的、经济的、心理的、历史的和文化的因素以及一系列价值判断,都在影响着和决定着立法和司法。虽然在某个特定历史时期,某种社会力量或某种正义理想会对法律制度产生特别强烈的影响,但是根据唯一的社会因素(如权力、民族

---

① 〔美〕博登海默:《法理学——法律哲学与法律方法》,邓正来译,中国政法大学出版社 2004 年版,第 217 页。

传统、经济、心理或种族)或根据唯一的法律理想(如自由、平等、安全或人类的幸福),却不可能对法律控制做出一般性的分析和解释。法律是一个结构复杂的网络,而法理科学的任务就是要把组成这个网络的各个头绪编织在一起。由于这是一个巨大且棘手的任务,所以为了适当地践履这个任务,在法理学学者之间进行某种劳动分工也实是不可避免的。"①因此,对历史上所存在过的和现实中存在的大多数法律哲学,都不应该简单地以"胡说"视之——它们是整个法理学大厦的珍贵建材,都是建构更加优越的"综合法理学"(synthetic jurisprudence)所需要的知识储备,都对我们更加准确地描绘法律制度的整体图式具有重要价值。

博登海默认为,法律是基于人类摆脱无政府状态和专制独裁状态的秩序需求而产生和存在的,它是必不可少的,而不是可有可无的。因为,法律本质上是对权力专横行使的限制:为了防止意志的莫衷一是或相互抵触,它限制私人权力;为了防止专制政府的暴政,它控制统治当局的权力;它要将秩序与规则性引入私人交往和政府运转之中。"一个完整与充分发达的法律制度",与无政府状态和专制政治都同样敌对,它离这两个极端的距离同样远。之所以如此,是因为法律与赤裸裸的权力所具有的那些侵略性、扩张性趋势大相径庭,它所寻求的是政治和社会领域中的妥协、和平与一致,而且它所要建立的,不仅是秩序,更是正义的秩序。因为秩序和正义这两个价值并非总是冲突,相反,它们却常常紧密相连、融洽一致。一个法律制度若不能满足正义的要求,那么就无力长期为政治实体提供秩序与和平。同样,缺乏有序的司法行政制度来确保相同情况相同对待,也不能实现正义。一个合理的健全的法律制度要以某种程度的秩序的维持为条件,而正义也要由秩序来帮助它发挥一些基本作用。为了实现人们所要求的这个价值的综合体,法律必须致力于创造一种正义的社会秩序。

博登海默认为,法律的作用是复杂的,它对人类社会有利也有弊。法律之利有三,即它能够保护人类创造力的开发、促进人类和平以及调和利益冲突。法律之弊也有三:(1)法律具有保守性,它要保持稳定,不能朝令夕改,因而会在某些情况下阻碍社会进步和改革;(2)法律具有形式结构上的僵硬性,它要恪守普遍性,坚持一般性调整,因而难以灵活应对所有情形;(3)法律的社会控制功能会异化为限制,变控制为压制。要克服法律的以上弊端,发扬它的上述优势,关键是妥善解决法的稳定性与变动性的矛盾,使它既具有稳定性又不失灵活性。这就要求综合使用立法和司法两个手段。但他依然认为,必须在司法和立法之间划一个明确的界限,不能任意扩大法官的"立法权"——法官的确而且必须立法,但他们只能在缝隙间进行立法,仅限于从分子到分子的运动。

---

① 〔美〕博登海默:《法理学——法律哲学与法律方法》,邓正来译,中国政法大学出版社2004年版,第218页。

四、斯通的综合法学

朱利叶斯·斯通(Julius Stone,1907—1985)早年就学于牛津大学、里兹大学和哈佛大学,是澳大利亚悉尼大学和新南威尔士大学的法学教授。他原来是社会法学家,后来响应霍尔的号召,致力于综合法学研究。他写下了著名的三部曲,即《法律制度和法学家推论》(1964年)、《人类法律和人类正义》(1965年)和《法律与正义的社会性》(1966年),分别对分析法学、自然法学和社会法学进行了系统研究。

斯通认为,20世纪中叶以来,严肃的法学家已不再为支持或反对分析逻辑方法、正义—伦理学方法或社会学方法中的哪一个应当绝对统治而辩论了。不管法学是不是一个单一的科学领域,或者它的统一性是否就在于满足那些制定、适用和改建法律的人或一般理解法律的人的智力需求,所有这些都被包括在内了。严肃的现代法学家,再也不可能是一个纯粹的分析法学家、自然法学家或社会法学家了,他们无论适用哪一种研究方法,都必然要尽可能多地吸收其他方法。而且,法学研究还必须不断"外倾",不断吸收其他学科的新方法。

斯通没有给定一个统一的法律概念,但他仍然用整体的观点综合描述了法律的七个特点:(1)法是许多现象的复杂整体;(2)这些现象包括规范,它们通过指定、禁止和允许等方式指导人们的活动,并作为法官和其他官员执法的指南;(3)法所包含的规范是社会规范,它指导着人与人的行为;(4)法是一个系统安排的整体,即法律秩序;(5)法律秩序具有强制性,而且这种秩序是外在的;(6)法的强制是制度化的强制,它必须根据已建立的规范实施;(7)这种制度化的社会规范的强制秩序应当由国家权力和价值信念来维护,并且要具有一定的实效。

五、伯尔曼的综合法学

哈罗德·J.伯尔曼(Harold J. Berman,1918—2007)出生于美国康涅狄格州,先后任教于斯坦福大学、哈佛大学、埃莫里大学,曾在苏联科学院做过访问学者,并任教于莫斯科大学。其主要著作有《法律与宗教》(1974年)、《法律与革命——西方法律传统的形成》(1983年)。《法律与革命》一书显示了他的综合法学思想。

伯尔曼呼吁将历史法学、实证法学和自然法学这三个西方传统法学学派统一起来,综合成一种一体化的法学,并将此视为"法的社会理论"的首要使命。

伯尔曼所说的"一体化的法理学"就是"把法律实证主义、自然法理论及历史法学派这三个传统法学派结合为一体的法哲学"。他相信这既是可能的,也是极端重要的。[①] 因为在伯尔曼看来,20世纪的西方正处于危机当中,社会解体、社会共同体

---

① 参见〔美〕伯尔曼:《法律与革命——西方法律传统的形成》,贺卫方等译,中国大百科全书出版社1993年版,序言第2页。

破裂趋势显著,抽象而肤浅的民族主义甚嚣尘上,西方文明的统一性和共同目的性不断衰退,人们既看不清起点,也把握不住终点。这种危机的出现,与西方社会共同体的法律传统所遭遇的危机密不可分。因为西方社会的传统象征,即传统的形象和隐喻首先是宗教和法律方面的,而在20世纪,宗教首次在很大程度上变成了一种私人事务,法律则在很大程度上变成了一种与实际权术相关的事务;宗教的隐喻和法律的隐喻之间的联系已经破裂;它们不再能够表达社会共同体对其未来和过去的想象力,也不再能够博得社会共同体的热忱了。

伯尔曼

伯尔曼指出,要走出危机,就必须克服种种与法律本身相关的思想和行动的狭隘性和孤立性;必须要克服三种关于法律的错误观点,即"将法律归结为一套处理事务的技术性手段","使法律脱离历史"以及"把一国的法律等同于我们的全部法律、把一国的法律史等同于我们全部的法律史";必须要清除三种关于法学的谬见,即"排他的政治的和分析的法学(法律实证主义)","孤傲的哲理的和道德的法学(自然法理论)"以及"唯我独尊的历史的和社会—经济的法学(历史法学派、法的社会理论)"。总而言之,就是要求建立一种能够综合这三个传统学派并超越它们的法学,它"将强调法律必须被信奉,否则就不会运作;这不仅涉及理性和意志,而且涉及感情、直觉和信仰,涉及整个社会的信奉"。

伯尔曼由此提出了自己的综合性的法律观点。他说:"法律不是作为一个规则体,而是作为一个过程和一个事业,在这种过程和事业中,规则只有在制度、程序、价值和思想方式的具体关系中才有意义。从这种广阔的前景出发,法律渊源不仅包括立法者的意志,而且包括公众的理性和良心,以及他们的习俗和惯例。"①他认为,这一观点虽然并不流行,但与西方正统的法律观点绝不相悖。

第二节 经济分析法学

经济分析法学是一个运用经济学特别是微观经济学的理论、观点和方法来分析和研究法律的形成、结构、过程、效果、效率和发展状况的法学流派或法学分支学科。

---

① 〔美〕伯尔曼:《法律与革命——西方法律传统的形成》,贺卫方等译,中国大百科全书出版社1993年版,第13页。

它在20世纪60年代最先从美国兴起,随后在西方各国广泛传播,现在正在演变为一种国际性的法学思潮。经济分析法学产生之初,人们曾用多种词汇表示该种法学思潮或法学研究方法,如"法律和经济学"(Law and Economics)、"法律的经济分析"(Economic Analysis of Law)、"法律与经济运动"(Law-and-Economic-Movement)、"法律经济学或经济学法学"(Legal Economics, Economic Jurisprudence)等。随着人们对这种法学思潮的内容、特点和研究方法趋于一致的把握,经济分析法学(Jurisprudence of Economic Analysis)逐渐成为这一日益壮大的法学思潮和学术派别的正式名称。它的代表人物众多,有科斯、卡拉布雷西(Guido Calabresi, 1932—)、布坎南(James McGill Buchanan, 1919—2013)、贝克尔(Gary Stanley Becker, 1930—)、波斯纳等,其中最主要的是科斯和波斯纳。

一、经济分析法学的形成和发展

经济分析法学的形成和发展大致可分为三个阶段:(1)20世纪60年代是其产生阶段。在这一时期,科斯发表的《社会成本问题》和卡拉布雷西发表的《关于风险分配和侵权行为法的一些思考》两篇论文,建立起了财产权和责任规则的经济分析框架,标志着经济分析法学的初步产生。(2)20世纪70年代是其成熟阶段。在这一时期,波斯纳出版的《法律的经济分析》一书,把经济分析从经济法律领域推广到非经济法律领域,对法律作了全面而深入的分析,构建起了经济分析法学的整体理论框架。(3)20世纪90年代以来是其进一步发展阶段。这一时期,大批经济学家进入这一研究领域分析法律问题,并对以波斯纳为代表的传统经济分析方法进行反思、批判和修正,主张法律的经济分析必须重视道德判断,必须将法律权利、正义和经济效益结合起来进行一体研究。马劳伊(Robin Paul Malloy)是这一阶段的重要代表人物。

经济分析法学总体上具有五项基本特征:(1)经济学是其基本方法和基本理论。成本—效益分析是其基本方法,交易成本理论和经济人假定是其基本理论。(2)效率优先是其基本主张。该学派认为,生活世界是一个资源稀缺的世界,效率与公平不可同时兼得,二者发生冲突时,效率应是首选目标。(3)财富最大化是其基本原则。该学派认为,社会财富是否增加是判断行为和制度好坏的根本标准,法律的目的就是降低交易成本,并最终实现社会财富的最大化。(4)实用主义是其基本立场。该学派重视事实和效果,强调调查、实验观察和统计数据,反对形式主义的概念游戏。(5)法律和法学是其出发点和归宿。经济分析法学虽然包裹在经济学之中,但法律和法学始终是其理论的出发点和落脚点。

经济分析法学的产生与发展有着特定的社会背景和深刻的思想渊源,同时也是学科理论发展和司法实践推动的产物。

首先,经济分析法学是法学适应20世纪资产阶级国家广泛干预社会经济需要的产物,是对帝国主义阶段资产阶级国家经济职能新认识的法哲学表达。在20世纪资本主义世界中,资本主义进入帝国主义阶段,国家干预代替了自由放任,法律开始从幕后走向前台,经常大量地直接干预社会经济生活。相应地,自20世纪50年代以来,资本主义国家统治层内部也围绕着经济效益和社会福利两种政策展开了激烈而长久的争论。在这种历史条件下,经济学家和法学家不得不把政府的社会经济职能作为客观的法律现象进行研究,传统法哲学理论受到挑战,经济学理论和方法的法学应用开始受到人们的重视。

其次,经济分析法学是西方近代以来法学的经济考量和经济学的法律关注等思想传统的现代延续和发展。自近代以来,在西方法学传统中已经存在经济分析的思想萌芽,贝卡利亚和边沁都曾从效益的角度思考过法律问题。20世纪早期出现的现实主义运动和庞德的"社会工程"等也包含了法律的经济分析因素。而在经济学的发展过程中,亚当·斯密、马克思都曾从经济学的角度对法律做过分析和论断。19世纪末20世纪初,老制度经济学的凡勃伦和康芒斯,由于鼓吹国家对经济的干预,特别强调法律制度对经济生活的作用。随着历史的发展,经济与法律的内在联系越来越为人们所认同,最终融汇成了经济分析法学产生的深刻思想渊源。

再次,经济分析法学是经济学和法学两大学科相互渗透、交融生长的结果。近代以来,由于学科的分化发展,很多人曾经认为,法和法学所要解决的根本问题是"正义"或"公平"问题,即如何在社会成员间合理分配权利、义务、资源和收入等;而经济学所要解决的是"效益"问题,即如何充分有效地利用资源(包括自然资源、人力资源、社会资源等),增加社会财富总量。在经济学和法学这两大学科各自发展、社会生产和产品分配几乎不受国家和法律直接干预的情况下,法学家普遍认为经济学对说明和评价法律制度意义不大;而经济学家也认为,正义问题与他们关系不大,法律无须纳入他们考量的范围。但是,随着国家和法律越来越多地直接干涉资源配置与产品的分配,法学家不仅要考虑法律的正义性,还要考虑它是否有效率;同样,经济学家也不得不把法律看作经济活动展开的重要环境因素之一,进而考虑法律如何影响经济效率的提高。这种客观需要,促进了经济学和法学的融合生长,经济分析法学应运而生。

最后,司法的现实需要是经济分析法学产生的直接原因。福利国家的到来深刻地改变了主要资本主义国家的法律性质和司法职能,经济建设构成了法律和司法的重要课题,法院的角色也从消极保障变成了积极调整,要与行政机关一起共担公共职责,司法的最高价值也从单纯追求正义转变成了兼顾效率。在这种背景下,司法审判必须平衡经济效益和社会福利这两大政策,法官也必须通过对法律结构、效果和效率的分析来评判法律、判决案件。重视经济效益的司法实践,为经济分析法学的产生提供了深厚土壤和良好契机。

发展到今天的经济分析法学,已扩展到法学和经济学的所有领域,并且成为一种国际性的法律思潮。它造成了巨大的影响,也招致了贬褒各异的评价。不少学者为之欢欣鼓舞,称之为20世纪70年代以来法学的主要发展,为法学带来了新希望。

但也有不少学者对它持消极否定态度,指责它的"效益分析"不过是"照搬"或"偷运"了功利主义,只讲"功利""效益",不讲"人权""公平";只为"富人献计献策",不为"穷人的生计着想";因而是一种非道德的分析方法和证明原则。但无论如何,经济分析法学为法学研究提供了一个全新的视角,并正在悄悄影响和改造着传统的法律和法学,为法律与法学的进一步发展提供了一块重要的基石。

二、科斯定理及其法学应用

科斯定理(Coase Theorem)是经济分析法学的理论基础和基本框架,经济分析法学著作基本都是科斯定理的应用。科斯定理并非科斯本人所使用的术语,而是由科斯的同事、芝加哥大学教授、诺贝尔经济学奖获得者斯蒂格勒(George Stigler,1911—1991)在其《价格理论》(1946年)一书中首先概括出来的。科斯定理得此名称,是因为它的基本原理首先是由科斯阐发的。

罗纳德·哈里·科斯(Ronald Harry Coase,1910—2013)生于英格兰,1932年毕业于伦敦经济学院,获商业学学士学位,1951年获经济学博士学位,同年移居美国,先后执教于布法罗大学、弗吉尼亚大学和芝加哥大学,曾担任芝加哥大学《法律经济学杂志》主编。科斯最主要的两部著作——《企业的性质》(1937年)和《社会成本问题》(1960年)——都在提出和论证一个问题,即交易成本(transaction costs)问题。在经济学中,"交易"是与"生产"相对应的概念,生产活动是人与自然的关系,交易活动是人与人的关系。交易本身需要消耗资源,因而是有成本的。交易成本指的是生产以外的所有成本,包括信息成本(发现交易对象、产品质量、交易价格、市场行情等的费用)、测量、界定和保护产权的成本(即提供交易条件或交易前提的成本)、时间成本(包括讨价还价、订立合同的成本)、执行合约的成本,监督违约行为并对之实行制裁以维护交易秩序的成本以及风险的成本等。传统的市场经济理论往往忽略交易成本。科斯注意到,过高的交易成本会直接降低资源配置的效率。因此,要实现效率最大化,就必须要找到一种能降低交易成本的东西。他发现,法律权利的不同配置会导致交易成本或增或减,适当的法律制度设计能够降低交易成本。科斯由此得出如下结论:市场之所以失灵,关键在于交易成本过高,而只要能用产权配置降低交易成本,就能解决市场失灵问题,实现经济效率或效益最大化。科斯对交易成本问题的论述,最终被提炼成著名的科斯定理。

科斯

科斯定理包括第一定理和第二定理。第一定理是:在交易成本为零的情况下,不管法律对权利如何配置,有效率的结果都会出现;也即,如果交易成本为零,只要权利初始界定明确,市场主体通过彼此间的自由谈判均能达到资源配置的最优状态。第二定理是:在交易成本实际存在的条件下,有效率的结果就不会在每个法律规则、每种权利配置模式下都同样产生;也即,在交易成本实际存在的情况下,不同的权利界定和配置,会产生不同效率的资源配置结果。

可以借助如下一个假想案例,对科斯定理进行说明:

假定某工厂通过烟囱所排放的烟尘妨害了附近5户居民在户外晾晒衣服。在没有任何补救措施的情况下,每户因此所受损失为75美元,5家共损失375美元。

从技术上看,消除烟尘损害有两种办法:一是花150美元为工厂烟囱安装一个防烟罩;二是居民放弃户外晾晒衣服,为每户居民各花50美元买一台电动烘干机。仅就这两种办法而言,安装防烟罩最有效率,因为它只需要150美元就能解决烟尘损害问题,避免375美元的损失,而要达到同样的效果,采用购买电动烘干机方案要花费250美元。因此,从效率的角度看,最佳的选择应该是为工厂烟囱装上防烟罩。

从抽象的权利配置策略上看,要促成最有效率的选择结果,法律有两个选择:一是确认居民的清洁空气权,否定工厂的环境污染权;二是承认工厂的污染权,否定居民的清洁空气权。

假定交易成本为零,居民能够无代价地集会商谈,那么,无论法律如何配置权利,所得到的结果都是最优的,即为工厂烟囱安装防烟罩。因为,如果居民有清洁空气权,那么,工厂就只能或者向居民赔偿375美元后继续污染,或者花250美元为每户居民购买一个电动烘干机后继续污染,或者花费150美元自己安装防烟罩。显然,工厂将安装防烟罩。而如果工厂拥有污染权,那么居民或者甘愿遭受总值375美元的损失,或者花250美元购买5个烘干机,或者花150美元为工厂安装1个防烟罩。显然,居民也会选择为工厂安装防烟罩。

但如果假定把居民召集在一起讨论对付工厂污染的办法要花费每个居民60美元(交通费和时间的代价),那么,法律对权利的不同配置就会产生不同的结果。配置给居民清洁空气权,工厂就面临着赔偿损失(375美元)、购买烘干机(250美元)和安装防烟罩(150美元)三个选择,工厂仍然会选择安装防烟罩,最终结果仍然是有效率的。但如果工厂被法律赋予了污染权,每户居民就要么忍受75美元的损失,要么花50美元购买烘干机,要么花60美元同其他居民会商共同出资150美元为工厂安装防烟罩。无疑,每户居民最终都会选择自行购买一个烘干机,因为,对单户居民来说,这是损失最少的一种选择,是在他看来最有效率的选择。但是,从整个社会来看,这个最终的选择结果实际上是无效率的,因为它实际上是用损失250美元的代价避免了375美元的损失,与安装防烟罩方案相比,它多花费了100美元。

人类生活的现实世界是一个交易成本实际存在的世界。因此,科斯定理告诉我们,法律的制定和运作应当符合效率原则,而最能减少交易成本、最能克服交易成本效应的法律,就是最适当的法律。这就为经济分析法学奠定了理论基础,提供了基本分析方法,树立了分析样板。

▶三、波斯纳的法律的经济分析

理查德·艾伦·波斯纳(Richard Allen Posner,1939—)是经济分析法学最重要的代表人物,出生于美国纽约市,1962年毕业于哈佛大学,曾任美国最高法院法官布里南的秘书,1969年成为芝加哥大学法学院教授,1981年被任命为联邦第七区上诉法院法官至今。他著作颇丰,但最有影响的仍然是他1973年发表的《法律的经济分析》一书。该书是经济分析法学走向成熟的标志性著作,也是公认的经济分析法学的代表作。

波斯纳

波斯纳的贡献分为两大方面:一是从理论上系统阐述了经济分析法学的基本概念和原理;二是对财产法、合同法、侵权法、刑法、反垄断法、宪法、行政法等做了系统的经济分析和效率评价。

经济学是波斯纳对法律进行分析和研究的最基本工具。波斯纳认为,经济分析法学从本质上说就是将经济理论运用于对法律制度的理解和改善,其基本看法是:(1)法律本身——包括它的规范、程序和制度——都在于促进效率的实现;(2)无论是否明显,也无论人们是否知晓,经济思考总是在司法裁决的过程中起着重要作用;(3)法院和立法机关如果能更明确地运用经济理论,将会使法律制度得到改善。当然,法律的经济分析不是在法学领域简单照搬或套用经济理论,而是要把法律活动看做一种理性选择过程来分析和构建,以最小的成本去寻求法律目标的最大实现。为此,波斯纳大量使用经济学理论特别是微观经济学理论中的概念术语,如机会成本、交易成本、价值、效用、边际效用、效率等。

财富最大化或"效率优于公平"是波斯纳最核心的法律思想。人类生活的世界是一个资源相对稀缺的世界,人类活动必须竭力避免资源的浪费,尽可能发挥资源的最大效用,也就是要追求有效率的结果。这种有效率的结果,波斯纳称之为"财富最大化",也即"一切有形无形的物品与服务"的"总值"的最大化,衡量的尺度是这些物品与服务的两种价格,即出价(人们为获得他们尚未占有之物品而愿意支付的价格)与要价(人们出售他们拥有之物品标出的价格)。但是,由于"外部成本"或"社会成本"(指某行为人的行为给他人造成的损失)的存在,有效率的结果——财富最大化——往往不能实现。解决外部成本或社会成本的经济之道是外部成本内部化、社会成本私人化,也就是建立起特定行为主体的行为收益与行为成本的直接关联,让获得收益的人同时承担相应的成本,而承担了成本的人也获得相应的收益。实现外部成本内部化、社会成本私人化的法律途径,是运用法律的权利配置和强力保障,降低交易成本,以"模拟市场"或"重现和复制市场"。而这样做的法律原则就是,"将权利初始授给那些可能是最珍视这些权利的人"①,因为他们最可能更有效地使用这些权利。比如,在侵权人造成他人损失的情况下,只要侵权人在赔偿受害人损失之后仍然还能够获得收益,而他又愿意为此赔偿,那么,法律就应该把权利赋予通过市场交易购买这些权利的侵权人。排污权交易即属此类。有论者将这一法律原则称之为"波斯纳定理"。曾有批评者指责波斯纳定理"忽视正义","是富人的法学理论"。波斯纳对此的反驳是,"我们必须区别'正义'的不同词义。有时它指的是分配正义,是一定程度的经济平等……正义的第二种含义——也许是最普通的含义——是效率。"②这就意味着,在波斯纳看来,当公平与效率发生冲突时,他的选择是效率优先。

实用主义是波斯纳经济分析法学的哲学基础。他用来坚持财富最大化目标的理论依据不是道德,而是实用主义。在他看来,理论只不过是一个工具,而衡量这个工具好坏的标准只能是它的效用;人们无论怎样在概念层面谈论正义,最终都必须回到现实当中来实现正义;因此,与其空谈公平应该是怎样的,倒不如实实在在地研究一下人们实际上能够得到多少公平。

第三节 批 判 法 学

批判法学是指20世纪70年代在美国兴起的批判法律研究运动(The Critical Legal Studies Movement),它从批判美国法律现实出发,对整个西方传统法学理论和观念进行了批判,是一股影响较大的新左派政治法律学术思潮。它的主要代表人物有:哈佛大学的邓肯·肯尼迪(Duncan Kennedy,1942—),著有《布莱克斯通〈英国法释义〉一书的结构》(1979年);罗伯特·昂格尔(Robert Unger,1947—),著有《现代社会中的法律》(1976年)和《批判法学运动》(1986年);莫顿·霍维茨(Morton Horwitz,1938—),著有《美国法律的变迁》(1977年);此外还有威斯康星大学大卫·楚贝克(David Trubek,1935—)等人。有学者把种族批判法学和女权主义法学也归入批判法学的范畴,因为它们具有相似的气质和方法。

▶一、批判法学的产生与发展

批判法学是西方法学领域中的一种"异端法律学说"(昂格尔语)。它以批判西方法律制度和法律思想,尤其是美国法律制度和法律思想为己任,并因此被称为批

---

① 〔美〕波斯纳:《正义/司法的经济学》,苏力译,中国政法大学出版社2002年版,第71页。
② 〔美〕波斯纳:《法律的经济分析》(上),蒋兆康译,中国大百科全书出版社1997年版,第31页。

判法学。它在理论上和政治上都属于"新左派",有"法学中跳出的新左派"之称。作为新左派,批判法学者都是政治上的活跃分子,不仅关注国家政治,而且积极参与校园政治和社会政治运动。正因如此,批判法学内部尽管人员构成极其复杂,有无政府主义者,有玩世不恭者,有想入非非者,但相对于其他法学流派,它却是组织性最强的法学流派——在兴盛时期,它有年例会和各种不定期举办的专题会。

批判法学产生的社会根源在于20世纪60年代中后期美国社会爆发的反战运动、黑人民权运动和学生造反运动。当时美国社会统治秩序陷入严重的总体性危机,引发了这场法学领域的批判运动。

批判法学的产生也与20世纪60、70年代西方社会兴起的各种批判思潮的涌动关系密切。存在主义哲学、德国法兰克福学派的文化批判理论、西方马克思主义以及美国现实主义法学等,都对它有重要影响。

批判法学曾在20世纪80年代极为兴盛,影响波及欧洲法学界,在较长时期内一直是十分时髦的理论。但随着20世纪90年代以来主流法学界的大规模"反批判"、保守势力的压制和批判法学内部的分裂,特别是由于它无建设性的批判一直不能提供可资替代的法律理论和社会理论与切实可行的政治法律规划,近年来,作为一场学术运动,它已经基本结束了。当然,它对当代西方法学的影响依然还在。

▶二、对正统法学的形式主义和客观主义谬误的批判

批判法学认为传统法学是形式主义的和客观主义的法律理论,现代主流自由主义法哲学,包括法律实证主义、社会法学、新自然法学、经济分析法学等,也是同样类型的法律理论。所谓形式主义,就是认为法律游离于意识形态之外,是进行法律推理的中立性依据和技术,而法律推理和论证,完全是不同于意识形态的、哲学的或不切实际的争论。所谓客观主义,就是认为法律不是权力斗争的偶然产物,构成法律的各种权威性资料,如成文法、判例和公认的法律观念等,都是社会发展的必然产物,体现和维护着社会客观的共同需要,如理性、自然、历史进化、经济效率等。主流自由主义法学的形式主义和客观主义相互诠释、互为论证,共同为人们勾画出了一副立法与司法二分、司法中立理性确定、司法决定必然存在唯一正确答案的法律图景。换言之,立法过程尽管是由松散的、非决定的意识形态争论来指导的,但都反映着客观的社会需要和社会生活方式,从而能够先于纠纷产生清晰、确定和自足的法律;司法审判是客观地解释和适用法律的结果,具体案件的判决是程式化地适用法律的结果,绝大多数法官都能做出正确的判决。

批判法学认为,主流自由主义法学的价值主观主义前提与它的形式主义和客观主义的法律观点存在着根本矛盾,这个内在矛盾决定了,中立的、非政治的和确定的法律,至少不能出现在它自己的理论视野之中。自由主义法律意识中存在一个基本的内部矛盾,即价值的主观主义与法律的客观主义之间的矛盾。在主流自由主义看来,价值是多元的,自由主义的本质就是对多种多样的目的或"善的观念"的一概容

忍,而不问它们之间是否能够相容,以免形成价值观的独裁,违背自由的初衷。但它又强调法律推理必须是也必定是非个人化的、中立的和客观的。这就要求法官在审判中必须要有某种可资依赖的客观标准和中立方法,以对法律所服务的目的、政策或价值进行定义、度量和权衡。因为要正确地统一适用法律,必须考虑这些因素并作出正确的抉择,否则法官将不可避免地把他自己的个人意志或其他什么人的意志强加于对法律的理解或案件的审判。但问题是,依据自由主义的基本观点,价值完全是主观性的,是多元的,根本就不可能存在这种定义、度量、排列和选择价值的客观的中立的标准和方法。因此,情形正如邓肯·肯尼迪所说的那样,当法学教师们告诉学生法律推理是一种推演正确答案的方法,它有别于一般的伦理或政治话语时,他们实际上说的是废话。因为对一个法律问题来说,除了伦理上或政治上正确的答案之外,不可能有其他的"正确答案"。一句话,中立的、非政治的法律推理只是一个虚妄的神话。

▶ 三、"法律是身穿法袍的政治"

批判法学认为,从实际情形来看,主流自由主义法学把法律视为客观存在的社会共识的反映的观点也是错误的,法律只是复杂多变的政治斗争情势的偶然性反映,是穿着法袍的政治,而根本不是什么客观中立的东西。理由如下:(1)法律与社会根本不存在明显的分界,法律具有构成社会生活的特点,离开法律,人们根本不能解释现有的社会关系,把法律与社会界分为两个领域本身就是错误的。(2)社会发展本身也缺乏规律性,是非决定论的,它的变革应永无止境,任何现存的制度中都隐含着一种固定的权力结构,都隐含着被压迫的少数,社会的变革没有什么既定的目的和方向,它完全是偶然的。(3)法律变革与社会形态变革之间不存在严格的因果关系,相似的社会条件会产生相反的法律反应,相似的法律规范也会产生相反的社会效果。社会和法律之所以向某个方向发展而不是向其他方向发展,是因为在斗争中导向其他方向的力量较弱,如果力量强弱有了变化,社会也可以发生相应的改变。因此,不能认为社会先发生了变化,产生了某种需求,法律就必须反映这种需求。社会和法律的发展完全是偶然的而非客观的,法律不是适应社会需要的必然产物,而只是阶级统治的产物。

批判法学认为,必须把法律作为政治来反思,而且批判法学是真正能够担负起如此重任的法学。这是因为,尽管法律所反映的并不是社会的共识,无论是利益共识、价值共识还是道德共识,而只是统治阶级单方面的自身利益,但是,它具有使统治阶级意识形态"合法化"的功能,能够通过玩弄诉讼程序、法律推理这些表面上具有中立性的冠冕堂皇的技巧,把社会上占统治地位的观念和既存的权力分配结构以普遍的形式固定下来,从而把偶然的、社会历史的产物装扮成必然的、自然的产物,把有政治倾向的东西打扮成中性的、有利于全社会的东西;具有塑造人们的政治思想意识的强大作用,能够说服人们相信,它的范畴所表现的是唯一合理的世界,是明智的人所愿意生活于其中的世界。这都使它能使统治阶级运用法律工具维护自己利益更具有隐蔽性和欺骗性,更加有利于居于统治地位的利益集团或阶级从法律判决中攫取利益,以便对各种各样的被统治阶级进行压迫。人们必须诉诸批判法学进行批判,因为批判法学并不是简单地把法律等同于政治,而是试图阐明主流的法律实践是怎样支撑着一种特定形式的政治和它为什么这样做。批判法学有助于人们认清法律制度作为一个复杂的权力运作结构,它不仅塑造了阶级剥削、种族压迫、性别歧视这些沉重的历史遗产,而且它自身也被这些历史遗产所塑造。

批判法学认为,要改变这种法律状况,就必须永远在社会中保持一股敢于批判现实和挑战权威的"否定力量",并积极推进社会变革。在当代资本主义社会,这种否定力量的主干已不再是无产阶级,而是少数具有批判意识的知识分子、激进的青年学生、先锋派艺术家和一些边缘文化群体;通过批判推进社会变革的方法,除了进行政治经济上的革命之外,更要进行"文化心理革命"。

第四节 新康德主义法学

新康德主义法学是以继承和发展康德的法哲学为特征的现代资产阶级法学流派。它由德国法学家施塔姆勒于19世纪末20世纪初创立,后期主要以拉德布鲁赫为代表,流行于德国、意大利等国。

19世纪至20世纪上半叶正是法律实证主义大行其道的一段历史时期,但是西方自然法思想的传统依然不绝如缕地延续了下来,新康德主义法学正是其中重要的一支流派。新康德主义法学的共同特征在于对康德哲学的承续,不过由于康德哲学本身的博大精深与解释的开放性,新康德主义法学本身又以其对康德哲学承续的内容侧重点不同而形成了不同的分支。施塔姆勒开创了新康德主义法学马堡学派,坚持实然与应然的区分,认为法律只是形式的规范体系,注重从形式的角度看待法律规范。拉德布鲁赫代表了新康德主义法学西南学派,从价值哲学的角度出发,将法律视为一个文化概念,强调研究法的价值。尽管在实证主义的影响下,不论是施塔姆勒还是拉德布鲁赫,都对法的终极价值问题出言谨慎,但是都不排斥对法的价值问题进行研究,在这一点上与坚持法学的范围仅限于研究实在法的实证主义存在明显区别。

▶ 一、施塔姆勒的法律思想

鲁道夫·施塔姆勒(Rudolf Stammler,1856—1938)出生于德国汉森,就学于吉森大学、莱比锡大学,在莱比锡大学、马堡大学、吉森大学、哈雷大学、柏林大学任法学教授,是当时正处于鼎盛阶段的新康德主义法学马堡学派公认的领袖人物。其主要著作包括《唯物史观语境下的经济与法律》(1896年)、《正义法的理论》(1902年)、《现代法律与国家理论》(1917年)、《法哲学教科书》(1922年)和《现代法学的根本趋势》(1926年)。

(一) 法的概念与法的理念

施塔姆勒继承了康德哲学中的先验逻辑论,认为在人的头脑中存在不依赖于现实经验的纯粹思维形式,它使人可以不考虑历史中法律的具体表现形式而独立地思考法律观念本身。这种纯粹形式的法律观念可以分为法的概念和法的理念。这种分类出自康德区分本体与现象的二元论的方法论,法的理念属于本体,是应然的,是不可认识的,但是可以信仰;法的概念属于现象,是实然的,是可以认识的,因而可以描述出来。

施塔姆勒认为,完全可以不必考虑历史中现实的法律,而仅从形式上定义法的概念,即"法律是不可违反的、独断的集体意志"。这意味着法律表达的是一种有别于个人欲望的集体意志,通过对人的行为的规范来实现社会合作的目的,法律一旦成立,包括立法者自己都不能违背。

法的理念是正义的实现。正义要求法律促成完美的社会和谐,而这种和谐将个人欲望与社会目标协调起来才可能达到。施塔姆勒就此提出了他的"社会的理想",即"一个由具有自由意志的人构成的社会"。这里的"自由",是康德式的自由,指的不是受个人主观的、自私的欲望所支配的意志行为,而是从公共利益角度出发,可以被客观地、理性地确证为正确的行为。施塔姆勒特别强调他的"社会的理想"只是判断正义的一种形式性方法,而不是实质性标准,以求与他的二元论的方法论保持一致。

(二) 正义法原则

按照施塔姆勒的二元论的方法论,处于应然领域的法的理念是不可认知、只可信仰的理想,正如可望而不可及的北极星,航海者必须以其为目标,并不是为了要到那里靠岸,而是可以向着它航行。从他所提出的作为法的理念的"社会理想"中可以推导出四项原则,即正义法的四原则:(1) 决不应当使一个人的意志内容受制于任何他人的专断权力;(2) 每一项法律要求都必须以这样一种方式提出,即承担义务的人仍可以保有其人格尊严;(3) 不得专断地把法律共同体的成员排除出共同体;(4) 只有在受法律影响的人可以保有其人格尊严的前提下,法律所授予的控制权力才能被认为是正当的。①

前两项原则是"尊重原则",是为了在一个共同体内个人能按正义的要求自由决定其意志,强调人的自由、自主和自决的地位。后两项原则是"参与原则",表达了联合所有的人服从于共同体法律的控制是为了每一个个人的尊严,强调人的自存、自保的地位。这些原则意味着共同体中每一位成员都应该被视为目的,在这一点上施塔姆勒继承了康德"人是目的"的观点。

---

① 参见〔德〕施塔姆勒:《正义法的理论》,转引自〔美〕博登海默:《法理学——法律哲学与法律方法》,邓正来译,中国政法大学出版社2004年版,第180—181页。

（三）内容可变的自然法

施塔姆勒认为，"没有一项法律规则的实在内容是能够先验确定的"，具体的法律需要在现实的社会中去寻求内容。他指出，自然法的形式是不变的，但是内容却是可变的。西方传统的自然法对永恒的绝对正义的追求，在施塔姆勒看来注定是徒劳无功的，自然法在不同的历史情境中总是变换自身的内容，所以只能根据社会条件和时代需求去发现相对的正义。

施塔姆勒并不否认对法律进行价值判断的可能性与必要性。他认为法律有"正当的"和"不正当的"之分，只不过"正当的"指的是在形式上合乎标准，而不是内容上的正确。

二、拉德布鲁赫的法律思想

古斯塔夫·拉德布鲁赫（Gustav Radbruch，1878—1949）出生于德国北部城市吕贝克，就学于莱比锡大学、柏林大学，任教于基尔大学、海德堡大学；在1921年至1922年底担任维尔特内阁的司法部长，主持起草多部法律，1923年又短暂地出任司法部长，一生经历两次世界大战，在第二次世界大战中受到纳粹迫害。拉德布鲁赫著述甚丰，主要包括《法学导论》（1910年）、《法哲学纲要》（1914年）、《德意志通用刑法典草案》（1922年）、《法律上的人》（1927年）、《论刑法的优雅：刑法史研究十四题》（1938年）、《英国法的精神》（1946年）、《法律的不法与超法律的法》（1946年）、《法哲学入门》（1947）等。他的弟子、德国当代著名法

拉德布鲁赫

学家阿图尔·考夫曼（Arthur Kaufmann，1923—2001）在1987年之后的几年内选编了《拉德布鲁赫全集》。

（一）价值相对主义

拉德布鲁赫在海德堡大学深受新康德主义西南学派哲学家文德尔班（Wilhelm Windelband，1848—1915）、李凯尔特（Heinrich Rickert，1863—1936）等人的影响，发展了康德的二元论方法，坚持区分"实然"与"应然"，认为从实然中无法推导出应然，对于事关价值的应然问题不可能从事实中寻找答案。价值与事实之间存在的这道鸿沟意味着这二者各自有其研究的领域和方法，秉承新康德主义西南学派的传统，拉德布鲁赫对于价值问题给予了颇多的关注。

有关应然的命题既然无法从事实中推导，那就只能从其他应然命题中获得证明，沿着这个链条走到终点会发现最终的应然是无法被证明的，只能被信仰。作为相对主义者，对于价值观的冲突，拉德布鲁赫认为无法给出一个事实上的正确答案，

只能诉诸于每个人自己的良知。

法学中的最终价值同样无法确定,但拉德布鲁赫认为仍然有必要在法学研究中关注价值问题。为此可以分为三个步骤:一是构建和研究达到法律目的的必要方法;二是分类并研究法律价值判断所依据的世界观及其哲学基础;三是了解关于价值判断各种前提的出发点及其体系化的可能性,并对不同的价值体系进行比较研究,找到共通处与相异点。这种研究尽管还是无法保证能得出一个确定答案,却可以由此澄清价值判断方面的混乱,整理出真正分歧所在,确立问题的焦点。相对主义法哲学的任务就在于从特定的价值观和世界观确定有关的价值判断是否正当,而价值观和世界观本身是否正当是无法认知的。

（二）法的价值论

拉德布鲁赫认为,在整个经验世界中,只有三种主体包含绝对价值:个人人格、集体人格和人类的文化成果。据此,可以区别三种价值:个人价值、集体价值和文化价值。这三种价值合起来构成法和国家的目的。这三种价值之间存在相互冲突:文化价值要求客观性,而个人价值要求个性;在个人人格的价值领域,盛行"情感伦理",而在集体价值方面是"责任伦理"。

立法者必须确定这三种价值的等级序列,如何确定就构成了三种不同的世界观:(1) 个人主义,将个人视为最高价值,法与国家都不过是保障和促进个人发展的工具而已;(2) 超个人主义,将国家视为至高无上,个人在国家面前微不足道,道德与文化都要服从国家需要;(3) 超人格主义,强调文化至上,法与国家都居于文化之下。

与这三种世界观相对应,也有三种法律观。个人主义法律观认为,法与国家是个人之间的关系;超个人主义法律观认为,法与国家是居于个人之上的整体;超人格主义法律观认为,法与国家是个人与其自身之外的某物之间的关系。这三种法律观都曾在社会历史发展中由不同的政治党派或社会团体所主张和实践。

（三）法理念的三要素

拉德布鲁赫同样地区分了法的概念和法的理念,法的概念是指法律事实上是什么,而法的理念关系到价值问题,他论述的重心放在了后者。拉德布鲁赫认为法的理念包含三个要素:正义、合目的性与确定性。①

拉德布鲁赫这里所指的正义是用来衡量实在法的标准,其核心意义是平等。平等是正义的本质,因此正义要求同样情况同等对待。但是除此之外,正义的内涵还要求不同情况区别对待,这种针对具体情况所追求的个别的正义又可以被称为衡平,当然衡平是不可能被完全实现的,因为正义首先需要追求普遍性规范。

同样情况同等对待、不同情况区别对待仍然不能充分揭示法的理念。因为如何确定哪些情况是同样的本身就处于争议之中,而且如何运用具体的尺度来对待仍不

---

① 参见〔德〕拉德布鲁赫:《法哲学》,王朴译,法律出版社2005年版,第73—77页。

确定。这两个问题只能诉诸于法的目的,即合目的性来解决。这里的目的与国家的目的密切相关,通常以公共利益的形式表达出来。

法的确定性在拉德布鲁赫看来指的是法律自身的确定,包括四个方面的要求:一是法应当是制定法;二是被制定的法应当是明确的;三是以法律为基础的事实应当得到尽可能准确的认定;四是必须确保法律的稳定性。

正义、合目的性与确定性这三要素之间存在难以调和的矛盾。首先,正义与合目的性之间,正义要求普遍性,要求一视同仁;而合目的性要求特殊性,要求个别化处理。其次,正义与法的确定性之间,法的确定性要求无论是多么不正当的法都应该被作为法来对待。最后,法的确定性与合目的性之间,合目的性要求的个别化处理往往会破坏法的确定性。

拉德布鲁赫原本认为,这三要素之间的矛盾如何处理,很难给出一个明确的答案。但是在第二次世界大战之后,他对德国纳粹所犯下的骇人听闻的罪行进行深刻的反思,由此认为在正义与法的确定性之间,其矛盾是可以解决的,这就是著名的"拉德布鲁赫公式":首先,所有的实在法都应当体现法的确定性,不能随意否定其效力;其次,除了法的确定性之外,实在法还应当体现合目的性和正义;再者,从正义角度看,若实在法违反正义达到不能容忍的程度,它就失去了其"法的本性",甚至可以被看作是非法的法律。

第五节　西方马克思主义法学

西方马克思主义法学是第二次世界大战以来出现的各种"西方马克思主义的"或"当代马克思主义的"法律观念、法律思想和法律理论的统称。它是西方马克思主义发展的产物,是受历史研究、社会研究中的马克思主义观点和法、德等国家的"马克思主义"哲学和社会批判理论的启示以及形形色色的工潮、学潮、新左派运动的推动而出现的法学思潮。西方马克思主义法学理论,既存在于战后,特别是20世纪70年代以来接连出版的"马克思主义"法理学、法社会学著作之中,也存身于"马克思主义"哲学、政治学、历史学和社会学著作之中。

▶一、西方马克思主义法学的发展脉络

"西方马克思主义"的发展历时已久。20世纪初,在共产国际内部出现的不同于列宁主义的"左"倾思潮,在受到批判脱离共产国际组织后得到进一步发展。匈牙利的格奥尔格·卢卡奇(Ceorg Lukacs,1885—1971)是其早期代表人物,他主张将马克思主义解释成为一种人道主义,强调马克思主义的黑格尔根源,反对"经济决定论"。第二次世界大战以后,西方有更多的学者将马克思主义同现代西方哲学的一些流派结合起来,提出了与苏联式马克思主义相异的理论学说,形成了所谓的"西方马克思主义"。但是西方马克思主义并非一个统一的理论体系,由于思想家们所结

合的西方哲学流派不同,西方马克思主义形成了众多的派别,如弗洛伊德主义马克思主义、存在主义马克思主义、结构主义马克思主义等。

"西方马克思主义"的多元化造成了西方马克思主义法学的多元样态。在法律思想上对马克思主义的解释与运用同样也存在诸多区别,形成了多元化的西方马克思主义法律思想与理论。卡尔·伦纳、安东尼奥·葛兰西等在政治活动的实践中对西方马克思主义法学进行了开创性的研究,法兰克福学派则让西方马克思主义法学走上了学院派的道路。这些法律思想至今仍然产生着广泛的影响,在法律社会学、批判法学、后现代法学、女权主义法学等当代法学流派中均可以发现西方马克思主义的思想脉络。

▶ 二、伦纳的法律思想

卡尔·伦纳(Karl Renner,1870—1950)是奥地利马克思主义者,1904 年出版《私法制度及其社会功能》,第一次系统地论述了马克思主义的法律思想。

在对马克思主义法律思想的解释中,常常被提起的是《共产党宣言》中的一段话:"你们的观念本身是资产阶级的生产关系和所有制关系的产物,正像你们的法不过是被奉为法律的你们这个阶级的意志一样,而这种意志的内容是由你们这个阶级的物质生活条件来决定的。"这段话在很多时候都被直接解释为"经济决定论",草率地否定了法律本身的独立地位,在理论上很容易造成"法律虚无主义"的恶果。

伦纳注意到了这种解释的缺陷,认为法律在对现有社会关系的保障与促进社会发展上均有积极作用。他不是简单地将法律视为经济基础的反映,而是强调法律自身的独特性,其有自身的存在条件,也有自身的来源,绝非经济关系的附庸。作为马克思主义者的伦纳当然了解法律的经济功能,但是他主张法律的经济功能与法律自身的形式应该区分开,法律具有相对独立性,可以在不同的社会形态中发挥作用。

伦纳认为法律对社会经济秩序具有"规范的效力",但是这种作用是有限度的。伦纳根据对私法制度的研究归纳出这样一些结论:(1) 社会发展的根本性变化并不必然导致法律发生相应的变化;(2) 并不是法律导致经济的发展;(3) 经济发生变化并不能使法律立即自动发生变化。他观察到尽管财产或者契约这类私法方面的法律概念基本上没有发生变化,但它们的社会功能发生了相当大的转变,以适应已经变化了的经济基础的需要。作为马克思主义者的伦纳认为,私有财产作为社会组织的手段在功能上已经无法满足社会化大生产的需求,最终将被对经济的集中计划所取代。

▶ 三、葛兰西的法律思想

安东尼奥·葛兰西(Antonio Gramsci,1891—1937)是意大利共产党领袖,出生在意大利撒丁岛,就读于都灵大学。1921 年意大利共产党成立,葛兰西是创始人之一,1924 年葛兰西当选为意大利共产党总书记。1926 年,意大利法西斯当局逮捕了葛兰西,其后葛兰西一直在狱中度过,直至逝世。1929年2月,葛兰西开始撰写《狱中札记》,对马克思主义进行了深入系统的思考,他研究的重点是知识分子、国家、市民社会、革命以及领导权等问题,在这些研究中涉及了大量的法律问题。

葛兰西将资本主义社会的上层建筑分为"市民社会"和"政治社会"或"国家"两个层次。市民社会由政党、工会、教会、学校、学术文化团体和各种新闻媒介构成,而政治社会或国家是由军队、监狱等暴力机构组成。葛兰西指出,西方资本主义社会,尤其是先进的具有较高民主程度的资本主义社会,其统治方式已不再是通过暴力,而是通过宣传,通过其在道德和精神方面的领导地位,让广大的人民接受他们一系列的法律制度或世界观,来达到其统治的目的。①

葛兰西

葛兰西区分了"统治"(压制)和"领导",认为"国家是实践活动和理论活动的复合整体,凭借这些活动,统治阶级不仅能够正当化并维护自己的统治,而且还能够赢得被统治者的积极认同"②,从而将国家定义为"武力+同意",或是用强制武装起来的领导权,其中政治社会组织武力,市民社会提供同意。

葛兰西坚持法律本身是阶级统治的工具,但是与他的领导权理论一脉相承,他特别强调法律的教育功能。他认为,法律对创立领导权的政治和意识形态均起到了重要作用。它首先统一新兴的统治阶级及其联盟,然后再使整个社会顺服。以往的马克思主义者只重视了强制力的重要性,而忽视了意识形态的重大意义,这导致在争夺领导权的过程中更多是诉诸于直接的暴力。其实,通过意识形态的潜移默化,特别是通过各种方法使对法律的服从渗透到市民社会中,从而使法律意识成为共同意志的一部分,这是更为有效的夺取领导权的方式。因而无产阶级在夺取政权时,可以先通过各种途径在文化、意识形态等领域行使领导权,这就包括将建立法治国家作为革命阶级的长远目标。

▶ **四、法兰克福学派**

法兰克福学派产生于20世纪30年代,是当今西方世界中流行最广、影响最大的一个西方马克思主义流派。法兰克福学派自称他们的理论是"批判理论",涉及的

---

① 参见〔意〕葛兰西:《狱中札记》,曹雷雨等译,中国社会科学出版社2000年版,第88—110页。
② 参见同上书,第200页。此处译文依照英文原文,在借鉴中文本译文的基础上做了改动。英文参见 Antonio Gramsci, *Selecttions From the Prison Notebookes of Antonio Granmsci*, edited and Translated by Quintin Hoare and Gepffrey Nowell Smith, International Publishers, New York, p. 244.

领域相当广泛,包括哲学、美学、伦理学、政治学、法学等,对法律研究较多的主要是哈贝马斯。

尤尔根·哈贝马斯(Juergen Habermas, 1929—)是德国当代最重要的思想家之一,法兰克福学派的第二代领袖,批判理论和西方马克思主义的代表人物。他继承和发展了康德哲学,致力于重建"启蒙"传统,视现代性为"尚未完成的工程",提出了富有影响力的交往行为理论。其主要著作有《公共领域的结构转型》(1962年)、《晚期资本主义的合法性问题》(1973年)、《交往行为理论》(1981年)、《现代性的哲学话语》(1985年)、《在事实和规范之间》(1992年)等。

哈贝马斯

对于作为西方法律传统主流话语的自然法,哈贝马斯对其古希腊源头相当神往,他认为古希腊雅典城邦的秩序"依靠全体公民共同参与行政、法律、正义与协商来实现"。在这个城邦里,人类的本性得以实现,法律是自然的,是为自由的秩序的需要而设立的。而近代自然法的代表人物霍布斯的理论标志着自然法的"实证化",法律现在成了彼此依靠契约而强加于个人身上的形式的和实证的东西,自然法就"异化"了。在出现了合法化危机的晚期资本主义时期,其出路在于以交往行为来重建社会规范,以替代传统自然法为现代社会提供新的正当性。

哈贝马斯的交往行为理论把主体性转化为"交互主体性",把纯粹理性转化为"交互合理性",把先验性转化成程序性,以避免康德式的善良意志和主体性所可能造成的专断问题。哈贝马斯设定了一个"理想的言谈情境",即人们在没有任何强制的条件下进行自由、平等的对话,严格遵循普遍认同的话语规则和论证程序,表现出共同探求真理的真诚态度和愿望。在这样的对话中人们通过协商达成的共识就是合乎理性的、应具有普遍效力的。①

在哈贝马斯的理论中几乎不见阶级斗争的内容,他将法律看作是社会的一个不可分割的部分,认为法律在社会发展中,特别是在资本主义的发展中起到了重要作用。所以,尽管哈贝马斯主张的仍然是一种"社会批判理论",对晚期资本主义进行了非常深刻的批判,但是离马克思主义已经比较远了。

▶ 五、结构主义马克思主义

20世纪法国结构主义学派曾盛行一时,在方法论上受到瑞士语言学家索绪尔

---

① 参见〔德〕哈贝马斯:《真理理论》,转引自〔德〕阿列克西:《法律论证理论》,舒国滢译,中国法制出版社2002年版,第150页。

(Ferdinand de Saussure,1857—1913)的启发。索绪尔的"共时性"研究方法认为语言是一个相互联系的整体结构,结构主义者引申为由人类行为构成的种种社会现象,肯定为其背后的某种结构所支配。阿尔都塞将马克思主义与结构主义联系起来,创立了结构主义马克思主义,其间论及法律学说。普兰查斯进一步引申了阿尔都塞的结构主义马克思主义,建立了比较系统的结构主义马克思主义法学理论体系。

路易斯·阿尔都塞(Louis Althusser,1918—1990)出生于阿尔及利亚,后移居法国。其主要著作有《保卫马克思》(1965年)、《读〈资本论〉》(1965年)、《列宁和哲学》(1969年)等。阿尔都塞反对简单的"经济决定论",认为马克思的历史观是多元决定论,整体历史的每一个因素都是相对独立的,包括法律在内的上层建筑都有其相对的自主性。阿尔都塞认为法律领域既是镇压也是意识形态的工具,他将法律机构看作是惩罚与教育的结合体:国家的暴力工具充当了教育功能的保证者,同时又是统治阶级权力和利益的实施者和维护者。

尼科斯·普兰查斯(Nicos Poulantzas,1936—1979)出生于希腊,后移居法国,师从阿尔都塞,主要著作有《政治权利和社会阶级》(1973年)、《法西斯主义与专政》(1974年)、《当代资本主义中的阶级》(1974年)、《专政的危机》(1975年)、《国家、权利和社会主义》(1978年)等。普兰查斯沿用了阿尔都塞"多元决定论"概念,也主张上层建筑因素的相对自主性,特别是法律的相对自主性。普兰查斯认为现代资本主义社会中,资产阶级躲到了幕后,不对社会进行直接的暴力镇压,国家似乎成为了全社会的代表。但是这并不能否认经济基础对上层建筑的决定作用,只不过这种决定作用是相对的,法律具备了相对的自主性。在现代资本主义社会,国家通过意识形态的复杂作用促使被统治阶级接受了一套妥协方案,这套妥协方案表面上好像符合被统治阶级的利益,但实质上仍是统治阶级巩固自身统治的有效工具而已。

主要参考文献

〔奥〕埃利希:《法社会学原理》,舒国滢译,中国大百科全书出版社2009年版。
〔奥〕凯尔森:《纯粹法理论》,张书友译,中国法制出版社2008年版。
〔奥〕凯尔森:《法与国家的一般理论》,沈宗灵译,中国大百科全书出版社1996年版。
〔德〕阿列克西:《法律论证理论》,舒国滢译,中国法制出版社2002年版。
〔德〕费希特:《费希特著作选集》(第1卷),梁志学主编,商务印书馆1990年版。
〔德〕费希特:《费希特著作选集》(第4卷),梁志学主编,商务印书馆2000年版。
〔德〕费希特:《费希特著作选集》(第5卷),梁志学主编,商务印书馆2006年版。
〔德〕费希特:《论学者的使命 人的使命》,梁志学、沈真译,商务印书馆1984年版。
〔德〕费希特:《自然法权基础》,谢地坤、程志民译,商务印书馆2004年版。
〔德〕黑格尔:《法哲学原理》,范扬、张企泰译,商务印书馆1961年版。
〔德〕黑格尔:《哲学史演讲录》(第2卷),贺麟、王太庆译,商务印书馆1997年版。
〔德〕康德:《道德形而上学原理》,苗力田译,上海人民出版社2012年版。
〔德〕康德:《法的形而上学原理》,沈叔平译,商务印书馆1991年版。
〔德〕康德:《历史理性批判文集》,何兆武译,商务印书馆1990年版。
〔德〕康德:《实践理性批判》,韩水法译,商务印书馆1999年版。
〔德〕拉德布鲁赫:《法哲学》,王朴译,法律出版社2005年版。
〔德〕路德:《马丁·路德文选》,马丁·路德著作翻译小组译,中国社会科学出版社2003年版。
〔德〕马克思·韦伯:《古犹太教》,康乐、简惠美译,广西师范大学出版社2007年版。
〔德〕萨维尼:《论立法与法学的当代使命》,许章润译,中国法制出版社2001年版。
〔德〕魏德士:《法理学》,丁晓春、吴越译,法律出版社2005年版。
〔法〕狄骥:《宪法论》(第1卷),钱克新译,商务印书馆1959年版。
〔法〕加尔文:《基督教要义》(中册),钱耀诚等译,生活·读书·新知三联书店2010年版。
〔法〕加尔文:《基督教要义》(下册),钱耀诚等译,生活·读书·新知三联书店2010年版。

〔法〕卢梭:《论人与人之间不平等的起因和基础》,李平沤译,商务印书馆2007年版。
〔法〕卢梭:《社会契约论》,何兆武译,商务印书馆1980年版。
〔法〕马里旦:《人和国家》,霍宗彦译,商务印书馆1964年版。
〔法〕孟德斯鸠:《论法的精神》(上册),张雁深译,商务印书馆1961年版。
〔法〕孟德斯鸠:《论法的精神》(下册),张雁深译,商务印书馆1963年版。
〔法〕皮埃尔·勒鲁:《论平等》,王允道译,商务印书馆1991年版。
〔古希腊〕柏拉图:《柏拉图全集》(第1卷),王晓朝译,人民出版社2002年版。
〔古希腊〕柏拉图:《柏拉图全集》(第3卷),王晓朝译,人民出版社2002年版。
〔古希腊〕柏拉图:《理想国》,郭斌和、张竹明译,商务印书馆1997年版。
〔古希腊〕第欧根尼·拉尔修:《明哲言行录》(上),马永翔等译,吉林人民出版社2003年版。
〔古希腊〕亚里士多德:《尼各马可伦理学》,廖申白译,中国社会科学文献出版社1990年版。
〔古希腊〕亚里士多德:《政治学》,吴寿彭译,商务印书馆1997年版。
〔古希腊〕色诺芬:《回忆苏格拉底》,吴永泉译,商务印书馆2001年版。
〔荷〕格劳秀斯:《战争与和平法》,何勤华等译,上海人民出版社2005年版。
〔荷〕斯宾诺莎:《神学政治论》,温锡增译,商务印书馆1982年版。
〔罗马〕奥古斯丁:《上帝之城》(中),吴飞译,上海三联书店2008年版。
〔罗马〕西塞罗:《论共和国 论法律》,王焕生译,中国政法大学出版社1997年版。
〔美〕阿尔文·斯密特:《基督教对文明的影响》,汪晓丹等译,北京大学出版社2004年版。
〔美〕博登海默:《法理学——法律哲学与法律方法》,邓正来译,中国政法大学出版社2004年版。
〔美〕伯尔曼:《法律与革命——西方法律传统的形成》,贺卫方等译,中国大百科全书出版社1993年版。
〔美〕伯尔曼:《法律与宗教》,梁治平译,中国政法大学出版社2003年版。
〔美〕波斯纳:《法律的经济分析》(上),蒋兆康译,中国大百科全书出版社1997年版。
〔美〕波斯纳:《正义/司法的经济学》,苏力译,中国政法大学出版社2002年版。
〔美〕布鲁斯·雪莱:《基督教会史》,刘平译,北京大学出版社2004年版。
〔美〕德沃金:《法律帝国》,李常青译,中国大百科全书出版社1996年版。
〔美〕德沃金:《认真对待权利》,信春鹰、吴玉章译,中国大百科全书出版社1998年版。
〔美〕富勒:《法律的道德性》,郑戈译,商务印书馆2005年版。
〔美〕胡斯都·冈察雷斯:《基督教思想史》(第3卷),陈泽民等译,译林出版社2010年版。
〔美〕罗尔斯:《正义论》,何怀宏、何包钢、廖申白译,中国社会科学出版社1988年版。
〔美〕庞德:《法律史解释》,邓正来译,中国法制出版社2002年版。
〔美〕庞德:《通过法律的社会控制 法律的任务》,沈宗灵、董世忠译,商务印书馆1984年版。
〔美〕萨拜因:《政治学说史》(上册),盛葵阳、崔妙因译,商务印书馆1986年版。

〔意〕阿奎那:《阿奎那政治著作选》,马清槐译,商务印书馆2007年版。
〔意〕贝卡利亚:《论犯罪与刑罚》,黄风译,中国大百科全书出版社1993年版。
〔意〕彼德罗·彭梵得:《罗马法教科书》,黄风译,中国政法大学出版社1992年版。
〔意〕葛兰西:《狱中札记》,曹雷雨等译,中国社会科学出版社2000年版。
〔意〕马基雅维里:《君主论》,潘汉典译,商务印书馆1985年版。
〔意〕马基雅维里:《论李维》,冯克利译,上海人民出版社2005年版。
〔意〕帕多瓦的马西利乌斯:《和平的保卫者(小卷)》,殷冬水等译,吉林人民出版社2011年版。
〔英〕阿利斯特·麦格拉斯:《加尔文传:现代西方文化的塑造者》,甘霖译,中国社会科学出版社2009年版。
〔英〕奥斯丁:《法理学的范围》,刘星译,中国法制出版社2002年版。
〔英〕边沁:《道德与立法原理导论》,时殷弘译,商务印书馆2002年版。
〔英〕边沁:《政府片论》,沈叔平等译,商务印书馆1995年版。
〔英〕哈特:《法律的概念》,张文显等译,中国大百科全书出版社1996年版。
〔英〕哈特:《法律的概念》(第二版),许家馨、李冠宜译,法律出版社2006年版。
〔英〕哈特:《实证主义和法律与道德的分离》(上),翟小波译,载《环球法律评论》2001年第2期。
〔英〕赫·乔·韦尔斯:《世界史纲》,吴文藻、谢冰心译,人民出版社1982年版。
〔英〕霍布斯:《利维坦》,黎思复、黎廷弼译,杨昌裕校,商务印书馆1985年版。
〔英〕拉兹:《法律的权威——法律与道德论文集》,朱峰译,法律出版社2005年版。
〔英〕拉兹:《法律体系的概念》,吴玉章译,中国法制出版社2003年版。
〔英〕洛克:《政府论》(下篇),叶启芳、瞿菊农译,商务印书馆1964年版。
〔英〕罗素:《西方哲学史》(上卷),何兆武、李约瑟译,商务印书馆2003年版。
〔英〕麦考密克、〔奥〕魏因贝格尔:《制度法论》,周叶谦译,中国政法大学出版社2004年版。
〔英〕梅因:《古代法》,沈景一译,商务印书馆1959年版。
〔英〕密尔:《代议制政府》,汪瑄译,商务印书馆1982年版。
〔英〕密尔:《功利主义》,徐大建译,上海人民出版社2008年版。
〔英〕密尔:《论自由》,许宝骙译,商务印书馆2008年版。
〔英〕乔治·皮博迪·古奇:《十九世纪历史学与历史学家》,耿淡如译,商务印书馆1989年版。
〔英〕韦恩·莫里森:《法理学:从古希腊到后现代》,李桂林、李清伟、侯健、郑云端译,武汉大学出版社2003年版。
北京大学哲学系编:《十八世纪法国哲学》,商务印书馆1978年版。
北京大学哲学系编译:《古希腊罗马哲学》,生活·读书·新知三联书店1957年版。
西方法律思想史编写组:《西方法律思想史资料选编》,北京大学出版社1983年版。
雷厉:《基础神学》,香港角石出版有限公司1997年版。
刘洪一:《犹太文化要义》,商务印书馆2004年版。
刘林海:《加尔文思想研究》,中国人民大学出版社2006年版。

刘素民:《重返存有——雅克·马里旦形而上学思想探析》,载《南京大学学报(哲社版)》2011年第5期。
刘素民:《托马斯·阿奎那自然法思想研究》,人民出版社2007年版。
刘新利:《基督教与德意志民族》,商务印书馆2000年版。
吕世伦主编:《现代西方法学流派》(上卷),中国大百科全书出版社2000年版。
夏洞奇:《尘世的权威:奥古斯丁的社会政治思想》,上海三联书店2007年版。
徐大同主编:《西方政治思想史》,天津教育出版社2002年版。
许章润主编:《萨维尼与历史法学派》,广西师范大学出版社2004年版。
高全喜主编:《从古典思想到现代政制》,法律出版社2008年版。
高兆明:《黑格尔〈法哲学原理〉导读》,商务印书馆2010年版。
江平:《罗马法基础》,中国政法大学出版社1991年版。
严存生:《法的理念探索》,中国政法大学出版社2002年版。
严存生:《西方法律思想史》,中国法制出版社2012年版。
杨适:《爱比克泰德》,台湾东大图书公司2000年版。
杨思斌:《功利主义法学》,法律出版社2006年版。
张汝伦:《意义的探究——当代西方释义学》,辽宁人民出版社1986年版。
张静蓉:《超凡脱俗的个体自觉:塞涅卡伦理思想研究》,杭州出版社2001年版。
张文显:《二十世纪西方法哲学思潮研究》,法律出版社2006年版。
周辅成主编:《西方伦理学名著选辑》(上卷),商务印书馆1964年版。
朱龙华:《罗马文明与古典传统》,浙江人民出版社1993年版。
《马克思恩格斯全集》(第2卷),人民出版社2005年版。
《马克思恩格斯选集》(第4卷),人民出版社1995年版。
《圣经》和合本。